Le dictionnaire des rêves

Pour que vos rêves prennent tout leur sens

Rédaction : Laurence Benveniste
Révision : Isabelle Quentin
Correction : Philippe Paré-Moreau
Graphisme de la page couverture : Jessica Papineau-Lapierre
Infographie : Katia Senay

Imprimé en Chine

ISBN : 978-2-89690-284-2

Le dictionnaire des rêves

Les Éditions
Coup d'œil

Table des matières

A

A. *Écrire la lettre*: votre rêve est de très bon augure. Vous êtes au début d'une entreprise, d'une action, qui se déroulera à votre avantage. Si la lettre est de grande dimension, une démarche spirituelle d'envergure s'annonce pour la réalisation de soi en tant qu'être, non seulement de chair, mais d'esprit.
Sens symbolique: la lettre A correspond à la première lettre de l'alphabet grec, – Alpha – laquelle, associée à la dernière lettre – Oméga – de ce même alphabet, signifie symboliquement la totalité de l'univers. Si Alpha annonce le début de l'évolution qui mène à l'ouverture des consciences, Oméga en est l'aboutissement. (Voir **ALPHA** et **OMÉGA**)

ABANDON. *Se voir abandonné(e)*: marque la fin d'une forme de sécurité – financière ou affective – et la recherche d'une aide. Prenez garde à ne pas vous montrer tyrannique envers vos proches. Votre peur d'être abandonné(e), qui remonte sûrement à votre petite enfance, se traduit par un besoin d'exclusivité, de possessivité, difficile à supporter par votre entourage.
Abandonner quelqu'un: vous reportez sur autrui votre propre peur de l'abandon. Vous le laissez à sa solitude, comme vous-même, enfant, aviez ressenti cet état d'angoisse lié à un manque d'amour ou d'intérêt de la part de votre entourage (de votre mère surtout).
Sens symbolique: abandonner quelqu'un signifie qu'on se quitte soi-même pour passer d'un état de conscience à un autre.

ABATTOIR. *Que l'on voit*: vigilance si une proposition d'affaires vous est faite par une personne de votre entourage ou un inconnu. Vous risquez d'être entraîné(e) sur une pente qui vous coûtera votre réputation.
Sens symbolique: les animaux abattus représentent les victoires sur soi-même.

ABBAYE. *Voir ou se voir dans une abbaye*: protection et réconfort dans l'adversité.
Sens symbolique: l'abbaye, comme l'église, représente la demeure, les bras de la femme aimante, mère ou sœur, et pour certains grands visionnaires, la Vierge qui protège et réchauffe le cœur de l'infortuné.

ABBÉ. *Voir ou se voir en abbé régulier*: une trahison sera commise contre vous, ou à l'inverse, vous commettrez une trahison envers autrui.
Se voir ou voir un abbé séculier est un bon présage.
Sens symbolique: être revêtu(e) de l'habit d'un abbé, signifie endosser un vêtement, une autre peau, pour agir « sous couvert de » autrement dit, se dégager de ses responsabilités.

ABBESSE. *Voir ou se voir en abbesse*: désir de pouvoir déguisé.
Sens symbolique: (Voir **ABBÉ**)

ABCÈS. *Avoir un abcès*: quelque chose vous tourmente en profondeur.
Voir un abcès sur autrui: tourments occasionnés par des relations peu claires avec autrui.
Sens symbolique: l'abcès représente le « puits » où croupissent nos « eaux sales », notre côté glauque, nos pulsions destructrices, tout ce que, inconsciemment, nous voulons tenir caché.

ABDIQUER. *Se voir*: vous renoncerez à une position importante par crainte de ne pas être à la hauteur de la tâche.
Sens symbolique: l'abdication est une mise en retrait de l'ego pour laisser place à l'accomplissement de l'être spirituel.

ABDOMEN. *Le voir*: signification sexuelle. S'il est rond, proéminent, il est présage de fortune. Maigre, flasque ou blessé : perte de gains.
Sens symbolique: le ventre est la mère. Chez l'adulte, rêver d'un ventre signifie une certaine régression, un besoin de retourner dans l'utérus

et marque souvent un blocage au plan affectif freinant l'évolution spirituelle.

ABEILLE. *Voir une ou des abeilles butinant* est d'excellent augure. Succès, fortune, chance dans toutes vos entreprises.
Une abeille qui vous pique: mise en garde contre une trahison ou contre une personne qui vous veut du mal.
Détruire des abeilles en pleine activité: vous faites vous-même obstacle à votre réussite.
Détruire un essaim d'abeilles menaçant: vous savez vaincre les obstacles les plus difficiles. Prospérité dans vos entreprises.
Sens symbolique: l'abeille, travailleuse infatigable, est associée au principe vital qui relie le ciel et la terre. C'est dire que sa représentation a une portée hautement spirituelle. Quelles que soient les différentes traditions culturelles aussi bien que religieuses, – celtique, africaine, indienne, juive, chrétienne, amérindienne – , on retrouve toujours en l'abeille le symbole de la Perfection divine, la Sagesse, l'Âme universelle, l'Esprit Saint, le Verbe créateur, la Connaissance, les Anges, la Royauté.

ABÎME. *Voir un abîme*: présage de danger. Un malheur peut advenir.
Se tenir au bord d'un abîme: le danger est imminent, mais il est toujours temps de se reprendre.
Y tomber: des ennuis, perte d'un emploi, d'une position sociale.
En remonter: les problèmes s'éclaircissent grâce à une prise de conscience progressive, un travail fait sur soi.
Sens symbolique: l'abîme, représente l'inconscient. Il désigne ce qui est sans fond, aussi bien les profondeurs abyssales que les hauteurs indéfinies, donc les domaines de l'inconnaissable, de l'informel, des ténèbres de l'âme. Le rêve invitera à l'exploration de ces fonds obscurs pour une meilleure connaissance de soi.

ABLATION. *Se voir subir l'ablation* d'un organe vital comme, par exemple, le cœur, indique qu'une relation amoureuse arrive à son terme ou qu'il faut se détacher d'un lien affectif.

L'ablation d'une tumeur, plus ou moins importante, signifie qu'on met fin à quelque chose qui sape vos énergies. C'est un présage de délivrance.

ABLUTION. *Se laver* indique qu'on veut se débarrasser de ce qui nous souille: ce peut être des pensées, des actes, des gestes dont, inconsciemment, nous regrettons la négativité.
Laver un enfant répond à un idéal de pureté intérieure.
Sens symbolique: par les ablutions rituelles, comme se laver les mains ou baigner son corps, on s'imprègne des vertus de l'eau, et c'est l'âme alors qui se trouve purifiée.

ABOYER. *Entendre aboyer*: mise en garde contre un danger ou une nouvelle peu agréable.
Voir des chiens aboyer: certaines personnes qui vous entourent ont de mauvaises intentions à votre égard.
Un chien vous regarde en aboyant: quelqu'un de proche a besoin de vous et vous le fait savoir.

ABOIS (être aux). *Se voir*: un conflit, un problème auquel vous êtes confronté(e) vous semble sans solution et vous vous débattez pour le résoudre le plus rapidement possible, alors que c'est la patience seule qui vous aidera.

ABONDANCE. *Se voir dans l'abondance*: présage de prospérité. Il se peut également que ce soit votre inconscient qui révèle votre désir de compenser ce que la vie ne vous offre pas.

ABRACADABRA. *Se voir écrire la formule*: vous souhaitez voir se réaliser un vœu et pour cela vous utilisez l'antique mot magique hébreu «abreg ad hâbra» qui signifie: «envoie ta foudre jusqu'à la mort». Cette formule aurait un immense pouvoir pour agir contre les forces du mal, les maladies physiques aussi bien que celles de l'âme.
Répéter la formule dans le rêve à votre intention ou à celle de vos proches est de très bon augure.

Sens symbolique : cette formule, âgée de plusieurs millénaires, donne à l'homme le sentiment d'être protégé, en le reliant aux pouvoirs supérieurs et en l'accordant aux lois secrètes de l'univers.

ABRAHAM. *S'entendre prononcer soi-même ce nom* : vous avez le désir secret de partir, de vous arracher à vos repères familiers, travail, famille, lieu de vie, pour réaliser quelque chose de grand, d'important, lié peut-être à une soif de spiritualité.
Entendre qu'on vous appelle par ce nom : vous êtes quelqu'un qui suscite l'admiration par vos qualités de sagesse et vos connaissances. Vous êtes un meneur d'hommes.
Sens symbolique : Abraham est ce patriarche biblique qui, 18 siècles avant Jésus-Christ, reçut de Dieu l'ordre de quitter sa patrie, la Mésopotamie, pour aller en terre de Chanaan implanter le culte monothéïste, alors que partout régnait le polythéïsme. Abraham est donc l'homme choisi par Dieu pour être le gardien de la révélation.
Celui qui, comme Abraham, entendra l'appel de Dieu sera un homme de foi, de sagesse, un missionnaire prêt aux épreuves, libéré de ses attaches matérielles pour aller accomplir son destin.

ABREUVOIR. *Se voir en train de s'abreuver* : si le liquide est de l'eau pure, vous avez soif de pureté, d'idéal, d'honnêteté, de justice, d'amour vrai et sincère. Le présage est excellent.
Si le liquide est alcoolisé, vous préférez vous étourdir plutôt que de regarder les problèmes en face.
Si l'eau est souillée, impropre à la consommation : vous vivez quelque chose de peu clair dans vos relations amoureuses ou d'affaires. Présage de rupture.
Sens symbolique : s'abreuver signifie le besoin de s'emplir du courant vital, de se purifier, de se régénérer, de retourner aux sources de la vie. (Voir **EAU**)

ABRI. *Se voir sous un abri* : vous n'êtes pas seul(e) dans votre peine. Quelqu'un vous protège et vous apporte un réconfort.

ABRI ANTIATOMIQUE. *Se voir à l'intérieur* l'actualité mondiale avec ses guerres, ses atrocités, agissent profondément sur vous. Votre rêve révèlent ces inquiétudes.

ABRIBUS. *Se voir sous un abribus*: l'abri n'est que temporaire puisqu'un véhicule – en l'occurrence un bus – va passer et vous emmener dans la direction de votre choix. Présage de changement de vie et peut-être d'orientation dans le travail.

ABRICOT. *Voir le fruit sur l'arbre*: présage de prospérité et d'amour.
Le cueillir: vous récoltez le fruit d'un travail bien accompli.
Le manger: enrichissement aussi bien matériel que spirituel.
Abricot séché: Votre prospérité, ou votre évolution, risque de stagner.
Sens symbolique: le fruit représente l'abondance, les plaisirs sensuels, la quête d'immortalité. (voir **FRUIT**)

ABSCONS. *Vous ne comprenez pas ce qu'on vous dit*: votre interlocuteur s'exprime dans un langage qui vous est inconnu : présage d'une proposition peu claire ou d'une rencontre qui ne vous offrira que des désavantages. Le rêve vous avertit de vous méfier.
Vous vous exprimez dans un langage incompréhensible: vous-même ne savez pas éclaircir ce qui vous préoccupe.

ABSINTHE. *Se voir en train d'en boire*: vous êtes en proie à l'amertume, vous avez perdu ce qui faisait votre joie, un être cher ou un travail et vous ressassez votre peine. Vous recherchez dans ce breuvage un tonifiant, comme le faisaient les Grecs et les Latins pour stimuler leurs athlètes.
Sens symbolique: l'absinthe, est une plante associée à la douleur. Selon certaines interprétations religieuses, l'étoile absinthe serait une étoile déchue qui tourmentera sans fin les terriens et sera la cause d'un cataclysme universel.

ABSTINENCE. *Pratiquer l'abstinence dans le rêve*: vous vous imposez une règle de conduite basée sur la chasteté pour expier une

faute, ou un comportement dont vous vous sentez coupable. Rêver d'abstinence peut être interprété comme le désir d'accéder à des vérités spirituelles.
Celui ou celle que vous aimez pratique l'abstinence envers vous: un désir de rupture qu'on n'ose pas clairement vous exprimer va vous obliger à prendre vous-même la décision.
Sens symbolique: l'abstinence est une méthode de purification qui ouvre la voie vers l'intériorité et établit la relation avec la pensée divine. On retrouve cette volonté d'abstinence dans les traditions aussi bien chrétienne qu'orientale.

ABYSSE. *Être plongé dans les abysses*: vous vous posez des questions sur le sens de votre vie et la façon de faire un tri dans tout ce qui vous encombre. Vous êtes sur un chemin de recherche intérieure.
Peur de tomber dans les abysses: peur de l'inconnu. Vous êtes paralysé(e) parce qu'il y a des décisions à prendre que vous n'êtes pas sûr(e) de pouvoir assumer.
Sens symbolique: les abysses renvoient directement aux profondeurs de l'inconscient. (Voir **ABÎME**)

ACACIA. *Le voir*: présage d'un grand amour qui peut aussi bien se rapporter à l'amour humain qu'à l'amour divin.
Se piquer aux épines de l'acacia annonce de grandes douleurs tant physiques que morales, mais toujours reliées à la spiritualité.
Sens symbolique: l'acacia est riche de significations: la couronne d'épines de Jésus serait faite d'épines d'acacias. Chez les Hébreux, l'arche d'alliance est construite dans ce bois très dur, qui résiste aux assauts du temps. L'acacia symbolise tout à la fois l'immortalité, l'incorruptibilité, la renaissance et le rayonnement divin.

ACADÉMIE. *Se voir reçu dans une académie*: présage de progrès dans le domaine intellectuel. Vous êtes à la recherche du savoir et du prestige que vous pourriez en tirer.
Echanger des propos avec un académicien: votre savoir est reconnu et partagé. Vous êtes honoré, mais le côté affectif de votre vie

pourrait souffrir de la solitude qui enferme celui qui ne se consacre qu'à l'étude.

ACCIDENT. *Se voir victime d'un accident*: ce peut-être une mise en garde contre un accident dans la rue, ou tout autre événement qui met votre vie en péril.
En voir un: prudence dans vos relations avec des personnes peu fiables.
S'en tirer sans dommage: la chance est avec vous, votre discernement assure votre réussite
Sens symbolique: un accident peut provoquer un retournement dans la conduite de votre vie. Un arrêt obligatoire qui laisse le temps à l'introspection et ouvre les questions fondamentales sur le sens de la vie.

ACCOLADE. *Se voir recevoir une accolade*: quelqu'un dépourvu de scrupules cherche à vous trahir.
Donner une accolade: vous n'êtes pas en accord avec vous-même. Votre comportement n'est pas tout à fait franc. Votre rêve invite à vous interroger sur la façon dont vous menez une affaire.

ACCORDÉON. *En jouer*: trop timide pour déclarer votre amour à la personne de votre choix, vous empruntez cet instrument de musique qui « parle » à votre place. Un présage de réussite amoureuse.
Voir jouer quelqu'un: vous enviez la personne qui n'a pas peur de montrer ses sentiments. Lancez-vous !

ACCOUCHEMENT. *Se voir accoucher*: *chez la femme*, présage d'un changement de comportement face à l'existence. *Chez l'homme*, un rêve d'accouchement annonce que ses entreprises seront couronnées de succès.
Accoucher d'un garçon: chance, réussite dans les affaires.
D'une fille: le présage est moins heureux dans l'immédiat, mais les difficultés s'estomperont avec le temps.
Accoucher avant terme ou d'un enfant mort-né: les projets marqueront un temps d'arrêt ou n'aboutiront pas du tout.

Assister à un accouchement: présage de prospérité qui viendra de l'extérieur: chance au jeu, à la loterie, héritage.
Voir un animal mettre bas: annonce une période très faste.
Sens symbolique: l'accouchement signifie le dégagement du corps aussi bien que celui du mental, nettoyage essentiel pour donner naissance à un être transformé, prêt pour l'accomplissement de sa destinée.

ACCROC. *Sur un vêtement*: blessure narcissique. Vous souffrez de ne pas être le centre d'intérêt.
Accroc à votre réputation: votre rêve vous indique combien l'attention qu'on vous porte est essentielle à votre vie. Vos craintes de la perdre vous obligent à un contrôle permanent, ce qui épuise vos énergies. Attention à ne pas y laisser votre santé!
Sens symbolique: l'accroc, est une déchirure à l'âme, une douleur ancrée au plus profond de l'être, inhérente à la condition humaine.

ACCUSATION. *Se voir accusé(e)*: vous souffrez d'un complexe d'infériorité. Vous pensez toujours qu'on vous reproche quelque chose. Vous ne vous aimez pas assez. Le rêve peut vous aider à vous interroger à ce sujet.
Accuser quelqu'un: désir de se décharger d'un poids trop lourd – affaire ou relation – sur une tierce personne. Vous êtes fragile et n'avez pas d'aide autour de vous.

ACHETER. *Se voir acheter des vêtements*: désir d'être remarqué(e). Présage d'un emploi qui demandera de la prestance, de l'entregent.
Acheter pour quelqu'un: votre position sociale vous humilie et vous en souffrez.
Acheter une maison: désir de se marier, de fonder une famille. Annonce d'une situation matérielle stable.
Acheter des aliments en quantité: vous êtes prévoyant. Vous avez peur de manquer. Présage d'une affaire qui peut ne pas se concrétiser.

ACNÉ. *Se voir le visage couvert d'acné*: quelque chose ou quelqu'un vous cause des ennuis, vous tourmente, mais vous n'osez pas réagir verbalement. Votre peau parle pour vous.

Sens symbolique: la peau représente votre enveloppe charnelle et toute atteinte à votre moi profond – votre intériorité – laisse une empreinte qui peut s'exprimer à l'extérieur du corps.

ACROBATE. *Se voir exécuter des acrobaties*: vous êtes très habile dans ce que vous entreprenez et votre pouvoir d'adaptation joue en votre faveur.
Rater une acrobatie: vous n'êtes pas à la hauteur du but que vous poursuivez ou bien on cherche à vous nuire en vous mettant des obstacles. Prudence!
Sens symbolique: l'acrobatie représente l'envol du corps, le détachement de la condition humaine, l'accession à la spiritualité.

ACROPOLE. *Se voir dans une acropole*: votre rêve signifie que vous savez vous protéger des importuns en vous plaçant hors d'atteinte, derrière des «fortifications» que vous avez vous-même construites. Votre besoin de spiritualité demande cette forme de solitude.
Sens symbolique: l'acropole représente un lieu de protection et de prières.

ACTE. *Se voir signer un document*: vous vous engagez officiellement – par écrit- – à mener au bout une entreprise. Ce peut être dans les affaires ou le mariage.
Se voir remettre un acte: vous allez recevoir un cadeau, un don ou un héritage.

ACTEUR/ACTRICE. *Se voir dans un rôle*. La vie telle que vous la vivez ne vous donne pas satisfaction et vous vous masquez pour en jouer une autre, celle-là imaginaire. Soyez attentif à ne pas être dupe de vous-même.
Voir quelqu'un jouer: vous avez le désir secret d'être à la place de celui ou celle qui incarne un personnage. Si le rôle est drôle, c'est une promesse de bonheur. S'il est triste, c'est un présage d'affliction. S'il est ridicule, votre malaise à le regarder vient de votre difficulté à imaginer qu'on puisse rire de vous.

ADAM. *S'entendre appeler Adam*: ce nom correspond à un désir d'être toujours le premier, le plus admiré, le plus vénéré.
Rencontrer quelqu'un prénommé Adam: vous avez une soif de savoir, de connaissances que cet Adam rencontré en rêve pourrait vous apporter. C'est le présage que quelque chose de nouveau va arriver – en bien – pour vous permettre d'évoluer.
Sens symbolique: Dans toutes les traditions, Adam symbolise le premier homme, créé par Dieu à son image, ce qui signifie que ce premier homme, qui n'a rien à voir avec l'homme primitif, est doté par Dieu de l'esprit. Ce don divin, l'esprit, engendre toutes les valeurs morales qu'Adam devra s'attacher à mettre en application. Sauf que ce premier Adam a commis le péché – la faute originelle – de vouloir s'égaler à son Créateur, de vouloir s'en libérer, ce qui l'a conduit à pervertir son esprit symbolisé par la chute. En l'homme coexisteraient donc deux Adam, l'un terrestre (le vieil Adam recouvert de « tuniques de peau ») c'est-à-dire, l'homme attaché uniquement aux biens terrestres, et l'Adam divin, émanation de la Parole de Dieu dont Jésus-Christ, selon la doctrine chrétienne, est l'incarnation.
Les traditions juives enseignent que le nom *Adam*, – même racine que le mot *adamah* (terre labourée) – signifie « l'homme créé par Dieu avec la terre ». Selon la Kabbale – enseignement secret, ésotérique – le souffle de Dieu aurait animé de la terre d'argile accumulée, pour créer le *Golem*, le premier homme. On trouve dans le Talmud, la description des douze premières heures de la journée d'Adam : de l'accumulation de la terre argileuse, au « modelage » pour créer le Golem, à l'extension de ses membres, puis à lui insuffler une âme, quatre s'écouleront. À la cinquième heure, Adam se met debout, à la sixième il nomme les êtres vivants, à la septième Ève lui est donnée, – ce qui veut dire qu'il reçoit *en lui* sont côté féminin – ensemble ils se lient et procréent – l'esprit se lie à l'affect – . À la neuvième heure, Dieu porte une interdiction : ne pas manger du fruit de l'Arbre. Dixième heure : Adam et Ève désobéissent, ce qui a pour conséquence la Chute, le péché originel. Onzième heure : le jugement de Dieu s'abat sur eux. C'est par l'expérience et la souffrance qu'ils devront retrouver l'état édénique. Enfin la douzième heure sonne :

ils sont chassés du Paradis et libres de leur choix: oublier leur origine céleste, leur divinité, ou bien faire de leur chemin terrestre une quête permanente pour retrouver la condition divine originelle.

ADIEU. *Dire adieu*: vous mettez fin à une relation mais en conservant des liens affectifs, amicaux. Présage d'un changement de vie.
On vous dit adieu: quelqu'un vous quitte mais ce sont les circonstances de la vie qui obligent à faire ce choix. Il y a toujours dans les adieux un sentiment de fidélité mêlé à de la tristesse.
Sens symbolique: l'adieu et une prière demandée «à Dieu» pour mettre sous Sa Protection ceux qu'on laisse derrière soi.

ADOLESCENT/ADOLESCENTE. *Que l'on voit*: un travail à accomplir, mais qui va prendre un certain temps avant de se réaliser. Si l'adolescent(e) est de belle constitution, le projet va aboutir favorablement. Au contraire, un sujet malingre annonce un projet qui n'est pas assez solidement élaboré.
Se voir adolescent(e) alors qu'on ne l'est plus: vous avez l'impression d'être passé(e) à côté de la vie et souhaitez secrètement retrouver tous les élans, toutes les forces et les possibilités de la jeunesse. Il y a comme un regret de ne pas avoir rencontrer le grand amour. Mais ce rêve vous dit qu'il n'est pas trop tard.
Sens symbolique: l'adolescent représente l'Amour, l'Éros, l'adolescente la Psyché, l'Âme. Leur union, un des grands mythes, symbolise l'alliance des plaisirs sensuels avec l'Esprit et divinise ainsi l'Amour.

ADONIS. *Voir un Adonis*: vous rêvez de beauté, de séduction, d'un amour qui vous fera oublier la monotonie des jours et, peut-être, croyez-vous l'avoir rencontré. Ce rêve est une mise en garde contre le côté éphémère d'un amour brûlant qui ne tient pas ses promesses.
Sens symbolique: Adonis, héros de la mythologie grecque, est l'expression de la beauté et de l'amour dans toute sa splendeur. Splendeur éphémère puisque Adonis fut tué à la chasse en pleine jeunesse. Adonis demeure aussi le symbole de l'amour qui n'arrive pas à maturité.

ADORER. *Se voir adoré(e)* : désir d'être admiré(e), de recevoir des honneurs, d'être riche. Ce rêve est un présage de réussite matérielle.
Adorer quelqu'un : désir de se vouer à une personne, à une cause, à un dieu, à un gourou. Il faut être vigilant dans le choix de qui vous adorez. C'est une mise en garde contre trop de confiance.
Sens symbolique: adorer c'est couvrir d'or, et l'or, dans toute les traditions, est considéré comme le métal le plus précieux, assimilé à la lumière céleste, à la connaissance, à l'immortalité. (Voir **OR**)

ADULTÈRE. *Que vous commettez* : vous souffrez d'un manque affectif ou sexuel et vous cherchez « ailleurs » de quoi compenser ce vide. Rêve annonciateur d'une rencontre heureuse ou, à l'inverse, d'une tromperie dont vous pourriez être la victime.

ADVERSAIRE. *Être confronté(e) à un adversaire* : vous avez un(e) ennemi(e) dans votre entourage. On cherche à vous nuire. Soyez sur vos gardes.
Tourner le dos à l'adversaire : votre indifférence à ce que l'on peut dire sur vous, aux ragots, assure votre victoire sur l'ennemi. Bon présage.
Sens symbolique: l'adversaire c'est Satan. Satan, dans les diverses traditions, représente le mal dans toute sa puissance, c'est un esprit tentateur qui pousse l'homme dans la voie du péché. (Voir **SATAN**, **DIABLE**)

AÉROGLISSEUR. *Conduire l'engin* : vous aimez aller vite en affaires, en amour, dans votre vie, mais vous le faites avec tact et délicatesse.

AÉROPORT. *Être à l'intérieur d'un aéroport* : si, dans votre rêve vous avez des bagages, cela indique que vous êtes prêt(e) à changer de vie, d'amour, de travail, de lieu d'habitation.
Vous êtes venu(e) attendre quelqu'un : vous ne changez rien à vos habitudes, mais vous espérez quand même une forme de nouveauté dans votre vie.

AÉROSOL. *Se servir d'un aérosol*: besoin de faire le ménage autour de vous. Vous êtes mal ou trop entouré(e) et vous avez le sentiment d'étouffer. L'aérosol vous sert à supprimer ceux qui veulent vous nuire, vous salir, mais assurez-vous de n'être pas trop radical(e) dans cette élimination.

AFFAIBLIR (S'). *Se voir*: vous atteignez le seuil de votre résistance nerveuse. Votre état de santé risque d'en subir les conséquences. Ce rêve vous alerte. Le repos, la détente, la relaxation vous seront bienfaisants.
Affaiblir quelqu'un: vous souhaitez prendre le dessus sur une personne qui vous impose son autorité et vous met en état d'infériorité. Vous cherchez un moyen de la déstabiliser.

AFFICHE. *Voir son nom affiché*: sur une affiche colorée: vous êtes l'objet d'admiration. Présage de succès et de notoriété. Sur une affiche en noir et blanc: présage d'une nouvelle pas très heureuse.

AFFILIER. *Se voir en train d'affilier ou de s'affilier*: vous avez un projet qui demande de vous joindre à un groupe ou qui demande le concours d'autres personnes. Si dans ce rêve vous vous sentez en accord avec ces personnes, le projet aboutira favorablement. Dans le cas contraire, abstenez-vous de cette affiliation.

AFRIQUE. *Se voir en Afrique*: si vous êtes d'un continent différent, ce rêve signifie que vous avez le désir de changer de vie et que l'exotisme vous attire. Présage d'un changement de situation ou d'un voyage.

AGATE. *Porter une agate sur soi*: présage de bonheur matériel.
Recevoir une agate: on vous témoigne du respect.
Sens symbolique: la pierre, selon qu'elle est à l'état brut, taillée, de couleurs diverses, trouve sa signification dans toutes les traditions. (Voir **PIERRE PRÉCIEUSE**)

AGENCE. *Se voir dans une agence.* Selon le genre d'agence, votre rêve prendra sa signification:
Dans une agence d'emploi: vous êtes préoccupé(e) par votre situation, soit qu'elle ne vous convienne plus, soit que vous soyez réduit(e) au chômage.
Dans une agence immobilière: votre décision est prise de changer quelque chose à votre vie et votre démarche pour trouver une nouvelle habitation en est la preuve. Présage de rupture, de divorce, en vue d'un renouveau sentimental.
Dans une agence matrimoniale: annonce la concrétisation d'un projet de mariage.

AGENOUILLER (S'). *Volontairement devant quelqu'un*: vous marquez votre respect et votre admiration à l'égard d'une personne qui exerce une influence bénéfique sur vous.
Quelqu'un vous ordonne de vous agenouiller: une personne de votre entourage (famille, travail, gourou) s'impose comme le maître de qui vous n'êtes que le sujet obéissant. Vous devez croire davantage en vous et surmonter votre complexe d'infériorité.
Dans une église, un temple, une synagogue, une mosquée: vous êtes dans le désarroi le plus complet et votre foi vous dicte de demander secours au Ciel pour vous soutenir dans les épreuves que vous traversez, qu'il s'agisse d'une situation difficile, d'une maladie ou d'un deuil.
Sens symbolique: s'agenouiller (la génuflexion) est le signe d'allégeance à une autorité supérieure, particulièrement dans les rites religieux de toutes les traditions.

ÂGE PLANÉTAIRE. *Se voir sur Mars, Jupiter ou toute autre planète*: vos centres d'intérêt sont sûrement axés sur ce que le futur pourrait apporter en progrès technologiques. Vous avez soif d'aventures, il y a chez vous un besoin d'explorer l'inconnu, mais en même temps, votre côté mystique vous pousse à vous intéresser à la signification des astres et planètes dont seule, quelquefois, la représentation conventionnelle (signe astrologique) vous apparaît au cours de votre rêve.

Sens symbolique: la *Lune* correspond à la toute première enfance (0-7 ans) ; *Mercure*, à l'enfance et à la pré-adolescence (7-14 ans) ; *Vénus* à l'adolescence (14 à 22 ans) ; le *Soleil*, à la jeunesse (22- 41 ans) ; *Mars*, à la pleine force de la jeunesse (41 à 56 ans) ; *Jupiter*, à l'âge mûr (56 à 68 ans) ; *Saturne*, à la décrépitude (68 jusqu'à la fin de vie). (Voir **PLANÈTE**)

AGITATEUR. *Se voir en agitateur*: vous aimeriez voir bouger les choses autour de vous. Vous vous voyez en chef de file, soit dans votre travail, soit en politique. Vous supportez mal qu'on vous dicte votre conduite et pour que l'on vous écoute, vous êtes capable de semer le trouble. Ce rêve révèle que vous êtes vous-même en proie à une certaine confusion dans vos actes et vos pensées.
Voir un agitateur: Vous êtes peut-être quelqu'un d'apathique et vous avez besoin qu'on vous secoue, mais attention à ne pas suivre n'importe quel chemin.

AGNEAU. *Voir un agneau*: vous aspirez à une vie calme, loin des troubles et du stress occasionnés par la vie citadine. Il y a en vous un idéal de pureté, voire de sainteté, et vous pourriez même vous satisfaire d'une vie quasi monastique. Vous recherchez avant tout la douceur et la tendresse, dont vous manquez peut-être dans votre vie courante.
Tuer un agneau: présage de sacrifice. Vous allez vous retrouver devant un choix qui ne sera pas à votre avantage, mais que vous accepterez sans rancœur.
Sens symbolique: l'agneau incarne dans les traditions – notamment juive, chrétienne et musulmane – , le renouveau, la renaissance, la résurrection, le triomphe de la vie sur la mort. Par le sacrifice rituel de l'agneau qui perdure dans ces religions, on célèbre les moments décisifs, historiques, qui ont profondément marqué celles-ci.

AGNOSTICISME. *S'entendre affirmer son agnosticisme*: pour être aussi péremptoire dans vos affirmations, il y a peut-être un doute installé en vous. Interrogez-vous, ouvrez-vous, car votre esprit rationnel vous enferme dans des concepts trop limités.

AGONISER. *Se voir*: vous vivez la fin de quelque chose, mais avec lenteur, sans coupure brusque. Il peut s'agir d'une relation sentimentale, d'affaires, d'un mariage qui s'étiole. Présage d'un renouveau, après une période de réflexion et de retour sur soi-même.
Regarder une personne agoniser: selon la façon dont vous réagissez, avec soulagement ou chagrin, la personne en question doit peser négativement dans votre vie et vous êtes heureux(se) de la voir s'éloigner; à l'inverse, votre chagrin indique que cette personne occupe une place dont vous n'aviez pas mesuré l'importance au plan affectif.

AGRESSER. *Se voir agressé(e)*: votre rêve signale votre peur d'autrui. Vous vous sentez sans défenses face aux aléas de la vie et cette agression ressentie peut être due à un rapport avec l'entourage social ou familial trop directif à votre égard.
Agresser une personne: vous vous défoulez des pressions que vous subissez dans votre vie réelle. Présage d'un changement de comportement: vous ne devriez pas être une personne qui subit, mais une personne qui prend sa vie en mains.

AGRICULTURE. *S'adonner à l'agriculture*: présage de prospérité. Vous savez semer avec méthode et efficacité et vous récolterez en abondance les fruits de vos semailles dans toutes vos entreprises, vos affaires, amours et amitiés.
Sens symbolique: l'agriculture est identifiée aux quatre éléments: la terre, l'eau, l'air et le feu dont l'union assure la fécondité. (Voir **ÉLÉMENT**)

AIGLE. *Voir un aigle s'envoler*: vous visez haut et votre hardiesse sera couronnée de succès, d'autant plus que la chance sera de votre côté.
Chevaucher un aigle: vous avez soif de puissance et de gloire et vous pouvez y parvenir, mais attention à la chute.
Que l'on capture ou abat: mort de ses propres illusions. Sentiment d'avoir raté sa vie.

Être capturé(e) par un aigle: une personne qui a autorité sur vous, veut vous tenir sous son emprise.
Se pose sur votre tête: plusieurs interprétations: désir de puissance, d'être reconnu pour ses mérites, de se voir «couronné», à l'instar des empereurs de l'histoire pour lesquels l'aigle était la représentation de leur pouvoir absolu. Présage de maladie grave, de mort également.
Accoucher d'un aigle: un projet exceptionnel va se réaliser.
Voir un aigle bicéphale (à deux têtes) : rêve de puissance, d'invincibilité. Orgueil démesuré.
Sens symbolique: l'aigle, roi des oiseaux, est le plus souvent apparenté au soleil. On retrouve dans toutes les antiques civilisations ce mythe de l'oiseau solaire, qui représente aussi bien le feu primordial, la foudre, l'éclair, la lumière céleste, l'initiateur, que la puissance divine. Sous son aspect négatif, l'aigle symbolise la volonté de puissance dévastatrice, l'orgueil incommensurable, la cruauté et dans la religion chrétienne l'antéchrist.

AIGUILLE. *En voir un certain nombre*: complications dans votre vie sentimentale ou amicale.
Enfiler une aiguille: un attachement qui débouchera sur une union libre ou un mariage.
Avec laquelle on se pique: présage d'amour passionnel.
Aiguille d'une montre: si vous l'avancez: présage d'un retard dans la réalisation d'un projet. Votre impatience freine vos activités.
Si vous la retardez: ce que vous souhaitez se réalisera plus vite que vous ne le pensiez.

AIGUILLON. *Se voir percé(e) par un aiguillon*: l'amour frappe à votre porte. Désir brûlant pour une personne.
Trouver un aiguillon: pour mener à bien vos affaires, vos amours, vous avez besoin d'un stimulant qui aiguisera votre sens de l'action.

AIGUISER. *Des lames de couteaux ou de ciseaux*: vous allez devoir vous mesurer à des personnes mal intentionnées et trouver les mots tranchants pour leur clouer le bec.

AIL. *Que l'on voit ou que l'on sent*: présage de guérison d'une maladie.
Se voir manger de l'ail: vous vous protégez contre des personnes qui ont de mauvaises intentions à votre égard. Soyez vigilant.
Sens symbolique: l'ail, dans de nombreuses traditions, protège contre le mauvais œil et éloigne les vampires. Chez les Grecs de l'Antiquité, pendant certaines fêtes, les femmes mangeaient de l'ail, ce qui garantissait leur chasteté, les hommes étant repoussés par l'odeur.

AILE. *Se voir avec des ailes*: vous avez le désir d'alléger votre vie, de vous envoler vers d'autres horizons. Vous avez soif de spiritualité et votre rêve en est le reflet.
Se voir pousser des ailes: quand quelque chose vous motive, vous allez droit au but et vous le faite avec enthousiasme et célérité. Présage de réussite.
Ailes battantes: peur de la chute, de la perte d'équilibre, peur de ne pas se maintenir à un certain niveau de perfection. Doute de soi.
Sens symbolique: les ailes signifient la libération des entraves terrestres, l'envol de l'âme. Dans presque toutes les traditions on retrouve cette signification d'élévation vers le divin.

AIMANT. *Que l'on voit*: présage d'une rencontre importante, amoureuse ou amicale.
Que l'on tient: on cherche de toutes les façons à attirer à soi des personnes qui nous intéressent.
Voir deux aimants se rapprocher: présage d'une relation amoureuse intense.
Sens symbolique: l'aimant représente l'attraction cosmique, le principe qui régule et coordonne les mouvements de l'univers. Son pouvoir magnétique a été – et reste – fréquemment utilisé dans des opérations magiques.

AIR. *Que l'on respire: si cet air est pur*, limpide, le rêve annonce une période de prospérité, un voyage agréable ou la guérison d'une maladie.
Air pollué, brumeux, obscur: présage de troubles, de conflits, de manque de clarté dans vos relations avec autrui.

Sens symbolique: l'Air évoque la spiritualisation. Selon les récits traditionnels de la création du monde, il est l'un des quatre éléments, avec l'eau, la terre et le feu. Il représente le souffle divin, purificateur, qui relie la terre et le ciel et participe à l'élévation de l'âme.

AIR MUSICAL. *Vous chantez*: vous êtes en paix et votre rêve exprime un certain bonheur de vivre. Présage heureux.
Vous entendez une chanson dont l'air vous est familier: cette chanson a dû marquer un moment important de votre vie et l'entendre dans votre rêve fait ressurgir des moments heureux ou malheureux. Il y a de la nostalgie en vous et vous vivez plus dans le passé que dans l'avenir.

AIRAIN. *Se voir boire dans une coupe d'airain*: vous avez besoin de forces pour accomplir un projet qui demande beaucoup de rigueur et qui, s'il réussit, aura une résonance lointaine. Bon présage.
Sens symbolique: l'airain est identifié à l'union de la lune et du soleil, au négatif allié au positif, c'est dire son symbolisme ambivalent. Considéré comme métal sacré chez les Anciens, ceux-ci en firent des armes de guerre pour sa résistance, et des objets de culte, les cloches, pour sa sonorité. Signe à la fois d'incorruptibilité et d'immortalité, l'airain, dans sa dualité, représente aussi la difficulté pour l'être humain de s'élever du plan terrestre à celui de la spiritualité.

AISANCE. *Se voir dans une belle demeure*: votre but est la réussite matérielle et vous employez tous vos moyens pour l'atteindre. Vous avez de l'ambition et du courage. Présage de réussite sociale et familiale.

ALARME. *Entendre une alarme*: mise en garde contre une chose désagréable qui va se produire si vous n'agissez pas en conséquence. Ménagez vos forces car votre santé pourrait en pâtir.

ALBUM. *Feuilleter un album illustré*: votre aimez apprendre et les documents illustrés sont plus évocateurs pour vous que la simple lecture. Vous avez le sens du détail et portez un regard intéressé sur le monde et ce qui vous entoure.

Un album de photos: vous vivez plus dans le passé que dans le présent. Des êtres chers vous manquent ou bien vous évaluez avec nostalgie le temps qui passe.
Un album de timbres: à défaut de voyager au loin, votre goût de l'exotisme se satisfait de ces images en général fort colorées.

ALCHIMIE. *Se voir en alchimiste*: si vous vous voyez opérer dans un laboratoire avec tous les instruments dont se sert un vrai alchimiste, vous êtes certainement, dans votre vie réelle, déjà informé(e) ou même initié(e) à cette pratique. Ce rêve est annonciateur pour vous d'une très grande évolution spirituelle.
Avant d'aborder *le sens symbolique*, il convient de donner la définition courante: l'Alchimie est l'art de la transmutation des métaux en vue d'obtenir de l'or. L'*athanor*, le creuset des alchimistes, est cet alambic dans lequel s'opère cette transmutation.
Au fil des âges, bien des mages, magiciens et occultistes de tout acabit, œuvrant dans le secret de leur laboratoire, ont bel et bien essayé – sans succès, sauf, peut-être, exception – de produire de l'or métallique en puisant la recette dans les vieux grimoires. L'or des véritables Alchimistes est d'une tout autre espèce et se nomme l'*or potable* ou l'*Élixir de Vie*. Il s'agit d'un lent processus de transformation intérieure, *une transmutation,* qui va permettre le passage de l'*Adam terrestre, avili par la chute, à l'Adam primordial, divin*. Ce long processus, la *Quête de la Pierre Philosophale*, est cet or, cette lumière, que peu d'humains sont appelés à découvrir car le chemin est semé de redoutables épreuves. Pourtant, aspirer à une transformation de soi est déjà le premier pas sur le chemin de l'initiation.

ALCOOL. *Se voir complètement ivre*: vous fuyez la réalité, les responsabilités. Vous avez besoin de trouver un paradis (artificiel) pour échapper aux difficultés de la vie; l'alcool représente aussi la possibilité de vous libérer de ses contraintes. Attention, danger!
Boire modérément: vous appréciez les moments heureux et savez vous comporter en être sociable. Boire de cette façon est le signe d'une belle célébration de la vie.

Sens symbolique: l'alcool représente l'union de deux opposés, l'eau et le feu ou le féminin allié au masculin. Ce breuvage est le symbole de l'énergie vitale, de l'inspiration créatrice, dont nombre d'artistes de génie ont vanté les enchantements.

ALCÔVE. *Se voir seul dans une alcôve*: vous aimez le secret et menez vos affaires sans tambour ni trompette. Vous avez le goût de la solitude et de l'anonymat. Sortez quand même un peu !
S'y voir en compagnie d'une personne: vous voulez tenir cachée votre vie amoureuse. Ne seriez-vous pas un peu trop possessif ? La question est posée !

ALCYON. *Voir un alcyon*: cet oiseau marin est un présage de calme et de sérénité. Vous n'avez rien à craindre des aléas de la vie. Vous entrez dans une période douce, agréable à vivre sur tous les plans.
Sens symbolique: dans la mythologie grecque, l'alcyon, oiseau des mers, est enfant de l'air et des eaux. À ce titre, il signifie la richesse à la fois spirituelle et matérielle.

ALGÈBRE. *Se voir devant un problème d'algèbre*: le résoudre présage un succès dans une entreprise qui, au départ, présentait des difficultés. À l'inverse, la non-résolution signifie l'échec. Attention à ne pas compliquer les choses qui se présentent à vous.

ALGUE. *Ramasser des algues*: présage de prospérité, de richesse et de protection. La femme enceinte qui rêve d'algues accouchera sans douleurs ni complications.
Sens symbolique: l'algue, plante marine par excellence, dotée de vertus protectrices, nourricières, bénéfiques, symbolise la vie éternelle.

ALIBI. *Produire un alibi*: vous vous savez innocent de ce dont on vous accuse injustement.
Votre rêve annonce que vous êtes entouré de personnes mal intentionnées et que vous devez vous tenir sur vos gardes.

ALIMENT. *Qui ont le goût sucré*: présage de douces satisfactions.
Salé: vos amis vous aideront à surmonter des difficultés.
Amer: des ennuis et des souffrances en perspective.
Piquant: une diète est recommandée.
Préparer des aliments: vous savez aimer et vous en donnez des preuves.
En recevoir: vous êtes très aimé(e).
Régurgiter des aliments: présage d'une nouvelle désagréable.

ALLAITER. *Pour une femme enceinte*: beau présage d'un bébé en bonne santé.
Rêver d'avoir les seins gorgés de lait: pour une femme, annonce d'une grossesse prochaine, présage d'abondance, de prospérité matérielle.
Pour un homme: désir de fonder une famille, d'être père.
Allaiter une personne du même sexe ou du sexe opposé: générosité, sens du partage dans l'abondance.
Sens symbolique: le lait est un symbole lunaire, féminin, qui dans la plupart des traditions est synonyme d'immortalité.

ALLER. *Se voir marcher d'un bon pas sur une route, un chemin*: signifie que vous savez où vous allez dans votre chemin de vie.
Si vous allez trop vite: mise en garde contre des erreurs dans votre cheminement.
Trop lentement: votre évolution personnelle risque de stagner.

ALLIAGE. *S'allier à une personne*: annonce une union qui sera durable, réussie en tous points, que ce soit dans les affaires, l'amitié, le mariage.
Sens symbolique: l'alliage est l'amalgame de plusieurs métaux fondus ensemble dans une cohésion parfaite. Dans l'antique tradition chinoise, il est le symbole de l'union sexuelle parfaitement accomplie.

ALLIANCE. *Une personne vous passe une alliance au doigt*: présage de mariage ou d'union libre ou encore, concrétisation d'une affaire avec un(e) partenaire sérieux(se).

Enfiler une alliance au doigt d'une personne: c'est vous qui prenez l'initiative d'un engagement envers un être ou une collectivité.
Sens symbolique: c'est dans la bible qu'on trouve la signification du mot alliance: dans l'Ancien Testament, il s'agit du Pacte établi par Dieu (Yhavé) avec Abraham. L'Ancienne Alliance, dite mosaïque, est symbolisée par une victime, l'agneau pascal, dont on partage le sang. C'est pourquoi on retrouve dans de nombreux rituels, l'immolation d'animaux. Dans la tradition chrétienne, le Christ, par son sacrifice, l'Eucharistie, établit la Nouvelle Alliance de Dieu avec les hommes.

ALLIGATOR. (Voir **CROCODILE**)

ALLOPATHIE. *Prendre des médicaments*: vous avez besoin d'aide – physiquement ou psychologiquement –, mais vous ne voulez pas en parler à votre entourage, aussi les médicaments, ingurgités en silence, vous apportent un soulagement temporaire. Mais c'est à recommencer chaque fois, d'où une dépendance qui, si vous n'êtes qu'un malade imaginaire, peut nuire à votre santé.

ALLUMETTE. *Jouer avec des allumettes*: vous aimez jouer avec le feu, que ce soit en amour ou en affaires, mais ce feu ne dure que l'espace d'un instant. Présage d'aventures futiles et furtives.
Allumer la cigarette d'une personne: vous avez un esprit de conquête et cherchez absolument à séduire au risque de vous brûler.
Sens symbolique: l'allumette se rapporte directement au feu. Le symbolisme du feu est commun à toutes les traditions. (Voir **FEU**).

ALMANACH. *Consulter un almanach*: vous appréciez les conseils, les observations, les prévisions, et vous veillez à programmer avec méthode votre emploi du temps. Vous êtes quelqu'un qui n'aime pas êtes pris au dépourvu, aussi savoir exactement ce que vous allez faire vous rassure. Mise en garde contre un comportement trop rationnel.

ALOÈS. *Voir cette plante dans son milieu désertique*: vous avez besoin de solitude pour vous régénérer. L'aloès est d'une grande aide pour vous. Bon présage : son pouvoir stimulant, son suc amer véritable élixir de longue vie vous garantit guérison et succès.

ALOUETTE. *Voir voler une alouette* : présage de joies. Votre esprit n'est pas encombré de problèmes et vous vous sentez léger(ère). Mise en garde cependant contre un enthousiasme, contre des mirages qui vous conduiraient à faire des erreurs.
Entendre chanter une alouette : l'avenir vous sourira. Belles perspectives dans divers domaines.
Sens symbolique : l'alouette, qui peut s'élever aussi haut que retomber subitement, symbolise l'union de la terre et du ciel. La rapidité de son vol évoque l'enthousiasme juvénile et son chant la joie de vivre. Oiseau sacré dans certaines traditions, l'alouette est annonciatrice de bonheur ; pour les mystiques, son chant est assimilé à une prière adressée à Dieu et pour certains penseurs et philosophes, l'alouette est un symbole moral.

ALPHA et **OMÉGA**. *Voir ces deux lettres affichées* : votre rêve signifie que vous êtes sur un chemin spirituel déjà avancé et que loin de vous arrêter, votre cheminement – qu'on pourrait qualifier de « mystique » – vous conduit à une prise de conscience très évoluée.
Sens symbolique : dans l'Apocalypse, il est écrit « C'est moi l'Alpha et l'Oméga, dit le seigneur Dieu », ce qui signifie que le Christ est le principe et la fin de toute chose. Certains auteurs théologiens ont insisté sur le symbolisme de ces deux lettres en soulignant que, si le point Alpha constituait la toute première entrée dans la sphère de l'Esprit, le point Oméga en signifiait l'achèvement, c'est-à-dire la divinisation de l'être humain.

ALPHABET. *Lire ou écrire l'alphabet* : vous êtes très précis dans vos choix et selon que vous vous arrêtiez sur une lettre plutôt que sur une autre a une signification différente. De plus, vous avez soif de connaissances et votre crainte de l'ignorance vous pousse à consulter souvent des ouvrages de références, des dictionnaires, des atlas, des encyclopédies.

Sens symbolique: dans les traditions où l'enseignement se fait par la lecture et l'écriture, les lettres de l'alphabet ont une signification capitale, en ce sens qu'elles renfermeraient le secret de la Création. Il est dit que Dieu a enseigné 32 lettres à Adam, mais que certaines ont été perdues. C'est pourquoi les alphabets des différentes cultures peuvent ne pas en contenir le même nombre. Dans la tradition ésotérique islamique, le même concept de l'univers est produit par les lettres – au nombre de 28 dans le Coran – et c'est dans l'homme qu'elles se manifestent. Dans la Kabbale hébraïque, les lettres, qui sont au nombre de 22, contiennent un pouvoir créateur inaccessible à l'homme, car celui-ci pourrait les utiliser à l'égal de Dieu. Les savants de cette doctrine ésotérique ont élaboré plusieurs systèmes de décodage des lettres, basé sur leur valeur numérique, qui expliqueraient la formation de l'univers. Il est intéressant de savoir que les lettres de cet alphabet trouvent une correspondance et une signification dans les 22 cartes du tarot de Marseille. Ainsi:

A: correspond aux possibilités multiples de l'homme.
B: la science, la bouche, la porte, la demeure.
C: le discernement, l'intelligence.
D: l'expérience, l'union en marche des forces matérielles et spirituelles.
E: l'évolution morale et spirituelle, la maturité, la sagesse, la bonté.
F: l'irrésolution, l'hésitation.
G: voyages bénéfiques. Avancée victorieuse sur le plan matériel aussi bien que spitiruelle.
H: l'équilibre, la droiture, l'harmonie.
I: expérience, réflexion, méditation, force intérieure.
J: alternance des joies et des épreuves. Changement dans l'état de santé.
K: énergie physique et morale. Non-violence. Triomphe de l'intelligence sur la brutalité.
L: clairvoyance, intuition, inspiration, abnégation.
M: transformation intérieure, transmutation, mort initiatique.
N: continuité dans le renouveau.
O: domination, ruse, passions charnelles, sexualité débridée.

P : ruine, catastrophes, risques, déménagement.
Q : espoir, fin des épreuves, inspiration, transmutation de l'être charnel en être spirituel.
R : gestation, médiumnité, éternel féminin.
S : liberté et bonheur absolu, amour comblé, harmonie profonde.
T : accomplissement. Victoire sur soi-même. L'âme est divinisée.
U : équilibre des forces intérieures. Conscience, paix, réussite.
V : ultime étape vers la spiritualité. Compréhension des secrets de la vie.
W, **X**,**Y** et **Z** achèvent la métamorphose spirituelle de l'être.
Note : Il convient de rappeler que les voyelles ne figurent pas dans l'alphabet kabbalistique et que c'est pour une meilleure compréhension des lettres associées aux lames du tarot que nous les avons introduites.

ALPINISTE. *Se voir escalader* : vous faites des efforts pour atteindre votre but. Si vous approchez du sommet, la victoire vous est assurée dans les domaines qui vous intéressent, affaires, amours.
S'arrêter à mi-course : vous vous essoufflez dans vos efforts. Une personne freine peut-être votre ascension.
Une personne vous aide à monter : bon présage. Vous serez aidé(e) dans vos entreprises.
Sens symbolique : (Voir **MONTAGNE**)

ALUNIR. *Se poser sur la Lune* : vous aspirez à un changement de vie. Si vous êtes un homme, une femme sera à l'origine de votre transformation. Si vous êtes une femme, c'est vous-même qui choisirez le chemin à prendre.
Se promener sur la Lune : votre imaginaire vous rend la vie réelle difficile, et vous vous évadez fréquemment par l'esprit. Vous êtes poète(sse) ou musicien(ne) et vous aimeriez voir se réaliser vos projets créatifs.
Sens symbolique : (Voir **LUNE**)

AMANDE. *Manger des amandes douces* : présage de gains importants ou d'une belle rencontre amoureuse. Ou les deux à la fois. Découverte peut-être d'un secret de famille.

Amandes amères: vous regretterez des actes commis sans réflexion, qui vous apporteront déceptions et amertume.
Sens symbolique: selon certaines doctrines ésotériques, l'amande symbolise le mystère, le secret, ce qui se cache derrière les apparences. Ainsi, dans l'iconographie médiévale, la mandorle, qui auréole les figures du Christ ou de La Vierge, incarne le mystère de la lumière céleste. Dans de nombreuses traditions, on retrouve ce sens du secret, du caché, du non révélé attribué à l'amande, et, à l'inverse, en retirer la peau signifie que l'on a accès à la Connaissance, à l'immortalité. Dans les écrits des mystiques moyenâgeux, l'amande désigne la virginité de Marie. Il faut également souligner que ce fruit de l'amandier, assimilé au sexe de la femme, renforce la valeur sacrée du symbole en faisant de la vulve la Matrice originelle.

AMANDIER. *Être sous un amandier*: beau présage car vous êtes à la veille d'un renouveau tant sur le plan de vos affaires que celui de votre vie spirituelle ou affective.
Cueillir des fleurs d'amandier: ces fleurs printanières ne sont pas immortelles et si l'amour se présente à vous, il risque de ne pas durer longtemps. Fragilité donc dans vos relations amoureuses ou d'affaires.
Sens symbolique: l'amandier est un symbole masculin, à l'inverse de l'amande qui, elle, est un symbole féminin. Il est signe de fragilité, mais aussi de renouveau et d'immortalité dans certaines traditions. Une légende perdure selon laquelle une jeune vierge qui s'endormirait sous un amandier pourrait se retrouver enceinte. Cette légende n'est pas sans rapport avec le symbolisme phallique attribué à l'amandier.

AMANT/AMANTE. *Si vous êtes libre*: présage d'intenses plaisirs amoureux.
Si vous êtes marié(e) ou engagé(e) avec une autre personne: inquiétudes, tromperie, discorde seront la rançon de votre infidélité.

AMARANTE. *Cueillir une amarante*: cette fleur rouge pourpre annonce une passion ou une action que vous accomplirez avec une belle énergie. Bon présage.
Sens symbolique: (Voir **FLEUR**)

AMARRER. *Se voir amarrer un bateau*: présage d'un nouveau comportement dans votre vie. Vous vous fixez quelque part. Il peut s'agir d'un mariage, d'un emploi assuré, mais cette stabilité dépendra de vous, car n'oubliez pas qu'un amarrage ne peut être que provisoire.

AMAZONE. *Se voir, si vous êtes une femme*: vous avez tendance à dominer les autres et à agir avec une certaine agressivité. On dit de vous que vous êtes une battante, ce qui peut parfois se traduire par « guerrière » !

Voir une ou des amazones, si l'on est un homme: l'agressivité de certaines femmes vous déstabilise et engendre même la crainte d'un engagement sentimental. Dans votre travail, vous êtes peut-être sous les ordres d'une femme autoritaire et cela vous dérange.

Sens symbolique: dans la mythologie grecque, les Amazones symbolisent les femmes guerrières qui veulent anéantir les hommes et se substituer à eux. Elles établissent une société exclusivement composée de femmes et écartent tout sentiment pour s'accoupler à un homme afin d'enfanter. Si ce sont des filles qui naissent, elles sont fêtées et prennent modèle sur leurs mères, si ce sont des garçons, ils sont mutilés et rendus aveugles. L'Amazone symbolise avant tout le refus de la féminité et son impossible accession à la virilité naturelle.

AMBRE. *Porter un bijou ou un objet d'ambre*: vous souhaitez attirer une personne, trouver un emploi gratifiant, montrer que vous êtes quelqu'un de dynamique.

Sens symbolique: l'ambre jaune, – une résine dure possédant des propriétés magnétiques, électriques –, est à l'image du Soleil originel. Il est le lien entre l'âme individuelle et l'âme universelle, et sa pureté, son incorruptibilité en font un symbole spirituel par excellence. Depuis le fond des âges, les talismans et amulettes d'ambre, condensateurs et générateurs d'énergie, sont réputés bénéfiques à ceux qui les utilisent.

AMBROISIE. *Boire le nectar d'ambroisie*: votre rêve vous transporte dans l'univers divin. Votre évolution hautement spirituelle est garante de votre bonheur terrestre.

Sens symbolique: l'ambroisie, nourriture des Dieux, symbolise l'immortalité, la protection divine. Goûter à ce nectar, pour un humain évolué, ouvre la voie céleste. Pour un être dépourvu de spiritualité, le courroux du ciel sera son châtiment.

AMBULANCE. *En voir une*: présage d'une mauvaise nouvelle concernant la santé d'un de vos proches.
Se voir à l'intérieur: mise en garde contre une maladie ou un accident qui pourrait survenir.

AMENDE. *Payer une amende*: vous avez commis une infraction, bénigne ou grave, et vous devez en subir les conséquences. En payant, vous rachetez votre faute. Mise en garde contre un comportement irréfléchi.

ÂME. *Voir une ou des âmes venir à vous*: votre rêve vous met en présence de ceux que vous avez aimés, qui vous ont aimé(e) ou bien de ceux qui se sont révélés cruels, destructeurs, jaloux envers vous. Selon leur apparence physique ou la vibration qu'elles dégagent, ces âmes vous seront bénéfiques ou malfaisantes. Si, dans ce rêve, vous éprouvez des sentiments de sérénité, de plénitude, de bonheur, il s'agit probablement de messagers célestes qui vont participer à votre évolution spirituelle. Si vous ressentez de la souffrance, de la peur, de l'angoisse, vos «visiteurs» sont venus vous annoncer des nouvelles attristantes ou bien sont mal intentionnés à votre égard. En outre, la couleur de leurs vêtements, ou celle qu'ils émettent vous renseigne sur la «qualité» de ces âmes. (Voir **ESPRIT**, **FANTÔME**)
Sens symbolique: s'il est un domaine où les interprétations les plus diverses foisonnent, c'est bien au sujet du symbolisme de l'âme. Relevant de l'invisible, du non palpable, l'existence de l'âme est niée par les scientifiques purs et durs. Il faut se tourner vers les croyants de toutes les traditions, vers les grands mystiques, occultistes, philosophes, pour avoir une vue d'ensemble de tous les symboles attribués à l'âme. Principe de l'âme immortelle chez les Égyptiens, elle est *la psyché* des Grecs de l'Antiquité, *l'anima* des peuples latins,

mots qui signifient le *souffle*. On retrouve cette idée de souffle vital dans les diverses traditions et la tradition chrétienne parle de l'âme en lui attribuant plusieurs niveaux d'énergie. Pour les grands courants psychanalytiques, l'âme est en rapport direct avec le psychisme, mais aussi, pour Jung, elle renferme un contenu qui appartient au monde des esprits, à l'inconscient. L'*anima* est vue comme la partie féminine de l'homme, et l'*animus* la partie masculine de la femme. En tout être humain, femme ou homme, cohabitent ces deux pôles. De l'harmonie de ces deux parties dépend l'équilibre psychique d'une personne. Leur déséquilibre, s'il est important – l'*anima* dominante et négative chez l'homme et l'*animus* dominant négatif chez la femme – peut engendrer des comportements caractériels alors que la dominance vécue d'une façon positive est facteur d'intégration sociale et de créativité réussie.

AMI/AMIE. *Le (la) voir*: présage de réconfort, d'aide, de secours dans une période difficile que vous traversez.
Se voir entouré(e) d'ami(e)s: vous savez cultiver l'amitié et vos ami(e)s sont toujours avec vous dans les bons comme dans les mauvais moments.
Être dénigré(e) par un(e) ami(e): mise en garde contre une personne qui dit être votre ami(e), mais en réalité, est rempli(e) de mauvaises intentions à votre égard.
Sens symbolique: l'ami(e), c'est la personne avec laquelle vous êtes en affinité d'âme.

AMIRAL. *Se voir revêtu(e) de l'uniforme*: vous avez l'âme d'un navigateur et vous placez cette aspiration au plus haut niveau. Se voir vêtu d'un uniforme militaire signale que vous menez votre vie, vos affaires, avec rigueur et précision. L'amiral, qui est le grade suprême dans l'amirauté, signifie aussi que les mers, les océans, représentent la possibilité de voyager, de découvrir de nouveaux horizons, ou états de conscience, ce à quoi vous aspirez aussi bien physiquement que spirituellement.
Sens symbolique: (Voir **MER**)

AMOUR. *Rencontrer l'amour* : cet amour peut se présenter sous les traits d'un homme ou d'une femme. Si le visage vous est familier et que vous n'avez jamais déclaré votre amour, ce rêve présage que vous êtes certain(e) de votre choix amoureux et que vous allez concrétiser votre désir d'union avec cette personne.
Un amour sans visage connu : vous avez besoin d'aimer et d'être aimé(e). Le rêve annonce une rencontre prochaine qui vous surprendra.
Sens symbolique : l'Amour, l'*Éros* de la mythologie grecque, est le plus souvent représenté comme un enfant ou un très jeune homme, nu, pourvu d'ailes, d'un carquois, d'un arc et de flèches, ce qui suggère que l'amour est l'apanage de la jeunesse, avec toute son inconscience et son inconstance. L'amour relève non seulement de la symbolique de l'amour charnel, mais également de l'amour sacré. En effet, la *libido*, pulsion fondamentale de l'être humain, peut se transformer en force spirituelle qui magnifie les qualités morales et mystiques de celui ou de celle dont la conscience s'est éveillée.

AMOUREUX/AMOUREUSE. *Se voir* : vous êtes placé(e) face à un dilemme concernant votre vie sentimentale ou vos affaires. Vos hésitations, vos tiraillements, pourraient bien lasser celle ou celui qui attend que vous vous manifestiez. Mise en garde contre votre manque de décision.
Sens symbolique : l'Amoureux, 6e arcane majeur du tarot, représente un jeune homme hésitant entre deux femmes très différentes, l'homme étant surmonté d'un petit Cupidon. Cette image symbolise la lutte intérieure à laquelle tout être est confronté lorsqu'il s'agit de faire un choix entre la satisfaction immédiate, matérielle, charnelle, et le long cheminement qui mène à la vie spirituelle. L'Amoureux symbolise aussi, sous son aspect négatif, l'infidélité, l'instabilité, le manque de jugement.

AMPUTATION. *De la jambe ou du bras droit* : présage d'un arrêt de vos activités. Une maladie, une perte financière ou une séparation, un divorce.
De la jambe ou du bras gauche : bon présage : tout ce qui était négatif dans votre vie prend fin. Vous allez pouvoir réaliser vos projets et repartir « du bon pied » (le droit).

Ce genre de rêve comporte également une tonalité sexuelle : crainte de la castration chez l'homme, séparation de l'être aimé chez la femme.
Sens symbolique : (Voir **DROITE**)

AMULETTE. *Porter une amulette* : vous ne faites pas confiance à votre pouvoir de défense et une amulette vous semble un moyen plus efficace pour neutraliser vos ennemi(e)s. C'est aussi une façon de vous protéger du mal et des maladies.
Perdre une amulette : présage d'une épreuve dans laquelle vous userez vos forces. Soyez vigilant en ce qui concerne votre santé.
Sens symbolique : l'amulette renferme une puissance magique qui protège le porteur, c'est pourquoi dans les traditions les plus anciennes, on trouve des amulettes, aussi bien sur les défunts que sur les vivants.

ANAPHRODISIE. *Se voir dépourvu(e) de désir sexuel* : l'être aimé(e) vous laisse indifférent(e) sexuellement. Ce rêve indique une lassitude dans votre vie qui peut concerner aussi bien vos occupations habituelles que votre partenaire. Vous avez besoin d'être motivé(e) pour que votre puissance créatrice puisse s'exprimer de nouveau. Changer d'air, faites du sport pour le corps et de la méditation pour l'esprit, vous en tirerez un grand bénéfice.
Sens symbolique : (Voir **APHRODITE**)

ANATOMIE. *Voir son corps* : votre rêve indique peut-être que vous ne vous préoccupez pas assez de votre enveloppe charnelle et que vous êtes davantage porté(e) vers la spiritualité, le mysticisme. Voir votre corps est un rappel aux réalités terrestres.
Assister à un cours d'anatomie : vous souffrez peut-être de douleurs ou d'une maladie qui vous inquiètent et vous voudriez en savoir plus sur le corps humain et son fonctionnement. Rassurez-vous en interrogeant votre médecin.

ANCIEN. *Voir un « ancien »* : vous projetez votre désir de savoir, de connaissances, sur un être âgé, qui a vécu des événements, des

expériences que vous aimeriez partager. En rêvant de cet « ancien », votre grand-père peut-être, c'est la mémoire du temps, passée ou future, que vous consultez.
Acheter un objet ancien : vous aimez plonger dans le passé en acquérant des objets qui ont une histoire et une longévité qui vous rassure quant à l'incertitude du présent et de l'avenir.
Sens symbolique : l'ancêtre, l'ancien, représente la durabilité de l'existence. En ce sens, il symbolise la persistance de l'être humain, son immortalité.

ANCRE. *Voir une ancre* : présage d'un voyage bien planifié, solidement établi. Il ne s'agit pas de partir au hasard, mais de savoir où l'on va se poser avec sa famille de préférence.
Jeter l'ancre : votre rêve signifie que vous vous stabilisez, que vous avez trouvé votre port d'attache. Vous avez atteint l'âge de la maturité.
S'accrocher à une ancre : après des difficultés, vous trouvez de l'aide. Cette image signifie la fin de vos tourments.
Sens symbolique : l'ancre, par son poids, représente la stabilité, la tranquillité, la fermeté. Capable de maintenir en place les bateaux les plus lourds aux prises avec les tempêtes, l'ancre est la sauvegarde des marins en péril. De là une extension qui en fait le symbole de la fidélité et de l'espérance.

ANDROGYNE. *Se voir en être androgyne* : selon votre réaction dans votre rêve, vous serez soit dérangé par cette apparence physique alors que vous êtes certain d'appartenir à un sexe bien défini, soit vous trouverez normal que votre rêve vous signale que les deux sexes cohabitent en vous naturellement. Cette vision s'accorde avec votre démarche spirituelle.
Sens symbolique : l'androgyne a donné lieu à des interprétations diverses selon les traditions, mais qui toutes ont fini par concorder. L'androgyne, c'est l'être double possèdant à la fois les attributs féminins et masculins et qui symbolise l'unicité fondamentale du monde.

ÂNE. *Monter sur un âne*: Vous n'êtes pas pressé(e) dans vos affaires, mais vous savez précisément où vous voulez aller.
Donner à manger à un âne: vous ne serez pas récompensé(e) de l'aide que vous apporterez à une personne.
Entendre braire un âne: vous dépensez vos forces inutilement. On ne vous écoute pas.
Être mordu(e) par un âne: de grandes difficultés avec un associé malhonnête.
Sens symbolique: l'âne, dans toutes les traditions, symbolise l'ignorance, les ténèbres, l'obscurité, voire les forces maléfiques. Il signifie également la sexualité débridée, les mauvais instincts de l'être humain, la vie exclusivement basée sur l'aspect matériel des choses. Dans la scène des Rameaux de la tradition chrétienne, Jésus n'est pas monté sur un âne, mais une ânesse qui, à l'inverse de l'âne, est le symbole de la connaissance, de la paix, de la patience et de l'humilité.

ANÉMONE. *Cueillir une anémone*: présage d'un amour qui ne durera pas.
On vous offre des anémones: méfiez-vous de la légèreté de la personne qui vous offre ces fleurs.
Sens symbolique: l'anémone, fleur d'un rouge sang, évoque la beauté alliée à la simplicité. Fragile, légère, le moindre souffle de vent l'emporte, c'est pourquoi elle symbolise l'éphémère.

ANGE. *Voir un ange*: votre rêve se rapporte à une personne que vous affectionnez ou aimez avec laquelle vous pouvez partager des idées élevées. C'est un présage d'entente parfaite sur tous les plans et en particulier sur le plan spirituel.
Recevoir le baiser d'un ange: une personne décédée que vous aimiez et que vous n'arrivez pas à oublier se rappelle à vous.
Etre entouré d'anges: vous êtes sur un chemin spirituel qui vous apporte joie et sérénité.
Voir un ange vêtu de blanc: présage de bonheur.
Vêtu de bleu: annonce un cadeau, un don.
De jaune safran: annonce la santé, la guérison.

De vert: bon augure de prospérité, de vitalité.
De noir: mauvais présage. Des difficultés en perspective.
Sens symbolique: l'ange est généralement symbole de transformation intérieure. Les anges figurent dans les principales religions monothéistes en tant que messagers célestes, porteurs d'heureuses nouvelles. Selon diverses interprétations théologiques, ce sont des êtres exclusivement spirituels, dépourvus de corps, donc sans sexe défini, ou bien des esprits dotés d'un corps impalpable, aérien. Que ce soit dans la tradition juive ou chrétienne, les anges, constitués en armée de Dieu, sont classés dans un ordre hiérarchique conditionné par leur proximité du Trône Divin. Au sommet se trouvent les Séraphins, les Chérubins, les Trônes, ensuite les Dominations, les Puissances, les Vertus, puis les Principautés, les Archanges et enfin les Anges.
Les anges occupent chacun une fonction spécifique et nombre de personnes parmi les croyants invoquent souvent une intercession de leur part quand il traversent des épreuves. Les archanges Michel – le chef des armées célestes pourfendeur des démons – , Gabriel – messager d'espoir, – consolateur et initiateur des grandes œuvres divines – , Raphaël – veille sur la santé, guidant médecins et voyageurs. Si les anges gardiens ne figurent pas formellement dans les Écritures Saintes, dans certains textes théologiques – en particulier dans les écrits coraniques – on trouve des références concernant ces anges initiateurs et protecteurs qui veillent sur nous. Ainsi, nous aurions tous un ange bienveillant, portant un nom précis, entièrement dévoué à chacun(e), et que nous pouvons invoquer dans tous les actes de notre vie. Dans certains livres spécialisés, selon notre jour de naissance, le nom de notre ange protecteur nous est révélé.

ANGÉLUS. *Entendre sonner l'angélus*: bon présage. Un événement heureux que vous attribuerez à la chance va changer votre vie.

ANGUILLE. *Capturer une anguille*: vous maîtrisez enfin une situation dont l'issue n'était pas certaine.
L'anguille glisse entre vos mains: présage d'échec. Une personne de votre entourage vous dissimule quelque chose.

Une anguille découpée en morceaux: vous n'avez plus rien à craindre d'un(e) ennemi(e).
Sens symbolique: l'anguille est à rapprocher du serpent et réunit dans certaines traditions antiques le symbolisme de cet animal rampant et de l'élément eau. On lui attribue également un symbolisme sexuel. (Voir **SERPENT**)

ANIMAL. *Avoir peur d'un animal domestique*: vous n'osez pas vous affirmer. Vous craignez le jugement d'autrui, pourtant il y a beaucoup de qualités d'amour en vous.
Peur d'animaux sauvages: vous craignez les pulsions d'agressivité ou de violence de votre entourage ou vous vous méfiez peut-être de vos propres pulsions.
Voir des animaux sauvages apprivoisés: vos amis, vous-même, peut-être, avez su dominer vos instincts et l'harmonie règne. Vous avez le cœur en paix.
Sens symbolique: l'animal représente les couches profondes de l'inconscient où se logent les pulsions, les instincts les plus primitifs mais aussi, selon l'animal en question, les aspirations les plus nobles, les plus belles de l'être humain. (Voir **AIGLE**, **CHEVAL**, **CHIEN**, **COLOMBE**, **CORBEAU**, **SERPENT**, etc.)

ANIMA/ANIMUS. (Voir **ÂME**)

ANKH (croix ansée égyptienne). *Porter une croix ansée*: pour que cette croix figure dans votre rêve, vous devez être déjà sur une voie spirituelle et même initié(e) à sa signification ésotérique. Très beau présage de réalisation aussi bien intérieure que dans les entreprises de votre vie quotidienne.
Sens symbolique: cette croix, appelée aussi « nœud magique » représente aussi bien le macrocosme que le microcosme. Elle est symbole d'énergie vitale, d'éternité et associée aux mystères ésotériques, en ce sens , elle permettrait de pénétrer le sens caché de la vie éternelle. (Voir **CROIX**)

ANNEAU. *Que l'on voit*: présage de fiançailles, mariage ou autre sorte d'union sous peu.
Que l'on ôte si l'on est marié(e) : vous êtes lié(e) à une personne et allez vers un(e) autre. Présage de rupture ou de tromperie occasionnelle.
Perdre un anneau: vous souhaitez ne plus être sous la dépendance d'une personne ou avoir des obligations envers elle. Cette perte annonce votre désir de rompre au plus vite.
Sens symbolique: plusieurs interprétations sont attribuées à l'anneau selon les diverses traditions. Ainsi, il peut être le symbole d'attachement spirituel, de puissance, de domination matérielle. Il peut représenter l'esclavage, la soumission consentie ou imposée. Il peut être symbole de sagesse, de savoir, de cycle indéfini. On lui attribue aussi des vertus magiques, ce qui lui donne un pouvoir aussi bien bénéfique que maléfique selon le « magicien » qui l'utilise.

ANNÉE. *Voir une année s'afficher*: selon l'année qui figure dans votre rêve, vous comprendrez en quoi elle a eu – ou aura dans le futur – une importance. S'agit-il de l'année de votre naissance, de celle de vos parents, de vos enfants, d'autres personnes, ou bien une année dont vous aurez de la difficulté à vous rappeler l'événement marquant? Vous seul(e) pouvez analyser ce rêve.

ANNIVERSAIRE. *Vous soufflez des bougies*: c'est la fin d'un cycle et le début d'un autre. Selon votre façon – heureuse ou nostalgique – de célébrer cet événement, votre rêve vous invite à faire un bilan ponctuel de votre vie.
Sens symbolique: (Voir **CALENDRIER**)

ANOREXIE. *Se voir anorexique*: si votre rêve vous représente en train de repousser ou de vomir des aliments, c'est qu'il y a chez vous un refus de la vie, de la communication qui pourrait vous conduire à vous couper de votre entourage et de la société en général. Vous souffrez probablement de problèmes psycho-affectifs. Pensez à trouver un soutien psychologique ou psychanalytique.

ANTENNE. *Voir ou posséder une antenne radio ou télé*: votre intuition est très développée et vous savez capter des messages télépathiques ou découvrir ce que l'on essaye de vous cacher. Ce rêve vous révèle que des personnes cherchent à agir sans votre consentement dans une affaire qui vous concerne.

ANTIGONE. *Se voir incarnant le personnage, que vous soyez femme ou homme*: vous êtes très attaché(e) à votre cercle familial et malgré votre désir d'émancipation, vous ne parvenez pas à vous en affranchir. Ce rêve a valeur d'avertissement pour vous dire de rompre avec cette dépendance et prendre votre propre vie en mains.
Sens symbolique: Antigone représente l'attachement indéfectible aux siens, attachement qui va jusqu'au sacrifice de sa propre vie.

ANTIMOINE. *Manipuler de l'antimoine*: Votre rêve indique à la fois une quête de transformation intérieure, spirituelle, mais aussi un goût très marqué pour les biens matériels.
Mise en garde contre un échec dans l'une ou l'autre direction.
Sens symbolique: l'antimoine correspond, dans la pratique de l'Alchimie, à l'étape presque ultime dans l'élaboration de la pierre philosophale. Autrement dit, l'antimoine symbolise un haut degré de perfection dans l'évolution d'un être humain, mais pas suffisamment haut pour atteindre à la Sagesse suprême.

ANTIPATHIE. *Voir une personne antipathique*: si vous n'arrivez pas à identifier la personne, votre rêve tend à vous faire comprendre qu'il s'agit peut-être d'un manque d'amour et de considération pour vous-même. Vous devriez pratiquer l'introspection pour tenter de voir clair en vous.

ANTIVIRUS. *Télécharger un antivirus dans votre ordinateur*: rêver d'un système antivirus signifie qu'on se préoccupe d'écarter les êtres négatifs de notre entourage qui perturbent le bon fonctionnement de notre vie.

ANTRE. *Se voir dans un antre*: vous êtes quelqu'un de secret, de solitaire, et vous avez besoin de vous protéger de l'indiscrétion d'autrui. Votre rêve indique aussi que vous avez le goût du mystère et de l'aventure, car l'antre est par excellence, un lieu obscur et mystérieux..
Sens symbolique: (Voir **CAVERNE**)

APÉRITIF. *Vous buvez en compagnie d'ami(e)s*: vous avez le sens de l'amitié et savez célébrer joyeusement les événements qui se présentent.
Sens symbolique: (Voir **BOUTEILLE**)

APHONIE. *Être aphone*: votre rêve vous signale votre difficulté à vous faire entendre ou comprendre. Il se peut que vous ne soyez pas suffisamment persuasif, soit par manque de préparation de votre travail, soit parce que vous ne savez pas trouver les bons arguments. *Être face à une personne aphone*: vous êtes insensible ou indifférent à ce que peut vous dire cette personne. Ce rêve peut indiquer aussi que vous ne savez pas écouter autrui.
Sens symbolique: (Voir **PAROLE**)

APHRODITE. *S'entendre appeler «Aphrodite»*: votre rêve indique que l'amour charnel, physique, la sexualité, tiennent une place primordiale dans votre vie. Vous aimez – ou souhaiteriez – séduire intensément et jouir de tous les plaisirs quels qu'ils puissent être. La maternité n'est pas pour vous, en tout cas, pas pour le moment.
Sens symbolique: la déesse Aphrodite, représente l'amour dans sa forme la plus concrète, c'est-à-dire, qui ne vise qu'à la satisfaction quasi perverse d'une sexualité débridée. Le mythe d'Aphrodite ne parle à aucun moment d'amour dédié à la procréation ou d'amour divinisé, mais seulement d'amour presque sauvage qui échappe à toute forme d'humanisation.

APOCALYPSE. *On vous parle d'apocalypse*: une personne ou un événement vous «retourne» par ses propos ou ses conséquences

apocalyptiques et votre crainte de voir littéralement le monde se dérober sous vos pas vous paralyse. Ce rêve présage la fin d'une association, d'un mariage, d'une relation amoureuse, d'une faillite dans vos affaires, ou encore l'éventualité d'un deuil.
Voir l'apocalypse: vous rêvez de destructions massives, de villes en ruines, de tremblements de terre ou d'éruption volcanique:
ce rêve indique votre désir de repartir de zéro, de faire table rase de tout ce qui constituait votre vie. Présage de renouveau.
Sens symbolique: l'Apocalypse, selon l'étymologie, signifie «révélation» et c'est sur ce sens que s'appuie saint Jean quand il décrit l'Apocalypse, récit visionnaire et prophétique. L'Apocalypse signifie la fin du monde par la faute du dévoiement de l'être humain.

APOLLON. *Voir une statue d'Apollon*: ce rêve signifie, aussi bien pour une femme que pour un homme, que vous êtes à la recherche d'un idéal de beauté, de pureté, de victoire sur les bas sentiments. Présage d'une évolution spirituelle en marche, mais également d'une rencontre avec une personne qui, selon vous, aura les qualités attribuées à Apollon.
Sens symbolique: dans la mythologie grecque, Apollon, représente un dieu qui, après avoir été l'image d'un personnage orgueilleux, violent, vindicatif, est parvenu à dominer ses instincts pour les transmuer en qualités de sagesse, d'équilibre et d'harmonie. Apparenté à un dieu solaire, Apollon symbolise alors la perfection dans toute sa splendeur.

APPARITION. (Voir **ESPRIT**)

APPLAUDIR. *On vous applaudit*: si, par nature, vous êtes une personne effacée, votre rêve signifie que vous êtes digne d'éloges et de reconnaissance. Si, au contraire, vous avez une nature orgueilleuse, votre rêve vous met en garde contre des gens qui savent comment obtenir quelque chose de vous en vous flattant hypocritement.

AQUARELLE. *Vous peignez une aquarelle*: les couleurs légères propres à l'aquarelle signifient que vous êtes une personne discrète qui n'aime pas s'imposer. Mise en garde contre trop d'effacement qui risque de vous laisser dans l'ombre. Si l'on ne vous remarque pas, vous regretterez un jour d'avoir laissé passer de belles opportunités.

ARA. *Voir un ara*: Selon la beauté et les couleurs de son plumage, cet oiseau est un présage d'une plus ou moins grande prospérité, mais toujours favorable à vos entreprises.
Sens symbolique: oiseau de feu par excellence, le ara, est le symbole de l'énergie solaire.

ARABESQUE. *Tracer des arabesques*: votre rêve indique que vous tracez un chemin que vous-même ne connaissez pas. Est-ce dû au fait que vous empruntez rarement la ligne droite pour atteindre vos buts, ou bien que ces circonvolutions vous aident à structurer un projet?
Posez-vous la question.
Sens symbolique: l'arabesque, qui vient de l'art arabe, est un tracé non figuratif qui évoque le mouvement, l'élan, sans jamais pouvoir être définie ni déchiffrée. L'Islam est une religion sans représentations iconographiques, aussi l'arabesque invite à la méditation et à la prière. Il est dit également que l'arabesque trouve son équivalent dans le symbole du labyrinthe.

ARAIGNÉE. *Voir une araignée tisser sa toile*: votre rêve indique qu'une personne de votre entourage, très possessive, vous maintient sous sa dépendance.
Tuer une araignée: par peur, vous risquez de ne nuire qu'à vous-même alors que l'araignée en question – une personne bien intentionnée – est porteuse de bonnes nouvelles.
Sens symbolique: l'apparence souvent désagréable de l'araignée fait oublier son symbolisme riche en interprétations. Ainsi, dans les traditions indiennes, européennes, ou africaines, l'araignée fait souvent figure de divinité cosmique, de lien entre le ciel et la terre, de devineresse, de fileuse du destin, d'initiatrice aux œuvres divines. À l'inverse, sous son aspect négatif, l'araignée fixée au centre de sa toile symbolise l'introversion, le nombrilisme, le narcissisme.

ARBRE. *Voir un arbre riche en feuilles et en fruits*: vous êtes un être en pleine possession de ses moyens, doté d'une grande vitalité et du sens de l'harmonie aussi bien intérieure qu'extérieure. Ce rêve est un présage de bonheur, de prospérité et d'accomplissement dans votre vie affective, matérielle autant que spirituelle.
Tomber d'un arbre: ce genre de rêve chez un homme signifie souvent la peur de l'impuissance, de l'échec. Chez la femme, cette chute indique le manque de figure masculine dans son entourage. Ce rêve révèle que vous êtes en proie à l'insécurité sur le plan affectif ou financier.
Cueillir les fruits d'un arbre: présage d'une aventure sentimentale.
Voir un arbre desséché ou mort: présage d'une période de votre vie dépourvue d'amour, de relations affectives, de projets.
Voir un arbre déraciné: les racines sorties de terre signifient votre propre déracinement. Vous êtes peut-être en train de quitter un amour, un pays, une position sociale dont la stabilité pendant longtemps vous a rassuré(e). Vous êtes maintenant à un autre stade de votre vie où il va falloir vous implanter différemment. Une épreuve pour un renouveau.
Sens symbolique: dans toutes les cultures, traditions, religions, l'arbre a donné lieu à une multitude d'interprétations. C'est avant tout un symbole de la vie qui met en relation par ses racines, son tronc et ses branches, le plan souterrain de la terre avec les hauteurs du ciel. Ce symbole de la vie, en évolution continue, est renforcé par l'union des quatre éléments: eau, terre, feu et air, inhérents à l'arbre; à savoir, l'eau pour la sève, la terre pour les racines, le feu produit par frottement de son bois et l'air absorbé par son feuillage. *Arbre du Monde*, *Arbre Cosmique*, *Arbre de Vie*, *Arbre de la Connaissance*, *Arbre de la Science du Bien et du Mal*, et bien d'autres terminologies rendent compte du symbolisme de l'arbre. Il faut également souligner que dans toutes les croyances – et pour la psychanalyse moderne en particulier –, l'arbre est un symbole sexuel à deux pôles: son tronc, qui se dresse tel un phallus vers le ciel, est la représentation archétypale de la puissance solaire masculine, le père, tandis que le feuillage, les fruits et les fleurs sont l'image lunaire de la mère féconde et fragile.

ARC. *Tendre un arc vers les hauteurs*: outre des aspirations spirituelles certaines, vous avez un projet, un but, qui demande une grande précision de votre part. Rêver d'un arc tendu est de bon augure: vos forces sont en action.
Briser un arc: Présage d'un problème qui nuira à la réalisation de votre projet.
Sens symbolique: l'arc est associé dans la symbolique, à la guerre, à la chasse, à l'activité sexuelle mais aussi à une quête de spiritualité. C'est ainsi que de nombreuses traditions en ont fait l'image du pouvoir royal, de la chevalerie, de la recherche de la sainteté. (Voir **FLÈCHE**)

ARC-EN-CIEL. *Le voir*: bon présage: une union bénéfique, un mariage heureux, une association harmonieuse en vue.
Sens symbolique: Si dans de nombreuses traditions notamment occidentales, l'arc-en-ciel, est l'image d'un chemin, d'un pont entre la terre et le ciel, entre les hommes et les dieux, et annonce d'heureux événements, dans d'autres cultures il est d'augure sinistre. Ainsi, il peut préluder à des désastres, à des fléaux qui apportent maladies et mort.

ARCHE. *Se voir sur une arche*: votre goût pour les lectures bibliques peut avoir une influence directe sur vos rêves. Si vous rêvez de l'arche de Noé, vous avez le sentiment que l'époque actuelle, pleine d'incertitudes et de désastres, annonce la fin prochaine – un «déluge» pour employer une métaphore – d'une société que vous jugez en pleine décadence.
Votre rêve est le reflet de votre désir de construire les nouvelles bases de votre vie.
Sens symbolique: l'arche de Noé a donné lieu, surtout dans les traditions juive et chrétienne, à de nombreuses spéculations. Elle est symbole de la présence universelle de Dieu dans un sanctuaire sans lieu fixe, un symbole de salut et de protection divine pour les Chrétiens. L'Arche d'Alliance des Hébreux contenaient les tables de la loi, la verge d'Aaron et un vase rempli de la manne céleste, leur assurait la protection divine dans toutes leurs expéditions et

pérégrinations. Dans d'autres traditions, l'arche est un coffre qui renferme tous les secrets de la connaissance et de la vie.

ARCHER. (Voir **ARC**)

ARGENT. *Vous recevez de l'argent*: bon présage. Vous serez récompensé(e) de vos efforts.
Que l'on vous réclame: vous avez des dettes à acquitter. Mais vérifiez la somme qui vous est réclamée. On peut vous tromper.
Voir des pièces d'or: présage de chance. Vous appliquez dans votre vie des valeurs spirituelles et morales.
Sous forme de billets: s'ils sont neufs, de nouveaux projets vont germer dans votre tête et vous apporter la prospérité. S'ils sont usagés, vos idées ont besoin de plus de modernité.
Trouver de l'argent par hasard: des ami(e)s vous viennent en aide dans une période difficile.
En perdre: vos forces sont peut-être déclinantes. Surveillez votre santé.
Sens symbolique: si l'on se réfère au métal argent, celui-ci représente dans de nombreuses traditions la sagesse divine et, quand il est d'un blanc lumineux, le symbole de la pureté. Sous son aspect négatif, l'argent représente la cupidité, la conscience obscurcie, l'objet de toutes les tractations avilissantes.

ARLEQUIN. *Se voir en arlequin*: vous vivez dans un état conflictuel, soit vis à vis de vous-même soit dans une situation extérieure. Vous menez peut-être trop de projets en même temps, ce qui vous mène à une certaine confusion.
Voir un arlequin: une personne de votre entourage agit d'une façon mensongère et sème le trouble pour vous empêcher de mener à bien vos projets. La vigilance est requise.
Sens symbolique: ce personnage de la *commedia dell'arte* italienne symbolise l'indétermination, l'inconsistance, le manque d'idées, la mollesse de caractère.

ARME. *Se voir avec une arme*: vous allez sans doute devoir vous défendre contre le harcèlement sexuel d'une personne que vous n'appréciez pas.
Avec un revolver ou un couteau: ces armes renvoient à votre sexualité. Désir pour une personne, mais crainte d'être repoussé(e).
Être visé(e) par une arme: une personne vous provoque sexuellement. La décision vous incombe d'accepter ou de refuser ses avances.
Désarmer une personne: vous réussissez à neutraliser une personne qui vous harcèle sexuellement. Ce qui peut être également interprété dans le sens d'une victoire sur vous-même.
Sens symbolique: l'arme est à la fois un instrument d'attaque et de défense et celui ou celle qui la détient peut assurer sa domination sur l'autre. L'arme représente donc le pouvoir qu'il soit oppressif ou libérateur. Les psychanalystes ont beaucoup écrit sur le sujet en faisant de l'arme un symbole avant tout sexuel.

ARMÉE. *Voir une armée en marche*: vous souffrez de conflits affectifs et certainement d'angoisse car l'armée représente une force menaçante. Un soutien psychologique vous aiderait.
Voir deux armées s'affronter: votre personnalité est tiraillée entre deux pôles contradictoires. La tension affective qui en résulte risque de vous déstabiliser profondément. Cherchez de l'aide.
Sens symbolique: l'armée est le symbole de la lutte contre les forces du mal et ses monstres menaçants. L'armée et les armes sont des symboles phalliques.

ARMOIRE. *Se réfugier dans une armoire*: vous avez besoin d'un abri, d'un lieu qui vous sécurise parce que l'extérieur représente un monde de dangers. Vous souffrez d'un manque d'amour qui peut se rapporter à votre enfance.
S'enfermer dans une armoire: vous aimez vous retirer en vous-même et essayer de déchiffrer vos comportements inconscients.
Étouffer dans une armoire: ce rêve signale que votre entourage, ou une seule personne, exerce sur vous une pression qui induit chez vous un sentiment d'angoisse exacerbé. Ce peut-être également le signe que

vous êtes prisonnier de vous-même et de votre propre affectivité.
Sens symbolique: l'armoire peut être assimilée à un coffre selon les psychanalystes; pour Freud en particulier, l'armoire est le symbole maternel et rêver d'y être enfermé(e) signifierait la «nostalgie» de l'utérus, c'est-à-dire de la vie prénatale.

ARMOISE. *Cueillir de l'armoise*: vous êtes une personne spirituellement évoluée, la cueillette de cette plante prouve votre besoin de purification personnelle et peut-être aussi celle des lieux où vous vivez.
Sens symbolique: l'armoise est associée à la pureté et employée de façon à lutter contre toutes influences néfastes.

ARMURE. *Porter une armure*: vous êtes une personne craintive, méfiante. Vous vous défendez de l'intrusion des autres dans votre vie.
Voir une personne en armure: vous êtes en butte à une personne de votre entourage, famille ou associé(e) avec laquelle vous n'arrivez pas à communiquer, ce qui vous donne un sentiment désagréable de mise à l'écart.

ARTICULATION. *Se voir désarticulé(e)*: votre rêve fait de vous une sorte de pantin qui ne peut se tenir debout. Mise en garde contre un blocage de vos pensées ou de vos actions.
Sens symbolique: les articulations, chez l'humain, permettent le mouvement, donc l'action. Les sociétés bien articulées sont celles qui fonctionnent positivement. L'articulation, qui signifie «nœud» dans certaines langues africaines, symbolise le rôle des fonctions motrices nécessaires à l'action, à la communication, à la vie.

ASCENSEUR. *Se voir dans un ascenseur qui monte*: vous avez une démarche spirituelle, des idéaux élevés que vous mettez en application dans votre vie. Ce rêve peut présager également une montée de votre niveau de vie, une promotion sociale, la notoriété si vous œuvrez dans un domaine artistique.
S'il redescend: présage d'un échec dans vos relations d'affaires ou affectives. Un esprit trop matérialiste peut conduire à des

comportements qui nuisent à des relations équilibrées: on veut trop pour soi et rien pour les autres.
S'il tombe en panne entre deux paliers: vous hésitez dans vos choix, l'un qui pourrait satisfaire votre esprit d'idéal, l'autre vos finances.
Sens symbolique: (Voir **ASCENSION**)

ASCENSION. *Se voir monter*: quelle que soit la façon qui vous conduit à une montée: ascenseur, montagne, escalier, pente, voyage aérien, votre rêve signifie que vous êtes à la recherche d'un chemin spirituel.
Monter aisément: la voie vous est facilitée. Présage de réussite dans vos domaines de prédilection.
Avec beaucoup d'efforts: vous avez de la ténacité et poursuivez votre but malgré les écueils. Succès qui ne doit rien à la chance, mais à vos propres vertus.
Avoir le vertige en montant: vous n'êtes pas sûr(e) de vos choix. La tête vous tourne quand vous devez prendre une décision. Réfléchissez bien avant de vous lancer dans une entreprise.
Se voir tomber: vous vous êtes aventuré(e) sur une pente glissante. Présage d'échec.
Sens symbolique: dans de nombreuses traditions, l'ascension est le symbole de l'élévation de l'âme, de la spiritualisation de l'être humain, de sa réintégration divine. La psychanalyse confère à l'ascension un symbolisme sexuel en relation avec l'orgasme.

ASPHYXIE. *La subir*: vous sentez que vous manquez d'air et que vous avez peine à respirer. Votre rêve signifie qu'une personne ou une situation vous oppresse au point de vous étouffer. Prenez garde à votre santé physique et psychique.
Sens symbolique: (Voir **RESPIRATION**)

ASSEMBLÉE. *Se voir au milieu d'une foule*: vous êtes en pleine confusion sur le plan des affaires ou sentimental. Les gens autour de vous représentent vos pensées non ordonnées qui vont dans tous les sens sans pouvoir trouver une sortie. Prenez un temps de réflexion, de relaxation.

ASTRE. *Voir un astre: s'il s'agit du Soleil*, présage de chance et de succès. Vous rayonnez vous-même.
S'il s'agit de la Lune: vous êtes une personne discrète. Vous laissez briller les autres. Vous avez une vie psychique intense. Si vous êtes une femme en âge de procréer, ce rêve pourrait être le présage d'une grossesse, sinon d'une création artistique. Si vous êtes un homme, c'est votre partie féminine – l'*anima* – qui se manifeste.
Tout autre astre: selon la planète que vous voyez ou visitez dans votre rêve, vous saurez ce que vous avez à comprendre, à parfaire ou à changer dans votre vie.
Sens symbolique: les astres expriment le symbolisme cosmique et l'âme se charge des influences célestes que l'être humain exprimera dans sa vie terrestre. (Voir **DIEU**, **PLANÈTE**, **ZODIAQUE**)

ASTRONAUTE. *Se voir dans un engin spatial*: vous êtes très indépendant(e). Vous avez besoin de votre espace et ce rêve vous libère de toute contrainte, de toute attache. Il y a également chez vous une recherche spirituelle car l'engin qui échappe à l'attraction terrestre s'élève vers les hauteurs, vers le ciel.
Si l'engin dévie de sa trajectoire: présage d'échec et de mise à l'épreuve de votre force intérieure.
Sens symbolique: (Voir **AIR**, **VOL**)

ATHANOR. *Se voir opérer avec un athanor* (le creuset des alchimistes). (Voir **ALCHIMIE**)

ATHÉNA. *Voir une statue de la déesse*: vous avez le désir de vous perfectionner, d'avancer sur un chemin spirituel, d'ouvrir votre conscience. Vous êtes en bonne voie et ce rêve présage que vous serez aidé(e) dans cette démarche grâce à une rencontre inattendue. D'autre part, si vous êtes une femme en âge de procréer, ce rêve peut annoncer une grossesse prochaine. Si vous êtes un homme, il se pourrait que vous soyez père sous peu.
Sens symbolique: dans la mythologie grecque, la déesse Athéna, mystérieuse, énigmatique, symbolise tout à la fois la fertilité, la

fécondité, la sagesse, la virginité, la protectrice des enfants, des héros guerriers, celle qui reste toujours en éveil pour rappeler que le combat spirituel n'est jamais un état statique.

ATON. *Rêver au Dieu unique de l'Égypte*: si vous êtes quelqu'un de profondément attaché(e) à l'antique civilisation égyptienne, ce rêve du Dieu unique n'est pas le fruit du hasard. Vous avez une démarche spirituelle, et Aton personnifie pour vous ce dieu solaire dont vous souhaitez recevoir la lumière. Un rêve d'initié(e).

ÂTRE. *Se voir près d'un âtre*: vous êtes une personne fidèle, qui aime à se retrouver dans son cocon familial. Présage d'harmonie, de paix, d'amour heureux.
Regarder le feu flamber: un grand amour, vif et chaleureux règne dans votre maison comme à l'intérieur de vous-même.
Voir le feu s'éteindre: présage de deuil, de maladie grave.
Sens symbolique: (Voir **FEU**)

ATTAQUE. *Être la victime d'une attaque*. Mise en garde contre une personne de votre entourage qui veut vous déstabiliser par surprise.
Attaquer une personne: votre rêve indique que dans la vie réelle, vous contrôlez votre agressivité envers une personne qui vous met hors de vous. Ce rêve est une libération de votre colère.

AU-DELÀ. *Se voir dans l'Au-delà*: dans votre rêve, vous rejoignez ceux qui vous ont quitté(e), ceux que vous avez aimés, les défunts(es). Mise en garde contre une dépression qui vous guette si vous ne réagissez pas positivement.
Sens symbolique: soyez précis, si vous racontez votre rêve: voulez-vous parler de l'*Au-delà*, domaine des morts, ou de l'*Autre Monde*, domaine des dieux? La différence est d'importance, car l'un se rapporte au monde terrestre, à la mort, tandis que l'autre symbolise le ciel, l'immortalité.

AUM. *Émettre le son Aum*: pour prononcer ce mot dans votre rêve, vous devez certainement être initié(e) à la tradition indienne.

Vous consacrez beaucoup de temps à la prière et pour vous le sommeil étant le prolongement de votre pensée mystique, vous continuez inconsciemment à émettre ce son, car vous en connaissez l'extraordinaire puissance vibratoire capable de vous mettre en relation directe avec le divin.
Sens symbolique: *Aum* est une formule rituelle sonore – un mantra – qui provoque une authentique communion entre l'âme du récitant et la création. *Aum* est le symbole du souffle créateur, la manifestation de la divinité. De plus, les trois lettres qui composent le mot *Aum* correspondent au rythme ternaire de la tradition indienne que l'on retrouve, entre autres, dans la tripartition de la divinité suprême, à savoir Brahma, Vishnu et Civa, dans les trois qualités cosmiques que sont la matérialité, l'énergie et l'essence, et chez la personne humaine, le corps l'âme et l'esprit. En outre, le son *Aum* condense tous les sons diversifiés, il est le mantra supérieur, inégalable, qui n'appartient pas exclusivement à la tradition indienne, car chacun, quel que puisse être son milieu culturel ou religieux, a la possibilité de s'approprier ce son pour communier avec le divin.

AURA. *Voir l'aura d'une personne*: si, dans votre rêve, vous voyez l'aura d'une personne que vous connaissez, défunte ou vivante, vous saurez que cette personne est – ou était – quelqu'un d'une très grande spiritualité et que sa présence augure pour vous une période de grandes réalisations. Vous êtes protégé(e) par des êtres lumineux.
Sens symbolique: l'aura désigne la lumière qui encercle la tête de personnes ayant atteint un niveau de spiritualité très élevé. De couleurs diverses et de forme ovoïde, l'aura est toujours un signe qui se rapporte au divin.

AURÉOLE. *Voir une personne auréolée de lumière*: l'auréole qui nimbe la tête et quelquefois le corps d'une personne décédée vous signale la sainteté de cet être, aussi son apparition dans votre rêve signifie que vous bénéficiez, par votre niveau de spiritualité, d'une protection céleste et de guides divins qui vous conduisent sur la voie de votre propre accomplissement.

Sens symbolique: comme pour l'aura, l'auréole symbolise pour la personne auréolée, son accession à la divinité. La lumière qui irradie est de nature spirituelle; c'est pourquoi dans l'iconographie religieuse les saints et saintes sont toujours auréolés d'un cercle lumineux qui évoque la puissance du rayonnement solaire, image du sacré, du divin.

AURORE. *Voir se lever l'aurore*: vous rêvez d'un renouveau total dans votre vie et l'aurore que vous voyez en est le présage heureux.
Sens symbolique: l'aurore, c'est le lever du jour, la montée de la lumière. Dans presque toutes les traditions, on retrouve cet hymne à la joie du retour de la lumière, l'aurore, qui symbolise la victoire du monde céleste sur le monde des ténèbres, autrement dit, du Bien sur le Mal.

AUTEL. *Prier devant un autel*: votre rêve vous signale qu'il ne faut pas désespérer dans les moments difficiles de votre vie, ce qui est peut-être votre cas en ce moment, et que la prière peut vous aider.
Se voir devant, en compagnie d'une personne: s'il s'agit de votre fiancé(e), ce rêve est un heureux présage de mariage. Le fait d'être devant un autel signifie que pour vous, une union religieuse, sacrée, revêt une grande importance.
Sens symbolique: l'autel est une reproduction de l'ensemble du temple et de l'univers, un lieu d'accomplissement sacrificiel qui condense tout ce qui est sacré.

AUTOMOBILE. *Conduire une très belle voiture*: si l'on n'a pas les moyens financiers pour s'acheter un tel véhicule, ce rêve signifie que l'on compense ce que la réalité ne nous offre pas et que l'on souffre d'un manque de regard admiratif ou respectueux sur soi de la part d'autrui.
Bien conduire en respectant la signalisation: signifie que l'on a la maîtrise de soi et le sens de ses responsabilités.
Conduire sans respecter les signaux: ce rêve reflète une attitude dans la vie irrespectueuse des lois et une grave inconséquence dans ses propres comportements à l'égard des autres.

Se faire conduire: tout dépend de la personne qui conduit. Si, dans la vie, cette personne est autoritaire, possessive, vous êtes sous sa domination, donc sans autonomie pour mener votre vie comme vous l'entendez et vous en souffrez. À l'inverse, si la personne est douce, compréhensive, elle est une aide dans vos entreprises et vous pouvez vous reposer sur elle.
Conduire une voiture trop chargée: votre vie est encombrée d'un tas de choses – ou de personnes – qui freinent votre développement personnel.
Tomber en panne: vous avez trop présumé de vos forces et votre corps vous le fait savoir.
Heurter une autre voiture: signifie des conflits intérieurs ou avec des personnes auxquelles vous avez affaire, que ce soit sur le plan affectif ou autre.
Sens symbolique: l'automobile, comme tout moyen de locomotion qui marche, roule ou vole, symbolise l'avancée personnelle, l'évolution individuelle. Selon les psychanalystes, les péripéties auxquelles la personne qui rêve est soumise, sont importantes pour en comprendre la signification. Il faudra donc prendre également en compte, la marque, la carrosserie, la couleur, les pneus, les freins, et même le carburant du véhicule en question.

AUTOROUTE. *Aller tout droit*: bon présage de réussite. Vous savez exactement ce que vous voulez et allez droit au but dans vos affaires ou votre vie sentimentale.
Hésiter à prendre une sortie: risque d'échec dans vos entreprises quelles qu'elles soient si vous hésitez à prendre une décision qui ne serait pas motivée par la réflexion.
Sens symbolique: l'autoroute est le symbole de votre cheminement personnel dans la vie.

AUTRUCHE. *En voir une*: ce rêve signifie votre refus de regarder bien en face une situation qui pourrait déranger vos habitudes et vous obligerait à prendre des décisions.
Sens symbolique: dans l'antique tradition égyptienne, les plumes de l'autruche étaient un symbole de justice et de vérité. Placée au-dessus

de la tête de Maât, déesse de la justice et de la vérité, la plume de cet oiseau servait non seulement pour la pesée des âmes, mais aussi de poids référence dans la balance du jugement.

AVALANCHE. *Voir une avalanche*: mise en garde contre des événements imprévus qui risquent de vous causer de sérieux ennuis. Soyez vigilant.
Etre enseveli(e) sous une avalanche: votre entourage vous sollicite trop souvent et vous vous sentez débordé(e). Il serait peut-être temps de prendre l'air pour vous sortir de cet étouffement.
Sens symbolique: l'avalanche signifie un changement dans l'ordre de la nature. Après une avalanche destructrice, ravageuse, le calme revient, et une nouvelle restructuration s'annonce.

AVENTURE. *Se voir en aventurier*: ce rêve signifie, pour l'homme, son désir d'échapper à toute forme de vie bien établie, à la banalité des jours qui se ressemblent.
Se voir en aventurière: pour une femme, ce rêve revèle sa partie masculine – l'*animus* – en cours de réalisation soit positivement, soit négativement. Ce rêve peut également signifier un goût pour des relations amoureuses ou des voyages qui apporteraient des émotions inconnues.
Sens symbolique: (Voir **AÉROPORT**)

AVEUGLE. *Se voir aveugle*: votre rêve peut signifier que vous préférez ne pas voir les choses telles qu'elles sont établies, que vous niez ce qui semble évident pour la plupart des gens.
Mise en garde contre des dangers qui pourraient survenir dans vos affaires. Il est important d'ouvrir vos yeux.
Rencontrer une personne aveugle: il peut s'agir d'une projection de vous-même. Votre rêve vous signale qu'une partie de vous choisit de ne rien voir, tandis que l'autre partie est consciente de son aveuglement.
Sens symbolique: dans nombre de traditions, la cécité est souvent le sort des poètes, musiciens et devins. Comme si, paradoxalement, la cécité permettait d'avoir la vision intérieure, de parvenir à

l'inspiration divine, à l'illumination spirituelle. Dans la tradition grecque, on trouve plusieurs exemples de héros rendus aveugles par la volonté des dieux ou déesses, soit pour les perdre, soit pour les sauver.

AVION. *Être à l'intérieur*: vous échappez à la pesanteur terrestre, vous êtes « au-dessus du sol », vous planez. Désir de spiritualité, ou plus prosaïquement, désir d'évasion, de se déresponsabiliser, de sortir d'un univers clos.
Piloter un avion: ce rêve indique que vous savez conduire votre vie en toute autonomie.
L'avion manque de stabilité: vous avez des inquiétudes, des hésitations pour mener à bien des affaires, ou à prendre des engagements dans votre vie affective.
Voir un avion s'envoler: aspiration à s'élever spirituellement, à se mettre en relation avec le cosmos.
Se voir dans un avion qui va s'écraser: mise en garde contre des projets qui échouent faute d'avoir été suffisamment élaborés. Votre aspiration à une vie spirituelle peut également se trouver entravée: attention à des pseudo maîtres, ou des gourous qui vous entraînent non pas vers le haut, mais vers le bas.
Voir atterrir un avion: déception. votre projet de changement échoue.
Se voir dans un avion détourné: mise en garde contre des partenaires en affaires peu fiables.
Sens symbolique: voler, c'est se donner des ailes. Soit comme Pégase, le cheval ailé des légendes grecques, symbole de l'élévation spirituelle, soit comme Icare, symbole des ambitions démesurées et de la témérité irréfléchie qui mènent à la chute. (Voir **AILE**, **AIR**, **ICARE**, **PÉGASE**)

AVION-FUSÉE. *Se voir à l'intérieur*: vous montrez souvent des signes de témérité et d'impatience que ce soit dans vos affaires ou votre vie privée. Mise en garde contre cette attitude qui conduit souvent à l'échec.
Sens symbolique: (Voir **ICARE**)

AVION SUPERSONIQUE. *Se voir piloter*: vous aimez mener vos affaires à la vitesse de l'éclair, mais comme vous avez une grande maîtrise de vous-même et savez vraiment où vous voulez aller, ce rêve est un présage de succès. Ce rêve peut également signaler une évolution spirituelle de grande envergure.
Sens symbolique: (Voir **AILE, PÉGASE**)

AVOCAT/AVOCATE. *Se voir en robe*: cette fonction signale que vous aimez plaider des causes. À vous de savoir discerner les bonnes d'entre les mauvaises.
En voir un: présage que vous aurez probablement affaire avec la justice dans une affaire où vous serez impliqué(e) directement ou indirectement.
Sens symbolique: (Voir **JUSTICE**)

AVORTER. *Se voir avorter*: pour une femme, ce rêve signifie que vous ne vous sentez pas capable de mener à terme un projet dans quelque domaine que ce soit.
Voir un avortement: pour une homme, ce rêve est une mise en garde contre des affaires mal gérées qui vous sont proposées.

AXE. *Voir une ou des colonnes*: tout dépend du contexte de votre rêve; ces colonnes font-elles partie d'un édifice architectural, religieux ou autre? (Voir **COLONNE**)

B

BABEL. *Voir la tour ou en entendre parler*: vous vivez une ou plusieurs situations conflictuelles avec votre entourage ou dans votre milieu professionnel. Vous avez de la difficulté à vous faire comprendre, chacun voulant faire passer son intérêt en premier, et il en résulte un climat d'insatisfaction, de confusion générale.
Sens symbolique: dans le récit biblique, la tour de Babel représente la démesure de l'être humain, sa recherche du pouvoir, sa tentative

exclusivement matérielle d'atteindre le ciel pour égaler Dieu. Il est écrit qu'alors Dieu punit les hommes de leur orgueil incommensurable en confondant leur langage pour qu'ils ne s'entendent plus entre eux. Le chemin spirituel qu'il faut à l'humain pour retrouver une langue commune, pour s'unir à nouveau et ne faire qu'un seul peuple, passe par l'humilité, l'écoute des autres, le désir d'aider, l'ouverture de sa conscience. Ainsi seront chassés les luttes de classes, de races, de religions et autres conflits dévastateurs. En résumé, la tour de Babel est le symbole d'un idéal spirituel perverti par la soif de puissance de l'homme qui se prend pour Dieu.

BACCALAURÉAT. *Se voir passer son bac*: si vous avez l'âge de passer cet examen, ce rêve est en relation directe avec vos préoccupations. Pour toute autre personne, cet examen est sans doute à rapprocher d'une épreuve que vous vivez – travail ou famille – et qui vous met dans un état d'angoisse et d'excitation semblable à celui de l'élève que vous avez été.
Être reçu(e): présage heureux pour vos affaires ou votre vie sentimentale.
Être refusé(e) : échec de vos projets.

BACCHANTE. *Se faire traiter de bacchante*: votre rêve est sans doute le prolongement d'une soirée où le vin était à l'honneur et votre inconscient a retenu le nom de ces femmes qui s'abandonnaient jusqu'au délire au culte du Dieu de la vigne, Dionysos/Bacchus.
Par vos ami(e)s: c'est un compliment car votre enthousiasme prouve que vous êtes remplie d'énergie et que vos ami(e)s vous apprécient pour votre joie et votre bonne humeur.
Par des inconnu(e)s: c'est presque une insulte, mais ils ne savent probablement pas que fêter Bacchus est un hommage rendu à un dieu bénéfique.

BACCHUS. (Voir **DIONYSOS**)

BAGAGE. *Se voir au milieu de bagages*: vous êtes la personne-ressource par excellence. Ceux qui vous entourent comptent sur vous

pour résoudre leurs problèmes. Ces bagages représentent les « paquets » des autres que vous devez gérer. Libérez-vous.
Avoir un seul bagage en main : vous êtes prêt à partir uniquement avec le nécessaire. Désir de vous défaire des contraintes pesantes, d'entamer une démarche spirituelle.
Oublier ou perdre ses bagages : mise en garde contre des projets dont on n'a pas étudié toutes les facettes, ce qui risque de vous conduire à l'échec.
Partir sans bagages : signifie que vous êtes détaché(e) des biens matériels et que vous vous engagez sur une voie spirituelle. Présage également de renouveau dans votre vie sociale et affective.
Sens symbolique : (Voir **GARE**)

BAGARRER (SE). (Voir **AGRESSER**)

BAGUE. *Offrir ou recevoir une bague* : l'interprétation du rêve dépend du genre de bague dont il s'agit : est-ce une alliance, un anneau surmonté d'une ou de plusieurs pierres précieuses, une chevalière qui porte des armoiries ou des initiales ? Quelle qualité de métal, de pierres, quelle couleur ?
Sens symbolique : (Voir **ANNEAU**, **MÉTAL**, **PIERRE**)

BAGUETTE. *Se voir avec* : dans ce rêve, êtes-vous magicien, chef d'orchestre, radiesthésiste, militaire ? Tout indique que vous menez votre monde « à la baguette ». Votre autorité s'applique dans tous les domaines de votre vie. On vous écoute, on vous suit dans des projets qui demandent des recherches et de la créativité. C'est un présage de chance. Sur un autre plan, tenir une baguette, un bâton signifie que vous avez un pouvoir que vous pouvez utiliser dans le sens du bien ou, à l'inverse, du mal.
Sens symbolique : la baguette est symbole de puissance et de clairvoyance, un don du ciel – « le doigt de Dieu » – que les puissances maléfiques peuvent dérober et user pour leur propre compte. Ce qui équivaut à dire que son utilisation dépend de qui l'a entre les mains. Dans la mythologie grecque, nombre de dieux et déesses en sont pourvus, dont

Asclépios, le dieu guérisseur, et Hermès qui en reçut une d'Apollon pour le protéger de tout danger. On retiendra qu'en plus du symbole de pouvoir, la baguette est symbole de protection et de médiation entre la terre et le ciel.

BÂILLONNER. *Être bâillonné(e)*: votre rêve vous permet-il d'identifier le ou les bâillonneur(euse)s? Mise en garde contre ceux ou celles qui veulent vous empêcher de vous exprimer. Vous avez peut-être des vérités à dire qui ne plaisent pas à tout le monde.
Bâillonner quelqu'un: vous craignez que l'on colporte des choses qui vous concernent aussi voulez-vous réduire au silence une personne qui pourrait vous nuire. (Voir **SILENCE**)

BAIN. *Se baigner dans la mer*: vous avez besoin d'un renouveau et l'eau salée de la mer fait office de baptême. C'est également l'annonce d'une régénération sur le plan de votre santé physique.
Dans de l'eau claire: présage d'un événement heureux, sans complications, honnête.
Dans de l'eau trouble: vous êtes entouré(e) de personnes malhonnêtes. Mise en garde contre des affaires peu claires.
Dans de l'eau très chaude: prenez garde à votre santé, ou à un entourage qui cherche à vous nuire.
Dans l'eau glacée: vous avez besoin de chaleur humaine, d'amour, de compassion.
Sens symbolique: dans toutes les traditions, le bain symbolise la régénération, la purification. Cependant, si dans la religion chrétienne le baptême symbolise l'union de la matière et de l'esprit, la pureté, une vie nouvelle, au cours des âges, cette même tradition a condamné l'usage du bain, comme étant contraire à la chasteté et à la moralité. Seule, l'immersion dans l'eau glacée était approuvée afin de mortifier la chair. (Voir **BAPTÊME**, **EAU**)

BAISER. *Recevoir un baiser sur le front*: vous êtes respecté(e) par une personne plus âgée, ou mieux placée, dans l'ordre social ou la voie spirituelle.

Sur la bouche par un(e) inconnu(e) : témoignage d'amour de la part d'anonymes qui ont bénéficié de vos dons, de votre temps alloué bénévolement.
Sur la joue: vous avez des ami(e)s fidèles. Méfiance, cependant, si le baiser est «fuyant».
Embrasser un(e) ennemi(e) : vous avez le sens du pardon.
Sur la main: le «baisemain» est signe de respect, d'admiration, mais aussi de sujétion.
Échanger un baiser passionné avec une personne aimée: signe d'une communion authentique.
Sens symbolique: le baiser signifie l'union d'esprit à esprit. On retrouve cette interprétation mystique en particulier dans les traditions juive et chrétienne. Un exemple: le baiser dont parle le Cantique des Cantiques de la Bible, et auquel on attribue souvent une signification charnelle, voire érotique; quand il est interprété au niveau ésotérique, les docteurs de la religion s'accordent pour dire que le Cantique parle en réalité du baiser divin.

BAL. (Voir **DANSE**)

BALAI. *Balayer devant sa porte*: vous ne vous occupez pas des ragots colportés par les autres. Vous êtes quelqu'un qui aime que sa maison soit propre, à l'extérieur comme à l'intérieur, et vous vous jugez vous-même plutôt que juger les autres.
Balayer sa chambre: vous voulez que ce lieu intime soit à l'image de votre amour, clair et net.
Tenir un manche à balai: *pour une femme*, ce rêve signifie qu'elle détient un pouvoir «magique», et que l'amour dont elle est l'objet provient de son beau rayonnement.
Pour un homme: besoin de s'affirmer avec un certain «machisme». La sexualité du rêveur est en cause.
Sens symbolique: le balai, en dépit de sa fonction purement utilitaire, est un symbole de puissance sacrée. Participant au service du culte dans les traditions anciennes, le balai servait à dégager le sol des sanctuaires de toutes les souillures apportées de l'extérieur. Dans

les traditions populaires, le balai est objet de superstitions : un balai derrière la porte signifie que les esprits malfaisants n'entreront pas ; balayer une maison la nuit risque d'en chasser le bonheur, car les bonnes âmes se promènent toujours la nuit ; ne pas laisser un manche à balai sans son faisceau de brindilles, car les sorcières pourraient s'en emparer pour se rendre au sabbat, etc.

BALADEUR. *Se voir avec* : votre rêve semble être le prolongement de votre vie réelle. Vous vous coupez de l'extérieur en portant un baladeur qui vous inonde le cerveau de musique. Cet isolement avec vous-même empêche la communication avec autrui. Reste à savoir quelle sorte de musique vous écoutez :
Rock/pop : les chansons sont le reflet de votre vie affective.
Hard-rock, metal, etc. : vous avez le goût de bouger. Une façon de libérer votre agressivité.
Rap : vous voulez faire passer un message, une revendication sociale.
Jazz/blues : vous êtes nostalgique.
Classique : vous recherchez la beauté inspirée du ciel.
Sens symbolique : (Voir **MUSIQUE**)

BALANCE. *Que l'on voit* : une décision importante est à prendre. Vous passez trop de temps à peser le pour et le contre. Il est temps de choisir.
Peser sur un plateau de la balance : vous ne laissez pas les choses s'équilibrer d'elles-mêmes. Vous avez tendance à penser que vos opinions, dans quelque domaine que ce soit, doivent l'emporter.
Sens symbolique : la balance figure souvent au fronton des édifices administratifs, judiciaire et militaire. Elle est le symbole de la justice, ainsi que celui de la mesure et de l'équilibre. Dans la plupart des traditions, la balance représente la Justice divine, le Jugement. Ainsi, dans la mythologie grecque, la balance est utilisée pour la pesée des âmes des défunts, dans d'autres traditions, pour la pesée des bonnes et mauvaises actions des hommes figurées en cailloux blancs et noirs. Elle apparaît aussi comme un symbole du destin, ce qui conduit à la notion de temps et d'équilibre des forces.

La Balance, signe zodiacal dans lequel le Soleil entre lorsqu'il est au point médian de l'année astronomique. Ce point est celui de l'équilibre entre la fin d'un automne extérieur et l'aube d'un printemps intérieur, le lieu où les forces contraires se neutralisent pour donner naissance à un monde de mesure et d'harmonie.

BALANÇOIRE. *Se balancer*: votre rêve indique que vous allez où le vent vous pousse sans prendre de décisions par vous-même, peut-être parce que le choix qui se présente à vous, dans vos affaires ou dans votre vie affective, n'a pas de caractère bien défini. Faites quand même un choix avant que quelqu'un d'autre ne le fasse pour vous.
Pour une femme: si vous êtes en âge de procréer, ce rêve est un présage de grossesse.
Sens symbolique: dans certaines traditions, la balançoire est associée aux rites de la fécondité en raison de son mouvement d'aller et retour qui crée un souffle semblable au vent, fécondant ainsi la terre par les pollens et la pluie.

BALCON. *Que l'on voit*: vous regardez vers le haut aussi vos aspirations seront comblées.
Être sur un balcon: vous souhaitez être regardé(e), admiré(e), vous attendez une promotion sociale ou bien une déclaration d'amour.

BALEINE. *Voir une baleine*: l'avenir vous semble rempli de mystère et vous êtes inquiet(e) au sujet de votre vie sociale ou affective.
Se voir à l'intérieur: vous plongez au cœur de votre inconscient. Ce rêve signifie que vous voulez découvrir qui vous êtes, quelles sont les motivations profondes qui vous guident dans votre vie. C'est un beau message d'analyse de soi-même.
Sens symbolique: la baleine, selon les maîtres de la psychanalyse, est le symbole de l'inconscient. Son énorme masse, assimilée à un contenant, renferme tous les mystères qui relèvent aussi bien de la mystique – Jonas dans le ventre de la baleine signifie la mort initiatique – que de l'aventure humaine, avec toutes ses composantes contradictoires.

BALLET. (voir **DANSE**)

BALLON. *Que l'on attrape*: désir de perfection, d'accomplissement.
Avec lequel on joue: vous n'êtes pas certain(e) de la direction dans laquelle vous voulez mener votre vie. Démarche spirituelle ou jouissance des biens terrestres? À vous de voir.
Sens symbolique: (Voir **SPHÈRE**)

BAMBOU. *Se voir dans un fourré*: signifie un désir d'exotisme, mais est aussi un présage d'obstacles à surmonter.
Écrire avec une pointe de bambou: vous êtes une personne créative, perfectionniste, à la recherche d'un chemin spirituel.
Sens symbolique: le bambou, dans la tradition bouddhique, utilisé en peinture et dans la calligraphie, symbolise la démarche spirituelle, l'élan vers le ciel.

BANANE. *En manger*: votre sexualité est en éveil.
En acheter: votre désir pour une personne se traduit par cet achat, dont elle devra comprendre le message.
Sens symbolique: le bananier, dont le fruit est apparenté à la sexualité pour la psychanalyse occidentale, est symbole de la fragilité et de l'instabilité des choses dans la tradition bouddhique.

BANDEAU. *Sur les yeux*: vous avancez dans la vie à l'aveuglette, sans savoir vraiment où vous voulez aller. À un autre niveau, avoir les yeux bandés peut signifier que vous avez une vie intérieure très riche.
Sens symbolique: (Voir **AVEUGLE**, **ŒIL**)

BANDIT. (Voir **AVENTURE**)

BANNIÈRE. *La brandir*: votre rêve signifie que vous adressez une prière au ciel. Vous avez besoin d'une aide providentielle pour vous sortir de difficultés. Présage que vous serez exaucé(e).
Être sous la bannière de quelqu'un: vous bénéficiez d'une protection assurée.

Sens symbolique: la bannière, outre qu'elle symbolise la protection céleste ou terrestre, manifeste l'élévation de l'esprit. Celui ou celle – par exemple, Jeanne d'Arc – qui brandit une bannière vers le ciel, crée un lien indissoluble entre le haut et le bas.

BANQUIER/BANQUIÈRE. *Se voir dans cette fonction*: vous avez un grand sens des affaires et savez gérer vos finances. Ce rêve présage une prospérité florissante.
Se voir attaqué(e): vous avez peut-être mal placé vos économies. Présage de perte.
Sens symbolique: la banque, symbolise votre richesse intérieure. (Voir **ARGENT**)

BANQUET. *Se voir dans un banquet*: vous êtes une personne très sociable et vous aimez participer à des projets, des fêtes, entouré(e) d'ami(e)s. Présage heureux.
Se voir exclu(e) d'un banquet: vous souffrez d'une forme de solitude dont vous êtes, peut-être, seul(e) responsable. Allez vers les autres. Apprenez à partager.
Sens symbolique: le banquet exprime le partage, une participation à un même projet, une communion d'âmes et de cœurs.

BAPTÊME. *Se voir baptisé(e)*: votre rêve signifie que votre vie va prendre une nouvelle direction. Vous êtes en pleine transformation, en pleine possession de vos forces physiques aussi bien que mentales. Beau présage d'évolution.
Voir baptiser un enfant: cet enfant que l'on baptise, c'est vous-même qui renaissez à une nouvelle vie. Présage heureux.
Sens symbolique: (Voir **BAIN**, **EAU**, **ENFANT**)

BARBE. *Porter une barbe*: pour un homme, ce rêve signifie le désir de se voir respecté et obéi comme un chef. Il se peut que dans la vie courante, vous ne fassiez pas assez preuve de sagesse et surtout d'autorité.
Voir un homme barbu: pour une femme, c'est la figure du père, celui qui sait, qui protège. Ce rêve signale un besoin de sécurité affective.

Se faire raser la barbe: vous en avez assez d'être considéré comme un personnage autoritaire.
Voir une barbe colorée: tout dépend de la couleur. (Voir **COULEUR**)
Voir une femme à barbe: pour un homme, ce rêve signale un entourage féminin très autoritaire. Pour une femme, la crainte – ou le désir – de se masculiniser.
Sens symbolique: la barbe est avant tout le symbole de la virilité, de la sagesse. Dans la mythologie et dans presque toutes les traditions, les héros, les dieux, et même Dieu, sont représentés avec une barbe.

BARQUE. *Se voir sur une barque*: d'une façon générale, ce genre de rêve signifie un voyage, une traversée, mais selon les événements qui se déroulent, vous pourrez en avoir une signification différente.
Cette barque est-elle immobile? Vous stagnez au niveau de votre vie. Vous ne savez – ou ne pouvez —ni avancer ni reculer.
Tenez-vous la barre, les rames? Si oui, d'une certaine façon, vous maîtrisez votre vie.
Êtes-vous le passager? Si tel est le cas, vous vous laissez conduire au risque d'être soumis(e) aux volontés du navigateur.
Cette barque avance-t-elle sur une mer calme: vous êtes en paix avec vous-même. Vous avez résolu vos problèmes. De beaux jours se profilent.
Sur une mer déchaînée? C'est l'inverse. Vous vous débattez au milieu de problèmes que vous n'arrivez pas à résoudre.
Savez-vous vers quoi vous vous dirigez? Avez-vous des objectifs précis concernant votre vie matérielle, affective ou même spirituelle? Donnez-vous en.
Y a-t-il des voiles? S'il y en a, vous êtes soumis(e) à la volonté du vent, ce qui signifie que vous êtes influençable. Attention à ne pas vous laisser berner.
Sens symbolique: la barque revêt plusieurs significations, selon les diverses civilisations, les traditions religieuses, ou psychanalytiques. Ainsi, elle est symbole de navigation, du passage de la vie à la mort, mais aussi, en tant que barque sacrée, symbole de l'acheminement des défunts dans l'Autre Monde avec toutes les épreuves que cela

comporte puisqu'il s'agit pour l'âme de se retrouver soit dans la Lumière soit dans les Ténèbres. Quant à la psychanalyse moderne, elle a fait de la barque, du bateau, du navire, de tout ce qui a un rapport avec l'élément **EAU**, le symbole du sein maternel et de la matrice qui sécurise.

BARRIÈRE. *Que l'on voit*: mise en garde contre des obstacles dans votre vie professionnelle ou affective.
Franchir une barrière: vous n'avez aucune difficulté à dépasser tout ce qui peut se présenter de négatif dans votre vie.

BAS. *Enfiler des bas*: pour une femme, ce rêve signifie le désir d'être aimée.
Enlever les bas d'une femme: pour un homme, désir sexuel, érotisme.

BASE. *Établir la base d'une maison*: vous avez besoin de vous appuyer sur quelque chose de solide pour pouvoir mener à bien un projet.
Sens symbolique: (Voir **MAISON**)

BASILIC. *Respirer du basilic*: votre inconscient vous signale cette plante aux vertus médicinales reconnues. Surveillez votre santé physique aussi bien que mentale, car dans certaines civilisations, outre son pouvoir de guérison, le basilic a celui de conjurer le mauvais sort et de chasser les idées noires (les mauvais esprits).

BASILIC. *Voir un basilic*: rêver de ce serpent redoutable est un présage d'épreuves difficiles.
S'emparer d'un basilic: vous êtes capable d'affronter les pires difficultés. La victoire et le succès sont à vous.
Sens symbolique: ce reptile légendaire, au regard terrifiant, est souvent représenté par un coq à queue de dragon ou par un serpent aux ailes de coq. Pour le tuer avant qu'il ne tue, la légende raconte qu'il fallait tendre un miroir qui lui renvoyait sa propre image. Pour les psychanalystes, le basilic est une image de l'inconscient, capable

de désintégrer la personnalité de celui ou de celle qui ne reconnaît pas en soi son pouvoir destructeur.

BATAILLE. (Voir **BAGARRER (SE)**)

BATEAU. (Voir **BARQUE, EAU**)

BATELEUR. *Que l'on voit*: les acrobaties et les tours d'adresse, le jonglage et autres prouesses du bateleur vous mettent en garde contre une ou des personnes de votre entourage capables de vous escroquer. Méfiance.
Se voir: vous savez vous sortir des situations les plus embrouillées parce que vous avez une facilité d'adaptation et une grande souplesse d'esprit.

BATELEUR (LE). *Tirer cette lame*: très bon présage de réussite. Vous avez tous les atouts, habileté, ambition, énergie, savoir-faire et une santé à toute épreuve. Mise en garde cependant contre des qualités qui peuvent être tournées en imposture et mensonge.
Sens symbolique: le Bateleur, 1er arcane majeur qui ouvre le jeu des 22 lames du tarot, symbolise – par son nombre, ses vêtements, ses couleurs, ses objets, son chapeau – l'appartenance de l'homme aussi bien au ciel qu'à la terre ainsi que le triomphe de l'esprit.

BÂTON. *Symbole sexuel*. (Voir **BAGUETTE**)

BAUME. *S'en enduire*: vous ne trouvez de consolation et de secours qu'en vous-même. La solitude vous pèse.
En enduire une personne: vous savez venir en aide à des personnes malades physiquement ou psychiquement.

BELLE-FAMILLE. *En rêver*: conflits en perspective même si les rapports sont bons dans la réalité.

BÉBÉ. (Voir **ENFANT**)

BÉCASSE. *En voir une*: si vous arrivez à identifier cet oiseau dans votre rêve, c'est le présage d'une rencontre avec une personne dotée de peu d'esprit et assez batailleuse.

BÊCHER. *Se voir*: votre travail demande beaucoup d'efforts, mais vous récolterez les fruits de votre peine.

BEIGE. *Voir des murs beige*: cette couleur douce est signe de calme et d'harmonie. Votre vie familiale est sereine et comme vous êtes une personne équilibrée, vous n'avez de conflits avec personne.

BELETTE. *En voir une*: il y a probablement dans votre entourage une personne rusée, mal intentionnée, qui cherche à vous nuire. Méfiez-vous.

BÉLIER. *En voir un*: vous avez certainement dans votre entourage une personne qui inspire la force, la puissance et l'enthousiasme. Son énergie vous galvanise et vous êtes prêt(e) à vous engager dans des projets. Présage de réussite.
Se voir attaqué(e) par un bélier: une personne, particulièrement combative et d'une position hiérarchique plus élevée que la vôtre vous cherche querelle. Ne vous confrontez pas à elle, vous perdriez. Contentez-vous de rester calme. La colère du bélier est passagère.
Sens symbolique: le bélier est associé à la fougue, à l'état brut de la vitalité, au bouillonnement printanier, à la fécondité animale, au feu du soleil. On retrouve ces caractéristiques dans de nombreux mythes et coutumes qui célèbrent et même divinisent cet animal ardent.

BÉLIER (LE). *Voir le signe:* c'est le 1er signe du zodiaque. Tous les ans, à la même date, le Soleil franchit ce signe, annonciateur du printemps, présidant ainsi à la montée de la sève, à l'explosion soudaine et brutale de la nature. Symbole de puissance, lié à la nature du feu originel, le Bélier, signe solaire, masculin, est la représentation cosmique des forces premières de la manifestation.

BÉNIR. *Être béni(e)*: beau présage. Vous bénéficiez d'une protection divine.
Bénir une personne qui vous le demande: on vous attribue des qualités de sagesse – peut-être sacerdotales – que vous méritez sans doute.
Sens symbolique: bénir signifie que la personne bénie sera comme sanctifiée et attirera à elle l'énergie des forces cosmiques.

BÉQUILLE. *Marcher avec une béquille*: vous manquez d'assurance et vous avez besoin d'une personne sur qui vous appuyer.
Aider une personne marchant avec une béquille: vous apporterez du soutien à une personne qui est dans la peine.
Sens symbolique: la béquille révèle une infirmité physique, mais dans sa signification symbolique, elle peut représenter la faiblesse de l'âme, du caractère, le manque de volonté.

BERCEAU. *Voir un berceau*: vous avez la nostalgie de l'enfance.
Avec un bébé dedans: vous êtes une personne épanouie, heureuse.
Un berceau vide: vous ne trouvez pas de sens à votre vie. Il y a un manque de chaleur et de communication dans vos relations avec autrui.
Sens symbolique: les psychanalystes attribuent au berceau le même sens qu'à celui de la barque, c'est-à-dire qu'il symbolise un contenant, le sein maternel, l'utérus qui protège et enveloppe chaudement, permettant une traversée sécurisante de la vie.

BERGER/BERGÈRE. *Que l'on voit*: une personne de votre entourage veille sur vous et vous protège contre des agressions d'où qu'elles viennent.
Se voir: homme ou femme, vous avez une âme de pasteur. Il se peut que dans la réalité vous ne puissiez avoir ce rôle, mais votre cœur le souhaite ardemment.
Sens symbolique: dans presque toutes les civilisations ou traditions, le berger symbolise celui qui est choisi par Dieu pour veiller sur son peuple.

BERGERONNETTE. *Que l'on voit voler*: présage d'un amour auquel vous succomberez comme par magie.
Sens symbolique: selon la mythologie grecque, la bergeronnette symbolise les enchantements de l'amour, dans le sens d'une utilisation de philtres magiques pour obtenir ce que l'on désire.

BÉRYL. (Voir **PIERRE PRÉCIEUSE**)

BESACE. *La porter pleine sur son dos*: vous avez de la difficulté à oublier des événements liés à votre enfance, ou bien encore, à vous encombrer de choses matérielles.
La porter vide: vous abandonnez les biens terrestres pour partir sur des chemins spirituels, une image qui rappelle le dernier arcane majeur du tarot.
Sens symbolique: (Voir **FOU (LE)**, **MAT (LE)**)

BÉTYLE. *Voir cette pierre*: vous êtes certainement très évolué(e) spirituellement, car rêver de cette pierre sacrée fait partie des rêves peu communs. C'est le présage d'une ouverture de conscience qui ne fait que grandir.
Sens symbolique: le bétyle est associé à la manifestation de la présence divine. Cette pierre symbolise la communication entre Dieu et l'homme, entre le ciel et la terre.

BEURRE. *Voir une motte de beurre*: présage de richesse, de prospérité, de santé.
Manger une tartine beurrée: le pain plus le beurre est un présage d'abondance.
Sens symbolique: le beurre, longtemps considéré comme un aliment sacré, doté de pouvoirs magiques dans certaines traditions, est le symbole de toutes les énergies, aussi bien celles des dieux que celles des hommes.

BEUVERIE. *Se livrer à des beuveries*: vous avez peut-être le désir de fuir certaines réalités de la vie et l'alcool se présente à vous comme

une aide. Ce rêve est une mise en garde contre un comportement qui ne peut que vous rabaisser.
Voir des personnes se livrer à une beuverie: vous êtes déçu(e) par l'attitude de certaines personnes de votre entourage qui se comportent d'une façon grossière que vous n'approuvez pas.
Sens symbolique: les beuveries rituelles, dans nombre de traditions, étaient destinées à entrer en contact avec les dieux. De nos jours, la signification première des beuveries s'est perdue et celles-ci ne donnent plus lieu qu'à des excès menant souvent à la libération des bas instincts.
(Voir **ORGIE**, **VIN**)

BIBLE. *La lire ou l'écouter*: ce rêve révèle vos préoccupations métaphysiques. Vous êtes à la recherche d'un enseignement capable de correspondre à votre évolution intérieure. Selon les passages de la Bible sur lesquels votre attention se fixe, vous pourrez comprendre le sens des métaphores, allégories, récits historiques, sermons, psaumes, et autres, qui influent sur votre vie spirituelle.

BIBLIOTHÈQUE. *Se voir à l'intérieur*: vous avez soif de connaissances intellectuelles. Les livres sont pour vous un accès au savoir. Ce rêve peut révéler aussi votre recherche intérieure, ce « livre » que vous êtes pour vous-même.
Sens symbolique: (Voir **LIVRE**)

BICHE. *En voir une, pour une femme*: ce rêve signale une personnalité qui ne s'est pas encore affirmée. La rêveuse souffre d'un complexe d'infériorité se traduisant par l'image de cet animal craintif, timide, au regard innocent.
Pour un homme: désir de rencontrer une très jeune femme. Désir d'union sexuelle.
Sens symbolique: la biche est un symbole essentiellement féminin. On la retrouve la mythologie grecque, dans certaines traditions religieuses et dans des livres de contes et légendes populaires. Elle symbolise alors, au plan mystique, l'union sexuelle du ciel et de la terre.

BICYCLETTE. *Rouler à un bon rythme*: vous êtes autonome, libre d'aller de l'avant et où bon vous semble. Ce véhicule fait un avec vous, ce qui vous donne un sentiment d'équilibre et de force intérieure.
Si la bicyclette fonctionne mal, grince: présage de problèmes aussi bien extérieurs qu'intérieurs.
Sens symbolique: selon les psychanalystes, la bicyclette, qui apparaît fréquemment dans les rêves, symbolise l'évolution en marche, le bon équilibre psychique induisant une personnalité accomplie, parfaitement autonome.

BIÈRE. *En boire raisonnablement*: vous êtes une personne pleine de vigueur. Présage de santé, de longue vie.
Sens symbolique: dans nombre de traditions, la bière joue un rôle dans les rituels consacrés aux divinités. Si sa fermentation symbolise la sagesse des initiés, ce breuvage est aussi associé aux rites guerriers car elle confèrerait l'immortalité.

BIGARRURE. *Porter un vêtement bigarré*: vous aimez les couleurs, tout ce qui rappelle la beauté de la nature, des objets, de la vie en somme. C'est un présage de prospérité et de bonne santé. Cependant, ce rêve peut être une mise en garde contre un éparpillement de vos choix de vie amoureuse et un manque d'harmonie.
Sens symbolique: la bigarrure, c'est l'association de couleurs disparates telles qu'on peut les voir dans la nature. Elle est aussi symbole de fécondité et de royauté si on se réfère aux dieux et déesses de la mythologie, aux rois et officiers sacerdotaux, revêtus de capes ou de tuniques bigarrées.

BIJOU. *En porter de nombreux*: vous craignez l'adversité et le port de nombreux bijoux vous rassure. Vous avez peut-être aussi un manque d'estime de vous-même et briller de l'extérieur compense un complexe d'infériorité.
En recevoir: Présage d'amour, d'amitié, de mariage, d'union spirituelle.
Sens symbolique: les bijoux représentent l'évolution personnelle. Faits

de métaux nobles et de pierres précieuses, ils sont le reflet de l'énergie cosmique, mais leurs vibrations, positives ou négatives, dépendra du degré d'évolution – ou d'involution – des personnes qui les portent.

BILLET (de banque). *En voir beaucoup*: vous rêvez de richesse, mais ce rêve ne présage pas forcément une opulence financière. Vous avez peut-être des dettes qui vous tracassent. Sur un autre plan, ce rêve peut révéler votre richesse intérieure.

BILLET (de loterie). *Le voir*: ce rêve est le présage d'un événement heureux qui peut vous surprendre. Si vous lisez les numéros, retenez-les et achetez un billet. La chance peut vous sourire.
Le perdre: vous passez à côté de chances qui vous sont offertes par la vie. Soyez plus attentif(ve) à ce que l'on vous propose.

BISON. *Que l'on voit*: présage de prospérité, d'abondance.
Sens symbolique: (Voir **TAUREAU**)

BLAIREAU. *Que l'on voit*: ce rêve est une mise en garde contre une personne qui cherche à vous escroquer, ou vous-même qui n'agissez pas en toute clarté. La sincérité dans les rapports avec autrui est garante d'une conscience tranquille.
Sens symbolique: le blaireau représente, dans les diverses traditions, la ruse, la roublardise, la satisfaction de soi-même.

BLANC. *Se voir vêtu(e) de blanc*: vous êtes un être qui aspire à la pureté, à la clarté, à la lumière dans toutes les choses de votre vie. Très beau présage. Vous avez une mission spirituelle à accomplir.
Sens symbolique: (Voir **COULEUR**)

BLANCHISSEUR/BLANCHISSEUSE. *Se voir*: ce rêve indique une nécessité pour vous de nettoyer, de blanchir, ce qui, dans votre comportement quotidien, est contraire à ce à quoi vous aspirez profondément. Y voir clair en soi est une démarche nécessaire pour mieux comprendre les autres.

Sens symbolique: dans certaines traditions, notamment en Inde, cette fonction considérée comme servile, dégradante même, prend un sens sacré quand la blanchisseuse s'unit avec un sage. Cette alliance des opposés, le matériel le plus bas associé à l'esprit le plus haut, réalise alors une transmutation, véritable opération alchimique.

BLÉ. *Voir un champ de blé*: très beau présage d'abondance et de prospérité.
Égrener un épi: annonce la naissance d'un enfant ou la réalisation d'un projet qui se révélera fructueux.
Mettre les mains dans la farine: vous ne ménagez pas vos efforts pour faire aboutir vos projets. Présage de réussite.
Sens symbolique: le blé est symbole de l'éternel recommencement, de l'immortalité, de la résurrection, figuré par le grain qui meurt et qui renaît multiplié. Dans nombre de traditions, on attribue au blé, nourriture essentielle à la vie, véritable don de Dieu, un caractère sacré.

BLESSURE. *Être blessé(e)* : l'endroit de la blessure est important :
À la main droite: votre autorité va être contestée. Perte de pouvoir. Vos activités risquent de subir un arrêt. Interrogez-vous sur votre comportement à l'égard des autres.
À la main gauche: il s'agit là de blessures émotionnelles qui atteignent votre extrême sensibilité.
Si la blessure saigne: perte d'énergie. Vous avez besoin de reprendre des forces. S'il s'agit de votre cœur, ce rêve présage la fin d'un amour qui vous laissera dans la peine.
Voir une personne blessée: si vous lui portez secours, c'est le signe que vous-même allez récupérer vos forces et commencer une nouvelle vie. Dans le cas contraire, vous ne vous aidez pas vous-même et votre évolution risque de stagner.
Sens symbolique: la blessure est toujours en relation avec notre intériorité, notre âme en souffrance, nos désirs refoulés, nos instincts contenus.

BLEU. *Voir tout en bleu*: si ce bleu est clair, votre rêve a la couleur du bonheur que vous vivez en ce moment. Un amour calme et serein, sans nuages.
Sens symbolique: la couleur bleue présente de multiples nuances, et par conséquent, de multiples interprétations. Clair, le bleu est la voie du rêve, plus sombre, l'inconscient prend le relais, encore plus sombre et le bleu du jour devient bleu nuit. Immatériel, toujours présent sous quelque aspect que ce soit, le bleu est symbole d'éternité, de repos, mais aussi de pouvoir royal et de spiritualité. (Voir **COULEUR**)

BLOND. *Se voir blond(e) si on ne l'est pas: Pour une femme*, désir de plaire, manque de confiance dans ses propres capacités. Notons l'influence sur l'inconscient collectif des «stars» du cinéma et de la chanson, toutes et tous, plus ou moins blond(e)s.
Pour un homme: l'image du héros forcément blond auquel il souhaite s'identifier. Ce rêve dénote aussi sa partie féminine – son *anima* – dominante.
Sens symbolique: le blond est associé aux dieux et déesses de la mythologie et symbolise les forces psychiques divines. Que ce soit dans la mythologie grecque, ou dans d'autres traditions occidentales, le blond, couleur solaire, symbolise la beauté royale par excellence.

BOBSLEIGH. *Se voir sur un bobsleigh*: vous êtes une personne intrépide et vous aimez que vos projets se réalisent à vive allure. Mise en garde contre trop de précipitation qui risque de vous nuire dans vos affaires ou votre vie sentimentale.

BŒUF. *Voir des bœufs dans un pré*: présage d'abondance et de réussite.
Des bœufs gras: prospérité assurée.
Maigres: danger de voir ses affaires péricliter.
Des bœufs à l'étable: bonne entente familiale.
Tirant une charrette: les efforts dans le travail seront récompensés. Des gains en vue.
Voir des bœufs à l'abattoir: présage de souffrances morales.

Sens symbolique: le bœuf symbolise la force tranquille, la bonté, l'endurance, le sacrifice. Il figure comme animal sacré dans de nombreuses traditions.

BOGUE. *Rêver d'un bogue dans votre ordinateur*: ce «bogue» – littéralement «punaise» – qui bloque les fonctions de votre ordinateur signifie que vous-même êtes en proie à un blocage dans votre vie professionnelle ou affective. Si vous ne trouvez pas la solution en vous-même, demandez de l'aide, non pas technique, mais psychologique.

BOIRE. (Voir **BEUVERIE**, **DIONYSOS**, **EAU**, **LAIT**, **VIN**)

BOIS. *Se promener dans un bois, en forêt*: vous cherchez à vous régénérer auprès des arbres. Vous savez inconsciemment que le bois est un centre de vie. Votre vie intérieure est riche, ce rêve en témoigne.
Les arbres sont couverts de feuilles, de fruits, de fleurs: beau présage de prospérité et de bonheur.
Arbres desséchés, morts: une période stérile s'annonce dans votre vie affective ou vos affaires.
Se perdre dans un bois: trop de choses vous égarent dans votre vie quotidienne. Retrouvez-vous dans un voyage intérieur.
Trouver la sortie: vous voyez enfin la solution à vos problèmes.
Graver un cœur ou des initiales: vous aimez une personne et voulez le faire savoir à la nature entière.
Sens symbolique: le bois symbolise la sagesse et la connaissance. Les arbres ont un caractère sacré, leurs racines plongent dans la terre et leur faîte tend vers le ciel. Dans les sociétés antiques, les bois étaient consacrés à des divinités auxquelles hommages et prières étaient fidèlement rendus.

BOISSEAU. *Voir un boisseau*: vous détenez un secret et ce rêve vous indique qu'il ne faut surtout pas le divulguer.
Il vous est dérobé: mise en garde contre une personne jalouse de votre compétence ou de votre savoir-faire dans la profession que vous exercez.

Sens symbolique: le boisseau symbolise la connaissance cachée, secrète, la lumière céleste qu'il ne faut réserver qu'aux seuls initiés sous peine de la voir s'éteindre. Le boisseau symbolise également, de par sa fonction originelle, la mesure de l'équilibre cosmique.

BOÎTE. *Que l'on essaye d'ouvrir sans y parvenir*: vous êtes certainement confronté(e) à un secret familial que vous aimeriez éclaircir.
Que l'on reçoit: vous allez sans doute être mis au courant de quelque chose que l'on vous a longtemps caché.
Que l'on trouve: une surprise vous attend. Bonne ou mauvaise, cela dépend du contenu.
Sens symbolique: selon la psychanalyse, la boîte est un symbole féminin apparenté à celui de l'armoire, du coffret, à tout ce qui enferme. (Voir **ARMOIRE**, **CERCUEIL**, **COFFRE**, **PANDORE**)

BOITER. *Se voir*: il y a quelque chose de mal équilibré dans votre vie affective ou sociale. Votre inconscient vous révèle votre « mal-être » dans ce rêve.
Voir une personne boiter: il s'agit certainement de vous, mais vous ne voulez surtout pas voir ce côté mal équilibré de votre personne. Le regard sur soi est important pour régler certains problèmes. Si vous y parvenez, vous suppléerez votre faiblesse en doublant la capacité de votre membre sain.
Sens symbolique: le héros boiteux dans les mythes et légendes, c'est celui qui n'a pas réussi à s'accomplir. Cette infirmité est signe de faiblesse physique, mais plus encore, du point de vue symbolique, boiter indique une faiblesse de l'âme. Punition divine aussi pour celui qui a eu l'audace de se croire l'égal de Dieu.

BONNET (de félicité). *Voir un enfant avec*: cette enveloppe faite de liquide amniotique, qui recouvre parfois la tête d'un nouveau-né est présage de bonheur, de chance, de protection providentielle. Ce bébé que vous voyez, c'est peut-être vous à l'aube d'un changement radical, particulièrement heureux, dans votre vie. (Voir **TÊTE**)

BORGNE. *Se voir*: ce rêve indique non pas que cette infirmité diminue votre capacité visuelle, mais au contraire que vous concentrez toute votre vision vers un but unique. Vous êtes perspicace et peut-être même doué(e) de clairvoyance.
Sens symbolique: (Voir **CYCLOPE**, **ŒIL**)

BOTTE. *Porter des bottes confortables*: désir d'avancer dans la vie d'un bon pas. Présage de réussite en amour et dans vos affaires.
De belles bottes: vous aimez séduire et votre sexualité est épanouie.
Des bottes usagées: vous êtes au bout de vos forces. Ménagez-vous sinon, risque d'insuccès.
Sens symbolique: (Voir **CHAUSSURE**, **PIED**, **SOULIER**)

BOSSU/BOSSUE. *Se voir*: vous avez une grande richesse intérieure. Ce rêve est également présage de prospérité sur le plan matériel.
Que l'on voit: la chance va vous sourire sous peu.

BOUC. *Que l'on voit*: vous être tiraillé(e) entre vos désirs matériels, charnels, sexuels, et votre besoin de spiritualité.
Voir tuer un bouc: vous êtes généreux et avez tendance à vous sacrifier pour les autres.
Sens symbolique: dans l'imagerie populaire, le bouc a souvent une signification satanique. Son aspect repoussant, sa puanteur, son besoin insatiable de procréer, le range dans la catégorie des animaux impurs. La chrétienté, notamment, en a fait l'image du diable. Pourtant, dans nombre de traditions, le bouc est symbole de générosité, d'élan vital, d'animal aux vertus sacrificielles.

BOUCHE. *Se voir avec une grande bouche*: vous aimez communiquer et peut-être même avez-vous un don d'orateur. Vous voulez qu'on vous écoute.
Se voir sans bouche: vous êtes quelqu'un de secret. On peut compter sur vous pour garder le silence. Vous êtes aussi probablement timide avec de la difficulté à vous exprimer.
La bouche entrouverte: désir sexuel.

Sens symbolique: la bouche a de multiples significations. Avant tout, organe de la parole, elle est aussi ouverture par où passe la nourriture et le souffle. Sa représentation iconographique en fait aussi bien un symbole sexuel que spirituel.

BOUCHER/BOUCHÈRE. *Que l'on voit*: mise en garde contre une personne qui risque de causer des dommages importants au plan de vos affaires ou de votre vie privée.

BOUCLE (de cheveux). *Se couper une boucle de cheveux*: vous vous préparez à une confrontation avec une personne que vous souhaitez éliminer de votre vie.
Donner une boucle de cheveux: vous aimez une personne et votre boucle est le gage de cet amour.
Sens symbolique: (Voir **CHEVEU**)

BOUCLE (d'oreilles). *En porter*: désir de relations amoureuses, sexuelles.
En recevoir en cadeau: équivaut à une déclaration d'amour.
En perdre: présage de la fin d'un amour.
Sens symbolique: la boucle est assimilée au nœud, à ce qui ferme. Portées dans toutes les civilisations, elles sont avant tout un symbole sexuel.

BOUCLIER. *Se voir avec*: mise en garde contre une personne qui tente d'intervenir dans vos affaires et vous voulez lui montrer que vous ne vous laisserez pas intimider.
En acheter un: mesure préventive à l'égard d'une personne de votre entourage qui a un comportement intrigant.
Sens symbolique: le bouclier est à la fois un symbole de protection, d'arme passive défensive mais aussi de puissance combative.

BOUDDHA. *En voir un*: présage de chance et de protection.
Méditer devant une statue de Bouddha: vous avez des valeurs morales très élevées, un sens de la charité, du dévouement et de la compassion.

BOUE. *Marcher dans la boue*: vous êtes en plein conflit intérieur. Vous ne savez quel sens donner à votre vie.
S'enfoncer dans la boue: vous êtes dans une situation d'angoisse, d'insécurité et vous avez même l'impression d'étouffer. Vous avez besoin d'un soutien psychologique.
Sortir de la boue: grâce à un travail approfondi sur vous-même, vous sortirez gagnant(e) de vos épreuves.
Sens symbolique: les psychanalystes attribuent à la boue dans les rêves, un symbolisme de conflits intérieurs profonds, qui ont conduit la personne à avoir une vision négative, angoissante, étouffante de sa vie.

BOUÉE. *Attraper une bouée de sauvetage*: dans les moments difficiles que vous traversez, vous recevrez un véritable soutien.
En jetez une à une personne: vous êtes généreux de votre personne.

BOUFFON. *Se voir en bouffon*: vous faites rire les autres, mais c'est de vous-même que vous vous moquez. Vous avez peu d'estime pour qui vous croyez être.
En voir un: même situation, il s'agit de vous, d'une autre facette de vous-même qui exprime les choses graves de votre vie sous forme de plaisanteries.
Sens symbolique: le bouffon représente la partie inconsciente négative de soi-même. Bien compris et assumé comme faisant partie intégrante de notre personnalité, ce «bouffon» nous assure un nouvel équilibre et la promesse d'une évolution alors que, dénié, il est le signe d'une stagnation de notre moi intime.

BOUGIE. *Allumer une bougie*: désir de purification, d'amour spirituel.
Éteindre une bougie: déception amoureuse. La flamme n'est plus là.
Voir la flamme haute, verticale: il y a chez vous un désir de vous élever spirituellement.
Sens symbolique: la bougie représente la lumière de l'âme, le souffle de la vie, l'aspiration à atteindre le divin.

BOUILLON. *Préparer un bouillon*: ce rêve indique que vous avez besoin de forces pour affronter les problèmes dans votre vie.
En boire: réconfort dans vos peines. Rétablissement de votre santé.
En donner: vous apportez du soutien à autrui.
Sens symbolique: le bouillon, par l'équilibre de ses composants, représente l'harmonie du monde, la régénération des forces vives et la communion avec le divin.

BOULANGER/BOULANGÈRE. *Se voir*: présage de chance et de prospérité.
Donner du pain: vous avez le sens du partage.
Recevoir du pain: présage d'un précieux soutien dans vos difficultés.
Sens symbolique: (Voir **PAIN**)

BOULEAU. *En voir*: présage de bonheur, de chance.
Sens symbolique: (Voir **ARBRE**)

BOURGEON. *Que l'on voit*: promesse de réussite dans vos projets. Présage d'une naissance, d'un renouveau dans votre vie.
Sens symbolique: (Voir **ARBRE**)

BOURREAU. *En voir un*: présage la fin d'une situation qui vous fait souffrir. Il s'agit de vous-même et des tourments intérieurs auxquels vous souhaitez mettre fin. Il peut aussi être question de votre attitude face à vos engagements amoureux.
Sens symbolique: le bourreau dans les rêves représente un aspect de soi, déplaisant, mais nécessaire pour retrouver l'harmonie intérieure. Un autre aspect révèlera une attitude intransigeante, dure, tranchante envers autrui.

BOUSSOLE. *Acheter une boussole*: vous aimez savoir comment orienter votre vie dans vos affaires ou sur le plan affectif.
La perdre: vous ne savez plus très bien dans quelle direction aller. Tout ce que vous aviez planifié ne va pas dans le sens que vous souhaitiez.
Sens symbolique: la boussole, dans vos rêves, signifie que vous être maître de votre destin. Soit vos bas instincts vous guident, soit ce

y a de plus noble en vous a la préséance. Si vous êtes lucide sur vos comportements, vous pouvez choisir librement entre ces deux alternatives.

BOUTEUR. *En conduire un* : ce rêve signifie que vous employez les grands moyens pour résoudre un problème ou aplanir des difficultés en cours. Présage de réussite après l'effort.

BOUTEILLE. *Voir une bouteille* : la signification de ce rêve dépendra du contenu et de la forme de cette bouteille. Il peut s'agir d'une :
Bouteille de vin : présage de fêtes, de moments heureux dans votre vie sentimentale.
Bouteille de bière : vos affaires s'annoncent fructueuses.
Bouteille d'eau claire : vous avez soif de pureté.
Bouteille pleine : présage de réussite. Votre vie amoureuse est comblée.
Bouteille vide : nostalgie. Retour sur le passé.
Bouteille brisée : présage d'une rupture.
Jeter une bouteille à la mer : vous souhaitez une aide providentielle pour vous sortir de vos difficultés.
En trouver une : présage de richesses aussi bien extérieures qu'intérieures.
Sens symbolique : la bouteille symbolise le savoir humain, l'expérience liée aux épreuves. Son contenu ésotérique, c'est l'élixir de longue vie, dont seuls les initiés détiennent le secret, philtre sacré qui donne accès à la connaissance. Pour la psychanalyse, notamment freudienne, la bouteille est un symbole féminin et tous les rêves qui s'y rattachent doivent être interprétés sous l'angle sexuel.

BOVARYSME. *S'identifier à Madame Bovary* : cette héroïne d'un roman de Flaubert à laquelle vous rêvez, signifie que vous êtes insatisfait(e) de vos vie amoureuse. Votre goût du romanesque pourrait vous menez constamment à l'échec dans ce domaine.

BRACELET. (Voir **ANNEAU**, **BAGUE**, **BIJOU**, **CERCLE**)

BRANCHE. *Couper une branche*: ce rêve signifie que vous êtes à la recherche d'un pouvoir magique pour obtenir l'amour, la richesse, ou toute autre chose que vous convoitez.
Sens symbolique: (Voir **ARBRE**, **BAGUETTE**)

BRAS. *Regarder son ou ses bras*: vous devrez faire de gros efforts pour réaliser vos objectifs. La réussite compensera votre peine.
Examiner ses avant-bras: dans ce rêve, l'importance est donnée à cette partie du bras, ce qui signifie que vous avez réfléchi à l'action que vous allez entreprendre.
Plier son coude: c'est entreprendre l'action elle-même.
Se casser le bras: période de stagnation dans vos affaires.
Lever les bras: besoin d'aide: un secours providentiel se présentera.
N'avoir qu'un bras: vous devrez concentrer toutes vos forces dans le membre sain. Double effort, mais qui sera récompensé doublement.
Sens symbolique: le bras est le symbole du pouvoir, de la force, de la protection, de l'aide mais aussi de la justice qui châtie. Chaque partie du bras a une signification symbolique, souvent mystique, que l'on retrouve dans les textes traditionnels; ainsi, l'avant-bras avec la main serait le prolongement de l'esprit, le coude serait source de l'action, et le bras levé, la réception des énergies célestes.

BREBIS. *Voir une ou des brebis*: votre rêve indique que vous menez une vie paisible, harmonieuse, que vous êtes en paix avec vous-même et les autres.
Voir une brebis blanche: désir de pureté, d'élévation spirituelle.
Une brebis noire: vous avez l'esprit matérialiste et réussirez bien dans les affaires.
Sens symbolique: dans le christianisme, la brebis, comme l'agneau, symbolise l'âme. La couleur noire signifie l'âme incarnée sur terre, la blanche, sa remontée vers les cieux.

BRIGAND. *Se voir*: vous vous lancez dans des affaires un peu louches qui peuvent mal tourner pour vous.
En voir un: c'est peut-être vous que vous voyez, et votre rêve vous met en garde contre vous-même.

Se faire attaquer : ce sont vos comportements qui vous causent du trouble jusque dans vos rêves. Réagissez.

BRIQUE. *Entasser des briques* : vous avez le projet d'une vie familiale, stable et sécurisante.
Édifier un mur de briques : besoin de protéger le clan familial contre toute atteinte extérieure.
Compter des briques : présage d'enrichissement financier.
Sens symbolique : la brique représente la vie sédentaire, le lieu où l'on naît, où l'on meurt, la stabilité sur le plan social autant que familial.

BRONZE. *Voir une statue de bronze* : votre rêve indique la présence d'une personne à l'autorité toute militaire dans votre entourage. Peut-être est-ce vous qui avez des principes rigides ?
Recevoir un bijou en bronze : ce bijou signifie que vous bénéficiez d'une protection.
Sens symbolique : ce métal dur symbolise la force guerrière, militaire, qui se manifeste aussi bien sur un plan offensif que défensif.

BROUETTE. *Pousser une brouette pleine* : vous êtes seul(e) à assumer des charges épuisantes, professionnelles autant que matérielles. Faites-vous aider.
Brouette vide : votre vie semble être à l'image de votre brouette et vous en souffrez.
Tirer une brouette : tout va à l'envers dans votre vie et, de plus, votre santé n'est pas florissante. Prenez soin de vous.
Sens symbolique : la brouette symbolise la puissance humaine en tant que prolongement des bras. Dirigée par l'homme, elle symbolise également le pouvoir de choix et l'équilibre de celui-ci dans l'action, et jouerait alors le rôle d'instrument du destin.

BROUILLARD. *Être dans le brouillard* : ce rêve signifie que vous ne voyez plus rien et que pas même une boussole ne pourrait vous orienter. Vous êtes dans la confusion totale sur tous les plans. Vous passez par un stade transitoire de transformation intérieure.

Sortir du brouillard: vous ne serez plus jamais celui ou celle que vous avez été.
Sens symbolique: pour les psychanalystes, les rêves de brouillard signifient généralement un changement en cours dans la personnalité. De nouveaux comportements viennent alors remplacer les anciens après une période d'errance dans le flou des états d'âme.

BROUSSAILLE. *Être pris(e) dans des broussailles*: ce rêve signifie que vous avez besoin de «débroussailler» tout ce qui gêne vos relations familiales, sociales ou autres. Ce qui revient à dire que vous devez interroger votre inconscient.

BRUIT. *Faire du bruit en tapant sur quelque chose*: faire du bruit, en plus d'indisposer autrui, c'est empêcher la communication. Que voulez-vous ne pas entendre?

BRUN. *Se voir entouré(e) de murs bruns*: présage de tristesse, de solitude, de pauvreté.
Voir quelqu'un avec une chemise brune: vous craignez le côté autoritaire, voire militaire, d'une personne de votre entourage.
Sens symbolique: la couleur brune représente, dans tradition chrétienne, la pauvreté, l'humilité, mais, dans l'interprétation qu'en donne Freud, le symbole est tout autre: le brun rappelle la couleur des excréments et révélerait un complexe anal.

BUCENTAURE. *Voir un être bucentaure*: votre rêve d'une personne à tête d'homme et au corps de taureau qui semble venir directement de votre goût pour la mythologie grecque, n'est cependant pas sans relation avec la dualité qui vous habite et qui vous tyrannise souvent. Chez vous, l'esprit gagnera-t-il sur la matière et vos instincts, sur la raison? Éternel dilemme des humains.

BÛCHER. *Se voir brûler*: vous passerez au travers de difficultés et en sortirez grandi(e).
Voir quelqu'un sur un bûcher: si vous pouvez identifier la personne immolée et qu'elle est de votre entourage, méfiez-vous de vos propres

sentiments à son égard: ou bien vous brûlez d'amour pour elle, ou bien vous la vouez au diable pour le mal qu'elle vous a fait.

BUFFLE. (Voir **BŒUF**, **TAUREAU**)

BUIS. *Recevoir une branche de buis*: présage de bonheur. Vous serez protégé(e) dans toutes vos entreprises. Si vous êtes malade, c'est l'annonce de votre guérison.
En offrir: vous êtes une aide précieuse pour autrui.
Sens symbolique: le buis est synonyme d'immortalité. Par la fermeté, la résistance de son bois, il est aussi symbole de persévérance. Consacré à Aphrodite dans la mythologie grecque, il symbolise également l'amour et la fécondité.

BUISSON. *Se cacher dans un buisson*: vous vous cachez pour goûter à la solitude, pour méditer, pour prier peut-être. Ce rêve signale chez le rêveur une recherche spirituelle.
Sens symbolique: c'est l'image du « buisson ardent » de la Bible – au milieu duquel le Tout-Puissant apparut à Moïse – qui donne sa signification au buisson et en fait le symbole de la présence de Dieu.

BULLE (de savon). *Que l'on fait*: vous ne voulez voir que l'aspect temporaire des choses. S'engager durablement n'est pas pour vous.
Bulle (sceau): votre rêve signifie que tout comme les souverains – le pape en particulier –, les chefs d'entreprises ou les hommes politiques, lorsque vous donnez des ordres, il n'est pas question qu'on y déroge. Vous avez un sens de l'autorité très aiguisé.
Sens symbolique: (Voir **BALLON**, **SPHÈRE**)

BUREAU (meuble). *Se voir assis à son bureau*: vous avez des préoccupations professionnelles – probablement intellectuelles – qui empiètent largement sur votre vie familiale.
Se voir dans un bureau de travail: votre rêve est conditionné par le climat qui règne sur votre lieu de travail. Vous seul(e) pouvez connaître vos préoccupations s'y rapportant.

Se voir dans un bureau de poste: des nouvelles qui concernent votre vie familiale ou professionnelle se font attendre. Désir impatient de savoir à quoi vous en tenir.

BUTTE. *Se voir devant une butte*: vos projets risquent de se voir compromis par une problème qui n'est cependant pas insoluble. Un petit retard qui sera vite réparé.
Être en butte à des vexations: que ce soit dans votre milieu professionnel ou dans votre famille, vous vous sentez la cible de personnes qui ne vous apprécient pas. Ce rêve révèle sans doute que vous ne vous estimez pas vous-même et souffrez probablement d'un complexe d'infériorité. Faites-vous aider.

BUVARD. *Presser un buvard sur une tache*: ce rêve signifie que vous voulez nier des comportements dont, inconsciemment, vous n'êtes pas fier.

C

CABALE. *Contre vous*: vous rêvez qu'on se ligue contre vous. Mise en garde contre des personnes qui veulent vous faire perdre votre position sociale.
Se voir associé(e) à une cabale: vous êtes influencé(e) par des personnes dont le comportement n'est pas toujours louable. Mise en garde contre un engagement dont vous ne seriez peut-être pas fier(ère) un de ces prochains jours.

CABALE. (Voir **KABBALE**)

CABANE. *Se voir à l'intérieur*: votre rêve présage un appauvrissement dans votre vie matérielle, mais sans doute un enrichissement spirituel. Vous êtes une personne remplie d'humilité. Ce rêve dénote également un besoin de protection.
Sens symbolique: (Voir **COFFRE**, **MAISON**)

CABARET. *Se voir dans un cabaret*: vous avez envie de vous amuser, de goûter à des plaisirs qui manquent peut-être dans votre vie quotidienne. Mise en garde contre des rencontres – amitiés ou amours – un peu douteuses.

CABAS. *En porter un*: vous aimez avoir toujours avec vous – ou sur vous – de quoi parer aux difficultés de la vie. Vous avez besoin de sécurité aussi bien matérielle qu'affective.

CABINET. *Se voir à l'intérieur d'un cabinet de lecture*: vous aimez apprendre, et vous isoler dans une petite pièce, vous garantit de ne pas être dérangé(e) dans vos recherches.
Dans un cabinet de toilette: désir de purification.
Dans un cabinet d'affaires: vous êtes une personne dont les objectifs sont avant tout matérialistes. Présage de réussite.
Dans un cabinet d'avocat: présage d'un litige auquel vous serez confronté.
Cabinet d'aisances: désir de libération, de rejet de tout ce qui encombre votre vie. L'eau emportera les soucis et préoccupations qui vous font «mal au ventre». Sur un autre plan, les excréments abondants sont le présage de gains financiers importants.
Sens symbolique: (Voir **EXCRÉMENT**)

CABINE. La signification de votre rêve dépend du genre de cabine dans laquelle vous vous trouvez:
Cabine téléphonique: être enfermé(e) dans cette cabine signifie que ce que vous avez à communiquer – ou que l'on vous communique – doit rester secret pour votre entourage. Affaires, amours? Vous seul(e) le savez.
Cabine de bateau: besoin d'isolement qui n'exclue pas un voyage romantique, mais secret, à deux.
Cabine d'avion: vous partiriez bien pour un voyage en groupe.
Sens symbolique: la cabine, lieu fermé, symbolise l'endroit où l'on se sent en sécurité. (Voir **COFFRE**)

CABIRE. *Se faire traiter de «Cabire»*: pour savoir à quoi se rapporte ce nom, vous devez être une personne férue en mythologie grecque. Aussi, votre inconscient vous signale qu'il y a en vous une partie qui aime protéger autrui et une autre qui possède une puissance agressive considérable. Mise en garde contre cette seconde partie.
Sens symbolique: les Cabires, démons de la mythologie grecque, seraient des divinités associées au mystère de l'énergie divine dont la puissance doit demeurer inconnue sous peine, si elle était révélée et utilisée, de mettre en jeu des forces cosmiques d'une portée incalculable.

CÂBLE. *Que l'on voit*: vous avez le désir de vous hisser hiérarchiquement et vous ne ménagez pas vos efforts. Présage heureux d'ascension dans votre travail.

CABRIOLE. *Se voir faire des cabrioles*: votre rêve révèle la personne exubérante – quelquefois capricieuse – qui dort en vous et que vous n'affichez pas toujours dans votre vie quotidienne par crainte d'être mal jugé(e).

CACHALOT. (Voir **BALEINE**)

CACHER. *Se cacher*: vous êtes en proie à des peurs, à des inquiétudes qui n'apparaissent pas dans votre vie de tous les jours mais qui vous étreignent à l'intérieur. Que s'est-il passé dans votre enfance? Interrogez-vous.
Cacher un objet, une vérité: ce rêve signifie le besoin de garder pour soi ce que l'on craint de se voir dérober. Mise en garde contre un enfermement personnel, un manque de communication avec l'extérieur, et aussi peut-être, une forme d'égoïsme.

CACHE-CACHE. *Jouer à*: il y a des zones d'ombre en vous que vous ne tenez pas à dévoiler aux autres.

CACHETTE. (Voir **ARMOIRE**, **COFFRE**)

CACTUS. *Se piquer*: ce rêve signifie votre crainte de vous approcher d'autrui. Vous êtes pour les contacts distants, ce qui révèle sans doute un tempérament froid. La vie ne vous a peut-être pas épargné(e) et vous craignez de nouvelles blessures.

CADAVRE. *Se voir sous cette forme*: ce rêve signifie que vous êtes mort au passé, mais présage une renaissance, une nouvelle vie pour vous, avec d'autres repères et valeurs.
Que l'on voit: c'est le constat de la fin de quelque chose, qui concerne un échec, soit dans votre travail, soit dans une relation amoureuse.
Sens symbolique: (Voir **MORT**)

CADEAU. *En recevoir*: beau présage de réussite dans vos projets. Peut vouloir dire aussi que vous connaissez votre valeur.
En faire: votre rêve montre que vous pouvez être généreux, mais que vous ne savez pas toujours le prouver.

CADENAS. *Fermer sa porte avec*: la société vous ennuie et vous préférez la solitude. Mise en garde contre un blocage qui peut entraver votre évolution.
Sens symbolique: (Voir **PORTE**)

CADRAN. *Que l'on regarde*: le temps qui passe vous préoccupe. Si c'est la petite aiguille qui retient votre attention, ce rêve indique que vous planifiez votre vie méthodiquement. À l'inverse, si c'est la grande, vous vivez davantage dans l'instant présent et pouvez passer rapidement d'une affaire, d'un sujet, d'un amour, à un(e) autre.
Regarder un cadran solaire: vous êtes sur un chemin spirituel. Le soleil et la lune, l'ombre et le soleil recèlent des mystères qui vous fascinent.
Sens symbolique: (Voir **LUNE**, **SOLEIL**)

CADUCÉE. *En voir un*: présage d'une guérison, d'une protection et d'harmonie dans votre vie professionnelle aussi bien qu'affective.
Sens symbolique: le caducée, est un symbole antique auquel on a

attribué plusieurs significations. C'est d'abord une baguette autour de laquelle deux serpents s'enroulent, ce qui symbolise la dualité, deux forces antagonistes inhérentes au maintien de l'équilibre cosmique. D'autre part, la mythologie grecque, en l'attribuant à Asclépios, père de la médecine, en a fait le symbole de la science de la guérison physique autant que celle de l'âme.

CAFARD. *Que l'on voit*: cet insecte – qui inspire généralement de la répulsion – est un présage de difficultés, d'ennuis causés par une personne malveillante. Il peut s'agir également d'un problème d'ordre psychologique que l'on n'arrive pas à résoudre.
Que l'on tue: on sortira vainqueur de problèmes posés par autrui.

CAFÉ. (le lieu). La signification de votre rêve dépendra de l'aspect du lieu et du choix des activités que vous n'avez pas la possibilité d'exercer dans votre vie quotidienne.
Bistrot: désir de parler de tout et de rien, de partager un moment avec des inconnu(e)s
Café littéraire: goûts pour la littérature, la poésie, les arts.
Café-concert ou théâtre: goût pour la musique, les chansons, la comédie.

CAFÉ. *Que l'on boit*: si vous l'aimez « noir », vous aimez vivre « sur les nerfs ». Il faut que vos affaires aboutissent, mais au prix d'une agitation permanente.
Café au lait ou allongé: vous ménagez votre santé. C'est aussi un signe que vous êtes une personne mesurée.

CAGE. *Remplie d'oiseaux qui chantent*: ce rêve signifie que vous aimeriez partager avec des ami(e)s un lieu convivial, à la campagne de préférence.
Voir deux oiseaux dans une cage: présage d'une heureuse rencontre. Mariage possible.
Se voir dans une cage: vous vous emprisonnez dans vos propres problèmes. Vous avez certainement besoin d'un soutien psychologique.
Sens symbolique: (Voir **ARMOIRE**, **COFFRE**)

CAGOULE. *En porter une*: vous montrez un visage à votre entourage qui ne correspond pas à ce que vous êtes intérieurement. Ce rêve signifie que vous aimeriez vous en débarrasser.
Voir une personne cagoulée: une personne de votre entourage vous semble menaçante, mais vous n'arrivez pas à comprendre pourquoi.
Sens symbolique: (Voir **MASQUE**)

CAHIER DE CLASSE. *Les revoir*: votre rêve révèle une angoisse qui vient de votre enfance. La période scolaire a dû vous faire souffrir et vous n'avez jamais réussi à dépasser ce stade.
Jeter ses cahiers de classe: vous réussissez à vous libérer de cette peur qui, même à l'âge adulte, vous a longtemps poursuivi(e).
Sens symbolique: les psychanalystes parlent souvent de patients qui font des rêves angoissés se rapportant à l'époque de leur scolarité. Ils expliquent que cette peur perdure lorsque ces personnes affrontent le monde du travail où, dans leur inconscient, leurs supérieur(e)s hiérarchiques, remplacent les enseignant(e)s de leur petite enfance.

CAILLE. *En voir*: présage d'un amour saisonnier – ou de plusieurs – sans prolongement.
Manger une caille: votre rêve signifie que vous ne manquerez de rien.
Sens symbolique: oiseau migrateur, la caille, si elle associée dans l'imagerie populaire à l'ardeur amoureuse, symbolise surtout l'alternance des saisons, le passage du jour à la nuit, les heures nocturnes où elle prend son vol pour s'arrêter à la naissance de la lumière. De plus, la caille a valeur de nourriture spirituelle – «la manne céleste» – dans la tradition mosaïque.

CAILLOU. *Trouver des cailloux*: présage de gains.
Jeter des cailloux dans l'eau: attention à des pertes financières.
Marcher pieds nus sur des cailloux: vous vous lancez dans des projets qui risquent de vous causer des ennuis par la faute d'associé(e)s peu scrupuleux.
Casser des cailloux: vous devrez compenser une perte financière subie par une personne de votre entourage et dont la faute vous incombe.

Sens symbolique: le caillou, n'est que la forme non aboutie, ou dégradée de la pierre. (Voir **PIERRE**)

CAISSE. *Remplie d'objets*: projet de voyage, de déménagements. *Vide*: présage d'une période stérile dans vos affaires.

CAÏN. *S'entendre appeler «Caïn»*: ce rêve est dérangeant pour vous à de multiples niveaux que son symbolisme éclairera.
Sens symbolique: Caïn est le symbole de la responsabilité humaine. C'est l'homme qui ne veut rien devoir à Dieu, hormis la terre, et qui assume seul les risques de l'existence et les conséquences de ses actes. Malgré ses efforts de bâtisseur, de cultivateur, mal-aimé de Dieu, comme il se proclame, jaloux de son frère Abel «le favori du ciel», il tuera ce dernier, devenant ainsi celui par qui la mort est initiée sur terre. Abel, autre aspect de Caïn, représente l'homme dans sa globalité, ombre et lumière, bien et mal, aussi tout être humain devra prendre conscience qu'il porte en lui une part de Caïn.

CALAME. *Se voir écrire avec la pointe d'un calame*: si vous voyez cette plume dans votre rêve, c'est d'abord que dans votre vie réelle, vous en avez entendu parler, aussi, la voir signifie que votre destin est peut-être en train de se jouer. Allez-vous réussir dans vos projets? Si vous arrivez à lire ce qui est écrit sur la tablette que vous gravez, vous le saurez peut-être.
Sens symbolique: dans les traditions islamiques, le calame joue un rôle important en ce sens que la lumière céleste qui coule à travers sa fente et se pose sur la Tablette, symbolise la prédestination.

CALEBASSE. *Remplir une calebasse*: présage de plénitude.
Sens symbolique: la calebasse est un symbole féminin, une matrice. Plus généralement, elle est l'image du monde.

CALENDRIER. *Voir une date soulignée*: laquelle? Essayez de vous en souvenir, parce que ce rêve marque certainement un événement important, passé ou à venir.

Établir un calendrier personnel: ce rêve signifie que vous avez besoin d'être rassuré(e). Quand tout est prévu, bien organisé, vous avez l'impression de maîtriser ce temps qui, pourtant, échappe à tout contrôle humain.
Sens symbolique: le calendrier, qu'il appartienne à quelque tradition que ce soit, est symbole de recommencement perpétuel, d'éternel retour.

CALICE. *Boire le vin dans le calice*: ce rêve a une double interprétation: si vous êtes religieux, il signifie que vous avez grandement le goût du sacré et du sacrifice, et votre vie y est entièrement consacrée. Si vous êtes un profane, ce rêve signifie que vous traversez une période d'épreuves, mais l'image du calice montre quand même ce besoin de recours à la prière.
Sens symbolique: dans la tradition chrétienne, c'est en buvant dans le calice, vase sacré, que se fait la consécration du vin, lors du sacrifice de la messe.

CALOMNIER. *S'entendre calomnié(e)*: si, dans votre rêve, vous identifiez ceux ou celles qui vous calomnient, c'est un présage de réussite, car la calomnie est l'apanage des envieux et des jaloux.
Calomnier une personne: il se peut – par le canal de votre inconscient – que vous vous calomniez vous-même pour certaines actions envers autrui dont vous n'êtes pas fier(ère).

CALOT. *Se voir avec un*: votre rêve signifie que vous devez faire preuve d'autorité pour que l'on vous respecte.
Voir quelqu'un avec un: vous allez avoir affaire avec une autorité policière. Avez-vous fait une infraction à la loi?

CALUMET. *Fumer seul un calumet*: ce rêve signifie que vous traversez des épreuves – matérielles ou spirituelles – et que vous cherchez à communiquer avec les forces célestes. Présage de paix et d'harmonie.
Fumer le calumet en compagnie: si vous identifiez vos ami(e)s vous êtes assuré de renforcer la puissance de votre méditation ou prière. Beau présage d'harmonie partagée.

Sens symbolique: le calumet, pipe sacrée des Amérindiens, par la fumée qui s'élève, symbolise le lien qui unie la nature à Dieu à travers l'homme. Ce rituel a valeur de prière, celle de l'humain qui aspire à la paix et à l'invulnérabilité.

CALVAIRE. *S'arrêter devant un calvaire*: vous traversez sans doute une période douloureuse – une séparation, une maladie, un deuil – qui vous fait souffrir «un calvaire», ce qui, dans votre rêve, vient sous forme imagée. C'est aussi le signe, si vous êtes croyant(e), que la prière pourrait apaiser vos peines.
Sens symbolique: (Voir **CROIX**)

CALVITIE. *Se voir chauve si vous ne l'êtes pas*: pour un homme, si cette calvitie n'est pas attribuable au phénomène de mode, ce rêve signifie que vous n'êtes pas en grande forme physique ou bien que vos préoccupations majeures sont d'ordre intellectuel.
Pour une femme: inquiétude reliée à la perte d'une partie importante de sa séduction, mais aussi à des soucis ou à trop d'intellectualisme.
Sens symbolique: (Voir **CHEVEU**, **CRÂNE**)

CAMBRIOLEUR. *Se voir*: vous aimeriez vous introduire dans l'intimité d'une personne qui vous intrigue.
En voir un: crainte de voir son domaine réservé en quelque sorte «violé».
Sens symbolique: (Voir **BRIGAND**)

CAMÉLÉON. *En voir un*: vous avez un sens de l'adaptation remarquable. Vous êtes très sociable et apprécié de votre entourage. L'aspect négatif, c'est que vous êtes souvent polyvalent, imprévisible dans vos décisions, dans vos objectifs. Ainsi, vous alternez les échecs avec les réussites.
Voir un caméléon happer une proie: mise en garde contre une personne aux paroles mielleuses qui tentera de s'approprier vos biens.
Sens symbolique: selon les traditions africaines, on trouve des interprétations différentes quant au symbolisme du caméléon. Pour

certaines, celui-ci est lié à l'arc-en-ciel, pont entre le ciel et la terre; pour d'autres, il symbolise la fécondité; et, pour d'autres encore, il est la figure d'une divinité solaire.

CAMELOT. *Se voir*: vous aimeriez avoir la parole facile d'un marchand ambulant et pouvoir aussi voyager sans contraintes autres que vos propres choix, ce que, probablement, dans votre vie quotidienne vous ne parvenez pas à faire.
Voir un camelot: désir d'échanger des propos faciles, sans complications avec autrui.
Sens symbolique: le camelot, qui dispose d'un certain nombre d'objets, qui pose sa table dans un lieu de son choix, n'est pas sans rappeler l'image du 1er arcane majeur du tarot: le Bateleur.

CAMÉRA. *Se voir utiliser une caméra*: ce rêve signifie que vous conservez profondément au fond de vous, la mémoire de ce qui marque votre vie.

CAMION. (Voir **AUTOMOBILE**, **ROUE**)

CAMOMILLE. *Boire une tisane*: vous êtes sur la voie de la guérison, mais cette plante légèrement amère indique que vous avez eu des problèmes qui ont provoqué une certaine amertume en vous.

CAMPAGNE. *S'y voir*: ce rêve signifie un idéal de vie, loin des bruits et des fumées de la ville. C'est aussi le besoin de vous ressourcer.

CAMPHRE. *Respirer du camphre*: si vous avez le sentiment d'en avoir vraiment respiré, ce rêve a dû vous réveiller car l'odeur de cette substance est très vive. En tout cas, ce rêve indique une aspiration à la pureté intérieure.

CAMPING. *Se voir camper*: la signification de ce rêve dépend de plusieurs facteurs, de même, partir sac au dos ou en camping-car signifiera soit que l'on est une personne pour qui le camping est un

moyen de goûter paisiblement la nature, soit que l'on est quelqu'un de pressé, peut-être parce que le temps vous manque.
Vous êtes seul: besoin de solitude, d'évasion temporaire.
À deux: avec la personne aimée, c'est un moment d'intimité à l'abri des autres.
En famille: besoin de resserrer régulièrement les liens.
Avec des ami(e)s: goût de se retrouver ponctuellement entre personnes aux affinités semblables.

CANAILLE. *Traiter quelqu'un de canaille*: ce rêve signifie qu'il y a dans votre entourage une personne qui agit malhonnêtement, mais que votre position vous empêche d'insulter directement. Ce rêve vous le permet! Il se peut également que vous-même n'ayez pas agi en toute clarté et que cette insulte vous soit destinée

CANARD. *Voir des canards barboter*: si le bruit qu'ils font est très désagréable, ce rêve signifie qu'on médit à votre sujet.
Donner à manger à un canard: en paiement de vos loyaux services, vous ne récolterez que de l'ingratitude.
Manger du canard: présage de satisfactions matérielles.

CANARI. (Voir **OISEAU**)

CANCER. *Se voir atteint(e) du cancer si on ne l'est pas en réalité*: vous êtes envahi(e) par des préoccupations graves, des soucis, qui vous détruisent de l'intérieur. Faites un examen de conscience qui ouvrira les portes d'une guérison psychique et d'une maturité accrue.

CANCER (LE). *Voir le signe*: le 4e signe du zodiaque signale la fin de l'été, la diminution des jours. Signe lunaire, il est le symbole de tout ce qui se rapporte à la liquidité: eau des océans, des rivières, des lacs et sources aussi bien que le lait maternel et la sève des végétaux. C'est pourquoi il est représenté par un animal aquatique. La médiumnité, la sensibilité, l'intériorité, le goût de la poésie, du rêve, de la musique mélodieuse, caractérisent les êtres nés sous ce signe. Enfin, pour Jung, ce signe s'identifie à l'archétype maternel.

CANDÉLABRE. *Porter un candélabre devant un groupe*: ce rêve signifie que vous savez éclairer autrui par votre savoir, vos connaissances, votre spiritualité. Le nombre de chandelles du candélabre aura une signification spécifique.
Sens symbolique: (Voir **CHANDELIER**)

CANICHE. (Voir **CHIEN**)

CANNE. *S'appuyer sur une canne*: besoin d'un soutien, souvent masculin.
Sens symbolique: (Voir **BAGUETTE**, **BÂTON**)

CANNELLE. *Aromatiser du vin*: vous avez besoin d'énergie et ce breuvage bu en rêve vous en apportera, de même que tout mets aromatisé avec cette épice.
Sens symbolique: dans certaines traditions, notamment chinoise, la cannelle est utilisée comme fortifiant et participe à la purification du corps. Elle est aussi symbole d'immortalité, de noblesse et d'honneurs.

CANON. *En voir un*: ce rêve signifie que vous êtes en guerre avec une personne de votre entourage. Présage de conflits importants.
Entendre le bruit d'un canon: présage une bonne nouvelle.
Sens symbolique: (Voir **ARME**)

CANOT. *Se voir en canot*: si dans votre rêve, votre canot glisse calmement sur l'eau, c'est un présage de continuité sereine de votre vie.
Canot secoué: ce rêve traduit l'agitation dans laquelle vous vous débattez. Présage de difficultés dans vos affaires ou votre vie privée.
Canot qui se renverse: échec dans votre vie sentimentale.

CANTIQUE. *Chanter un cantique*: présage un événement heureux, une naissance, des fiançailles ou un mariage.
Lire «le Cantique des Cantiques»: annonce un mariage imminent.
Sens symbolique: (Voir **CHANTER**)

CAPE. *En porter une*: vous êtes une personne discrète. Vous n'aimez pas étaler votre savoir, vos connaissances.
Voir une personne porter une cape noire: mise en garde contre une dissimulation, peut-être un secret de famille, ou une malhonnêteté dans les affaires.

CAPITULER. *Se voir*: ce rêve signifie une lassitude de votre part. Peut-être passez-vous par une période difficile où les problèmes vous semblent insurmontables, et la capitulation vous paraît le meilleur choix pour votre tranquillité.

CAPRICORNE. *Voir l'insecte*: votre rêve vous donne l'image d'un insecte dont le nom est le même que celui d'un signe zodiacal. Ce rêve vous met en garde contre votre attitude froide, réservée et souvent pessimiste, qui peut être mal interprétée par votre entourage.

CAPRICORNE (LE). *Voir le signe*: le 10e signe du zodiaque qui ouvre la période hivernale, représente la mise en sommeil de la nature – sa mort en quelque sorte –, son dépouillement, son retrait. Mais c'est aussi le lent processus d'élaboration de ce qui s'ensuivra, c'est-à-dire la germination lente qui trouvera son apogée à la saison printanière. Tout ce travail caché au sein de la terre, dans la froidure et le dépouillement, se retrouve dans les caractéristiques attribuées aux personnes nées sous un signe qui symbolise la tension entre deux forces contraires, celle en direction des abysses et celle dirigée vers les cimes, imagée par un corps de bouc et une queue de poisson.

CAPUCHON. *Porter un capuchon*: ce rêve révèle vos préoccupations mystiques, spirituelles.
Pour un homme: ce rêve peut signifier sa fierté d'afficher sa virilité.
Sens symbolique: Dans de nombreuses traditions, les dieux apparaissent encapuchonnées. Pour la psychanalyse jungienne, le capuchon symbolise le monde céleste. Pour d'autres, sa forme pointue en ferait un symbole phallique.

CARDINAL. *Que l'on voit*: cet ecclésiastique de haut rang à chapeau rouge, correspond sans doute à un supérieur hiérarchique qui vous intimide. Ayez confiance en vous.

CARESSE. *En recevoir dans le dos*: mise en garde contre des personnes hypocrites.
Sur la joue: on vous exprime de la tendresse.
Sur la main: vous avez un(e) ami(e) sincère.
Sur le corps: présage de plaisirs voluptueux avec l'aimé(e).

CARNAVAL. *Se voir déguisé(e)*: selon le costume dans lequel vous vous voyez, votre rêve prendra sa signification, mais, généralement, ce genre de rêve révèle un besoin de s'amuser, de se mêler à la foule sans craindre de se faire connaître. L'anonymat vous convient.

CARPE. *Pêcher une carpe*: présage de prospérité, de protection.
Manger une carpe: présage de santé et de longévité.
Sens symbolique: on retrouve de nombreuses interprétations du symbolisme de la carpe selon les traditions, notamment asiatiques. Ainsi, elle protègerait contre les incendies et les démons. Elle serait messagère céleste, le symbole du courage, de la persévérance, de la virilité, de la suprématie intellectuelle et de la discrétion. Et au Japon en particulier, au moment où on la tue, son immobilité en fait l'exemple de l'acceptation de la mort.

CARRÉ. *Dessiner un carré*: présage de réussite totale dans ce que vous entreprendrez, car vous savez asseoir les bases solides de vos projets.
Sens symbolique: le carré symbolise l'univers créé, le monde matériel stable, solidifié, par opposition à l'incréé, à ce qui ne se touche ni ne se voit, le monde de l'au-delà. Il correspond au chiffre quatre, ce qui, dans la symbolique associée aux chiffres et aux nombres signifie force et stabilité.

CARREFOUR. *Se voir à un carrefour*: ce rêve signale qu'il vous faut prendre une décision, ce que vous ne parvenez pas à faire facilement. Plusieurs voies s'offrent à vous, vous avez le choix. Signe que l'horizon n'est pas bouché.
Sens symbolique: le carrefour représente la croisée des chemins, la rencontre avec le destin. C'est aussi le lieu où se croisent les multiples aspects de la personnalité de chacun, et on trouve, dans certaines traditions, un culte rendu aux divinités protectrices des carrefours afin de ne point se retrouver face à un destin plus ou moins cruel.

CARTE (à jouer). Ce rêve a des significations différente selon le jeu en question: s'agit-il de la belote, de la bataille, du boston, du bridge, du poker, de la manille ou tout autre? Si vous vous voyez parfaitement jouer avec des partenaires, cela signifie que vous êtes initié(e) et que les cartes, avec leurs valeurs et leurs significations, ne vous sont pas inconnues. En bref, *le pique* annonce des conflits et des pertes; *le trèfle*, de l'argent et de la chance; *le carreau*, de bonnes perspectives et, enfin, *le cœur*, l'amour. On peut aussi dégager deux généralités de ce rêve:
Si vous gagnez: la chance vous sourit. Profitez-en pour mettre vos projets à exécution.
Si vous perdez: ne vous lancez pas dans des projets hasardeux.

CARTE (géographique). *Consulter une carte*: un projet de voyage est dans l'air.

CASCADE. *Que l'on voit*: vous êtes en perpétuelle évolution et remettez toujours en question ce que vous êtes, sans pourtant qu'il y paraisse.
Sens symbolique: la cascade semble ne jamais changer de forme; elle paraît immuable, mais pourtant les gouttes d'eau qui la compose sont à chaque fois renouvelées, c'est pourquoi la cascade figure le mouvement permanent, le symbole du monde dont les composants sont en perpétuel changement sans que la forme en soit affectée.

CASQUE. *Se voir avec*: ce rêve signale votre besoin d'isoler votre tête, c'est-à-dire vos pensées ou bien, si vous rabattez la visière devant vos yeux, de vous cacher des autres, peut-être de vous même si l'on se réfère à votre inconscient.
Sens symbolique: le casque, dans la mythologie grecque, est symbole de protection, de puissance, d'ambition du pouvoir, mais aussi d'élévation spirituelle. Pour la psychanalyse moderne, il est le symbole de l'inconscient, en ce sens que nous cherchons à nous cacher des choses à nous-mêmes, et que cette dissimulation ne servirait qu'à fuir notre propre combat intérieur.

CASSER. *Se voir tout casser autour de soi*: rien ne va plus dans votre vie et vous détruisez sans doute pour mieux rebâtir. Nouvelles bases, nouveaux projets qui vont prendre forme.

CASSETTE. *Regarder une cassette-vidéo*: ce sont les images de votre vie que vous voyez défiler. Ces acteurs, actrices sont les projections de vous-même et de votre entourage.
Écouter les chansons d'une cassette-audio: dans ce rêve, vous écoutez sûrement des chansons qui vous ont marqué(e) sentimentalement, affectivement. Les émotions ressenties alors ressurgissent, probablement à l'occasion d'un événement heureux ou malheureux que vous vivez en ce moment.
Sens symbolique: une cassette contient généralement ce qu'il y a de plus précieux, ce que l'on tient bien fermé, ce qui est à soi, aussi est-elle le symbole de notre intériorité.

CATAFALQUE. *Que l'on voit*: présage d'un changement dans la manière de conduire votre vie. Les changements ne se font pas sans peine et il est nécessaire de faire le deuil de ce que l'on a connu, pour passer à autre chose.

CATASTROPHE. Le rêve ne pourra être éclairci qu'en tenant compte de son contexte particulier. S'agit-il d'un tremblement de terre, d'une inondation, d'une éruption volcanique, d'un train qui déraille, d'un avion qui s'écrase ou de tout autre événement? Les éléments, air terre, feu, air, sont aussi à prendre en considération. Quoi qu'il en soit, ce genre de rêve signale que la personne vit un profond bouleversement dans sa vie affective. Les peurs, les angoisses ainsi déclenchées peuvent avoir un impact sur l'équilibre psychique, soit négatif, avec risque d'aboutir à une dépression nerveuse, soit positif dans ce sens que ce rêve peut être à l'origine d'une transformation radicale de la personne, provoquer une sorte de résurrection inconsciemment souhaitée et enfin parvenue au niveau de la conscience.

CAVALIER/CAVALIÈRE. *Se voir sur un cheval*: l'assurance, le courage et la détermination dont vous faites preuve sont un présage de succès.
Voir un cavalier ou une cavalière arriver: inquiétude: l'arrivée de cette personne annonce-t-elle de bonnes ou de mauvaises nouvelles?
Sens symbolique: dans presque toutes les traditions, les conquérants sont toujours figurés sur un cheval, aussi le cavalier – et la cavalière, si l'on songe à Jeanne d'Arc – symbolise à la fois le triomphe et la gloire matérielle aussi bien que spirituelle. L'aspect négatif du cavalier, c'est la dévastation qu'il peut apporter sous forme de guerre, de pillage, de cruauté, et, pour la psychanalyse, il est le symbole des forces incontrôlées de l'homme.

CAVE. *Se voir dans un cave*: tout dépend du contexte du rêve.
La cave est complètement noire: vous aurez de la difficulté à comprendre vos propres conflits intérieurs. Vous vivez souvent des moments d'angoisse.
Dans une semi-clarté: vous commencez à être capable d'identifier le pourquoi de vos émotions.
Dans un état de saleté totale: vous avez un nettoyage intérieur à faire concernant des aspects de votre personnalité que vous niez.
Humide: vous avez besoin d'être sécurisé(e) comme l'enfant dans le sein maternel. Vous avez un travail sur vous-même à faire pour sortir d'un état de dépendance relié à l'enfance.

Remplie de bonnes bouteilles: vous êtes une personne joyeuse, en paix avec elle-même.
Remplie d'objets à jeter: vous êtes prêt(e) à vous débarrasser de tout ce qui fait obstacle à mener une vie harmonieuse. Bonne prise de conscience.
Sens symbolique: la cave est une image de l'inconscient et symbolise tout ce qui y est enfermé, nos peurs, nos rejets, nos tendances comportementales que nous nions au plus profond de notre être. Elle est identifiée, toujours pour la psychanalyse, à l'utérus maternel. (Voir **ANTRE**, **ARMOIRE**, **COFFRE**)

CAVEAU. *Se voir dans un caveau*: fin d'une période de votre vie et présage d'un heureux renouveau sur le plan amoureux ou de vos affaires.
Ouvrir un caveau: annonce une prise de conscience de votre part sur la façon dont vous agissiez dans des buts pas toujours louables.
Découvrir un squelette: c'est «l'ancien» vous-même qui n'a plus rien à voir avec la nouvelle personne que vous êtes devenue à la suite d'un travail d'introspection approfondi.
Sens symbolique: (Voir **ANTRE**, **ARMOIRE**)

CAVERNE. Votre rêve rejoint les mythes les plus anciens qui en font, entre autres significations, la matrice maternelle, le lieu de la gestation, un réceptacle d'énergie, un abîme insondable, le symbole de l'inconscient, le lieu de la métamorphose, de la renaissance, de la régénération et de l'initiation. (Voir **CAVE**, **CAVEAU**, **VENTRE**)

CÈDRE. *Se voir sous un cèdre*: votre rêve signifie qu'au plus profond de vous, il y a le désir de vous identifier à cet arbre qui symbolise la force, la noblesse et l'incorruptibilité. Votre comportement dans la vie tend vers ces valeurs et vous attire considération et respect.
Sens symbolique: (Voir **ARBRE**)

CEINTURE. *Mettre une ceinture*: ce rêve trouvera sa signification selon le contexte:

Ceinture de judoka: vous exprimez votre valeur selon la couleur.
Ceinture militaire: désir d'imposer son autorité.
Offrir une ceinture: annonce une liaison affective. Désir sexuel.
Recevoir une ceinture en cadeau: on montre son désir d'être lié(e) à vous sexuellement.
L'ôter: signe de libération de vos contraintes. Vous allez reprendre votre souffle.
Une ceinture usagée: vous êtes prisonnier(ère) de vos habitudes.
Neuve: vous entreprendrez un projet très novateur.
D'or: annonce le succès, la réussite, l'épanouissement personnel, un grand amour.
Autour des reins: élévation spirituelle. Signe de chasteté.
Sens symbolique: il existe un nombre important d'interprétations du symbolisme de la ceinture. Pour n'en citer que quelques-unes, elle relierait l'homme au Cosmos et lui donnerait la puissance, ou bien, en le liant, elle restreindrait sa liberté. Symbole également d'un engagement matériel – dans une quelconque association – autant que spirituel – dans des pratiques religieuses –, la ceinture peut être aussi un symbole de protection et de révélation d'un état de pureté intérieure ou, si elle est ôtée, d'impureté généralement liée à la sexualité.

CELLIER. *Se voir à l'intérieur*: s'il est rempli de tonneaux ou de bouteilles de vin, votre rêve prend une signification qui peut être reliée soit à un état d'épanouissement général, concernant vos amours, vos affaires, soit mystique, qui concerne alors votre cheminement spirituel.
Sens symbolique: le cellier, dans les traditions judéo-chrétienne et islamique, symbolise le lieu où l'on conserve le vin de la connaissance divine que l'on boit pour s'unir à Dieu.

CENDRE. *En voir*: est-ce de votre vie dont parle ce rêve? Il s'agit probablement de celle que vous quittez – votre passé – pour en entreprendre une nouvelle, qui vous comblera.
Répandre des cendres: ce sont vos regrets, tout ce que vous n'avez pu accomplir. Il n'est peut-être pas trop tard.

Recueillir des cendres: vous êtes attaché(e) au passé et vous essayez de le faire revivre.
Sens symbolique: la cendre symbolise la précarité de la vie humaine, et dans certaines traditions, la vanité de l'existence.

CÈNE. *La voir*: vous êtes influencé(e) par un contexte religieux dans lequel vous vivez probablement et qui émerge dans vos rêves. Cette représentation de la Cène est un beau présage de félicité.

CENT. *Voir le nombre écrit*: votre rêve signifie que vous avez toutes les capacités pour réussir ce que vous entreprendrez.
Sens symbolique: «Cent» symbolise le microcosme à l'intérieur du macrocosme, ce qui veut dire qu'en soi, cent est la partie complète d'un tout enfermé dans un autre tout bien plus grand que les limites de ce nombre.

CENTAURE/CENTAURESSE. *En voir un ou une*: cette vision signifie que vous êtes initié(e) à la mythologie grecque et que votre rêve, en faisant émerger cet animal mi-homme mi-cheval, vous met en face du côté bestial de l'être humain. C'est donc une mise en garde contre les penchants obscurs qui peuvent habiter l'âme humaine et la nécessité d'être vigilant pour les combattre en soi.
Sens symbolique: le Centaure, c'est l'image de l'inconscient qui prend possession de la personne et la laisse accomplir sans retenue ses pulsions les plus basses.

CENTRE. *Se trouver au centre d'un lieu sacré*: présage de réussite due à votre rayonnement, à votre équilibre aussi bien physique que mental.
Sens symbolique: le centre est le symbole de la jonction entre le ciel et la terre. C'est aussi l'image du point de départ d'un mouvement intérieur vers l'extérieur, du bas vers le haut donc, du créé vers le non créé, dans un courant d'aller et de retour permanent. Le centre est concentrateur d'énergie aussi bien que dispensateur.

CERCLE. *Se trouver au centre*: vous conduisez votre vie en prenant en compte aussi bien les facteurs matériels que spirituels et ce rêve signifie que vous êtes dans la position idéale pour mener à bien vos projets.
Voir un cercle d'or: vous être relié(e) spirituellement au ciel et ce cercle doré vous annonce prospérité, bonheur ainsi qu'une forme de protection magique.
Sens symbolique: le cercle est le symbole du ciel, et, par extension, celui du monde spirituel qui, à partir de l'unité primordiale – le point – participe à la création en multipliant ses potentialités, en les dirigeant, les ordonnant, les dissociant, les différenciant. Toutes les traditions s'accordent pour dire que le cercle, issu du point originel, est l'origine et l'aboutissement de toutes choses sans qu'on puisse dissocier le début de la fin. (Voir **ANNEAU**, **ROUE**)

CERCUEIL. (Voir **ARMOIRE**, **CAVE**, **CATAFALQUE**)

CERF. *Que l'on voit*: présage une belle rencontre qui vous éclairera sur les raisons de vos difficultés et vous apportera de l'aide.
Que l'on entend bramer: désir sexuel.
Que l'on chasse: des affaires qui s'annoncent avantageuses si on les conclue honnêtement.
Que l'on tue: à défaut d'un héritage financier – ce qui n'est pas à exclure –, vous serez l'héritier de hautes valeurs spirituelles.
Sens symbolique: on attribue au cerf diverses significations selon que l'on étudie l'une ou l'autre tradition. Ainsi, cet animal à la haute ramure, peut être apparenté à l'arbre de vie, symbole de croissance, de fécondité, de renaissance. Il peut aussi symboliser la pureté originelle, le rayonnement de la lumière céleste, l'âme elle-même à la recherche de la source divine. Par ailleurs, pour les vertus aphrodisiaques attribuées – à tort ou à raison – à ses bois, il est symbole de longévité et de sexualité.

CERF-VOLANT. *Faire voler*: vous êtes dans une recherche fluctuante de l'être aimé ou d'une voie spirituelle.

CERISIER. *Que l'on voit*: beau présage de prospérité surtout s'il est en fleurs. Annonce également un amour qui durera ce que durent les fleurs.
Manger ses fruits: les cerises, charnues, rouges et juteuses sont un signe de jouissance, de félicité et de prospérité.
Cerisier desséché: annonce une période de désenchantement.
Sens symbolique: le cerisier est l'image du bonheur terrestre, des joies de l'existence.

CÉTACÉ. (Voir **BALEINE**, **DAUPHIN**)

CHACAL. *Que l'on voit*: Mise en garde contre une personne qui peut se montrer cruelle à votre égard.
Entendre son hurlement. Présage un événement malheureux.
Sens symbolique: le chacal est un animal de mauvais augure. Il est le symbole de la cruauté, de l'avidité, de la sensualité, de toutes les sensations négatives poussées à l'extrême.

CHAÎNE. *Se voir enchaîné(e) par quelqu'un*: ce rêve peut donner lieu à diverses interprétations, selon qu'il signale votre enchaînement à une personne de votre entourage – famille, travail –, ou les propres chaînes que vous vous êtes créé(e)s, soit par devoir, soit par manque d'autonomie, soit par blocage psychologique.
Défaire ses chaînes: annonce une libération de vos états contraignants, qu'ils soient extérieurs ou psychiques.
Sens symbolique: la chaîne est le lien qui attache ensemble deux ou plusieurs personnes. À un autre niveau, elle symbolise les relations entre la terre et le ciel et la communication dans un sens plus général. Pour la psychanalyse, la chaîne signifie la capacité de s'intégrer ou non au groupe.

CHAIR. Selon la façon dont la notion ou l'image de chair se présente dans votre rêve, la signification pourra en être donnée:
Manger de la chair humaine: si les circonstances vous placent dans un événement où votre survie en dépend, c'est l'instinct de

conservation qui joue et votre rêve indique que vous possédez cet instinct au plus haut degré et que vous avez faire face aux difficultés de la vie.
Manger la chair d'une personne que vous aimez : ce rêve est attribuable à un désir sexuel exacerbé ou au désir d'une fusion totale avec l'être aimé.
Sens symbolique: depuis des temps ancestraux, le mot chair a donné lieu à de multiples significations, mais ce sont les traditions religieuses qui s'en sont emparé pour l'opposer à celui d'esprit. Aussi, la chair représente le plus souvent le côté « pêcheur » de l'être humain, ce par quoi la nature humaine a été corrompue. L'église catholique, surtout, a longtemps fustigé la chair, la considérant comme l'adversaire de l'esprit, l'ennemie de l'âme, la bête immonde, et que seuls ceux qui auront réussi à la dompter auront accès au royaume de Dieu. Ensuite, la notion de sacralité de la chair s'est imposée dans le christianisme, puisque dans son message, l'église parle de « résurrection de la chair », une référence à l'homme pris dans sa globalité.

CHAISE. *Que l'on voit*: ce rêve signale qu'il faut vous accorder un temps de repos.
Se voir assis: selon l'apparence de cette chaise, simple, de style, richement ornée, ce rêve signifiera la position que l'on occupe socialement, ou que l'on souhaiterait occuper.

CHAKRA. Si vous rêvez de « chakra », c'est que vous êtes initié(e) à la tradition bouddhique ou que vous êtes un(e) adepte d'une branche des médecines douces qui prend en compte le corps, l'esprit et le psychisme de l'être humain. Le chakra, c'est un point invisible du corps par où circule l'énergie vitale. Ce rêve signifie que pendant votre rêve, vous agissez sur l'un des points, peut-être affaibli, qui réclame votre attention.

CHAMBRE (à coucher). *S'y voir seul(e)* : sentiment de ne pas être aimé(e).

S'y voir à deux: désir d'union sexuelle, de mariage.
Se retirer dans sa chambre: désir de solitude, d'être à l'abri pour s'adonner à ses occupations intellectuelles, à la prière ou à la méditation.
Se voir dans une chambre d'enfant: nostalgie de l'enfance, de la chaleur maternelle.
Sens symbolique: la chambre – avant d'être définie comme un lieu d'intimité amoureuse – est le symbole d'une initiation secrète dont le rituel, élaboré depuis des siècles, est imposé à un postulant pour être reçu dans certaines congrégations mystiques. Cette chambre est nommée «chambre secrète».

CHAMEAU. *Se voir sur un chameau*: présage de succès après des efforts et une longue attente. Vous êtes fort heureusement persévérant(e).
Voir une caravane de chameaux dans le désert: après un passage à vide, dû en grande partie à votre caractère pas toujours conciliant, la chance vous sourit et votre peine sera récompensée par de nombreuses propositions.
Sens symbolique: le chameau représente la patience, la sobriété, la tempérance.

CHAMPIGNON. *En ramasser:* ce rêve indique que vous anticipez sur votre vieillesse en veillant au bon état de votre santé.
En manger: présage de longévité.
Cueillir des champignons vénéneux: mise en garde contre de faux amis ou un pseudo amour qui vous empoisonnera la vie.
Sens symbolique: le champignon est symbole de longévité et également considéré comme la représentation du Ciel primordial. Des écrits anciens le font entrer dans la préparation de boissons aphrodisiaques.

CHAMPION/CHAMPIONNE. *Se voir*: vous réussirez brillamment tout ce que vous entreprendrez.

CHAMPS. *Se voir dans les champs*: désir de nature authentique. Présage de bonheur simple.

Voir des champs en jachère: vous avez des projets qui demandent réflexion. Prudence.
Faire des semailles: votre récolte sera abondante dans les domaines où vous avez peiné pour arriver.
Labourer: vous préparez le terrain concernant votre vie amoureuse.
Sens symbolique: dans les mythologies grecque et égyptienne, les champs sont le symbole du Paradis qui accueille les défunts dont la vie a été exemplaire.

CHANDELIER. *Allumer un chandelier*: vous êtes une personne évoluée spirituellement.
À sept branches: ce chandelier qui apparaît dans votre rêve appartient surtout à la tradition judaïque, mais si cette religion n'est pas la vôtre, la signification n'en demeure pas moins valable pour toute personne, à savoir que vous êtes protégé(e) et que votre vie se déroulera sous les meilleurs auspices.
Sens symbolique: le chandelier est symbole de lumière spirituelle, l'image du cosmos, et s'il possède sept branches, comme dans la tradition juive, c'est qu'il figure le ciel avec le Soleil et les sept planètes.
(Voir **BOUGIE**, **CANDÉLABRE**, **FLAMBEAU**)

CHANTER. *S'entendre chanter*. La signification du rêve dépend du style de chant.
Une chanson populaire triste: elle correspond à un état émotionnel présent associé à un souvenir douloureux.
Une chanson gaie: chanson associée à un souvenir heureux. Vous vivrez des moments très agréables sur le plan sentimental.
Chanter en marchant: vos projets s'annoncent bien; vous avez le cœur rempli d'allégresse.
Chanter en travaillant: vous avez le cœur léger. Bonne ambiance de travail.
Chanter en chœur: vous avez le sens du partage et êtes entouré(e)s d'ami(e)s fidèles.
Entendre chanter quelqu'un: le bonheur ne semble pas pour vous. Sentiment de tristesse.

Sens symbolique: le chant est le symbole de la parole qui s'élève sous forme de sons vers les hauteurs, reliant ainsi la créature à son créateur dans une expression d'allégresse, de don de soi ou d'imploration. Le chant est une émanation primordiale de l'être humain, qui se distingue de la musique parce qu'il n'a pas besoin d'une technique pour s'exprimer.

CHAOS. *Se retrouver dans le chaos*: de quel chaos est-il question? Votre rêve n'a pas de cohérence et reflète ce que vous vivez extérieurement aussi bien qu'intérieurement. Présage de renouveau après un voyage dans les abîmes. (Voir **ABÎME**, **CATASTROPHE**)

CHAPE (chasuble, pèlerine, capuce). *Se voir avec*: rêve qui indique une recherche spirituelle, un certain détachement des choses terrestres.
Sens symbolique: ce genre de vêtement qui enveloppe le corps en laissant la tête à découvert, symbolise l'aspiration de l'être à atteindre par l'esprit l'univers céleste.

CHAPEAU. *Rêver de se voir avec un chapeau* – si l'on n'en porte pas d'habitude – prendra une signification différente selon le type de chapeau.
Pour un homme:
Chapeau classique, noir: désir d'anonymat.
Chapeau melon: besoin de respectabilité.
Haut-de-forme: marque un certain conformisme ou le désir d'un rang social élevé.
Chapeau de cow-boy: signe d'un certain machisme ou nostalgie de l'enfance.
Canotier: goût de rencontres amoureuses légères.
Chapeau excentrique: désir d'être remarqué.
Chapeau jaune: se voir en exclu de la société « bien pensante ».
Pour une femme:
Capeline: goût du mystère ; désir de séduire.

Bibi: marque une certaine légèreté d'esprit et de l'humour.
Chapeau de paille: besoin de vacances et d'aventures amoureuses.
À plumes: besoin d'être remarquée; extravagance.
Avec voile: on se tient à l'écart du monde, par choix ou par obligation religieuse.
On vous offre un chapeau: d'une façon générale, pour un homme ou pour une femme, ce rêve est une mise en garde contre une personne qui se servira de vous malhonnêtement.
Sens symbolique: le chapeau – le couvre-chef – symbolise la tête et la pensée. Dans les sociétés dûment hiérarchisées, le chapeau est un signe d'identification. D'autre part, et selon la psychanalyse, changer de chapeau, c'est aussi changer de pensées, c'est avoir une autre conception du monde.

CHAPELET. *Égrener un chapelet*: vous avez besoin d'une aide providentielle pour vous sortir de vos difficultés.
Sens symbolique: le chapelet, dans les traditions religieuses où l'on utilise, symbolise le véhicule qui sert à transporter les formules de prières et ainsi à se mettre en contact avec la puissance céleste en laquelle on croit.

CHAR. Selon le style de véhicule, votre rêve prendra une signification différente.
Conduire un char d'assaut: vous n'y allez pas par quatre chemins quand vous traitez des affaires et vos partenaires n'ont qu'à bien se tenir. En amour, par contre, si vous êtes un homme, vous avez intérêt à modérer vos assauts envers la personne aimée.
Un char antique, doré: vous êtes sur une voie qui vous conduira au succès, à la notoriété si vous êtes un personnage public.
Un char attelé de bœufs: présage d'efforts laborieux à accomplir avant de toucher au but.
Un char délabré: présage d'un échec qui vous laissera dépourvu de biens matériels ou de liens affectifs.
Sens symbolique: dans de nombreuses traditions antiques, le char, en tant que véhicule, symbolise le monde, mais aussi celui qui transporte

le héros guerrier, le vainqueur. Il représente également le soleil dans son déplacement, aussi certaines divinités de la mythologie grecque sont associées au char pour être identifiées au Dieu-Soleil. Chariot de feu, char céleste, char ailé de l'âme, char de l'esprit et bien d'autres appellations rappellent que le char a de multiples significations, mais qui reviennent toutes à dire qu'il symbolise, par son conducteur, la nature spirituelle de l'homme – l'esprit – et par sa construction massive qui adhère à la terre, les appétits de l'homme, son instinct de conservation, ses pulsions destructrices, ses pouvoirs sur tout ce qui est d'ordre matériel.

CHARBON. *Se chauffer près de charbons ardents*: vous emmagasinez en vous des forces qui vous serviront au moment opportun pour la réalisation d'un projet.
Se noircir avec du charbon: vous vous sous-estimez et vous reprochez des fautes que vous n'avez pas commises.
Sens symbolique: le charbon est le symbole du feu secret, du soleil enfoui sous la terre, mais inactif, passif. Il faut une étincelle pour que se révèle sa nature ignée, pour que son énergie éclate. Il rappelle alors l'opération alchimique qui réalise le passage du noir au rouge.

CHARDON. *S'y piquer*: présage de déboires.
On vous offre un chardon: méfiance dans vos relations avec certaines personnes.
Vous offrez un chardon: vous n'appréciez pas particulièrement la personne à qui vous l'offrez.
Boire du lait de chardon: présage de longévité.
Sens symbolique: le chardon est l'emblème de l'agressivité, et de la misanthropie. La longévité qu'il procure, due aux bienfaits de son suc, rachète l'aspect négatif de ce qu'il représente communément.

CHARIOT. (Voir **CHAR**)

CHARRUE. *Que l'on voit*: votre rêve signifie qu'il faut vous mettre au travail sans tarder, il y va de la réussite de vos projets.

Tracer un sillon avec : beau présage. Vous mènerez au succès votre vie amoureuse et d'affaires.
Enfoncer profondément le soc dans la terre, pour un homme : désir de relations sexuelles et de paternité ; *pour une femme*, désir de maternité.
Sens symbolique : la charrue est le symbole de la fertilisation, l'action du principe mâle sur la matière femelle. Le soc est assimilé au phallus qui pénètre et permet l'ensemencement. Au plan spirituel, la charrue symbolise l'union du ciel et de la terre.

CHASSE. *Chasser un animal sauvage* : ce rêve signifie que vous craignez les manœuvres d'un adversaire – au travail ou dans votre entourage – qui vous paraît redoutable.
Aller à la chasse : désir de rencontres amoureuses.
Poursuivre une biche : pour un homme, ce rêve est à connotation sexuelle. Pour une femme, désir de vengeance envers une autre femme.
Voir sa gibecière vide : présage de perte de biens.
Sens symbolique : dans nombre de traditions, la chasse symbolise la quête spirituelle. Abattre un animal, c'est lutter contre ses mauvais instincts ; le guetter, suivre sa trace, c'est suivre la voie qui mène à Dieu. Quant à la psychanalyse, elle donne de la chasse une signification presque exclusivement sexuelle, reliée à un comportement spécifiquement masculin.

CHAT. *Voir un chat dans un rêve* peut être interprété de deux façons, selon l'image positive ou négative que l'on a de cet animal. Ainsi, pour la personne qui aime les chats, en rêver non seulement ne la perturbera pas, mais elle y verra aussi un message spirituel relié à l'aspect sacré de l'animal. Par contre, pour celle qui le considère comme sournois et néfaste, le rêve sera source d'angoisse.
Sens symbolique : les antiques traditions ont presque toutes sanctifié ou au contraire, désacralisé le chat. En voici quelques exemples :
Dans la tradition musulmane, sauf s'il est noir, le chat est de bon augure.

Chez les Celtes, il inspirait méfiance.
Dans la Chine antique, il était considéré comme bienfaisant.
Au Japon, il est vu comme un animal de mauvais augure, un tueur de femmes, dont il prend ensuite l'apparence.
Dans l'ancienne Égypte, le chat est un animal divin, personnifié par la déesse Bastet, protectrice et bienfaitrice des hommes.
Dans certaines traditions, il est assimilé au serpent, donc au péché; il est également vu comme le serviteur des Enfers. Enfin, la plupart des traditions voient dans un chat noir le symbole de l'obscurité et de la mort.
Qu'ajouter si ce n'est que de tout temps, le chat a rempli l'imaginaire populaire autant que celui des conteurs et fabulistes. D'ailleurs, nombre d'expressions font référence à cet animal, entre autres: chat échaudé craint l'eau froide, à bon chat bon rat, appeler un chat un chat, avoir un chat dans la gorge, etc.

CHÂTAIGNE. *En acheter*: votre rêve est une mise en garde contre des affaires qui risquent de vous léser financièrement. Prévoyez!
Sens symbolique: le châtaignier, dans la tradition chinoise, est le symbole de la prévoyance.

CHÂTEAU. *Voir un château sur une colline*: vous êtes attiré(e) par le mystère. Vous aimeriez savoir ce qu'il y a derrière ses murs. Ce rêve révèle votre désir de transcendance et de spiritualité.
Se voir en châtelain, châtelaine: désir d'être dans une position sociale élevée, d'être respecté(e).
Voir un château-fort: pour un homme: nostalgie de l'enfance, regrets de ce que l'on n'a pas accompli. Pour une femme, c'est se voir dans le rôle de la Belle qu'un chevalier viendra délivrer
Voir un château en ruines: vos projets n'aboutiront pas.
Voir un château noir: ce rêve présage une période difficile, «infernale» à traverser pour peut-être un jour voir le château devenir blanc et s'illuminer.
Un château blanc: votre rêve signifie que vous êtes maître(tresse) de votre destin. Vous avez traversé de lourdes épreuves et l'heure est maintenant à la sérénité.

Un château éclatant de lumière: vous êtes un être totalement accompli.
Sens symbolique: le château a des significations multiples et c'est la psychanalyse qui en donne l'éventail. Il est d'abord associé à l'enfance, au chevalier pour le petit garçon, à la princesse, pour la petite fille, et symbolise ainsi pour l'adulte qui rêve, le paradis perdu de ses désirs enfantins. Il est l'image du mystère, de ce qu'il peut enfermer, seigneurs valeureux, princesses virginales, sorciers maléfiques ou dragons redoutables, qui logent dans notre inconscient et se traduisent sous forme de pulsions bénéfiques ou maléfiques. Le château noir, blanc ou illuminé traduisent les phases de notre évolution spirituelle, et rêver de l'un ou de l'autre, si nous en comprenons la signification, peut révéler ce qu'il nous reste à accomplir pour nous réaliser pleinement.

CHAUDRON. *Voir un chaudron plein*: présage d'abondance.
Son contenu est en ébullition: vous êtes rempli(e) de projets qui s'annoncent fructueux.
Chaudron vide: présage d'une période stérile. Accordez-vous un temps de réflexion.
Sens symbolique: les mythes et légendes de nombreuses traditions parlent du chaudron en l'associant aux pratiques magiques et démoniaques. C'est dans le chaudron que s'élaborent les potions magiques, les élixirs de longue vie, la liqueur d'ambroisie, qui confèrent jeunesse et immortalité. Pour d'autres, ce récipient est symbole d'abondance, de nourritures matérielles, mais aussi spirituelles, car il est le moyen et le lieu de toutes les transmutations de l'âme pour atteindre à la divinité.

CHAUFFEUR. (Voir **AUTOMOBILE**, **AVION**)

CHAUSSURE. *Porter des chaussures élégantes*: présage d'une belle rencontre amoureuse.
À l'aise dans vos chaussures: vous êtes en accord avec vous-même, bien dans votre peau. L'amour que vous vivez y est sûrement pour quelque chose.

Des chaussures percées: quelqu'un ou quelque chose vous dérange sans que vous puissiez en identifier la cause. Peut-être est-ce à l'intérieur de vous-même qu'il faut chercher.
Des chaussures trop étroites: la personne que vous aimez ne vous convient pas. Ce rêve signale également un complexe d'infériorité de votre part.
Trop grandes: vos objectifs, quels qu'ils puissent être, dépassent votre capacité à les atteindre. Visez moins haut.
Sans chaussures: vous êtes esclave d'une personne ou d'une situation. Réagissez.
Sens symbolique: la chaussure est avant tout un symbole de l'image sociale que nous projetons. Affirmation de soi, marque d'autorité, de responsabilité, de liberté ou, si l'on en est dépourvu comme l'étaient les esclaves, signe d'aliénation, de soumission. Pour la psychanalyse freudienne, la chaussure est associée à la symbolique du pied et serait un symbole phallique. (Voir **PIED**)

CHAUVE-SOURIS. La chauve-souris dans un rêve prendra une signification différente selon l'appréciation que vous aurez de ce mammifère ailé. On peut cependant tirer les généralités suivantes, apportées surtout par la psychanalyse, et qui sont en relation avec l'inconscient et l'évolution spirituelle:
En voir une: vous ferez une descente dans les couches profondes de votre moi intérieur. C'est la preuve que vous êtes attiré(e) par la lumière et, avec cette conscience, vous parviendrez à triompher des «ténèbres» par lesquelles vous passez.
En capturer une: vous vaincrez vos peurs et angoisses. C'est un présage d'évolution spirituelle et de prospérité sur le plan matériel.
Sens symbolique dans quelques traditions:
En Afrique: elle est à la fois l'image de la perspicacité et de l'aveuglement aux vérités lumineuses.
Dans les Andes colombiennes: image d'un vampire et d'un abuseur sexuel.
Chez les Mayas: l'une des divinités incarnant les puissances souterraines. Emblème de la mort.

En Extrême-Orient: symbole de richesse, longévité, sérénité, santé, bonne mort.
La tradition judaïque le rejette comme étant impur. Il est l'image de l'idolâtrie et de la peur.

CHEMIN. *Se voir sur un chemin droit*: votre vie semble se dérouler sans heurts, sans problèmes majeurs. Vos buts sont précis. Succès dans vos entreprises.
Un chemin sinueux: vous n'empruntez pas toujours la voie la plus courte pour atteindre vos buts, mais c'est ce que l'on appelle le chemin de l'expérience et la réussite est au bout.
Un chemin caillouteux: les aléas de la vie sont nombreux, mais vous n'empruntez pas la voie la plus facile et vous êtes souvent découragé(e).
Un chemin semé de fleurs: beau parcours avec le succès et la notoriété en plus.
Un chemin barré: vos projets sont arrêtés. Difficultés passagères.
Sens symbolique: le chemin symbolise notre avancée, non seulement dans notre vie quotidienne, mais aussi dans la façon dont nous évoluons.

CHEMINÉE. *Se voir auprès*: nostalgie du passé, des veillées familiales.
La flamme est vive: vous dégagez beaucoup de chaleur humaine.
La flamme s'éteint: la joie de vivre, la communication avec les autres n'est plus. À vous de la ranimer.
Sans feu: manque de partage. Solitude. Tristesse.
Qui fume, vue de l'extérieur: joie au cœur. L'amour est présent, familial ou amical.
Sens symbolique: la cheminée est symbole de lien social. C'est par elle que l'air – le souffle – s'introduit pour animer et entretenir la flamme. La fumée qui s'élève marque également le lien qui existe entre les forces terrestres et célestes.

CHEMISE. Selon la qualité du textile et sa couleur, le rêve sera différemment interprété:

Une chemise de lin blanc: vous êtes davantage attiré(e) par la spiritualité que par les biens matériels

En soie couleur pastel: vous êtes une personne raffinée, sensuelle.

En velours noir: vous savez mettre de la distance entre vous et les autres.

En coton bleu: simplicité. Humilité.

Sans chemise: vous êtes au-dessus des biens matériels à moins que ce ne soit la saison estivale !

Chemise de nuit: pour une femme, si elle est fine, transparente, elle dénote de la sensualité; si elle est dans un tissus épais, elle signifie un besoin de protection.

Sens symbolique: la chemise est un symbole d'affirmation de soi, et dans la mesure où elle recouvre la peau, elle est aussi symbole de protection.

CHÊNE. *En voir un*: s'il est grand et bien feuillu, c'est un présage de bonheur et de longévité.

Se voir assis dessous: une personne de votre entourage – un ancêtre ou une personne détenant une grande force aussi bien physique que mentale – veille sur vous avec beaucoup d'amour.

Sec: mise en garde contre des ennuis de santé. Ménagez vos forces.

Sens symbolique: dans un grand nombre de traditions, le chêne est considéré comme sacré. Il est synonyme de puissance, de longévité, de force aussi bien physique que morale.

CHENET. *En voir dans une cheminée*: s'ils sont en bon état, les bases de votre relation familiale ou amicale sont excellentes. En mauvais état, c'est à l'inverse qu'il faut vous attendre.

Sens symbolique: il dépendra de ce qu'ils représentent – en général, des têtes d'animaux – et vous devrez vous rapporter à ces mots du dictionnaire.

CHENILLE. *En voir une*: mise en garde contre une personne de votre entourage qui n'est pas ce qu'elle prétend être. À un autre niveau, il peut s'agir de vous dans une phase de transformation de votre caractère ou de votre personnalité.

Sens symbolique: la chenille étant l'état embryonnaire du papillon, elle symbolise pour l'être humain le travail à conduire sur soi dans un but de perfection et d'accomplissement.

CHÉRUBIN. *Voir un chérubin*: dans votre rêve, s'agit-il d'une statuette, ou d'un être céleste? Quoi qu'il en soit, c'est un très beau message que vous recevez et votre démarche spirituelle n'en sera que renforcée.
Sens symbolique: les chérubins appartiennent à l'ordre des anges hiérarchiquement le plus élevé et ont pour fonction de diffuser la lumière et la connaissance de Dieu.

CHEVAL. *Voir un cheval en liberté dans un pré*: rêve d'indépendance.
Sellé: vie calme, contrôlée.
Monter un cheval blanc: détachement des bien matériels et tout ce qui fait l'attrait de la vie terrestre pour le commun des mortels a de moins en moins d'intérêt. Marque une très belle évolution spirituelle.
Un cheval pie: être partagé(e) entre un côté quasi mystique et l'autre encore axé sur les plaisirs charnels.
Un cheval noir: les pulsions et les bas instincts ne sont pas domptés. Mise en garde contre une « descente aux enfers » intérieure.
Un cheval sauvage: impétuosité, dans le sens d'une sexualité ardente.
Chevaucher un coursier: sexualité débordante. Érotisme.
Cheval ailé, Pégase: recherche spirituelle. Imagination créatrice.
Cheval surgissant des eaux: sublimation des instincts.
Sens symbolique: le symbolisme du cheval a donné lieu à une multitude d'interprétations que l'on retrouve dans les diverses traditions aussi bien qu'à l'intérieur des différents courants psychanalytiques. Animal associé aux ténèbres de la terre, au feu, à l'eau, à l'air, on lui prête tout à la fois des pouvoirs magiques, psychiques, divins ou maléfiques, voire démoniaques, selon la couleur de sa robe. Animal sacrificiel pour les uns, monture des dieux ou de la mort, coursier solaire pour d'autres, il est aussi symbole de force fécondante, d'impétuosité et de jeunesse triomphante.

CHEVALIER. Votre rêve ne trouvera sa signification que dans le récit que vous en ferez car il existe plusieurs sortes de chevaliers: les anciens, ceux qui se réfèrent aux mythes, contes et légendes, et les modernes, ceux qui mènent des combats qu'ils croient justes contre la société et ses institutions. De toutes façons, même avec ses défauts, sa grossièreté, sa violence, sa brutalité, et même quand il se place en serviteur de la puissance, de la richesse ou de l'irréalisme, le chevalier projette toujours une image positive de «défenseur de la veuve et de l'orphelin».

Se voir casqué, cuirassé, avec une lance à la main: vous vous identifiez certainement à l'archange Saint-Michel luttant contre le démon. C'est sans doute contre vos propres démons que vous luttez. Présage d'évolution spirituelle.

Se voir avec les Chevaliers de la table Ronde: quête de spiritualité très forte.

Se voir en armure devant des moulins à vents: il y a du Don Quichotte en vous. Les idées généreuses sont là, mais l'irréalisme de vos combats ne vous conduisent à rien.

Sens symbolique: le chevalier incarne, dans l'absolu, l'idéal de loyauté, d'incorruptibilité et de hauteur spirituelle.

CHEVEU. Le rêve ne prendra sa signification que si vos cheveux ont une apparence tout à fait différente de vos cheveux tels qu'ils sont habituellement.

Se voir les cheveux rasés: pour une femme, signifie l'abandon de sa vie sexuelle; *pour un homme*, désir de se retirer de la vie publique (à moins que le phénomène de mode ne vienne s'insérer jusque dans le rêve, et, dans ce cas, ce serait surtout le désir de se fondre dans un moule). Peut aussi signaler l'adhésion à une philosophie extrême-orientale.

Cheveux épars: refus de se plier aux conventions.

Cheveux longs, dénoués: désir de séduire. Sensualité. Volupté.

Cheveux bouclés: désir de s'unir, mariage.

Perdre ses cheveux: énergie vitale en baisse.

Cheveux blancs: signe de vie spirituelle, de sagesse.

Cheveux teints: désir de changer de personnalité.

Cheveux blonds dorés: annonce une belle rencontre sentimentale.
Cheveux emmêlés: idées confuses. Perte de repères.
Porter une perruque: pensées cachées.
Cheveux longs, épais: bonne énergie vitale.
Cheveux tressés: liens renoués.
Tonsure: signe d'humilité.
Sens symbolique: les cheveux, comme les ongles, sont un symbole de force, de puissance, de virilité, que l'on retrouve dans presque toutes les traditions et leur signification dépend tout à la fois de leur longueur, de leur épaisseur, de leur disposition, de la façon de les apprêter, ou encore de leur suppression. Cependant, on note des nuances dans l'interprétation: ainsi, ils peuvent également symboliser la relation avec le cosmos (Chine), le tressage avec l'Univers (Inde), l'appartenance à la royauté (Celtes), le siège de l'âme (Célèbes, Sumatra), la renonciation aux plaisirs de la chair et aux biens terrestres (tradition chrétienne).

CHEVILLE. *Se voir avec une chaîne aux chevilles*: manque de liberté. Mise en garde contre un(e) partenaire trop possessif.
S'attacher un bracelet à la cheville: pour une femme, dénote un désir lié à la sexualité.
Un tatouage près de la cheville: la signification dépend du genre de tatouage: un aigle signifiera un désir d'élévation spirituelle. Une fleur, un souhait d'union romanesque.
Sens symbolique: dans la tradition gréco-romaine, la cheville symbolise le point du corps sur lequel peuvent se greffer des ailes et permettre ainsi l'envol vers les hauteurs spirituelles.

CHÈVRE. *Que l'on voit*: annonce une rencontre avec une personne aux comportements souvent imprévisibles, mais généreuse et prête à se sacrifier pour autrui.
Sens symbolique: la chèvre et le chevreau, dans de nombreuses traditions, symbolisent la manifestation des dons célestes à la terre, et sont considérés comme des divinités bienfaisantes, nourricières des humains autant qu'initiatrices mystiques.

CHEVREUIL. *Que l'on voit en liberté*: présage de bonheur.
Sens symbolique: (Voir **CERF**)

CHEVRON. *En voir sur son vêtement*: désir de respectabilité, de se faire écouter. Dénote également un caractère quelque peu autoritaire.
Sur des édifices: vous alternez souvent entre plusieurs positions, mais vous savez établir pour chacune des bases solides. Bonne réussite dans ce que vous entreprendrez.
Sens symbolique: le chevron symbolise l'alternance, mais est aussi l'image de l'équilibre. Pour Freud, la répétition du chevron figure la pulsion de mort, mais le dessin répété un certain nombre de fois symboliserait d'une façon rythmique, la montée vers une cime, puis la retombée, et s'apparenterait ainsi au cycle de la mort-renaissance.

CHIEN. Pour comprendre la signification du rêve, il faudra prendre en compte le contexte, la race ou l'aspect, la couleur et le comportement de l'animal.
Voir un chien paisible: annonce une très belle relation amicale .
Un chien agressif: manque de sociabilité. Désir de ne pas se laisser approcher.
Un caniche: besoin de tendresse.
Un petit chien pomponné: désir de plaire, de participer à des mondanités.
Un grand chien noir: annonce de graves difficultés dans le domaine relationnel. Tromperies, manœuvres souterraines dans le but de nuire.
Un grand chien blanc: présage de bonheur, d'amour et de fidélité.
Être attaqué(e): une amitié que l'on croyait sincère tourne en son contraire.
Un chien qui hurle à la mort: présage d'une maladie ou d'un deuil.
Qui vous lèche la main ou la joue: annonce une trahison de la part d'un(e) ami(e).
Voir une meute de chiens: si vous êtes poursuivi(e), c'est une mise en garde contre un groupe auquel vous appartenez (travail, vie associative, famille) et qui veut vous exclure.

Sens symbolique: le chien figure dans toutes les traditions, et son symbolisme recouvre un grand nombre d'aspects plus ou moins contradictoires. Cependant, toutes s'accordent au moins pour donner du chien l'image de l'ami fidèle de l'homme, son guide aussi bien dans sa vie que dans sa mort. Gardien des portes des lieux sacrées, doué de clairvoyance, suspecté de sorcellerie, intercesseur entre l'homme et le ciel, gardien des Enfers, symbole de puissance sexuelle, associé au feu, animal pur ou maléfique, telles sont quelques-unes des significations attribuées au symbolisme du chien.

CHIENDENT. *Que l'on arrache*: désir de se sortir de lourdes difficultés ou sur un autre plan, d'accéder à des vertus par des efforts répétés sur soi-même.
Sens symbolique: le chiendent, plante résistante, est associée dans l'imaginaire populaire aux soucis, aux problèmes de l'existence. Pourtant, dans certaines traditions, elle est symbole de purification et un moyen, en la consommant, d'accroître ses forces psychiques.

CHIFFRE. (Voir **NOMBRE**)

CHIFFON. (Voir **HAILLON**)

CHIMÈRE. Pour que ce monstre paraisse dans votre rêve, vous devez certainement avoir des connaissances relatives à la mythologie.
Que l'on voit: signifie que l'on est soumis à l'influence de nos tendances néfastes, voire destructrices, et qu'il faut être très vigilant(e) à propos de nos comportements.
Sens symbolique: monstre à tête de lion, à corps de chèvre, à queue de dragon et crachant des flamme, son symbolisme relève à la fois de ces animaux et de l'élément feu qui le caractérisent, le tout figuré dans son aspect négatif. Les psychanalystes ont fait de la Chimère, le symbole de l'imagination débridée, non pas dans le sens créatif, mais au contraire dans sa signification dévastatrice et dangereuse pour la personnalité.

CHIMISTE. *Se voir dans un laboratoire*: désir de faire des préparations dans un but d'aider à la guérison d'un proche.
Voir un chimiste: vous soupçonnez qu'on vous cache quelque chose sur votre santé et vous voudriez savoir.

CHINE. *Se rendre en Chine*: présage d'une entreprise qui ne vous apportera que des embrouilles.

CHIRURGIE. *Se faire opérer*: la signification de votre rêve dépendra de la partie du corps qui sera affectée.
Sens symbolique: (Voir **AMPUTATION**, **SEIN**, **SEXE**)

CHOCOLAT. *Se gaver de chocolat*: signale un besoin de recevoir de l'affection, de l'amour.
En offrir: preuve de sentiments affectueux, amicaux.
En recevoir: gage d'amitié et d'amour.

CHOIX. (Voir **CARREFOUR**)

CHOLÉRA. *En entendre parler*: inquiétude; peur d'avoir une maladie grave.

CHÔMAGE. *Se voir licencié(e)*: crainte de la précarité; manque d'estime de soi; complexe d'infériorité.

CHOU. *En planter*: présage d'une excellente santé.
En manger: vous guérirez de vos maux.

CHOUETTE. *Voir une chouette*: annonce des conseils judicieux de la part d'un(e) ami(e).
L'entendre hululer: présage néfaste annonciateur de maladie ou de deuil.
Capturer une chouette: des personnes mal intentionnées vont s'introduire chez vous.
Sens symbolique: la chouette, oiseau nocturne, est associée à la lune et symbolise pour les mages et devins, la clairvoyance. Sa sinistre

réputation vient, d'une part de son apparence peu agréable, d'autre part de sa place dans certaines traditions où elle est assimilée au dieu des enfers, aux forces souterraines malfaisantes et plus généralement, à la mort.

CHRIST. *Le voir apparaître*: votre rêve reflète votre personnalité mystique. Si vous traversez des épreuves, le voir apparaître vous est d'un grand réconfort.
Se voir au milieu des apôtres: vous appartenez sans doute à un groupe religieux chrétien et ce rêve indique votre volonté de vous consacrer entièrement aux autres.
Assister à la Passion: vous participez de toute votre âme à la souffrance du monde. Cette empathie est la preuve d'une grande évolution spirituelle.
Voir le Christ enrobé de lumière: votre rêve ressemble à une illumination spirituelle. En sortant d'un tel rêve, vous ne pouvez être qu'une nouvelle personne.
Sens symbolique: dans le Christ sont réunis tous les symboles fondamentaux de l'univers. Il représente à la fois, le ciel et la terre, l'air et le feu, la mort et la résurrection, le message évangélique, l'Agneau du sacrifice, le salut, la lumière, le centre, l'axe du monde. L'autre face du symbole, ce sont tous les péchés, la perversion dont l'être humain est capable qui sont stigmatisés dans la Passion du Christ.

CHRYSALIDE. *Que l'on voit*: ce rêve signifie que vous vivrez une métamorphose intérieure qui changera le sens de votre vie.
Sens symbolique: (Voir **PAPILLON**)

CHRYSANTHÈME. *En recevoir*: présage de reconnaissance: on accède aux honneurs.
En offrir: annonce une union durable, un mariage heureux.
Sens symbolique: le chrysanthème est une fleur solaire qui symbolise la longévité. Dans les traditions asiatiques, elle est synonyme de plénitude et de perfection, mais aussi de simplicité et de discrétion.

CHUTE. *Tomber par terre*: mise en garde contre un projet trop ambitieux qui se heurtera à des difficultés.
Tomber dans la boue: on a visé trop haut dans les affaires, et on aura du mal à redresser la situation.
Sens symbolique: (Voir **ICARE**)

CIEL. Rêver du ciel révèle le plus souvent un état intérieur et l'interprétation qui pourra en ressortir sera liée à ce qui est vécu ou à ce qui sera à vivre.
Voir un ciel bleu, pur: annonce une période sereine, paisible.
Pommelé: des petits soucis s'annoncent.
Très nuageux: des ennuis sérieux en perspective.
Ensoleillé: de grandes joies s'annoncent.
Pluvieux: présage d'abondance, de prospérité.
Orageux avec foudre: si la foudre est d'un blanc étincelant, c'est un présage de succès. Sur un autre plan, ce phénomène présage une ouverture de conscience élargie de l'être en phase d'évolution spirituelle. Si elle est rouge-brun, elle annonce des conflits dans l'entourage (travail, famille) ou un blocage au niveau de l'évolution spirituelle.
Ciel étoilé: tous les souhaits seront exaucés.
Voir la foudre tomber chez soi: un événement va survenir qui va vous obliger à changer de lieu et de mode de vie.
Toucher le ciel: se voir au comble du bonheur; réussite; aspirations mystiques.
Sens symbolique: dans toutes les traditions le ciel est le symbole des puissances inaccessibles à l'être humain mais d'où tout procède. C'est ainsi qu'il est la demeure du créateur de l'univers, l'agent fécondateur de la terre par les pluies qu'il déverse, l'organisateur de l'ordre cosmique sur lequel l'ordre terrestre s'est modelé (l'être le plus haut placé hiérarchiquement commande à ceux qui sont au-dessous), de l'ordre sacré de l'univers (le mouvement rythmique des astres). Le ciel représente aussi le séjour des dieux et des Bienheureux. Nombre de traditions croient à une multiplicité de cieux, treize pour les unes (Aztèques), douze pour d'autres (Algonquins), neuf ou sept pour

d'autres encore (Bambaras, Bouddhisme, Islamisme, Chine, entre autres). Passer d'un ciel à l'autre, du plus bas au plus élevé, avec la qualité attribué à chacun, signifierait pour l'être humain, gravir les marches qui mènent à la perfection divine. Pour la psychanalyse, ces cieux sont la représentation «d'états de conscience» inhérents à la personne humaine.

CIERGE. (Voir **CHANDELIER**, **FLAMBEAU**)

CIGALE. *Entendre chanter des cigales*: désir de vous libérer de vos contraintes par une forme d'insouciance et de vacances au soleil.

CIGOGNE. *Que l'on voit*: présage d'une bonne nouvelle. Une naissance peut-être.
Une cigogne sur son toit: votre demeure sera protégée. Le foyer familial est placé sous les meilleurs auspices et on y vieillira dans la sécurité.
Sens symbolique: la cigogne, est vue dans diverses traditions, comme un oiseau de bon augure, s'opposant au mal. Elle est symbole de protection, de longévité et d'immortalité.

CIL. *Battre des cils*: désir de séduire.

CIMETIÈRE. *Se voir dans un cimetière*: ce rêve signifie l'abandon de ses repères habituels, la mort au figuré d'une forme de vie pour passer à une autre.
Porter des fleurs sur une tombe: présage d'un deuil.
Sens symbolique: (Voir **MORT**)

CINQ. *Écrire ce nombre*: présage une union bénéfique. Harmonie dans votre vie.
Sens symbolique: dans de nombreuses traditions, le nombre cinq, se situant au milieu des neuf premiers nombres, symbolise le centre, l'union, la volonté divine qui ordonne la perfection. Symbole de l'homme avec les cinq sens et les cinq extrémités qui le composent, le chiffre cinq peut aussi avoir une symbolique ambivalente et selon les

traditions, être considéré comme un chiffre néfaste (chez les anciens Mexicains, les Dogons et les Bambaras) lié à des événements, à des catastrophes redoutables, à la mort. Pour la tradition islamique, à l'inverse, le chiffre cinq est considéré comme faste et sert même de chiffre magique contre le mauvais œil. Enfin, pour la psychanalyse, le cinq est le signe de la vie créée, manifestée.

CIRCONCISION. *Assister à une circoncision*: votre rêve est certainement relié à votre appartenance à une confession religieuse au sein de laquelle se pratique ce rituel. La circoncision, qui symbolise une nouvelle naissance, l'accès à une nouvelle étape de la vie, peut apporter un éclairage sur le sens de votre rêve: vous aborderez un autre versant, une autre phase de votre chemin de vie, en abandonnant tous vos anciens repères.

CIRQUE. Selon le contexte, si vous êtes acteur ou spectateur, le rêve prendra une signification différente.
Se voir en clown: vous craignez que votre entourage ne vous voit sous cet aspect. Complexe d'infériorité.
En jongleur(euse): grâce à votre habileté, vous réussissez dans votre entreprises.
En trapéziste: vous prendrez des risques pour mener à bien vos projets. Mise en garde contre trop de confiance en soi-même.
En dompteur(euse): on craint votre autorité.
En spectateur: vous avez un certain détachement vis-à-vis de l'agitation du monde extérieur.

CISEAU. *Que l'on voit*: présage d'une rupture radicale. Vous coupez tout lien soit avec une personne aimée, un travail, un groupe, ou des ami(e)s.
Couper une étoffe: annonce une maladie, un deuil.
Sens symbolique: dans la mythologie grecque, l'une des trois Parques, déesses des Enfers, coupe le fil des jours à l'aide de ciseaux. Devenu le symbole de l'arrêt soudain de la vie, le ciseau signifie aussi que l'heure de notre mort ne nous appartient pas.

CITADELLE. *Monter en haut*: vos projets vous demanderont beaucoup d'efforts, mais se réaliseront.

CITHARE. *Que l'on entend*: annonce un grand amour.
Dont on joue: vous faites passer vos émotions à travers l'instrument plutôt que de les exprimer verbalement.
Sens symbolique: la cithare est associée aux chants des oiseaux, aux émotions. Par sa forme, elle représente la relation entre le ciel et la terre, et le son qu'on en tire symbolise le chant de l'univers.

CITRON. *Mordre dans un citron*: présage des moments qui laisseront un goût amer.
Presser ou voir presser un citron: annonce la venue de personnes qui veulent vous exploiter.

CLAVICULE. *Se briser la clavicule*: vous êtes en état de fragilité physique ou émotionnelle. Ce rêve signale qu'il faut changer quelque chose dans votre manière de vivre, car en plus d'être un point important du soutien de votre squelette, la clavicule reflète symboliquement votre intériorité.

CLEF. *Que l'on voit*: indique qu'il y a un secret à percer.
Que l'on trouve: excellent présage de réussite.
Que l'on perd: des opportunités nous échappent.
Un trousseau de clefs: plusieurs chances à saisir.
L'insérer dans une serrure: si la clef tourne bien, c'est le présage d'une belle complémentarité pour une association dans le travail ou d'une union d'où la sexualité ne sera pas absente.
Si la serrure résiste à la clef: inutile de persévérer dans vos projets.
Sens symbolique: si la clé est le symbole du secret à découvrir, de l'énigme à résoudre, elle est aussi celui de la prospérité, et également du pouvoir par celui qui la détient. Par ailleurs, si l'on se réfère à certaines traditions religieuses, les clefs symbolisent l'ouverture et la fermeture du ciel et l'accès ou l'interdit aux mystères de la création. Au plan ésotérique, posséder la clef signifie que l'on a franchi les degrés d'une initiation spirituelle très élevée.

CLITORIS. Rêve en relation avec la sexualité du rêveur ou de la rêveuse.
Sens symbolique: le clitoris est le symbole de l'élément masculin chez la femme. Dans certaines traditions (Dogons, Bambaras du Mali), cet organe est excisé, pour – s'empresse-t-on d'affirmer – permettre à la femme d'assurer sans ambivalence sa pleine féminité.

CLOCHARD. *Se voir*: pour un homme, ce rêve signifie son désir refoulé de se libérer de toutes les contraintes du quotidien. Pour une femme, selon les théoriciens de la psychanalyse, ce rêve peut mettre en évidence une part masculine d'elle-même encore confuse.
Dont on rit: il s'agit probablement d'un double de soi-même, celui qui nous met en face des ratages de notre vie et dont nous rions pour n'en pas pleurer. Ce rêve peut révéler un complexe d'infériorité.

CLOCHE. *Que l'on entend*: si le son est clair, une bonne nouvelle s'annonce. S'il est bas, c'est un message de peine.
Sens symbolique: la cloche, par la position de son battant et le son qui s'élève, symbolise la communication entre la terre et le ciel. Utilisée comme objet cultuel dans de nombreuses traditions, les cloches et clochettes ont toujours une signification sacrée, voire magique.

CLOU. *En voir*: des obstacles en perspective.
Enfoncer un clou: évitez d'insister sur un point de confrontation avec un adversaire, vous risqueriez de perdre.
Clouer des planches: consolidation d'une position.
Ramasser des clous: perte financière.

CLOWN. (Voir **BOUFFON**, **CIRQUE**)

COCHON. (Voir **PORC**)

CŒUR. Quand les images du cœur apparaissent dans les rêves, il s'agit souvent d'une représentation des nombreuses expressions populaires se rapportant à cet organe essentiel du corps, dans lequel nous situons nos états affectifs ou émotionnels.

Voir son cœur saigner: on vous a fait du mal. Ce rêve exprime de la souffrance.
Avoir mal au cœur: présage de douleurs et peines.
Battements de cœur: ce sont les ailes de l'amour qui battent dans votre cœur.
Un cœur desséché: il n'y a plus rien à donner ni à recevoir. Triste constatation.
Un cœur de pierre: aucun sentiment, aucune émotion ne peut émouvoir un tel être.
Sens symbolique: indépendamment du fait que l'on attribue au cœur le siège des sentiments, de multiples interprétations, à travers de nombreuses cultures, sont attachées à son symbolisme. Le cœur est tout à la fois le symbole des fonctions intellectuelles, le centre de la vie, de la volonté et de l'intelligence de l'être humain, le mouvement alternatif entre l'expansion et la contraction de l'univers, le siège de la lumière et de l'esprit, de la sagesse mais aussi du mal, le lieu secret de la conscience, de la connaissance et de l'amour.

COFFRE. *Voir un coffre*: découverte d'un secret qu'on vous cache depuis longtemps.
Ouvrir un coffre vide: vous êtes dépossédé(e) de vos biens, mais il se peut que ce rêve mette en évidence le vide d'un certain côté de votre existence.
Un coffre plein d'argent: présage d'abondance.
De pierres précieuses: c'est la richesse de votre vie intérieure qui affleure dans ce rêve. Très beau présage d'évolution.
Sens symbolique: le coffre enferme et révèle un trésor, qu'il soit matériel ou spirituel. Le trésor des diverses traditions, c'est ce qui est déposé dans le coffre et qui ne peut être révélé qu'à l'heure choisie par une volonté supérieure. Le contenu symbolique du coffre, c'est le secret de la manifestation divine. Quand le contenu du coffre est dévoilé d'une manière illicite, de grands dangers peuvent survenir ainsi, la boîte de Pandore qui renferme tous les maux de la terre en est l'illustration. (Voir **PANDORE**)

COIFFURE. (Voir **CHEVEU**, **CHAPEAU**)

COLIBRI. *Que l'on voit*: beau présage de prospérité.

COLLIER. *Recevoir un collier*: signe d'union, de lien.
Offrir un collier: désir de créer un lien affectif.
Ôter un collier: fin d'une relation, d'une association.
Sens symbolique: (Voir **CERCLE**)

COLLINE. *Gravir une colline*: les projets sont modestes mais assurés d'une réussite.
Descendre d'une colline: les projets n'aboutissent pas.
Sens symbolique: la colline marque une émergence, une première manifestation du monde créé et la gravir symbolise la montée évolutive de l'être humain vers la perfection.

COLOMBE. *Voir une colombe*: dénote une personne au cœur pur, fidèle en amour comme en amitié. C'est aussi un beau présage de paix et d'harmonie.
Caresser une colombe: aspirations mystiques. Dépassement de soi.
Sens symbolique: la colombe est associée à la pureté, à la simplicité, à la beauté de l'amour sublimé. Dans la tradition judéo-chrétienne, outre qu'elle incarne le bonheur, la paix et l'harmonie (le rameau d'olivier apporté à l'Arche de Noé), elle symbolise surtout l'immortalité de l'âme.

COLONNE. Selon le contexte du rêve, la colonne prendra toute sa signification.
Voir la colonne d'un édifice: vous recevrez une aide solide de la part d'une excellente personne.
Colonne endommagée: présage d'un mauvais coup du sort sans pouvoir espérer du soutien.
Voir sa propre colonne vertébrale: si elle est bien droite, vous êtes une personne solide physiquement et intérieurement. Non seulement vous êtes un précieux soutien pour autrui, mais votre vie personnelle est aussi sainement établie.

Sa colonne vertébrale brisée: ce rêve indique que votre énergie est rompue. Vous êtes comme cassé(e) de l'intérieur, vous ne croyez plus en rien, sans doute par trop d'épreuves.
Sa colonne vertébrale difforme: manque de détermination, de volonté.
Sens symbolique: la colonne représente le support qui garantit la solidité d'une construction, qu'elle soit d'ordre architectural, social ou personnel. Dans diverses traditions, la colonne symbolise la verticalité, l'assise de toute fondation, la relation établie entre le ciel et la terre, le support de l'univers. Pour l'être humain, elle symbolise l'harmonie physique autant qu'intérieure ainsi que la force de l'âme.

COLOSSE. Selon le contexte du rêve, le colosse aura une signification différente.
Un colosse de pierre: vous devrez subir l'autorité absolue d'une personne positionnée hiérarchiquement au-dessus de vous.
Un homme de très haute stature: cet homme peut vous soutenir dans vos entreprises. Écoutez ses conseils, car il est doué de pouvoirs médiumniques.
Un animal gigantesque: une personne mal intentionnée cherche à vous déstabiliser.
Sens symbolique: les Colosses, dans les anciennes civilisations, incarnaient les pouvoirs surhumains des puissants, pharaons, princes ou rois.

COMBAT. (Voir **BATAILLE**, **GUERRE**)

COMÈTE. *En voir une*: annonce une catastrophe qui peut être prise sur un plan personnel ou élargie à des bouleversements mondiaux.
Lire ou apprendre la venue d'une comète: présage néfaste: il peut s'agir de graves conflits politiques ou la mort d'un puissant chef de gouvernement.
Sens symbolique: la comète est synonyme de mauvais présage. Elle annonce des désastres d'une grande ampleur, des épidémies, la famines, des catastrophes liées aussi bien aux éléments qu'à la folie des hommes.

COMPAS. *Utiliser un compas*: vous avez un esprit de rigueur que vous mettez en action dans tout ce que vous entreprenez. C'est un gage de réussite.
Tracer un cercle avec un compas: vous êtes doué(e) d'activités créatrices, d'une inspiration qui est en relation avec votre recherche spirituelle.
Sens symbolique: le compas est associé à l'esprit de mesure, à la puissance créatrice et, par le cercle qu'il trace à la perfection, il symbolise le cosmos.

CONDOM. *Le voir*: désir sexuel. Ce rêve est une mise en garde contre l'oubli ou pire – la décision volontaire – de ne pas utiliser cette protection indispensable à la sauvegarde de votre santé.
Ne pas l'utiliser: vous mettez votre vie, et celle d'autrui, en danger de mort.

CONFESSER (SE). *Se voir*: vous voulez soulager votre conscience de quelque chose qui vous pèse. Vous seul(e) savez de quoi il s'agit.
Confesser quelqu'un: vous savez garder des secrets et avez une écoute des autres fortement appréciée.
Sens symbolique: la confession, c'est vouloir extirper le mal de soi, se laver des fautes que l'on commet et obtenir le pardon de Dieu, pour les personnes croyantes, ou de ceux que l'on a blessés, pour les autres.

CONFLIT. (Voir **BATAILLE**, **GUERRE**)

CONGÉDIER. *Se faire*: inquiétude en relation avec un travail précaire ou un engagement amoureux prêt à se défaire.
Congédier quelqu'un: vous redonnez sa liberté à une personne qui ne vous a pas donné satisfaction. Il s'agit peut-être de vous-même face à vos propres insatisfactions.

CONGÉLATEUR. *Que l'on voit*: vous avez le souci de conserver longtemps ce que vous appréciez. Au premier niveau, celui de la nourriture, il s'agit de prévoyance, mais à un autre niveau, ce sont les sentiments qui s'expriment à travers votre rêve: crainte de perdre une situation, un amour, quelqu'un de proche, ce qui peut dénoter un caractère possessif et «figer» votre évolution.

CONQUE. (Voir **COQUILLE**)

CONSERVE. *Amasser des conserves*: plus qu'un rêve ayant un rapport avec l'alimentation, il s'agit là d'une image des sentiments que vous gardez en vous sans savoir les exprimer verbalement. Ouvrez-vous, ayez confiance.

CONTRAT. *Signer un contrat*: vous allez certainement devoir vous engager prochainement dans un projet – affaires ou mariage – et ce rêve signale de bien vérifier ce à quoi et dans quoi vous vous engagez.

CONTREBANDIER. *Que l'on voit*: il y a une personne de votre entourage qui agit «en douce». Mise en garde contre une trahison.
Agir en contrebande: ce rêve peut révéler un aspect de cotre personnalité – agir en cachette, par exemple – dont vous n'êtes pas particulièrement fier(ère).

CONSTELLATION. (Voir **ZODIAQUE**)

CONTINENT. *Se voir sur un autre continent*: désir de changer de vie, de connaître une autre culture, d'étudier d'autres comportements. Selon le continent choisi, le sens du rêve sera différent et symbolisera vos aspirations profondes, matérielles ou spirituelles.

COQ. *Que l'on voit*: vous aurez à défendre de belles valeurs en lesquelles vous croyez.
Nourrir un coq: vous cultivez vos vertus.
Entendre chanter un coq: présage d'une bonne nouvelle.
Un combat de coqs: annonce des discordes aussi bien dans votre milieu professionnel que dans vos relations sentimentales.
Sens symbolique: dans presque toutes les traditions, le coq est considéré comme un animal de bon augure et bénéficie d'une grande

considération, (excepté dans le bouddhisme tibétain), en dépit des épithètes de coléreux et de fier dont on le qualifie, surtout en Europe. Il est tout à la fois, le symbole de la lumière, de la protection, de l'intelligence, de la vigilance, de la guérison, du temps et par son chant, il est celui qui appelle à la prière et signale la présence de l'ange.

COQUILLE. *En voir une*: pour un homme, c'est l'expression d'un désir sexuel. Pour une femme, si elle est en âge de procréer, c'est le présage d'une grossesse.
Que l'on pêche: c'est l'annonce d'une rencontre amoureuse dans laquelle la sexualité aura une large part.
Y trouver une perle: c'est le présage de plaisirs charnels extatiques.
Sens symbolique: selon les diverses traditions, la coquille symbolise la fécondité, la matrice, mais aussi le royaume des morts. Pour la psychanalyse, la coquille est une expression de la libido. Sa forme et sa profondeur en font l'image de l'organe féminin.

CORAIL. *Voir un objet en corail*: si vous êtes affaibli(e), malade, c'est un présage de guérison.
Porter une amulette, un bijou en corail: ce rêve signifie que vous êtes protégé(e) contre des personnes mal intentionnées.
Sens symbolique: le corail relève à la fois du règne animal, végétal et minéral. Il aurait le pouvoir d'écarter le mauvais œil, de coaguler le sang et d'écarter la foudre. Sa couleur rouge sang et les sinuosités de ses formes en font le symbole des viscères.

CORBEAU. Le sens des rêves se rapportant au corbeau et décrit ci-dessous pourront être interprétés dans un sens contraire, c'est-à-dire bénéfiques, si on appartient à une culture non européenne.
Que l'on voit: annonce un vol, une malversation ou un adultère.
Se pose près de soi: présage funeste, mais qui peut se lire sur un plan supérieur, à savoir la mort de nos habitudes, de nos repères, un changement intérieur radical pour accéder à une nouvelle conscience.
Un vol de corbeaux: des épreuves multiples en perspective.
Entendre un croassement: mauvaises nouvelles.

Sens symbolique: indépendamment de l'Europe, où le corbeau est vu sous un jour néfaste, la plupart des traditions le considèrent comme un oiseau de bon augure, aussi symbolise-t-il, selon ces cultures, l'oiseau solaire, la gratitude filiale, la perspicacité, le renouveau, l'esprit protecteur, le messager divin, mais aussi la solitude délibérément choisie.

CORBEILLE. *Remplie de fruits*: présage d'abondance, de prospérité.
Vide: c'est au contraire un présage de dénuement. Perte, échec.
Sens symbolique: la corbeille, par sa forme représente le corps maternel et la fertilité.

CORBILLARD. *Se voir dedans*: ce n'est pas une mort physique, mais l'annonce d'un changement qui fera de vous une personne différente, ouverte à de nouvelles valeurs.
Que l'on voit: présage d'une maladie ou d'un deuil.

CORDE. *Tendre une corde*: vous vous efforcez de concrétiser une relation dans vos affaires ou dans votre vie personnelle, mais ces efforts seront infructueux.
Monter à la corde: désir d'accéder à des niveaux supérieurs, que ce soit dans votre travail ou votre vie spirituelle.
Nouer une corde: présage d'une union, d'un mariage, ou consolidation de liens avec des ami(e)s.
Jeter une corde en l'air: projets chimériques voués à l'échec.
Une corde à nœuds: des liens étroits unissent plusieurs personnes poursuivant les mêmes objectifs.
Sens symbolique: la corde est le moyen de s'élever, de monter vers les hauteurs, d'ouvrir sa conscience, d'atteindre au divin. Lorsqu'elle est nouée, elle représente le lien. Symbole d'ascension et d'union, on attribue aussi à la corde dans nombre de traditions, des vertus magiques, le pouvoir divin fécondant, elle symbolise également la voie qui permet à la conscience humaine de se relier à l'essence universelle.

CORDON OMBILICAL. *Le couper*: vous prendrez votre autonomie pleine et entière.
Le recueillir: le lien qui vous lie à une certaine personne est indissoluble.
Sens symbolique: dans certaines traditions africaines, il est le symbole de ce qui relie l'être humain en gestation à la terre nourricière et, en ce sens, il représente la racine. Dans d'autres traditions, le cordon ombilical est «la maison de l'âme».

CORNE. *Voir des cornes de bœufs*: pour une homme, présage d'une paternité. Pour une femme en âge de procréer, annonce une grossesse. D'une façon générale: abondance.
Les cornes d'un taureau: mise en garde contre une personne agressive va vous causer des ennuis.
Entendre sonner une corne: annonce une nouvelle, bonne ou mauvaise. Par ailleurs, vous êtes une personne qui aime se livrer à la prière, à la méditation.
Sens symbolique: la corne est un symbole de puissance, autant physique, matérielle que spirituelle. Dans les traditions antiques, elle est associée à la fécondité, à la fertilité, au membre viril, à la lumière céleste, mais aussi à l'agressivité. La corne possède également une nature duelle, solaire et lunaire, active et passive, qui se traduit pour la psychanalyse par l'ambivalence dans la personnalité du principe masculin, actif, – la force de pénétration – et du principe féminin, passif – l'ouverture en forme de coupe – . De l'équilibre de ces deux principes dépendraient la maturité et l'harmonie intérieure de l'être humain.

CORNE D'ABONDANCE. *Que l'on voit*: présage d'abondance et de félicité.
Sens symbolique: dans la mythologie grecque, la corne d'abondance symbolise la profusion des dons célestes.

CORNEILLE. *Que l'on voit*: mise en garde contre une personne querelleuse.

Sens symbolique: la corneille est l'un des noms de la déesse de la guerre (Irlande).

CORNUE. *Que l'on voit*: vous êtes en pleine transformation intérieure.
Sens symbolique: la cornue, ou l'alambic, est l'instrument privilégié de l'alchimiste.
(Voir **ALCHIMIE**)

CORRIDOR. *Que l'on suit*: si le corridor est plongé dans une semi-clarté, votre rêve révèle un état d'angoisse lié à une recherche un peu floue du sens de votre vie.
Sortir du corridor: c'est la clarté après la pénombre. Ce rêve signifie la fin d'une période difficile, d'un long voyage en solitaire, pour repartir sur des bases lumineuses.
Sens symbolique: le corridor symbolise la voie de passage d'un état d'être à un autre état, donc une transformation non seulement physique (le fœtus en naissant devient un bébé), mais aussi intérieure (de l'immaturité à la maturité).

COSMOGONIE. On ne rêve pas de « cosmogonie » à proprement parler, car rien ne peut l'imager. Mais selon que vos rêves évoquent le néant, le chaos primordial, les combats de dieux ou de géants, les cataclysmes qui réorganisent différemment la matière – la terre –, vous vous reporterez à ces mots et à leur symbolisme dont le contenu fait souvent référence à la propre cosmogonie de l'être humain, c'est-à-dire, son intériorité.

COU. Dans un rêve, un cou ne sera pas vu indépendamment du reste du corps, c'est sa particularité qui aura retenu l'attention de la personne qui rêve.
Voir un cou long, gracieux: raffinement, beauté, élégance des sentiments.
Épais: force physique.
Couvert de pustules: souffrance psychique.

Mince, fragile: manque d'assurance, timidité.
Sens symbolique: le cou est le canal par où circule l'énergie, le point de jonction qui met en relation toutes les parties du corps. C'est le siège de la glande thyroïde qui régit les fonctions vitales essentielles de l'être humain, aussi bien son équilibre physique que psychique.

COUCOU. *Que l'on voit*: Mise en garde contre une personne très possessive.
Qui chante: présage de gains.
Que l'on capture: vous n'êtes pas dupe d'une personne qui veut vous gruger.
Sens symbolique: si, dans notre culture, le coucou collectionne les qualificatifs négatifs, à savoir, jaloux, parasite, paresseux, dans d'autres sociétés, il bénéficie d'une considération qui en fait le symbole de l'esprit de Dieu, du messager de la nuit, du chant du printemps, et dans la tradition védique, il symbolise l'âme humaine en «transhumance» qui fait sa demeure, à chacune de ses réincarnations, dans un nouveau corps.

COUDRIER. (Voir **NOISETTE**)

COULEUR. On ne rêve pas d'une couleur, on rêve d'un objet, d'un vêtement, d'un animal, d'un lieu, d'un véhicule, d'une maison, d'un arbre, d'une fleur, d'une chevelure, toutes choses qui apparaissent revêtues d'une couleur. Les rêves colorés sont des expressions de l'inconscient. Ils reflètent les états d'âme de la personne qui rêve et ses divers pôles d'activité psychique. En vous rapportant dans ce dictionnaire au(x) mot(s) relié(s) à votre rêve, grâce au symbolisme de la couleur vous pourrez en renforcer la signification.
Il faut rappeler que selon les diverses cultures et traditions, les couleurs n'auront pas toujours le même symbolisme. Nous en resterons aux généralités les plus convenues. Aux quatre éléments correspondent symboliquement les couleurs suivantes:
Au feu: le rouge et l'orange.
À l'air: le jaune ou le blanc.
À l'eau: le vert.

À la terre : le brun ou le noir.
Par ailleurs, le bleu, décliné du plus clair au plus sombre, symbolise le ciel dans sa verticalité. Tandis que le rouge, associé à la terre, dans sa tonalité rouge clair symbolise l'Orient, et le rouge foncé, l'Occident.
Sens symbolique : des couleurs pures et d'autres amalgamées : aspect positif/négatif. Correspondance avec certaines planètes et certaines divinités. Interprétation selon la psychanalyse.
LE ROUGE : symbole de la vie, exprime l'énergie vitale, la joie, le triomphe, la régénération. Couleur de la planète Mars qui symbolise l'aspect négatif du rouge, c'est-à-dire, la guerre, les luttes meurtrières, la colère, l'agressivité. En musique, le rouge s'associerait à la trompette.
L'ORANGÉ : révélation de l'Amour Universel. Développement de l'esprit par le rayonnement divin, fidélité, tempérance. Dans son aspect négatif : infidélité, luxure. Le son de la trompette bouchée pourrait s'associer à l'orangé.
LE JAUNE : exprime la lumière spirituelle. Le jaune d'or est la couleur du soleil, l'attribut des divinités, celle d'Apollon en particulier. Dans son aspect négatif, le jaune pâle annonce des déceptions ; le jaune lumineux, l'ouverture de la conscience. En musique, le jaune pourrait s'associer avec la petite trompette.
L'OR : symbole de la connaissance, de la transmutation, de la perfection. Reflet de la lumière céleste, il est l'image du soleil avec tous ses attributs : fécondité, richesse, rayonnement, amour. La sonorité profonde du cor pourrait s'ajuster à l'or.
LE VERT : exprime la nature. Calmant, rafraîchissant, tonifiant, le vert symbolise aussi la régénération de l'âme, la Grâce divine. Couleur de l'acceptation, de la compassion et de l'harmonie. Attribué à Vénus. Dans son aspect négatif, annonce une dégradation qui peut mener à la déraison sinon à la mort. Peut être associé en musique, au hautbois ou au cor.
LE BLEU : symbole de l'immatérialité, de la purification, de l'immortalité. Couleur mariale ; évoque la Vierge ; détachement de plan terrestre ; rêverie. Aspect négatif issu du langage populaire : passivité, renoncement, irréalisme. En musique, le bleu peut être associé à la flûte.

LE VIOLET : exprime la tempérance, la lucidité, l'amour, la sagesse, le secret, la spiritualité, l'équilibre entre le ciel et la terre. Attribué à Neptune. Pas d'aspect négatif. En musique, les violons, l'alto surtout, correspondrait à sa vibration.

LE BLANC : couleur de la lumière, de l'unité, de la pureté, de la sagesse, le blanc apporte paix, sérénité et guérison. Attribué à la lune, à la Vierge. Son aspect négatif n'apparaît que lorsqu'il est souillé, il marque alors la flétrissure, le viol, l'impureté à tous les niveaux. En musique, les instruments à cordes s'ajusteraient à sa vibration.

LE NOIR : couleur de deuil pour l'Occident, le noir est à l'origine le symbole de la fécondité. En tant que symbole du monde souterrain, il contient les germes de toutes choses à l'état latent, et exprime ainsi l'espoir du renouveau. Attribué à Saturne. Ses aspects ne sont que négatifs : il est le plus souvent associé à la mort, à l'inconscience, au mal, au diable. Pour la psychanalyse, il est le symbole de l'ignorance à combattre en soi pour pouvoir réaliser sa propre transformation. Les absolus opposés que sont le blanc et le noir, lorsqu'ils sont placés côte à côte, deviennent le symbole de la dualité inhérente à l'être humain. Les tambours et les timbales lui correspondraient en musique.

LE GRIS : amalgame du blanc et du noir, c'est la couleur du demi-deuil, de la tristesse, de la mélancolie mais aussi de la résurrection. Pour la psychanalyse, il symbolise l'état flou de l'inconscient.

LE BRUN : amalgame des couleurs pures, c'est la couleur de la terre, de l'automne à l'orée de l'hiver. Il est le symbole de l'humilité. Quant à la psychanalyse, elle l'apparente aux excréments et en fait la représentation d'un complexe d'infériorité.

COULEUVRE. (Voir **SERPENT**)

COUPE. *Que l'on boit* : le rêve ne prendra sa signification que si l'on associe un goût au breuvage ou à la vue du contenu de la coupe.

Coupe de lait : bon présage. Réussite, prospérité. Spiritualité.

D'eau : vos projets risquent d'échouer.

De vin : mise en garde contre une personne qui veut vous tromper.

Vide : période difficile en perspective. Annonce également une stagnation dans votre évolution.

Remplie de fruits ou de fleurs : présage d'abondance, de succès dans vos entreprises.
Sens symbolique : de multiples interprétations selon les différentes cultures. D'une façon générale, la coupe symbolise le Graal, le vase dans lequel le sang de Jésus fut recueilli. Par sa forme, elle est l'image du navire, de la lune. Deux coupes mises l'une sur l'autre symboliseraient l'œuf cosmique, l'ensemble de la création. Selon son contenu, elle symbolise la destinée humaine : remplie de bénédictions, elle exprime la grâce de Dieu ; remplie de feu, sa colère et son châtiment.

COURONNE. *Se voir avec une couronne* : vous serez récompensé(e) de vos efforts.
De fleurs : présage de bonheur, de joies, d'un mariage (à mettre en relation avec le symbolisme des fleurs que vous voyez).
Couronne d'épines : peines, souffrances.
De plumes d'aigle : c'est un très beau présage : vous vaincrez les obstacles grâce à votre courage et votre détermination.
D'or : annonce des honneurs dus à vos capacités. Notoriété certaine. Peut aussi être une image de votre haute spiritualité.
De lauriers : accession à une très haute position sociale.
Tresser une couronne : vous construisez votre avenir en prenant soin d'y mêler tous les facteurs positifs.
Sens symbolique : la couronne symbolise l'élévation. Élévation dans le sens des honneurs ou élévation spirituelle. Si, dans la mythologie grecque, elle est un signe de consécration à une divinité, un symbole d'identification, dans la tradition chrétienne elle est symbole d'initiation. Pour la psychanalyse jungienne, la couronne irradiante est le degré supérieur de l'évolution de l'âme.

COURSE. *Se voir courir* : après quoi courez-vous ? À quelle vitesse ? Quelqu'un vous poursuit-il ? Courez-vous dans un but précis ?
Autant de questions dont la réponse donnera la signification de votre rêve. En général, courir, à moins que ce ne soit dans un but de santé physique, signifie que l'on fuit quelque chose, ou quelqu'un qui, en définitive, pourrait être soi-même.

Courir dans un but précis: présage de réussite; vous n'allez pas à l'aventure, vos objectifs sont bien établis.
Sans but: dénote une angoisse, un manque de stabilité, une souffrance psychique.

COUTEAU. *Que l'on voit*: annonce une rupture définitive.
Se blesser avec: on a quelque chose à se reprocher.
Frapper à mort quelqu'un: sentiments d'agressivité que vous retournez contre vous-même. C'est peut-être aussi le signe d'un conflit intérieur que vous réussirez à vaincre.
Couteau émoussé: échec d'un projet; signe d'impuissance sexuelle ou de lassitude intérieure.
Sens symbolique: le couteau est souvent associé à l'idée de mort. Instrument des sacrifice rituels, des meurtres, des assassinats, son symbolisme diffère selon son utilisation dans les différentes cultures. Pour la psychanalyse freudienne, il est un symbole essentiellement phallique.

COW-BOY. *Se voir*: quelque chose de l'enfance ressurgit. Goût de l'aventure et des grands espaces.

COYOTE. *Que l'on voit*: annonce une rencontre avec un personnage rusé qui n'a que de mauvaises intentions à votre égard. La prudence est de mise.
Sens symbolique: animal néfaste par excellence, il symbolise le mal dans toute l'acception du mot.

CRABE. *Que l'on voit*: annonce une maladie, ou sur un autre plan, un problème qui vous obsède et vous rend intérieurement malade.
Que l'on mange: bon présage. Les forces physiques autant que psychiques reprennent le dessus.
Voir une nuée de crabes: mise en garde contre des personnes qui ont des intentions malveillantes à votre égard.
Sens symbolique: plusieurs interprétations selon les différentes cultures. Pour les unes, le crabe, est associé à la sécheresse, au

mouvement descendant du soleil; pour d'autres s'il est un symbole bénéfique, il peut au contraire se révéler maléfique. En général, il a une image négative liée à la ruse et à l'avidité. Animal aquatique, issu des profondeurs des océans, son image est associée à la lune, tout comme l'écrevisse du 18e arcane majeur du tarot.

CRACHAT. (Voir **SALIVER**)

CRÂNE. *Que l'on voit*: rêver d'un crâne rejoint les grandes préoccupations autant matérielles que métaphysiques. Dans presque toutes les traditions, le crâne en tant que sommet du corps humain, par sa forme en coupole, par sa fonction de siège de la pensée et de centre spirituel, est apparenté à la voûte céleste. On retrouve cette notion dans de nombreux rites funéraires, dits «primitifs», au cours desquels le crâne d'un défunt est soigneusement conservé, certes pour en garder sa mémoire, mais aussi pour s'approprier la force vitale de son corps et de son esprit. L'occultisme, l'alchimie en particulier, utilise dans ses opérations de transmutation le crâne d'un squelette comme réceptacle, d'où ressortira l'homme nouveau, transformé,

CRAPAUD. *Que l'on voit*: présage de gains financiers.
Qui coasse: on parlera de vous en termes élogieux.
Tuer un crapaud: une action que vous avez entreprise contre une personne se retournera contre vous.
Sens symbolique: selon les différentes cultures, le crapaud est considéré comme un animal bénéfique ou maléfique. Dans notre société moderne, son image de laideur repoussante le range souvent dans la catégorie des parias, ce qui n'a pas toujours été le cas puisqu'il aurait figuré au temps des Gaulois sur un étendard royal. Il est à différencier de la grenouille (qui, elle, est symbole de résurrection), en ce sens, qu'appartenant aux forces ténébreuses, il intercepterait la lumière céleste. Dans certaines traditions asiatiques, il est symbole de succès, de force, de richesse (s'il est de couleur rouge), et serait l'annonciateur de la pluie. Dans quelques cultures africaines, il est doué d'un pouvoir de guérison et pour d'autres, il serait responsable de la mort sur terre. Par ailleurs, le

crapaud est associé à la magie et à la sorcellerie, ce qui est sans doute dû aux petites cornes de son front qui l'apparentent à un démon.

CRAVATE. *En recevoir en cadeau*: une amitié sûre et fidèle s'annonce.
Que l'on offre: on souhaite créer des liens amicaux.
Que l'on noue: une liaison ou une union en perspective.
Que l'on ôte: on se libère d'une oppression.

CRAYON. *Avec lequel on écrit*: vous avez des choses à confier à une personne à laquelle vous n'osez pas parler. À un autre niveau, c'est peut-être votre conscience qui cherche à s'exprimer.
Sens symbolique: (Voir **ÉCRIRE**)

CRÉANCIER. *Que l'on voit*: des problèmes, mais qui concernent peut-être votre santé.
Payer ses dettes: vous êtes délivré(e) de vos soucis financiers ou de santé.

CRÉATION. Ce mot est rattaché soit à la création du monde, soit à une création matérielle, artistique ou autre, et c'est uniquement dans ce cas, et sûrement pas dans la cas de la création du monde, qu'une représentation imagée peut se faire dans vos rêves. Des généralités peuvent être tirées. La création, c'est donner une forme à ce qui n'en avait pas, selon une hiérarchie bien ordonnée. L'univers est une création généralement attribuée à un créateur, un dieu ou des divinités, des héros, qui l'ont sorti du chaos. La création chez l'être humain reflète sa puissance à penser la chose, de l'ordonner avant de tout mettre en œuvre pour la réaliser. Le rêve est peut-être le moyen de mettre les énergies créatrices qui nous habitent en mouvement. C'est dans l'inconscient que dorment nos aspirations refoulées et si nous savons décoder le sens de nos rêves, peut-être parviendrons-nous à déceler les voies qui mènent, non seulement à des créations matérielles, mais à la (re)création de soi-même.

CRÉMATION. *Assister à une crémation*: besoin de se purifier. Annonce une élévation spirituelle: on brûle ses propres démons.
Sens symbolique: dans nombre de traditions, la crémation, si elle consume l'enveloppe charnelle avec les bas instincts qui l'habitent, laisse l'âme s'élever. C'est un processus d'élévation, d'ascension, de sublimation.

CRÉPUSCULE. *Assister à un crépuscule*: annonce la fin de quelque chose. Une période de stagnation s'ensuivra pour repartir ensuite sur de nouvelles bases.
Sens symbolique: le crépuscule symbolise un déclin, la nostalgie d'un temps qui s'éteint doucement.

CRÊTE. *Se voir sur la crête d'une colline*: désir d'atteindre une position sociale élevée.

CREUX. *Voir un trou*: toutes les possibilités vous sont offertes. Présage de richesse matérielle autant que spirituelle.
Sens symbolique: (Voir **TROU**)

CRI. *Entendre un cri*: une personne aura besoin de vous.
Des cris de joie: bon augure. Vous serez fêté(e); votre présence apporte joie et bonheur.
Des cris de douleur: ce rêve peut se rapporter à un événement dramatique que vous vivez ou à une souffrance intérieure intense.
Sens symbolique: le cri peut être une manifestation bénéfique ou maléfique. Dans certaines traditions, des cris de joie accompagnaient des rituels dédiés à des divinités bénéfiques, comme celles de la fécondité ou de l'amour. Les cris de joie, d'enthousiasme, symbolisent la vie s'exprimant dans toute sa vigueur. Les cris maléfiques qui visent à paralyser l'adversaire se retrouvent dans toutes les cultures et symbolisent la force d'anéantissement.

CRIBLE. (Voir **JUGEMENT (LE)**)

CRISTAL. *Que l'on voit*: rencontre avec une personne qui brillera par ses belles qualités.
Que l'on brise: désenchantement concernant une amitié ou un amour que l'on croyait pur et sincère.
Sens symbolique: appelé dans certaines traditions «pierre de lumière», le cristal serait une sorte de sous-diamant, non pas dans un sens dépréciatif, mais par rapport à son degré de maturité minérale. Sa transparence en fait l'instrument de prédilection des clairvoyants, des mages et guérisseurs. On associe sa luminosité à la lumière céleste, aussi est-il vénéré dans certaines cultures pour être le transmetteur, le révélateur des messages spirituels. La fameuse boule de cristal des voyant(e)s représente un support pour se mettre en relation avec l'invisible. En analysant les légendes et les contes de fées, la psychanalyse a fait du cristal – fréquemment décrit sous forme de palais merveilleux, de châteaux lumineux, de forêts scintillantes – l'image de l'inconscient dans lequel sont gravés fantasmes et désirs refoulés.

CROCODILE. *Que l'on voit*: une rencontre s'annonce dont il faudra se méfier.
Un groupe menaçant de crocodiles: à plusieurs contre un, vous serez une proie facile pour des personnes avides de vous dépouiller.
Ficeler la gueule d'un crocodile: vous serez maître d'une situation qui aurait pu être dramatique pour vous. Sur un autre plan, ce rêve signifie que vous saurez vaincre vos pulsions négatives.
Sens symbolique: dans toutes les civilisations, à toutes les époques, le crocodile a eu – a toujours – sa place comme symbole à multiples facettes: animal rattaché aux forces souterraines, aquatiques, il est tout à la fois seigneur des eaux, maître de la terre, image des ténèbres et de la mort. Assimilé au jaguar, chez les Mayas, il est celui qui dévore le soleil pour laisser place à la nuit; également, dans la mythologie égyptienne, il est celui qui engloutit les âmes des non-méritants, mais en même temps on le célèbre comme dieu de la fécondité. Dans la Bible, le crocodile, sorti du chaos, est apparenté aux monstres primitifs. Du fait de son image d'animal préhistorique,

en Occident, il symbolise la connaissance des mystères liés à la vie et à la mort, ainsi que l'alternance de la lumière absorbée par les ténèbres. La psychanalyse occidentale l'a apparenté au dragon et en a fait le symbole négatif de l'inconscient collectif dont le contenu peut se révéler sous forme de pulsions destructrices.

CROISSANT. *Voir la lune en croissant*: un changement va intervenir dans votre vie, mais il ne sera que momentané. Vous reviendrez tôt ou tard à une situation antérieure.
Sens symbolique: le croissant est l'une des formes du cycle de la lune. Il exprime le changement momentané qui disparaît pour ensuite revenir. La mythologie gréco-romaine en a fait le symbole de la chasteté et de la naissance, représenté par la déesse Diane. Image que l'on retrouve dans le christianisme sous les traits de la Vierge.
Dans la tradition musulmane, un croissant de lune côtoyant une étoile représenterait le paradis. Il est également symbole de résurrection et figure sur les emblèmes de nombreux pays musulmans. (Voir **LUNE**)

CROIX. La croix appartient à de nombreuses traditions, et se présente sous une variété de formes. Votre rêve mettra certainement en évidence votre appartenance à une culture, à une religion, à un mouvement politique ou autre. Pourtant, voir une croix dans un rêve n'a pas toujours une signification mystique, car elle peut s'imposer et jaillir de l'inconscient pour nous parler d'autre chose. Quoi qu'il en soit, l'énumération qui suit vous donnera un aperçu sur le symbolisme général de la croix et la description de quelques-unes d'entre elles:
La croix, avec ses quatre branches, outre qu'elle symbolise la médiation entre la terre et le ciel, marque également l'orientation de l'être humain dans le temps et l'espace, le point de croisée de ses branches symbolisant le cœur du cosmos, celui de la terre, celui de l'homme.
Pour la tradition chrétienne, la croix exprime le supplice de Jésus, elle condense son histoire humaine et supra-terrestre.
La croix en Tau, reliée à la tradition judaïque, symboliserait le sacrifice qui vainc la mort.

La croix à une traverse, grecque ou latine, c'est la forme de croix la plus répandue dans le monde chrétien. L'une symbolise la perfection, l'idéal auquel l'être humain doit tendre ; l'autre, ajustée aux dimensions de l'homme debout, bras écartés, offre le réalisme au regard et à la prière.
La croix à deux traverses, connue sous le nom de croix de Lorraine, évoquerait, sur la traverse du haut, l'inscription narquoise de Pilate à l'égard de Jésus «Roi des Juifs», la traverse du bas exprimant la souffrance du Messie.
La croix à trois traverses, symbolise la plus haute position dans la hiérarchie ecclésiastique et devient l'attribut exclusif du pape à partir du XIVe siècle.
C'est surtout dans des dessins des différentes croix grecques que l'on trouve plusieurs symboles se rapportant à la gloire du Christ et qui sont représentés sous forme d'animaux : le lion, symbolisant sa royauté ; le paon, le Verbe de la Sagesse divine : l'aigle son essence sublime qui le voue au ciel, le faucon, sa vision prophétique. D'autres dessins, montrent des croix de rubans tressés signifiant l'union de l'humain au divin.
Certaines croix portent des lettres grecques, dont l'alpha et l'oméga, qui signifient que le Christ, fils de Dieu, est le commencement et la fin de l'évolution créatrice.
On retrouve dans des sociétés antiques ou modernes aux traditions non chrétiennes, des symboles attachés à la croix qui n'ont pas le même contenu mystique, mais qui expriment toute l'importance de cette figure fondamentalement liée à la totalité du monde.
En résumé, des centaines et des centaines d'exégètes, savants, philosophes, religieux et penseurs, se sont penchés sur le symbolisme de la croix et, selon leur croyance, en ont donné une multitude d'interprétations différentes qui ne s'excluent pas forcément les unes des autres, mais qui convergent toutes sur ce point central que la croix condense en elle les mystères de la création et qu'elle a une signification cosmique.
Pour revenir à la signification des rêves dans lesquels n'importe quelle forme de croix paraît, ce pourrait révéler un désir intérieur très profond de l'être humain – désir qui parvient de l'inconscient – de mettre en

harmonie l'aspect vertical (le divin en nous) avec l'aspect horizontal (notre vie terrestre).

CHRONOS. *Le voir enchaîné*: il faut être initié(e) à la mythologie gréco-romaine pour savoir que le géant qui figure dans votre rêve et que vous identifiez parfaitement se nomme Chronos (ou Saturne). Votre rêve signifie que vous êtes brimé par le comportement autoritaire et égocentrique d'une personne qui ne songe qu'à satisfaire ses désirs insatiables sans jamais arriver à les combler. Interrogez-vous à propos de ce rêve parce que cette personne représente peut-être une part de vous-même.
Voir Chronos sans chaînes: vous n'aimez pas les changements, à quelque niveau que ce soit. Vous vous êtes construit(e) une vie tranquille, et vous ne supportez pas qu'on vienne la bousculer. Ce rêve est une mise en garde contre une forme de stagnation, un immobilisme qui vous fait rejeter toute forme de progrès, donc qui nuit à votre évolution.
Sens symbolique: dans la mythologie grecque, le Titan Chronos, après avoir émasculé son père avec un objet tranchant, dévore dès leur naissance ses propres enfants pour ne pas risquer de se voir détrôné un jour. Mais à son tour, il est émasculé et enchaîné par Zeus, un de ses enfants que Rhéa, son épouse et sœur, lui avait caché. Chronos symbolise le Temps en ce sens qu'il détruit incessamment ce qu'il crée. Il est aussi le symbole de l'incapacité à s'adapter, puisque souverain d'une société paradisiaque (l'Âge d'Or) il n'entend pas laisser sa succession à quiconque, mais finit par perdre le pouvoir, ce qui est traduit par son émasculation. Chronos enchaîné figure aussi le temps suspendu dans son déroulement.

CROSSE. *Que l'on voit*: vous affermirez votre autorité. On vous témoignera un grand respect.
Que l'on vous donne: de grands honneurs vous seront rendus, grâce à votre sagesse et votre spiritualité.
Sens symbolique: la crosse, par sa forme, représente le lien ouvert entre le ciel et la terre. Elle est symbole de l'autorité divine sur terre.

CRUCIFIER. *Se voir*: signale une très grande sensibilité. Tout vous touche et vous blesse profondément.
Voir une personne crucifiée: on vous taxe d'insensibilité et de froideur dans votre entourage mais ce rêve révèle un aspect de vous-même que vous ne voulez pas montrer.

CRUCHE. *Porter une cruche d'eau*: présage de réussite dans l'honnêteté et la sincérité.
De vin: vous êtes en accord avec vous-même. Le vin symbolise une vie intérieure positive.
Cassée: manifeste un problème dans une relation, ou bien un trouble psychologique qui vous empêche d'aller au bout d'un projet, en le brisant de vous-même.

CRYPTE. (Voir **CAVE**, **CIMETIÈRE**)

CUBE. *Que l'on voit*: vos projets ont des bases solides: réussite assurée.
Sens symbolique: le cube symbolise le monde matériel au même titre que le carré. Il est synonyme de stabilité, de perfection, des symboles qui figurent dans la religion islamique au côté de la sagesse et de la vérité.

CUIRASSE. *Que l'on porte*: on affrontera avec succès des difficultés. Peut révéler aussi que vous vous êtes «cuirassé(e)», volontairement ou non, par trop de souffrance.
Que l'on ôte: vous vous êtes libéré(e) de vos peurs.
Sens symbolique: (Voir **BOUCLIER**)

CUISINE. *Se voir dans une cuisine*: selon vos activités dans ce lieu où se prépare des mets plus ou moins appétissants, votre rêve prendra sa signification.
Voir des casseroles reluisantes: des projets en perspective aboutiront brillamment.
Ternes, sales: des projets qui n'aboutiront pas, par manque de clarté dans leur élaboration.

Préparer une sauce: tous les ingrédients sont réunis pour lancer un projet.
Y cuire du pain: présage de bonheur et de prospérité.
Des gâteaux: de la joie en perspective. À la crème, annonce l'amour. Secs: on se contentera de plaisirs passagers.
Cuisiner des mets en abondance: vous savez donner de l'amour inconditionnellement.
Rater une recette: votre cœur est ailleurs.

CUISSE. Il est rare de rêver d'une cuisse indépendamment du corps, mais que celle-ci soit un objet de focalisation de la part de la personne qui rêve est courant et chargée d'une connotation érotique, voire mystique, dans les cas de personnes s'intéressant aux sciences secrètes. Les deux aspects ne sont cependant pas forcément dissociables.
Sens symbolique: si, dans beaucoup de traditions, la cuisse a une signification sexuelle, la mythologie grecque lui prête en plus le rôle de matrice divine. Pour la tradition ésotérique juive, la cuisse symbolise la solidité semblable à celle de la colonne.
(Voir **COLONNE**, **MATRICE**)

CUIVRE. *Rêver d'objets en cuivre*: vous êtes animé(e) d'une grande force vitale.
Trouver des pièces en cuivre: indépendamment de leur peu de valeur matérielle, ce rêve signifie que vous serez protégé(e) contre des problèmes de santé ou autres.
Sens symbolique: c'est sa couleur, un mélange de rouge et de vert, qui donne au cuivre sa symbolique de force vitale. Pour certaines sociétés africaines – les Dogons du Mali et les Bambaras –, le cuivre représente l'eau, fondement de toute vie, et, par sa couleur rouge, le rayonnement solaire qui a pénétré la terre. Ils attribuent aussi à ce métal la parole, dont leur démiurge est le maître. Celui-ci porte toujours deux colliers, l'un de cuivre pour écouter les paroles des humains, l'autre d'or par lequel lui parviennent les paroles secrètes.
Dans nos sociétés occidentales, le cuivre est souvent utilisé comme élément de guérison.

CULBUTE. *Faire une culbute*: mise en garde contre un pessimisme, une vision dévalorisée de vous-même qui vous entraîne vers le bas. Reprenez-vous, la culbute est réversible.
Sens symbolique: quand l'être humain se retrouve tête en bas, cela signifie qu'il est vaincu, qu'il a perdu le contact avec le ciel, avec le spirituel et c'est là tout le symbolise la culbute.(Voir **PENDU** (**LE**))

CUL-DE-SAC. *Se voir à l'intérieur*: il faudrait revoir des projets qui se heurtent à une impasse. Il peut s'agir aussi d'un blocage psychologique de votre part.
Sortir d'un cul-de-sac: vous allez opérer une réorganisation générale de votre vie.
Sens symbolique: (Voir **MUR**)

CUPIDON. Si dans votre rêve vous ressentez l'aiguillon de l'amour, c'est que Cupidon à jailli de votre subconscient et même si vous ne le savez pas encore, vous le saurez bientôt.
Sens symbolique: fils d'Aphrodite, nommé Éros, dans la mythologie grecque, il est fils de Vénus dans la mythologie romaine. Il symbolise l'amour léger, fugace et inconséquent.

CUVE. *Se baigner dans une cuve*: c'est un beau présage de renouveau dans votre vie matérielle autant que spirituelle.
Sens symbolique: (Voir **BAIN**, **CHAUDRON**)

CYBÈLE. *Voir une statue*: si vous parvenez à donner ce nom à cette statue dans votre rêve, c'est que vous êtes initié(e) à la mythologie romaine et la voir sera pour vous l'annonce d'une période très féconde de votre vie.
Sens symbolique: Cybèle, déesse de la terre pour la mythologie romaine et Gaïa pour la Grèce antique, représente la mère des Dieux et symbolise toute l'énergie vitale ainsi que la fécondité inhérentes à la terre.

CYCLOPE. *Voir quelqu'un avec un œil frontal*: ce rêve fait appel à la mythologie pour révéler deux pôles de votre activité psychique: cette brute, si vous la voyez avec un comportement agressif, représente vos pulsions intérieures les plus violentes, les plus primaires, les plus brutales, celles qui risquent de vous menez à votre perte si vous n'êtes pas vigilant à les contrôler. Mais si, à l'inverse, vous voyez ce personnage doux et mélancolique, c'est que vous aurez la maîtrise totale de vos démons intérieurs.
Sens symbolique: dans la mythologie grecque, le Cyclope, avec son œil unique, représente la force brutale, violente, primitive, l'inintelligence et les instincts destructeurs. On retrouve ce symbole, figuré par le démon, dans la tradition chrétienne, et chez les Celtes, par tout ce qui manque à la symétrie du corps humain ou le rend difforme.
(Voir **BORGNE**, **UNIJAMBISTE**)

CYGNE. *Que l'on voit*: présage d'un grand et bel amour. Annonce aussi une transformation intérieure, une évolution spirituelle.
Entendre son chant: vous serez attiré(e) par une personne fortement désirable, mais une fois le désir sexuel satisfait, l'exaltation fera place au désenchantement.
Sens symbolique: le cygne est un oiseau universellement célébré à travers une multitude de mythes, contes et légendes, sans compter la source d'inspiration qu'il a toujours été pour les artistes, poètes et musiciens. Symbole de la lumière céleste, de la beauté pure, de l'élégance raffinée, il incarne au gré des mythes, l'androgyne primordial, l'hermaphrodisme, animé à la fois par son pôle féminin passif et son pôle masculin actif. À propos du fameux « chant du cygne », certains philosophes et psychanalystes s'accordent à lui donner une interprétation liée au désir sexuel, tandis que pour les alchimistes, ce chant est celui du mercure qui, en se décomposant au terme d'une opération, va transmettre son âme à un corps issu d'un métal imparfait.

CYPRÈS. *Que l'on voit*: annonce une perte qui peut concerner celle d'une personne physique aussi bien que celle de biens matériels.
Planter un cyprès: présage de longévité.

Sens symbolique: le cyprès, souvent associé à l'idée de mort physique, d'emblème funéraire, d'arbre de cimetière, est en fait, dans de nombreuses traditions, considéré comme un arbre sacré dont les feuilles persistantes et sa résine que rien ne peut corrompre sont synonymes d'immortalité et de renaissance, ce qui explique qu'il porte également le nom d'arbre de vie.

D

DACTYLOGRAPHIER. *Se servir d'une machine à écrire*: cet outil d'écriture qui appartient aujourd'hui à une autre époque, ne figurera certainement pas dans un rêve d'adolescent ou de très jeune adulte. Pour une certaine catégorie d'âge, s'il n'est pas une résurgence d'un moment du passé, il faudra analyser ce rêve dans sa relation avec les mots tapés. Essayez de vous les rappeler, ils seront l'expression de vos désirs, de vos états psychologiques. Reportez-vous au symbolisme de chacun de ces mots.

DAIS. *Se voir sous un dais carré*: des projets établis sur des bases solides seront couronnés de succès.
Rectangulaire: présage de réussite matérielle.
Circulaire: une intervention providentielle viendra vous sauver d'une situation critique.
Sens symbolique: le dais fait office de ciel. Il symbolise la protection, qu'elle soit accordée par les tenants d'un pouvoir ou, si l'on est croyant, par celle venue du Ciel.

DAME. *Se voir dans une réunion de dames*: si, dans la vie réelle, vous aimez ce genre de réunion, ce rêve est une mise en garde contre des confidences que vous pourriez faire et qui ne seront pas tenues secrètes. Si, à l'inverse, vous détestez de telles rencontres, ce rêve est une invitation à vous lier à des personnes qui auront des choses à vous apprendre.

Rencontrer un grande dame: amoindrissement de la personnalité. Révèle un complexe d'infériorité.
Une petite dame: indique l'ambition, le désir de s'élever.
Voir un jeu de dames: (Voir **JEU**)

DAMIER. *Voir le damier d'un jeu*: vous élaborerez un projet qui sera source de conflits.
Sens symbolique: le damier symbolise le lieu où les forces contraires se mesurent et se combattent. Il est une image de l'inconscient.

DANIEL. *Entendre ce nom*: si vous portez ce prénom ou connaissez une personne qui le porte, ce rêve se rapporte forcément à votre vie réelle et peut signifier la vigilance qu'il faut avoir face à vos propres comportements ou ceux de cette personne. Si vous ne connaissez personne de ce nom, il évoquera alors le Daniel biblique, et ce rêve signifiera que vous possédez peut-être un don de clairvoyance, une intuition qui vous permettra de prévoir à long terme dans quoi et comment vous engagez votre vie.

DANSE. *Se voir danser*: tout dépend du style de danse et avec qui l'on danse.
Ballet classique: présage de réussite dans la discipline et l'effort.
Danse moderne: marque un caractère renfermé qui ne s'épanouira que dans une communication chaleureuse avec autrui.
Dans sociale: ce rêve marque une solitude à laquelle on tentera de remédier.
Danse rituelle, initiatique: on s'élèvera spirituellement.
Avec un(e) partenaire: recherche d'harmonie aussi bien extérieure qu'intérieure.
Dans une fête de famille: désir de renouer des liens familiaux sur un mode joyeux et sincère.
Sens symbolique: la danse est une célébration de la vie, aussi bien de la vie physique que spirituelle. Elle figure dans toutes les traditions, associée à des rituels qui doivent conduire l'être humain à s'affranchir des chaînes terrestres pour s'unir au divin.

DARD. *Se faire piquer*: (Voir **ABEILLE**, **GUÊPE**, **SERPENT**)

DATTE. *Que l'on cueille ou mange*: vie longue d'où la spiritualité ne sera pas absente.
Sens symbolique: (Voir **PALMIER**)

DAUPHIN. *Que l'on voit*: beau présage de transformation à tous les niveaux.
Caresser un dauphin: au plan psychologique, ce rêve révèle une métamorphose intérieure, le signe de la transmutation de vos forces négatives en forces positives, altruistes et spirituelles.
Jouer avec un dauphin: ce rêve indique que vous êtes en train de vous imprégner des qualités de cet animal: bonté, échanges complices et généreux avec autrui, facilité d'adaptation.
Sens symbolique: dans la mythologie grecque, le dauphin, célébré à l'égal des dieux, symbolise la régénération, la transformation intérieure, la sagesse, la rapidité associée à la prudence. Nombre de divinités sont représentées sous la forme de cet animal marin.

DA'WAH (Incantation). *La prononcer*: ce rêve ne peut être que celui d'une personne de confession islamique initiée à la tradition secrète de cette religion. Cette invocation suppose que l'être qui la prononce possède la connaissance des correspondances existantes entre les lettres de l'alphabet arabe et les noms de Dieu, les chiffres, les qualités, les vices et le parfum de la lettre, les éléments, les signes zodiacaux, les planètes, les jinn (génies), et les anges gardiens (liste non exhaustive). Ce rêve signifie au rêveur que posséder les clés de l'univers – s'il est possible à un humain de les posséder car celui qui les utiliserait disposerait d'un pouvoir quasi divin – oblige à respecter en tous points les règles de vie et les lois morales indispensables à la pratique de cette invocation.

DÉ. *Jouer aux dés*: établissez vos projets ou programmez vos rencontres sans trop vous fier au hasard. Ceci dit, quelquefois le hasard fait bien les choses.

Dé à coudre: tout dépend du doigt auquel vous le voyez dans votre rêve. (Voir **DOIGTS**)

DÉBRIS. *Voir des débris de verre*: présage de bonheur.
Débris d'un miroir: annonce des difficultés et des problèmes de santé. Sur un autre plan, peut révéler un morcellement de la personnalité, un dysfonctionnement psychique.
Débris alimentaires: (Voir **IMMONDICE**)

DÉCACHETER. *Une lettre adressée à soi*: un secret vous sera révélé sous peu.
Adressée à un tiers: révèle que l'on aimerait en savoir plus sur une personne dont le comportement reste mystérieux.

DÉCAPITATION. *Se voir décapité(e)*: ce rêve – ce cauchemar – est peut-être à mettre en relation avec l'actualité qui, de plus en plus souvent, rapporte des événements dans lesquels ce genre d'acte barbare est perpétré. D'autre part, au plan psychologique, l'analyse peut révéler un état dépressif induit par un fort sentiment de culpabilité, car la tête étant le siège d'un incessant brassage d'idées, de pensées, d'élaborations mentales plus ou moins saines, la décapitation correspondrait au désir inconscient d'y mettre fin. Autre analyse, la décapitation pourrait se comparer au passage sous la guillotine de nos aspirations profondes, des idéaux auxquels pour une raison quelconque nous avons dû renoncer. Ce rêve appelle à une prise de conscience afin de tout mettre tout en œuvre – soutien psychologique nécessaire – pour pouvoir se «réconcilier» avec soi-même et redevenir un être harmonisé, en un mot: complet.
Sens symbolique: dans diverses et antiques traditions, la décapitation était liée à des rituels guerriers ou familiaux, soit pour empêcher que l'ennemi ne se réincarne, puisque la tête était considérée comme le siège de l'âme, soit au contraire pour la conservation de cette âme au sein de la famille. Aujourd'hui, la décapitation symbolise la barbarie aveugle.

DÉCHAUSSER. *Enlever ses chaussettes ou ses chaussures*: découvrir ses pieds dans un rêve est à mettre en relation avec la sexualité. (Voir **PIED**)

DÉCOLLER. *Se voir décoller*: ce rêve annonce un changement dans votre vie: vous prendrez des décisions, vous vous affirmerez, vous prendrez enfin votre envol.

DÉCORER. *Se voir décorant une pièce*: besoin de se valoriser. Manifeste le peu d'estime que l'on a de soi. Si c'est ce que ce rêve manifeste, reprenez-vous: la richesse intérieure vaut mieux que celle qu'on affiche sur ses vêtements ou ses murs.

DÉCOUDRE. *En découdre avec une personne*: annonce des conflits, des discussions.
Découdre un vêtement: vous aurez à revoir un projet, en affaires ou en amour.

DÉCOURAGEMENT. *Se sentir découragé(e)*: ce rêve ne s'illustre que par une sensation, il est donc le signal d'une lassitude et l'annonce de problèmes qui vous sembleront insurmontables.

DÉCOUVERTE. *Que l'on fait*: essayez de vous rappeler à quoi se rapporte cette découverte. Un mot pourrait vous aiguiller. Reportez-vous alors à ce mot.

DÉCROCHER. *Un objet*: signale que l'on en a terminé avec quelqu'un ou quelque chose.

DÉDALE. *Se voir dans un dédale*: annonce une période d'indécision. On se perd dans une quantité de projets tous plus ou moins utopiques.
Sens symbolique: Dédale, personnage de la mythologie grecque, conçut le Labyrinthe et les ailes de son fils Icare; il symbolise à la fois l'esprit inventif, la créativité et l'ambition démesurée qui échappe au contrôle de la raison. (Voir **ICARE**, **LABYRINTHE**)

DÉESSE. *Rêver d'une déesse*: signifie que l'on porte au rang de déesse, soit une compagne, soit une personnalité du monde artistique. Que votre rêve auréole de ce titre l'une ou l'autre, signifie pour un homme, que sa partie féminine – l'*anima* – est vécue sur un mode positif. Pour une femme, rêver d'une déesse, c'est sa partie masculine – l'*animus* – qui s'exprime également sur un mode positif.

DÉFENSE. (Voir **INTERDIT**)

DÉGEL. *Que l'on voit*: le dégel de la nature annonce à la personne qui rêve un retour à l'activité, la fin d'une période de stagnation.

DÉGOÛT. *Ressentir du dégoût*: ce rêve ne peut être illustré que par une sensation et signifier soit un dérangement physiologique, soit des sentiments éprouvés à l'égard de personnes dont les comportements ont semblé répugnants, ou bien encore marquer un dégoût de soi-même par rapport à une situation où l'on s'est montré lâche, sans envergure.

DÉGUISEMENT. *Se voir déguisé(e)*: que cherchez-vous à cacher de vous-même que vous n'aimeriez pas que l'on apprenne?
Voir une personne déguisée: ce peut être la personne qui rêve qui transpose sur quelqu'un ce qu'elle ne veut pas voir d'elle-même.
Sens symbolique: (Voir **MASQUE**)

DÉLIRER. *S'entendre ou se voir*: il peut s'agir d'un problème de santé. À un autre niveau, dans un rêve, se voir délirer peut signaler une attitude de fuite devant la réalité.

DÉLUGE. Votre rêve ne prendra sa signification qu'en fonction de la nature de ce déluge: est-ce un déluge d'eau, de feu, de compliments, d'injures? Quoi qu'il en soit, rêver de déluge annonce un changement radical dans votre vie matérielle, professionnelle, affective et spirituelle, ce qui ne se fera pas sans épreuves, souvent difficiles, comme tout ce qui provoque une transformation.
Sens symbolique: on ne peut pas évoquer un déluge sans faire référence au Déluge biblique et l'associer – en tout cas dans la conscience

populaire influencée par la morale religieuse – aux fautes et péchés commis par l'humanité. Quoi qu'il en soit, qu'on le considère comme châtiment divin, cataclysme naturel ou catastrophe personnelle, le déluge symbolise le passage d'une forme à une autre, d'un état à un autre, d'un « remodelage » qui peut s'appliquer aussi bien à des formes géographiques qu'à l'intériorité de l'être.
(Voir **TAROT**, **MAISON DIEU (LA)**)

DÉMANGEAISON. *Se gratter* : à moins que vous ne souffriez d'un problème de santé, se gratter dans un rêve signale que vous êtes allergique à quelqu'un ou à quelque chose. Passez en revue votre entourage et vos activités et essayez de comprendre ce qui vous gêne vraiment dans que vous n'osez pas ou ne voulez pas voir.

DÉMÉNAGER. Ce rêve annonce un changement de vie qui peut être géographique, mais qui est souvent révélateur d'un changement en soi.
De bonne grâce : vous maîtrisez votre vie et décidez de ses changements.
De mauvaise grâce : ce sont les événements qui décident pour vous.
Fréquemment : cette « bougeotte » marque une instabilité, un manque d'harmonie intérieure.

DÉMÉTER. *Voir une statue* : ce rêve suppose que vous êtes initié(e) à la mythologie grecque et donc que vous savez que la déesse Déméter symbolise la fertilité, l'alternance des cycles de la vie et de la mort, la survivance des défunts. Elle annonce pour qui la reconnaît dans un rêve, la richesse matérielle aussi bien que l'élévation spirituelle.

DÉMON. Sous quelle forme un démon peut-il apparaître dans un rêve? Il s'agit plutôt d'une sensation inconfortable, très dérangeante, qui peut revêtir une forme humaine, grisâtre, brunâtre, que vous n'arrivez pas à identifier et au sujet de laquelle, faute de pouvoir lui donner un nom quand vous évoquez votre rêve,

vous parlez de « démon ». En fait, ces démons, seraient ces forces obscures, issues de l'inconscient, qui poussent l'être humain sur des chemins contraires à ses aspirations morales et spirituelles. Ainsi, ce genre de rêve peut vous conduire à prendre conscience de « vos » démons intérieurs et vous pousser à en devenir maître. L'harmonie en soi est à ce prix.
Sens symbolique : contrairement à la pensée populaire qui associe le démon au diable, dans certaines traditions antiques les démons étaient apparentés aux dieux, tandis que pour d'autres, ils représentaient les âmes des morts ou encore les mauvais génies. La chrétienté les considère comme des êtres angéliques qui procèdent de Dieu, et par conséquent ne peuvent être ni bons ni mauvais. (Voir **DIABLE**)

DENT. *Se voir avec de belles dents* : vitalité, combativité, succès.
Dents branlantes : problèmes affectifs, professionnels ou sexuels.
Dents cariées : difficultés qu'il faut se hâter de résoudre avant qu'elles n'empirent.
Perdre une dent : vitalité en baisse. Manque d'enthousiasme.
Se faire extraire une dent : perte financière ou affective.
Rêver de fausses dents sur un tiers : on cherchera à vous tromper.
Avoir mal au dent : conformons-nous au proverbe : « mal de dent, mal d'amour » !
Sens symbolique : incisives, canines et molaires, les dents ont une signification importante dans les différentes cultures, et selon leur position, leur forme et leur fonction, leur symbolisme diffère.
Généralités :
Le maxillaire supérieur : représente la famille.
Maxillaire inférieur : les amis, les proches.
Les incisives : bien rangées, très blanches, elle symbolisent la jeunesse et la réussite. (aujourd'hui, la mode des dents ultra blanches est trompeuse sur ces points !).
Les canines : très pointues, elles sont signe d'énergie, d'agressivité, d'appétit de la vie.
Les molaires : solides, elles symbolisent la force, la résistance.

DENTELLE. *Pour un homme*: désir d'intimité avec une femme, sans réelle implication.
Pour une femme: désir de séduire d'une façon superficielle.

DÉNUDER. (Voir **NUDITÉ**)

DÉPART. *Se voir partir*: changement de cap. On réorientera différemment sa vie.
Voir partir une personne: si cette personne nous est proche affectivement, c'est l'annonce d'une rupture avec toute l'angoisse que génère une telle éventualité. (Voir **ABANDON**)

DÉPECER. *Se voir dépecer un animal*: rêve désagréable qui n'a pourtant rien à voir avec un dépeçage objectif. Ce rêve signale que vous devrez réviser point par point vos comportements et les objectifs que vous poursuivez.

DÉRACINER. *Se sentir déraciné(e)*: ce rêve peut être relié à une situation difficile vécue dans la réalité, comme un changement de pays ou un déménagement, soit manifester un état psychologique dû à une coupure définitive de liens affectifs.
Sens symbolique: (Voir **ARBRE**, **RACINE**)

DÉRAILLER. *Ce rêve est à double interprétation*: il se peut que vous vous voyiez assister au déraillement d'un train et ce rêve manifestera un échec, l'arrêt brusque d'un projet ou d'une relation dû à une événement que vous n'aviez pas prévu. Au plan psychologique, ce rêve pourrait signifier que vous agissez souvent d'une manière impulsive, sans écouter la voie de la raison, ce que l'expression populaire traduit par « quitter les rails » ou « dérailler dans sa tête ».

DESCENDRE. *Se voir descendre*: que vous descendiez d'un escalier, d'une échelle, d'une montagne, d'un échelon professionnel ou en ascenseur, descendre indique toujours une involution. Soit c'est la stagnation si on redescend à la case départ, soit on descend

encore plus bas, ce qui peut se manifester au plan psychologique par une dépression nerveuse, ou au plan moral et spirituel, par le rejet et la négation de toutes les valeurs auxquelles on était attaché(e).
Se voir monter et descendre: psychologiquement, marque l'absence d'harmonie intérieure, l'indécision; plan objectif: on évaluera le pour et le contre dans un projet.
Sens symbolique: (Voir **ASCENSEUR**, **CHUTE**, **ICARE**)

DÉSERT. *Se voir dans le désert*: reflète le psychisme de la personne qui rêve et révélera si ses priorités sont d'ordre matériel ou spirituel.
Aspirations matérielles: ce rêve de désert annonce une période difficile dans laquelle aucun de vos projets ne trouvera de débouchés. Mise à l'écart possible de la part de pseudo ami(e)s. Solitude sur beaucoup de plans, y compris affectif.
Voir un oasis dans ce désert ouvre un espoir de reconquérir ses pertes et laisse entrevoir à nouveau la richesse.
Aspirations spirituelles: se voir dans le désert révèle un haut degré de mysticisme; marque la recherche de l'illumination, de l'extase qui met en communication avec le divin.
Voir un oasis: une image qui pourra s'apparenter à celle de l'eau baptismale et renforcer le message d'évolution spirituelle délivré par ce rêve.
Sens symbolique: dans les écrits saints des religions, et notamment dans la Bible, le désert est omniprésent. On le trouve à propos des Hébreux – quarante années passées dans le désert à la recherche de leur Dieu – ou de Jésus confronté à la tentation dans le désert. Certaines traditions n'y voient qu'un monde extérieur où l'on passe sans même y percevoir la présence de l'être divin; d'autres le considère comme une terre aride peuplée de démons, ou encore comme un lieu privilégié pour rencontrer Dieu et avec son aide lutter contre ses désirs, ses pulsions, tous ces démons inhérents à la nature humaine.

DÉSERTEUR. Qui ou quoi déserte-t-on? Le contexte du rêve est important pour en décrypter le sens. S'il s'agit d'un groupe, d'une association dont on fait partie, déserter pourra signifiera que l'on se

désolidarise d'une cause ou d'objectifs qui ne sont plus les nôtres : désir d'autonomie, besoin de fonctionner selon ses propres choix.
Se déserter soi-même : au plan psychologique, c'est la renonciation à ses aspirations profondes par manque de volonté, de sens des responsabilités ou par lassitude.

DÉSHABILLER. *Se déshabiller naturellement* : vous n'êtes pas esclave des conventions et vous montrer « à nu », révèle votre personnalité franche et honnête.
Se déshabiller ostensiblement : désir de choquer peut-être pour réveiller des consciences endormies. (Ne pas confondre avec un « effeuillage »)
Déshabiller une personne malgré elle : abus de pouvoir ; on cherchera à humilier.
Déshabiller une personne consentante : jeu sensuel, érotique.

DÉSORDRE. *Se voir au milieu d'un désordre* : ce rêve révèle une incapacité à résoudre un problème complexe.

DESSINER. Que ou qui dessinez-vous dans votre rêve ? Selon ce que ce dessin représentera, reportez-vous au mot qui convient. Généralement, dessiner dans un rêve, c'est objectiver un sentiment, une sensation, un désir.

DÉTECTIVE. *Que l'on voit* : si vous êtes lecteur ou lectrice assidu(e) de romans policiers, il se peut que votre rêve s'accapare d'un tel personnage pour répondre à des questions que vous vous posez concernant une personne de votre entourage au comportement intrigant.
Se voir suivi(e) par un détective : on cache des choses à son entourage – peut-être une tromperie – qui ne laisse pas la conscience en repos.

DÉTENTION. (Voir **PRISON**)

DÉTERRER. *Un objet*: peu importe l'objet, c'est l'action de ressortir quelque chose des profondeurs qui importe: résurgence de conflits familiaux ou professionnels «enterrés» mais non véritablement oubliés.
Un coffre rempli d'or ou de pierres précieuses: plénitude spirituelle, richesse intérieure.
Refuser de déterrer: on ne s'attardera plus à ressasser le passé.

DÉTOUR. Comme pour un chemin sinueux, on ne va pas directement au but. Marque l'esquive, la peur d'affronter quelqu'un ou quelque chose.

DÉTRITUS. (Voir **IMMONDICE**)

DETTE. *Faire des dettes*: si l'on éprouve un sentiment désagréable, ce rêve signifie un manque de paix intérieure. Risque alors de somatiser. Si le sentiment est agréable, c'est le signe que la conscience de la personne qui rêve est bien obscurcie. Un travail sur soi paraît nécessaire.
Payer ses dettes: un examen de conscience permettra de s'harmoniser à tous les niveaux.

DEUIL. *Se voir ou se sentir en deuil*: dans un rêve, le deuil ne signifie pas obligatoirement la mort. Il peut indiquer une souffrance intérieure ou encore un état momentané de retrait pour repartir sur de nouvelles bases.

DEVANTURE. Quelle sorte de devanture? En général, la devanture c'est ce qui masque au regard – plus ou moins joliment – l'intérieur d'une maison, d'une boutique, alors que dans un rêve, la «devanture» peut parler d'une personne qui dissimule son «être» sous un «paraître» avantageux par manque de confiance en soi. Essayez de comprendre si ce rêve se rapporte à une proposition apparemment alléchante concernant l'achat d'un objet ou d'une maison, ou bien à votre propre personnalité en mal d'estime.

DEVIS. *Faire évaluer des travaux*: nécessité de passer en revue tous les aspects d'une proposition ou d'un projet.

DEVOIR. *Se voir penché(e) sur un cahier d'écolier*: angoisses liées à l'enfance. Que s'est-il passé à l'âge de la scolarité: maîtres trop exigeants? Autorité parentale trop sévère? Faites un travail d'introspection pour vous libérer de ces peurs qui altèrent votre vie d'adulte.

DIABLE. *Que l'on voit*: sous quel aspect le diable vous est-il apparu pour que vous en parliez à propos de votre rêve? Est-ce une image de Satan, de Lucifer, de Méphistophélès, d'un ange aux ailes noires, d'une gargouille grimaçante, d'un serpent, ou encore d'autres représentations diaboliques probablement tirées d'un livre ou plutôt de votre inconscient? Avez-vous eu l'impression de descendre en enfer, d'avoir été tenté(e) d'accomplir – ou d'avoir commis – un acte dont vous seriez horrifié(e) dans la vie réelle, mais auquel vous vous êtes livré(e) dans ce rêve avec une jouissance insurpassable? Ce diable peut aussi avoir revêtu plusieurs aspects qui l'auront montré sous un jour attrayant, par exemple sous les traits d'un homme distingué, d'une femme d'une grande beauté, d'un enfant délicieux, qui tous auront joué un rôle de tentateur, soumettant votre volonté à la leur. Quoi qu'il en soit, ce rêve signifie que vous devrez passer par des épreuves qui mettront en jeu votre résistance morale et psychique, et annonce que si vous réussissez à vaincre vos pulsions négatives, l'accession à un degré supérieur d'évolution se traduira par une paix et une harmonie intérieures jamais égalées. Enfin, il ne faut jamais oublier que plus l'aspiration à nous affranchir de la tyrannie de nos désirs est élevée, plus l'intensité des forces d'opposition se manifeste. Les écrits de ceux – religieux ou non – qui sont passés par le feu de l'enfer en témoignent.
Sens symbolique: le diable est la manifestation des forces obscures, puissantes, tyranniques, tapies dans l'inconscient et qui risquent, si on ne les contrôle pas, d'entraîner dans la chute ceux qui en

sont les esclaves. C'est alors la descente aux enfers, les ténèbres de l'âme, la nuit obscure, d'où certains ne remonteront jamais, mais qui signifiera pour d'autres le passage obligé pour entrevoir la vraie Lumière, celle de la Présence divine en soi. Nombre de récits familiers évoquent les apparences sous lesquelles *le tentateur* se manifeste et Méphistophélès, « celui qui hait la lumière », le pourvoyeur de Satan en âmes, est l'illustration parfaite de la perversion de l'esprit ; il est celui qui joue avec l'inconscient et ne l'éveille que pour mieux le disloquer. Tentateur et éveilleur, symbole de la chute ou de l'ascension par l'éveil qu'il peut provoquer, tel est le rôle dévolu au diable en chaque être humain.

DIABLE (LE). Voir le 14e arcane majeur du tarot en rêve, suppose que vous êtes initié(e) à ce jeu dont les lames sont les archétypes de la psyché humaine. Aussi, vous n'êtes pas sans savoir que le Diable, ailé – symbole de l'ange déchu – féminin par les seins qu'il affiche, masculin par son sexe – assisté de deux diablotins enchaînés – symbole des passions charnelles qui asservissent l'être humain –, représente la régression vers le désordre, la division et la désintégration de la personnalité. Il est une mise en garde contre les instincts primitifs, la luxure, la cupidité et les passions dévastatrices. Associé à d'autres lames, son pouvoir sera amplifié ou au contraire tempéré.

DIADÈME. (Voir **COURONNE**)

DIAMANT. (Voir **PIERRE PRÉCIEUSE**)

DIANE. *Voir sa statue* : présage de grossesse pour la femme en âge de procréer. Ce rêve signale également la nécessité pour la femme d'équilibrer les aspects contradictoires de sa personnalité.
Sens symbolique : sœur jumelle d'Apollon, la déesse Diane (Artémis) symbolise la chasteté. Protectrice des femmes chastes, elle est impitoyable à l'égard de celles qui ne le sont pas. Elle symboliserait aussi, pour la psychanalyse, l'aspect castrateur de la mère.

DIARRHÉE. (Voir **EXCRÉMENT**)

DICTIONNAIRE. *Se voir feuilleter un dictionnaire*: qu'y cherchiez-vous, et dans quel dictionnaire ? Il y en a tant ! Quoi qu'il en soit, il serait intéressant de connaître le mot qui a retenu votre attention. Si vous vous le remémorez, reportez-vous au mot de ce dictionnaire.

DIEU. Quelle est la représentation qui a pu vous faire penser que c'est Dieu qui figurait dans votre rêve ? La vision d'anges, l'éclat éblouissant d'une lumière, l'écoute d'une mélodie supra humaine ou l'apparition d'une image illustrant le dieu de votre confession religieuse ? Quoi qu'il en puisse être, ce rêve révèle votre aspiration à atteindre vos idéaux, votre ardent désir de vous élever à un niveau supérieur de spiritualité.
Sens symbolique: Dieu unique dont les messagers portent des noms différents dans les traditions monothéistes ou dieux multiples dans les traditions polythéistes, tout ce qui se rapporte à Dieu ou aux divinités symbolise les qualités idéalisées de l'être humain. Le recours à l'aide divine par la prière, les invocations, les rituels, témoigne du désarroi de l'homme et de son besoin de se sentir protégé, jugé, guidé, par une puissance supérieure.

DIFFORMITÉ. *Se voir difforme*: quelle que soit la difformité dont vous êtes affligé(e) ce rêve peut révéler un manque d'équilibre intérieur, une difficulté à s'accepter ; à l'inverse, cette difformité qui gêne une de vos fonctions, peut signaler qu'un autre aspect de vous-même est en train de se développer, à votre profit ou à votre désavantage.
Sens symbolique: (Voir **AMPUTATION**, **CYCLOPE**)

DINDE. *Que l'on voit*: annonce une grossesse pour une femme en âge de procréer.
Sens symbolique: animal lié à la fécondité, le gonflement du cou du dindon rappelle l'érection du membre viril.

DIONYSOS (Bacchus). *Voir sa statue*: annonce une période vouée aux plaisirs sensuels, aux rencontres amoureuses, amicales et festives où le vin coulera à flots. Peut également annoncer une transformation spirituelle, un regard nouveau porté sur le sens de sa vie.
Sens symbolique: Dionysos, divinité de la mythologie grecque associée dans la pensée populaire aux orgies et à l'ivresse, est à la fois le dieu de la végétation, de la vigne, du vin et de l'alternance des saisons; en tant que dieu initiateur des défoulements, des états extatiques procurés par l'ivresse et de l'affranchissement des tabous reliés à la sexualité, il symbolise également l'effort de l'être humain pour sortir de l'animalité et se spiritualiser.

DIPLÔME. *Se voir remettre un diplôme*: on reconnaîtra votre valeur; promotion sociale en perspective.

DISCOURS. *Se voir prononcer un discours*: désir de faire entendre sa voix, ce que probablement dans la réalité vous n'arrivez pas à faire; révèle un complexe d'infériorité.
Que l'on écoute: vous êtes sans doute à l'écoute de vous-même; il serait intéressant pour vous de comprendre le message issu de votre inconscient.

DISEUSE (de bonne aventure). *Que l'on voit*: pour vous, l'incertitude génère de l'angoisse aussi, connaître les événements futurs vous rassure, même si vous savez qu'ils ne sont pas fiables à cent pour cent!

DISPUTE. *Se voir en train de se disputer*: annonce que vous aurez à régler des litiges avec des partenaires de travail ou en famille.
Assister à un dispute: on vous demandera d'aider à régler un conflit.

DISQUE. *Écouter ou voir un disque vinyle*: pour la génération passée, le disque en vinyle était le support de musique et de chansons, et si des personnes rêvent d'un disque de ce genre, cela signifie qu'un

événement ancien, un souvenir aura une incidence sur leur vie réelle du moment.
Acheter ou regarder un DVD: désir de s'immerger complètement dans une vie qui rompt avec celle que l'on mène; désir de se distraire ou fuite de la réalité.

DISQUE solaire. (Voir **SOLEIL**)

DISQUE COMPACT (**CD**). *L'écouter ou le voir*: musiques classiques ou chansons populaires font partie intégrante de votre vie et quand des CD figurent dans vos rêves, cela peut indiquer tout simplement une prolongation du plaisir ou de tout autre sentiment que vous éprouvez dans la vie réelle.

DIVAN. *Que l'on voit*: rêver d'un divan peut aussi bien évoquer une future rencontre sentimentale, qu'un rendez-vous que l'on prendra avec un analyste si l'on suit une thérapie.

DIVORCE. *Se voir divorcer*: rêve à mettre en relation avec une séparation probable dans la vie réelle.

DIX. *L'écrire ou le lire*: présage de succès total dans la réalisation de vos projets.
Sens symbolique: nombre de la création universelle. (Voir **NOMBRE** et **ROUE DE FORTUNE** (**LA**))

DIX MILLE. *L'écrire ou le lire*: présage d'abondance, de richesses, de chances multiples.
Sens symbolique: nombre de la plénitude, de la fertilité, de la totalité. (Voir **NOMBRE**)

DIX-SEPT. *L'écrire ou le lire*: un rêve qui prendra une signification reliée soit à la religion islamique, soit au 17e arcane majeur du tarot.
Sens symbolique: (Voir **NOMBRE**, **ÉTOILE** (**L'**))

DODÉCAÈDRE. *Voir cette figure géométrique*: vous êtes en constante évolution spirituelle.
Sens symbolique: ce polyèdre régulier – douze faces pentagonales – exprime, selon Pythagore, l'essence du Cosmos.

DOIGT. *Regarder ses dix doigts*: pleine possession de ses moyens; efforts couronnés de succès.
Se voir avec un doigt en moins: signale généralement un problème affectant la santé physique ou psychique. Essayez de vous rappeler de quel doigt il s'agit et reportez-vous à son symbolisme.
Se voir avec un doigt de plus: présage de difficultés; on laissera passer sa chance.
Sans doigts: incapacité à attendre ses objectifs.
Sens symbolique: on accorde aux doigts une place importante dans nombre de traditions, et pour l'astrologie traditionnelle, chacun a sa correspondance avec une planète:
Le pouce: Vénus. Symbolise le pouvoir, l'autorité, la force physique et mentale.
L'index: Jupiter. Symbolise la maîtrise de soi, l'équilibre, le jugement, le silence.
Le majeur: Saturne. Symbolise l'affirmation de la personnalité.
L'annulaire: le Soleil. Symbolise l'union, la sexualité, la créativité.
L'auriculaire: Mercure. Symbolise la divination, l'intuition, les pouvoirs magiques, les secrets occultes.
Les orteils ont la même signification.

DOLMEN. *Que l'on voit*: au milieu de vos difficultés, vous bénéficierez d'une aide providentielle.
S'adosser à un dolmen: ce rêve signale que vous auriez intérêt à vous protéger efficacement contre des personnes malfaisantes.
Sens symbolique: pierre sacrée édifiée en forme de table, souvent placée en bordure de mer, dans des champs ou près des sépultures, outre son rôle de réceptacle des forces divines, le dolmen symbolise la protection des âmes des défunts ainsi que la communication entre le ciel et la terre, entre Dieu et les humains.

DÔME. *Que l'on voit*: que ce soit le dôme d'une construction publique ou celui d'un édifice religieux, le dôme apparu en rêve est un présage de réussite totale dans tous les domaines.
Sens symbolique: le dôme ou la coupole est une image du ciel; l'ensemble d'un édifice dont la base carrée est surmontée d'un dôme, symbolise la terre unie au ciel, c'est-à-dire le monde. Si la base est de forme circulaire, l'ensemble donne alors l'image de la totalité de l'univers. Dans plusieurs traditions le dôme est la représentation de l'Esprit universel recouvrant le Monde et symbolise également le crâne humain dont le sommet s'ouvrirait à la mort, laissant l'âme s'envoler pour rejoindre sa divinité originelle.

DOMPTEUR/DOMPTEUSE. *Que l'on voit*: il est certain que certains cirques ont vu passer des dompteurs de puces, mais que ce soit des animaux sauvages ou de petits animaux familiers, votre rêve signifie que vous aurez à travailler sur vous-même pour «dompter» vos pulsion négatives. (Voir **ANIMAL**)

DON. *Faire ou recevoir un don*: que ce soit en argent, en vêtements ou en nourriture, ce rêve signifie que vous êtes ouvert(e) aux autres et que ceux-ci vous le rendront bien.

DORMIR. *Se voir dormir*: rêve qui peut sembler paradoxal, mais qui signifie le besoin d'un refuge, une fuite de la réalité, et surtout une peur de laisser parler sa conscience. Preuve que l'on n'est pas tout à fait «en repos» avec celle-ci.

DORURE. (Voir **DEVANTURE**)

DOS. *Que l'on voit*: on apprendra que des engagements qui semblaient positifs peuvent se retourner contre soi.
Un dos bien droit: s'il s'agit du vôtre, c'est le signe que vous conduisez votre vie et vos affaires d'une façon droite et honnête. S'il s'agit de celui d'un tiers, ce rêve annonce que votre partenariat sera harmonieux.
Un dos arrondi: des peines et des difficultés en perspective.

Tourner le dos à une personne: ce n'est que momentané. La réconciliation viendra.

DOT. *Recevoir une dot*: aujourd'hui, ce mot serait plutôt à associer à celui d'héritage, du moins en ce qui concerne l'Occident.

DOUANIER/DOUANIÈRE. *Que l'on voit*: signifie que l'on est sous l'emprise de peurs installées le plus souvent dans l'enfance. Tous les interdits, les: «Il ne faut pas, tu ne dois pas» non conscientisés se présentent dans les rêves sous l'aspect de douaniers, policiers, gendarmes, hommes de loi et sous forme de panneaux d'interdiction. Si de tels personnages apparaissent fréquemment dans vos rêves, vous êtes sous l'emprise de ce que la psychanalyse nomme le «surmoi», véritable frein à votre évolution. Une analyse pourrait être bénéfique.

DOUCHE. *Prendre une douche froide*: annonce une trahison.
Chaude: sentiment agréable que l'on sera apprécié(e).
Sous le jet d'une fontaine: présage de santé et de renouveau bienfaisant.
Sens symbolique: (Voir **EAU**)

DOULEUR. *Que l'on éprouve*: ce rêve peut être dû a un problème de santé ou bien à une souffrance psychique.

DRAGON. *Que l'on voit menaçant*: signale qu'une épreuve importante se prépare. En cas de succès, vous accéderiez dans votre vie professionnelle à une très haute position sociale; en cas d'échec, aucun changement notable n'interviendrait dans votre situation actuelle.
Le voir paisible: le «dragon» vous laisse passer, vous grimperez les échelons sans problème.
Le voir s'éloigner: vous n'êtes pas prêt(e) à changer quoi que ce soit à votre vie. Stagnation.
Sens symbolique: symbole du mal et des forces démoniaques, en cela le dragon se rapprocherait du symbolisme du serpent, mais il est également symbole de l'épreuve initiatique conduisant à la spiritualisation, à la transfiguration de l'être humain et son symbolisme rejoindrait alors

celui de la baleine. La tradition religieuse en donne l'image de la lutte du bien contre le mal, mais pour la tradition occulte, il symbolise le Gardien du Trésor, c'est-à-dire le gardien du secret de l'immortalité. Pour les analystes, il représente les forces involutives, destructrices qui sommeillent dans l'inconscient de chacun et qu'il est nécessaire de reconnaître par un travail sur soi afin d'en triompher. (Voir **BALEINE**, **SERPENT**)

DRAPEAU. *Voir un drapeau flottant au vent*: marque l'indécision, on ne sait comment orienter ses projets.
Brandir un drapeau: affirmation de soi; triomphe de ses idéaux.
Voir un drapeau en berne: affliction, peines.
Drapeau blanc: marque l'harmonie, la paix intérieure.
Drapeau noir: conflits en perspective.
Sens symbolique: outre son symbolisme lié à un pays, sur un autre plan – celui de la psychanalyse –, le drapeau symbolise l'union du masculin – le bâton – et du féminin – l'étoffe. Dans la vie onirique, il est l'image de la vie intérieure d'une personne, englobant toutes ses aspirations.

DRAP. *Que l'on voit, immaculés*: nouvel amour; présage d'harmonie, de paix avec sa (son) partenaire.
Draps sales: présage une situation conflictuelle dont on sera responsable.
Laver des draps à plusieurs: annonce des discussions visant à mettre au clair certains problèmes le plus souvent familiaux.

DROGUE. *Se droguer*: si vous n'êtes pas un utilisateur ou une utilisatrice de drogues dans la réalité (anxiolytiques, drogues douces ou dures), ce rêve peut signaler le besoin urgent d'un soutien matériel ou psychologique.

DROITE. Comment un rêve concernant la « droite » peut-il s'illustrer ? Généralement la personne qui rêve dit qu'elle s'est vue obligée de prendre une direction qui la menait toujours à droite, que les membres de son corps étaient actifs uniquement du côté droit. Si l'on se réfère au symbolisme de la droite, du moins en Occident, ce genre de rêve signale que vos entreprises seront couronnées de succès à tous niveaux, et que vous agirez toujours dans un esprit de droiture.

Sens symbolique: dans les traditions occidentales et moyen-orientales, le côté droit par opposition au côté gauche, symbolise l'actif, le juste, l'ordre, l'honnêteté, la tradition, le bon augure, le Soleil. À l'inverse, en Extrême-Orient, c'est au côté gauche que sont attribuées toutes les qualités positives; en Chine, ces deux aspects vus sous l'angle du Yin – le principe femelle, le côté droit – et du Yang – le principe mâle, le côté gauche – ne s'opposent pas mais s'imbriquent naturellement comme image de la Totalité.

DRUIDE. *Que l'on voit*: ce prêtre celtique n'apparaîtra sans doute que dans le rêve de celui ou celle qui possède une connaissance de l'antique tradition celte. Il présagera alors, si ce druide semble pacifique, une rencontre avec une personne sage et de bon conseil qui éclairera votre chemin de vie. Si le druide apparaît armé, c'est l'annonce de conflits qui peuvent survenir dans votre vie professionnelle, ou bien menacer votre équilibre intérieur.

Sens symbolique: dans les anciennes sociétés de l'Europe occidentale, les druides incarnaient la sagesse et la connaissance des mystères occultes. Prêtres, devins, médecins, scientifiques et quelquefois guerriers, organisés selon un ordre hiérarchique qui reflétait la société divine, ils ajoutaient souvent à leur fonction sacerdotale l'exercice du pouvoir temporel.

DUEL. *Se battre en duel*: ce rêve vous met en contact avec vos conflits intérieurs.

Se voir victorieux(euse): quel est l'aspect de vous-même qui a pris le dessus? Le négatif ou le positif? Selon l'impression agréable ou déplaisante ressentie dans ce rêve, vous saurez lequel des deux aspects l'a emporté.

DURILLON. *Souffrir d'un durillon*: peut-être est-ce vrai dans la réalité et votre rêve pourra être un rappel d'un mal qui a causé ce durcissement de la peau, ou bien il signifiera un «endurcissement» intérieur, dû à des problèmes psychologiques non résolus.

DUVET. *Se recouvrir d'un duvet*: besoin d'un entourage protecteur et chaleureux.

DVD. (Voir **DISQUE**)

DYNAMITE. L'actualité, avec le terrorisme et son lot d'explosions, peut vous inquiéter au point que votre rêve reflète vos angoisses. Sur un autre plan, si vous vous voyez vous-même vous servir d'un bâton de dynamite, ce rêve peut signifier que vous «exploserez» littéralement dans des activités qui réclament enthousiasme, ingéniosité et créativité.

E

EAU. *Se baigner dans une eau claire*: paix intérieure; maturité; conscience éclairée.:

En eaux troubles: difficultés dues à un manque de clarté dans ses choix.

Dans un lac tranquille: annonce une rencontre avec une personne douce et sereine.

Dans une mer déchaînée: marque une profonde instabilité aussi bien intérieure qu'extérieure.

Une inondation dans sa maison: on sera submergé(e) par des problèmes initiés par soi-même.

Un raz-de-marée: violents conflits intérieurs qui se répercuteront dans les relations avec autrui.

Se voir englouti(e): rêve marqué par une sensation d'étouffement, d'oppression. Angoisses qui remontent souvent à l'enfance et à la possessivité de la mère.
Se jeter à l'eau pour sauver une personne: identification avec un héros; besoin d'être reconnu(e), valorisé(e).
Être irrésistiblement attiré(e) par l'eau: idée suicidaire, ce qui pour l'analyste, révèlera le désir inconscient de retourner dans le ventre maternel, d'être pris en charge, de n'avoir aucune responsabilité à assumer.
En boire: régénération; purification.
Eau gelée: marque la stagnation, l'indifférence, l'incapacité de s'ouvrir aux émotions.
Sens symbolique: toutes les traditions accordent à l'élément *eau* une place primordiale. Sans forme, mais les adoptant toutes, sans couleurs, mais les reflétant toutes, l'eau est à l'origine de la vie, en assure la continuité, mais peut également l'interrompre par son déchaînement ou par l'attraction morbide qu'elle peut exercer sur l'inconscient. Elle est symbole de fécondité, de fertilité, riche de promesses et d'infinies potentialités. Tous les rites célèbrent ce don du ciel qui baptise, lave, purifie et régénère. Inspirante pour les poètes, elle l'est aussi, mais sous un autres aspect, pour la psychanalyse qui voit dans cet élément le principe féminin, l'inconscient et le rapport à la mère. (Voir **BAIN**, **BOIRE**, **MER**)

ÉBÈNE. *Acheter ou voir un objet en ébène*: reportez-vous à la signification de l'objet, mais dans ce rêve, c'est la couleur noire qui est significative. (Voir **COULEUR**)

ÉCAILLE. *Voir tomber les écailles des yeux*: cette expression populaire illustrée dans votre rêve signifie que vous verrez très clair dans le jeu malhonnête de certaines personnes. Peut également signaler une ouverture de conscience accrue.
Sens symbolique: les écailles sont associées, notamment dans la religion chrétienne, au monde céleste, où elles figurent sous les pieds du Christ et ceux des anges.

ÉCHAFAUD. (Voir **PENDU (LE)**, **DÉCAPITATION**)

ÉCHAFAUDAGE. *Se voir escalader un échafaudage*: élaboration méthodique de projets.
En descendre: on renoncera à un projet.

ÉCHALOTE. *En manger*: si l'on est initié(e) à la tradition hébraïque, on verra dans ce rêve sa symbolique spirituelle dérivée d'un mot hébreu *hekhalot* qui veut dire «palais de la bouche» et signifierait l'ascension vers le Palais de la Connaissance.

ÉCHASSE. *Se voir perché(e) sur des échasses*: désir de s'élever socialement ou spirituellement.
En tomber: on peinera à se relever de ses difficultés.
Sens symbolique: (Voir **GRUE**, **HÉRON**)

ÉCHECS. (Voir **JEU**)

ÉCHELLE. *Voir une échelle*: on entreprendra des projets hasardeux.
Monter sur une échelle: si l'on est en bas, manifeste l'esprit d'entreprise; au milieu , bonne progression; tout en haut: succès assuré dans tous les domaines.
En descendre: insuccès. Retour à la case départ.
En tomber: des projets trop ambitieux ne trouveront aucun débouché.
Passer sous une échelle: la superstition marque votre rêve, aussi référez-vous au dicton populaire.
Sens symbolique: l'échelle est synonyme d'ascension ou de descente que ce soit au niveau de la montée de l'âme vers la Lumière divine, ou sa descente aux Enfers. Symbole de la relation entre le ciel et la terre, de la recherche spirituelle, elle est aussi l'image de la position sociale, et d'un point de vue psychanalytique, facteur d'angoisses et d'insécurité par la peur qu'elle engendre dans sa montée ou sa descente.

ÉCHO. *Voir une illustration de la nymphe*: un prolongement de votre intérêt pour la mythologie grecque. Cette image révèle que vous êtes dans un état stationnaire par rapport à votre vie privée, sociale, et évolutive.
Sens symbolique: la nymphe Écho, qui pour se lamenter d'un amour perdu, se transforma en un rocher répercutant le bruit de ses plaintes, symbolise la stagnation, l'état passif qui peut cependant laisser poindre un réveil vers une transformation intérieure.

ÉCLABOUSSER (se faire éclabousser): vous serez sali(e) par des personnes malveillantes. À un autre niveau, votre conscience parle de **KARMA** (se reporter à ce mot).

ÉCLAIR. *Que l'on voit*: présage la venue d'un événement qui peut brusquement changer le cours de votre vie. Ce peut être un coup de foudre amoureux ou, à un autre niveau, une ouverture de conscience élargie, ou encore une illumination mystique.

ÉCLIPSE. *Voir une éclipse lunaire*: votre sensibilité sera mise à l'épreuve. D'une façon générale ce genre de rêve annonce un événement désagréable.
Éclipse solaire: présage un changement brutal, peut-être même violent, de votre mode de vie.
Sens symbolique: dans toutes les traditions, sauf peut être au Cambodge où l'interprétation de l'éclipse est nuancée, la disparition de la lumière est considérée comme un événement néfaste, annonciateur de cataclysmes et de bouleversements considérables.

ÉCLORE. *Voir une fleur éclore*: épanouissement affectif.
Voir un poussin éclore: ce rêve annonce un renouveau dans votre vie; si vous êtes artiste, un nouvel élan se manifestera au niveau de votre créativité.

ÉCOLE. *Se voir à l'école: si le sentiment est agréable*, cela signifie que vous êtes en harmonie avec ce que vous vivez dans votre vie réelle et

que vos efforts dans ce que vous entreprendrez porteront leurs fruits.
Si le sentiment est pénible, ce peut être une résurgence des blessures et des souffrances de l'enfance, causées par une confrontation avec une personne autoritaire ou une appréciation dévalorisante vécue dans la vie réelle. Le rêves dans lesquels figurent maîtres, professeurs ou supérieurs sévères, révèlent une immaturité affective en rapport avec une autorité parentale dépourvue d'amour.

ÉCORCE. (Voir **ARBRE**)

ÉCRAN (CINÉ, TV, DVD, LCD). Les images que vous avez vues dans votre rêve sont les projections de vos désirs les plus profonds. Essayez de les garder en mémoire pour voir ce qui arrivera prochainement dans votre vie.

ÉCRASER. *Se faire écraser*: que ce soit par une voiture ou par tout autre outil ou instrument lourd, être écrasé(e) signale qu'une personne mal intentionnée exerce des pressions contre vous à tous les niveaux.
Écraser une personne: le poids de vos regrets ou de vos remords pèsent lourdement sur votre conscience. Faites-vous aider psychologiquement.

ÉCREVISSE. *Que l'on voit*: sa marche à reculons symbolise l'état dépressif dans lequel vous vous trouvez: retour sur le passé, manque de motivation pour affronter l'avenir, mélancolie. Un soutien serait nécessaire.

ÉCRIRE. *Se voir en train d'écrire*: reportez-vous aux mots sur lesquels votre attention s'est fixée pendant le rêve.
Se voir devant une page blanche: manque d'inspiration ou début d'une nouvelle période de votre vie.
Sens symbolique: (Voir **LETTRE**)

ÉCROULEMENT. *Y assister*: que ce soit l'écroulement d'une maison, de projets, d'idéaux, l'écroulement signale toujours une fin qui débouchera à plus ou moins long terme sur une reconstructio aussi bien intérieure qu'extérieure.

ÉCUREUIL. *Que l'on voit*: mise en garde contre une personne qui, sous des dehors sympathiques, n'hésitera pas à vous déposséder.

ÉCURIE. *La nettoyer*: si l'on fait de l'équitation ou si l'on vit à la campagne, ce rêve pourrait être un prolongement de la vie réelle sans pourtant changer sa signification, à savoir: la nécessité d'analyser les profondeurs de son inconscient pour le vider de démons (les bas instincts) aussi malodorants que peut l'être le sol d'une écurie non nettoyée.
Nourrir les chevaux: (Voir **CHEVAL**)
Voir le feu dans une écurie: on passera à un niveau de conscience plus élevé. Le feu est un puissant purificateur.

ÉDIFICE. *Assister à sa construction*: c'est voir ses projets prendre la voie de la réalisation que ce soit au plan des affaires ou dans sa vie familiale.
Un gratte-ciel: il peut être l'image d'une position sociale élevée ou celle d'une riche vie intérieure.
Voir un édifice administratif: il faudra s'attendre à des complications.
Un édifice qui s'écroule: et vos espoirs aussi. Allons, la reconstruction s'amorcera très vite !
(Voir **MAISON DIEU (LA)**)

ÉDUCATEUR/ÉDUCATRICE. *Se voir dans cette fonction*: rêve qui vient en compensation d'une éducation que l'on n'a pas reçue et à laquelle on essaye de remédier par soi-même.

EFFACER (S'). *Se voir*: révèle un désir de se voir remarqué(e), reconnu(e), ce qui ne doit pas être le cas dans votre vie réelle, du moins c'est ce que vous pensez !
Devant une personne que l'on admire: une admiration qui est à la hauteur du manque d'estime de soi-même. Ayez confiance en vous.

ÉGLISE. *Dans laquelle on entre*: recherche spirituelle (indépendante de la religion à laquelle on adhère).

Dans laquelle on se trouve: besoin de sécurité, de soutien. L'église rejoint l'image de la mère sécurisante dont on a la nostalgie.

Prier dans une église: besoin de se recentrer sur ses vérités intérieures.

Aller de l'entrée jusqu'à l'autel: marque un désir de passer d'une étape spirituelle à une autre, plus élargie, plus élevée.

En sortir: vous aborderez avec plus de maturité un nouveau cycle de vie.

Sens symbolique: pour l'église chrétienne, l'église symbolise la Vierge, l'épouse de Dieu, l'image du monde, le Royaume des Élus, la Jérusalem céleste. Pour les analystes, l'église est assimilée à la femme, à la mère sécurisante, à l'inconscient profond et aussi à la quête de la spiritualité.

ÉGOUT. *Tomber dans un égout*: ce rêve évoque l'idée de chute et il faudra vous rapporter au symbolisme de ce mot. Quand aux égouts, ils sont l'image de l'inconscient grouillant de pulsions négatives. Soyez vigilant(e) dans vos actes.

ÉGYPTE. *S'y voir*: il est certain que ce pays est attrayant par son passé prestigieux et vous envisagez peut-être un voyage là-bas. Si tel est le cas, ce rêve est en relation directe avec vos projets dans la vie réelle; dans le cas contraire, se voir en Égypte signifie symboliquement, fuir l'asservissement et marcher en direction d'une vie libre basée davantage sur la spiritualité que sur l'acquisition de biens matériels. Pour ce qui vous concerne, ce rêve révèle donc votre soif d'indépendance et annonce un renouveau dans vos aspirations.

ÉLÉMENT. *Le Feu* correspond à l'esprit, à la fougue, à l'enthousiasme.

L'Eau à l'âme, à la sensibilité, aux émotions.

L'Air au mental, à l'intellect.

La Terre au corps, aux réalités matérielles.

Chaque âge de la vie voit la prédominance de l'un de ces éléments et les saisons qui s'y rapportent.
Au Feu: la jeunesse, l'ardeur dans l'apprentissage; le printemps.
À l'Eau: l'étape de l'affectivité, des amours; l'été.
À l'Air: la maturité, la réflexion, la philosophie; l'automne.
À la Terre: la méditation, la solitude, le retrait; l'hiver.
(Voir **AIR**, **EAU**, **FEU**, **SAISON**, **TERRE**)

ÉLÉPHANT. *Que l'on voit*: présage de prospérité.
Sur lequel on monte: on obtiendra une belle promotion professionnelle.
Voir un éléphant dans un cirque: ce que vous pensez être lourdeur et maladresse de votre part n'appartient qu'à votre corps physique. Pour ce qui est de l'esprit et de la connaissance, vous avez l'élégance et la légèreté d'un faon ou d'une gazelle. Et vous le prouverez!
Voir un éléphant blanc: chance exceptionnelle.
Sens symbolique: vénéré en Asie, l'éléphant symbolise la puissance attachée à la royauté, la prospérité, la paix et la longévité. Sa lourdeur et sa force en font l'image du support de l'univers. Symbole également de chasteté et de la fidélité, il s'attaquerait aux mâles qui profitent de la longue gestation de leurs femelles pour s'accoupler à d'autres plus légères! (Voir **GANESHA**)

ELFE. *Que l'on voit*: les rêves sont propices pour faire surgir ces petites divinités aériennes, ravissantes, fascinantes, ensorcelantes, qui viennent vous tirer par la main pour vous entraîner avec elles dans le néant. Ce rêve est une mise en garde contre une personne – femme ou homme – qui vous séduira au point que vous perdrez tout contrôle sur vous-même et qui de plus, vous mènera à une ruine tant morale que financière.
Sens symbolique: ces jolis petits êtres aériens symbolisent les forces obscures de l'inconscient qui agissent à l'insu de soi. Leur pouvoir de destruction est proportionnel à leur pouvoir de séduction, c'est dire combien il est difficile à l'être humain d'y résister, surtout pour des cœurs adolescents qui s'éveillent tout juste aux plaisirs de l'amour. (Voir **GNOME**, **SIRÈNE**)

ÉLIXIR. (Voir **ALCHIMIE**, **DIONYSOS**, **HYDROMEL**)

EMBARQUER. (Voir **AVION**, **BATEAU**, **TRAIN**)

EMBARRAS. *Se trouver dans l'embarras*: il faudrait connaître le contexte du rêve, mais d'une façon générale dans un songe, un embarras représente un obstacle ou encore une situation confuse que l'on surmonte ou démonte avec succès. Voyez dans votre vie réelle l'obstacle qui vous gêne.

EMBRYON. *Que l'on voit sur une illustration*: ce rêve parle de vos projets à l'état de germe ou peut-être d'un bébé aux premières semaines de sa gestation ou encore de votre vie psychique en voie de transformation.
Sens symbolique: l'embryon symbolise toutes les potentialités non encore manifestées de l'être. Dans les traditions ésotériques, il symbolise le germe de Lumière, le Principe de vie, le Fruit de la Grande œuvre alchimique, «l'Embryon d'or», qui se transformera en l'«Enfant des Sages» c'est-à-dire en Élixir d'Immortalité.

ÉMERAUDE. (Voir **PIERRE PRÉCIEUSE**)

ÉMIGRER. *Se voir*: si vous vous voyez encombré(e) de bagages et accompagné(e) de votre famille, il est certain que ce rêve est le prolongement d'une décision prise dans la vie réelle.
Si ce n'est pas le cas, ce songe annonce un exil de soi-même, une recherche intérieure qui débouchera sur une vision nouvelle du sens de votre vie.

EMPEREUR (L'). Voir apparaître une lame du tarot suppose que l'on est plus ou moins initié(e) à cet outil de voyance. Voyez si dans les caractéristiques de cet arcane majeur, vous trouvez pourquoi il figure dans votre rêve.
L'Empereur, 4e arcane majeur du tarot, symbolise la force, l'autorité, le gouvernement, la puissance, la maturité, la volonté, la stabilité, le

guide qui met son cœur et son intelligence au service de l'humain. Assis sur un trône de forme cubique bien équilibré, porteur du sceptre et des attributs qui affirment son autorité souveraine sur le monde terrestre, l'Empereur canalise les forces divines pour les transmettre à l'humanité. Ses qualités peuvent être fortifiées ou amoindries en fonction des cartes qui l'entourent lors d'un tirage. Mal entouré, il peut alors se transformer en despote tyrannique.

EMPOISONNER. *Une personne*: il ne s'agit pas d'un poison mortel que vous auriez sans doute eu de la difficulté à vous procurer – quoique dans un rêve tout soit permis! –, mais d'un empoisonnement par harcèlement autodestructeur. Ce rêve révèle votre part d'ombre qui n'empoisonne que vous-même. Faut-il que vous ne vous aimiez pas! Faites-vous aider.
S'empoisonner soi-même: vous nourrissez de sombres ressentiments qui vous rongent de l'intérieur et risquent de provoquer une maladie psychosomatique. Pour le reste, le conseil est le même que précédemment.

ENCEINTE. (Voir **CLÔTURE**, **MUR**)

ENCENS. *Que l'on fait brûler*: désir d'éloigner les mauvaises influences; purification de soi et des lieux.
Sens symbolique: l'encens participe à de nombreux rituels sacrés. Sa fumée symbolise l'ascension de l'âme, l'union du divin avec la terre. Dans certaines traditions d'Amérique centrale, l'encens est apparenté au sang, à la sève, au sperme et à la pluie.

ENCHEVÊTREMENT. *Se voir enchevêtré(e) dans des broussailles*: votre rêve révèle vos multiples conflits intérieurs qui entravent votre liberté d'agir, de penser et surtout d'être.

ENCLOS. *Se voir dans un enclos*: désir de se protéger, de se retirer en soi, loin des bruits et des pollutions de la vie extérieure.
Sens symbolique: pour les analystes, l'enclos symbolise l'intériorité

de l'être. Dans la solitude et le silence de sa forteresse, l'homme se construit spirituellement, libre de ses choix et de ses motivations.

ENCLUME. *Que l'on voit*: cet outil qui symbolise la passivité en attendant que le forgeron l'utilise, apparaît dans votre rêve pour vous signaler qu'il n'est pas bon d'attendre que l'on décide quoi que ce soit à votre place. Faites vos choix et prenez en main les rênes de votre destin.

ENCRE. *Voir un encrier*: on ne se contentera pas de paroles en l'air, il faudra un accord écrit en bonne et due forme.
Utiliser de l'encre rouge: une souffrance psychique se réveillera à la faveur d'un événement.
De l'encre pourpre: vous signerez un engagement à caractère sacré.
De l'encre noire: annonce une visite chez un notaire.
De l'encre bleue: pour écrire des mots tendres.

ENFANT. Les analystes affirment que l'apparition d'un enfant dans les rêves est fréquente et qu'elle éclaire une zone d'ombre du psychisme.
Attendre un enfant: que vous soyez homme ou femme, ce rêve indique qu'une transformation intérieure s'opère en vous.
Assister à un accouchement: changement de vie à tous les niveaux.
Perdre un enfant: on préfère ne pas voir un aspect de soi-même.
Voir un petit garçon: pour une femme, c'est sa partie masculine non accomplie.
Une petite fille: pour une homme, sa partie féminine non accomplie.
Un enfant que l'on tue: quelle tristesse de ne pouvoir plus rien regarder avec ses yeux d'enfant!
Un enfant malingre: cet enfant, c'est vous-même sans espoir et sans but.
Un enfant en bonne santé: belle harmonie intérieure.
Un enfant qui joue: bravo! Vous avez gardé votre âme d'enfant.
Sens symbolique: d'un point de vue autre que celui de l'analyse psychologique, un enfant symbolise l'innocence, la fraîcheur et la spontanéité naturelle.

ENFER. De quelle façon l'enfer ou les enfers se sont-ils illustrés dans votre rêve? Où et comment y êtes-vous tombé(e)s? Avez-vous ressenti la brûlure du feu, avez-vous été piqué par les fourches caudines de monstres grimaçants pourvus de queues et d'oreilles pointues? C'est probablement un sentiment de frayeur ou une sensation brûlante qui a pu vous faire penser que vous subissiez le châtiment que les religions et la pensée populaire attribuent aux méchants, à ceux qui ont «fauté»! En fait, selon l'analyse psychologique, l'enfer correspondrait à l'état de la psyché qui se serait identifiée consciemment à ses monstres intérieurs faute d'avoir réussi à les vaincre, et qui agirait toujours dans un esprit de perversion. Pour la tradition chrétienne, l'enfer signifie la perte de la Lumière divine et le tourment de l'âme condamnée à la peine éternelle.

ENFERMER. *Être enfermé(e)*: il vaudrait mieux pour vous quitter la personne qui prétend vous aimer.
Enfermer quelqu'un: ce n'est pas une preuve d'amour, mais seulement le geste d'une personne jalouse et possessive.

ENFOUIR. *Quelque chose*: il s'agit peut-être d'un aspect de vous-même que vous refoulez dans les profondeurs de votre inconscient.

ENLÈVEMENT. Si l'actualité vous impressionne, ce rêve d'enlèvement pourrait bien être en relation avec l'angoisse et la peur qu'inspirent un acte aussi barbare. Sinon, rêver d'enlèvement signale un désir romanesque de se faire enlever par qui l'on est aimé(e).

ENLISER (S'). (Voir **BOUE**)

ENNEMIS/ENNEMIES. *Que l'on soupçonne*: si vous soupçonnez certaines personnes dans votre rêve, il est probable qu'elles se révéleront comme telles dans la réalité. Soyez sur vos gardes.
Qui vous harcèlent: essayez de ne pas répondre, ils (elles) se fatigueront.
Que l'on vainc: cette victoire va entraîner une réconciliation.

ENSEIGNEMENT. (Voir **ÉCOLE**)

ENSEMENCER. *Un champ*: patientez, vos projets porteront leurs fruits.
Sens symbolique: (Voir **GRAIN**)

ENTERREMENT. *Voir son propre enterrement*: on enterre le passé pour commencer une nouvelle vie.
L'enterrement d'un(e) ami(e) : on enterrera sa vie de fille ou de garçon.

ENTONNOIR. *Que l'on utilise*: perte de gains mal gérés.

ENTRACTE. *Se voir au théâtre*: la comédie humaine vous fatigue et un peu de repos sera bienvenu.

ENTRAILLES. *Voir ses propres entrailles*: abondance et prospérité.
Se voir sans entrailles: on subira une grosse perte financière; peut révéler également un manque affectif.
Sens symbolique: (Voir **VENTRE**)

ENTRELACS. *Que l'on voit sur des murs*: vous vous créerez des liens solides avec des personnes d'une haute valeur spirituelle.
Sens symbolique: les entrelacs qui figurent dans les œuvres d'art symbolisent souvent l'imbrication des forces cosmiques et humaines, les liens qui unissent les humains entre eux, ou encore la recherche de l'unité primordiale perdue.

ENTREPÔT. (Voir **GARAGE**, **GRANGE**, **GRENIER**)

ENVIE. Se traduit dans un rêve par la sensation désagréable d'en vouloir à autrui pour quelque chose que vous n'avez pas: amour, position sociale ou autre, ce qui indique qu'un travail est à faire sur soi pour comprendre les raisons de ses insatisfactions.
Se voir envié(e) par quelqu'un: projection sur autrui de ses propres insatisfactions.

ÉPAULE. *Porter quelqu'un sur ses épaules*: vous aurez la force de supporter de lourdes épreuves.
Avoir des épaules larges: on se déchargera sur vous de problèmes que les autres n'auront pas la force de résoudre.
Des épaules minces: fragilité physique et psychique.
Sens symbolique: les épaules symbolisent la force physique et représentent également le pouvoir de faire et d'agir.

ÉPAVE. *Que l'on voit*: vous avez vraiment une piètre idée de vous-même. Essayez de vous reconstruire.

ÉPÉE. *Se voir avec une épée dans la main*: vous détiendrez un pouvoir acquis dans l'honnêteté et le bon droit.
Avoir une épée à lame luisante: vos paroles seront claires et justes.
Une épée pesante: on parlera beaucoup, mais on n'agira pas.
Une épée rouillée: manque d'éloquence.
Jeter un coup d'épée dans l'eau: efforts inutiles.
Dans l'air: risque de maladie.
Voir une épée au-dessus de sa tête: annonce un danger.
Épée brisée: perte du sens de la justice et de la rigueur.
La brandir vers le ciel: réussite dans tous les domaines; haute aspiration spirituelle.
L'abaisser: on se laissera vaincre par les difficultés.
Dans un ceinturon: on vous sollicitera pour exécuter une œuvre importante.
Absente d'un ceinturon: manque de combativité, d'enthousiasme.
Sens symbolique: avant tout symbole du combat guerrier qui peut trancher la vie ou la défendre, l'épée symbolise, à travers diverses traditions religieuses, la Lumière céleste, le Verbe créateur, la libération des désirs terrestres, la destruction de l'ignorance. Associée au feu purificateur, à l'éclair qui illumine, au soleil qui rayonne, elle est l'instrument de la Justice et de la Connaissance divine. Assimilée à la langue, donc à la parole, elle détient un double pouvoir, négatif ou positif. Ses deux tranchants symbolisent également pour les analystes la bipolarité sexuelle, féminine et masculine, inhérente à l'être humain.

ÉPERONNER. *Se voir éperonner une monture*: pour avancer, on aura besoin de puissantes motivations.
Voir éperonner un bateau: marque l'agressivité dirigée surtout contre une femme.

ÉPERVIER. *Que l'on voit*: mise en garde contre une personne de pouvoir – probablement une femme – qui vous utilisera uniquement pour son bénéfice.
Sens symbolique: oiseau solaire dans certaines traditions, l'épervier, par ses griffes crochues, est surtout symbole de rapacité. Avec sa femelle, plus puissante et plus rusée que lui, ils symbolisent le couple humain au sein duquel la femme aurait une attitude dominatrice.

ÉPI. *Voir un épi de blé plein*: présage d'abondance et de richesses surtout s'il est doré.
Épi de maïs: sa couleur rouge – féminine – surmontée de la couleur bleue – masculine – image de l'union de la terre et du ciel, est le présage d'une sexualité harmonieuse.
Épi desséché: aridité, manque d'inspiration, cœur sans amour.
Épi vert: espoirs qui se réaliseront.
Sens symbolique: symbole de la croissance et de la fertilité, l'épi est l'accomplissement du germe qui va à son tour donner des grains. Image de l'éternel recommencement, de la mort et de la renaissance, s'il marque l'épanouissement de la nature, il symbolise aussi l'évolution de la vie psychique et sexuelle.

ÉPICERIE. À moins que ce rêve ne soit un prolongement de ce que vous aurez à faire pour remplir votre armoire ou votre réfrigérateur, acheter des produits alimentaires dans un rêve marque une compensation psychologique à un manque affectif, et signalerait un désir de le combler en payant pour cela.
Sens symbolique: (Voir **ACHETER**, **ARGENT**, **ARMOIRE**, **RÉFRIGÉRATEUR**)

ÉPINE. *Voir une épine*: annonce des tracasseries, des problème «épineux» à régler.

Se piquer avec une épine: peut annoncer un amour ou révéler une blessure psychique.
L'arracher: non sans peine, on se libèrera de ses problèmes.
Porter une couronne d'épines: intense souffrance physique ou psychique qui s'illustre dans votre rêve par un puissant symbole.
Sens symbolique: l'épine symbolise la défense, la souffrance et la libération. Défense pour les végétaux et les animaux qui en sont pourvus, souffrance psychologique pour l'être humain, libération des entraves terrestres pour qui l'identifie au rayonnement divin, à la couronne d'épines du Christ.

ÉPINGLE. *Que l'on voit*: on sera l'objet de médisances.
Mettre une épingle dans ses cheveux: désir de séduire.
Pour retenir un vêtement: insécurité. Peur de se dévoiler.
Retirer son épingle: on se sauvera à temps d'une situation confuse.
Donner un coup d'épingle à quelqu'un: risque de voir se retourner contre soi une méchanceté gratuite.

ÉPITAPHE. *Voir sa propre épitaphe*: c'est lire ce que vous pensez de vous-même.
Élogieuse: compensation à une mauvaise image de soi.
Qui discrédite: vous avez beaucoup de choses à vous reprocher et vous le savez.

ÉPONGE. *Que l'on voit*: s'il est bon de s'imprégner de forces positives, faites preuve de discernement quant à vos relations avec des personnes négatives.

ÉPOUVANTER. *Se sentir dans un état d'épouvante*: vos conflits intérieurs vous déstabilisent et créent un sentiments exacerbé d'angoisse et de peur. Demandez un soutien psychologique.

ÉQUERRE. *Utiliser une équerre*: on fera appel à votre sens de la droiture pour régler une affaire.
Sens symbolique: instrument de mesure destiné à dessiner des formes carrées, l'équerre symbolise la droiture et la rigueur. Souvent associée

au compas, elle symboliserait la matière passive, par rapport à l'esprit, inventif, créatif et actif.

ERMITE. (Voir **HERMITE (L')**)

ÉROTISME. Avant d'aborder comment s'illustre le désir sexuel dans les rêves, jetons un bref regard sur le symbolisme de l'amour et la sexualité.
L'union sexuelle est généralement abordée dans les traditions sous l'angle du mariage entre le Ciel et la Terre d'où procèdent tous les êtres vivants. Les mystiques des grandes religions se sont emparés du symbole de l'union des opposés pour en faire celui d'un peuple pour un dieu, – Yhavé et le peuple d'Israël, le Christ et son Église – ou encore pour interpréter la puissance du désir en tant que force divine à la fois rayonnante et unificatrice. Pour la pensée populaire, l'érotisme est un jeu qui préside ou accompagne l'accouplement, stimule le feu sexuel pour atteindre la fusion, l'éblouissement, c'est-à-dire l'orgasme, ce qui rejoindrait au plan religieux «l'Illumination». Certaines traditions extrême-orientale et asiatique pratiquent des unions rituelles qui ne sont pas liées à la recherche du plaisir, mais au désir d'atteindre sa propre réunification intérieure.
Pour les analystes, les rêves qui sont en relation avec les désirs ou les besoins sexuels ne s'illustrent pas forcément par des séquences érotiques ou pornographiques. Par exemple, pour un homme, le désir sexuel refoulé s'exprimera par l'utilisation d'une arme, d'un outil, ou d'un animal assimilé au phallus : poignard, outil pointu, serpent ; pour la femme, ce refoulement s'exprimera par des personnages masculins menaçants, des forêts (verticalité des arbres), des broussailles symbolisant la région génitale ou des véhicules qui foncent droit sur elle.

ESCALIER. *Que l'on voit* : un décision à prendre qui ne laissera que deux choix : stagner ou entreprendre.
Se trouver sur la première marche : mise en route d'un projet.
S'arrêter au milieu de l'escalier : hésitation ou problèmes pour continuer ce que l'on a entrepris.

Arriver en haut : succès dans tous les domaines. Position professionnelle élevée, harmonie familiale, conscience éclairée.
En tomber : vous présumez trop de vos efforts. Apprenez à patienter.
Descendre l'escalier jusqu'au sous-sol : on ira sonder les profondeurs de son inconscient.
Monter un escalier en spirale : haute recherche spirituelle.
Monter un escalier blanc : peut-être épouserez-vous la vie mystique.
Un escalier noir : intérêt pour la magie noire.
Sens symbolique : l'escalier symbolise la montée vers la connaissance du monde matériel aussi bien que divin. La descente, surtout si elle se prolonge dans une cave, représente la recherche d'un savoir caché (la science occulte) ou d'un voyage introspectif dans l'inconscient. Image aussi de la verticalité, sans aire de repos, l'escalier symbolise l'effort à faire pour se maintenir au niveau où l'on s'est arrêté(e) ou bien pour accéder à un niveau supérieur. Le descendre ou en tomber symbolise la régression, la non évolution, le retour vers les ténèbres de l'inconscient.

ESCARGOT. *Que l'on voit* : soyez patient(e), tout arrive à son heure.
Que l'on attrape : annonce une relation amoureuse basée exclusivement sur la sexualité.
Qui rentre ses cornes : prenez le temps de réfléchir avant de prendre une décision.
Qui sort ses cornes : annonce un renouveau dans votre vie, peut-être la promesse d'une naissance.
Sens symbolique : ses cornes qui apparaissent et disparaissent font de l'escargot le symbole du cycle de la vie et de la mort éternellement recommencé. Également symbole sexuel par sa coquille en forme de réceptacle et sa ressemblance avec la vulve, dans certaines traditions, on l'associe à la fécondité, à la grossesse et à l'accouchement.

ESCLAVE. *Se voir vendu(e) comme esclave* : l'Occident ne pratique plus depuis longtemps ce genre de marché, alors de qui êtes-vous l'esclave sinon de vous-même ? Votre inconscient révèle le peu d'estime que vous avez de vous. Interrogez-vous et libérez-vous vite de vos chaînes.

ESCRIME. (Voir **ÉPÉE**)

ESPION. *Que l'on découvre*: soyez sur vos gardes, on essayera de vous faire du tort.

ESPRIT. *Que l'on perçoit* dans le rêve par une couleur, un objet, un oiseau, un chant, un gnome, une elfe, une sirène, une lumière, qui envoient des messages dont il nous faudra décoder le sens et que nous prendrons pour de l'intuition, une fois réveillé(e)s.
(Voir **ÂME**, **ANGE**, **APPARITION**, **ELFE**, **GNOME**)

ÉTAGE. (Voir **MAISON**)

ÉTAIN. *Recevoir un objet en étain*: présage de chance, de réussite, de succès.

ÉTANG. (Voir **EAU**, **LAC**, **MARAIS**)

ÉTAU. *Que l'on voit*: peur de s'engager dans une affaire ou une relation sentimentale qui semblera à l'avance étouffante.

ÉTEINDRE. (Voir **LAMPE**, **LUMIÈRE**)

ÉTENDARD. *Brandir un étendard.*: dans ce rêve, vous vous êtes peut-être identifié(e) à Jeanne D'Arc brandissant l'étendard de son roi (pays) pour affronter l'ennemi envahisseur.
Le message est beau et vous incite à agir avec courage et volonté contre tout ce qui peut être un obstacle à votre liberté.
Sens symbolique: l'étendard comme la bannière est l'emblème du chef de guerre. Il rassemble, indique la direction et protège symboliquement contre les forces adverses, ce qui lui confère, dans certaines sociétés, un pouvoir magique.

ÉTOILE. *Rêver d'une étoile dans un ciel pur* : présage de chance.
Un ciel rempli d'étoiles : réussite à tous les niveaux.
Une étoile filante : si vous faites un vœu, il sera exaucé dans la réalité.
Une étoile à 5 branches : cette étoile de David symbolise la régénération de l'être, son rayonnement, sa perfection.
Une étoile à 6 branches : nommée le sceau de Salomon, cette étoile faite de deux triangles inversés symbolise l'union de la matière et de l'esprit, l'évolution et l'involution ; pour la personne qui la porte, elle est le gage de la protection divine.
Une étoile à 7 branches : union du carré et du triangle, cette étoile est l'image de l'arc-en-ciel, des sons, des couleurs, de l'harmonie planétaire. La voir dans un rêve signale que l'on est sur la voie de l'accomplissement.
L'étoile du matin : sa couleur rouge – qui rappelle le sang – illustre bien le principe de vie qu'elle symbolise en présidant à la constante renaissance du jour. La voir dans un rêve
annonce une période de renouveau.
L'étoile polaire : cette étoile symbolise dans toutes les traditions le point central autour duquel tourne le firmament et qui sert non seulement à définir la position des étoiles, mais aussi de repère à tous les voyageurs de la terre, du ciel et des mers. Cette étoile jouit d'une quantité d'appellations qui toutes illustrent son rôle de centre, ainsi : nombril du ciel, porte du ciel, clou du ciel, pilier d'or, pour n'en citer que quelques-unes. La voir en rêve exprime que l'on est relié(e) et dédié(e) au divin de tout son être.

ÉTOILE (L'). Voir dans un rêve l'Étoile du tarot, le 17e arcane majeur de ce jeu de voyance, suppose que l'on est initié(e) à sa pratique, ou tout au moins que l'on s'y intéresse. Certaines des caractéristiques de cette lame exposées ici brièvement pourront vous éclairer sur le message de votre rêve.
L'Étoile du tarot se réfère au ciel et contient 7 petites étoiles et une grande à 16 rayons qui préfigure le Soleil et dont l'une des pointes se place exactement au-dessus de la tête de la jeune femme personnifiant Ève ou l'humanité. Cette lame est l'une des plus heureuses du tarot. Elle annonce l'harmonie, l'espérance, la fin des épreuves, la protection

et insuffle l'inspiration aux artistes. Selon les lames qui l'entourent, ses qualités seront amplifiées ou amoindries, cependant l'Étoile est si bénéfique que les effets des lames néfastes en perdent leur pouvoir.

ÉTRANGER/ÉTRANGÈRE. *Se sentir étranger(ère) à une ville, à un pays, aux autres*: à moins de s'être coupé(e) de ses racines par obligation ou nécessité, ce rêve signale un état psychologique qui se traduit par un mal être, par un sentiment de n'être nulle part à sa place et par l'incapacité de communiquer avec autrui. Ce rêve renvoie à une partie de vous-même instable, désorientée, non encore structurée. Faites-vous aider.
Se sentir «ailleurs»: c'est vivre en marge des autres parce que ses centres d'intérêts ne rejoignent pas ceux de l'entourage.
Se faire traiter de «sale étranger(ère)» dans un rêve signale une profonde blessure psychologique qui peut être consécutive à une situation vécue dans la vie réelle, en rapport avec la couleur de sa peau, une culture ou une religion différente de celles de la société dans laquelle ont vit. Cependant ce rêve peut aussi s'interpréter sur un mode inverse, c'est-à-dire que vous-même ne supportez pas la différence sans vous l'avouer clairement, et l'inconscient parle alors de la haine et du ressentiment à l'égard de soi.
Sens symbolique: le mot «étranger» apparaît dans la Bible à propos d'Adam et Ève chassés du Paradis et condamnés à vivre sur la terre. Il symbolise celui et celle qui ont perdu leur véritable patrie, c'est-à-dire le ciel, et ne feront qu'errer s'ils ne retrouvent pas en eux-mêmes cette harmonie primordiale.

ÉTRANGLER. *S'étrangler soi-même*: il y a quelque chose, une situation, un événement, une relation avec autrui qui, psychologiquement «ne passe pas». Essayez d'être clair(e) avec vous-même.
Étrangler quelqu'un: dénote une agressivité refoulée.

ÉTRENNES. *Recevoir des étrennes*: rêve qui vient en compensation de ce que l'on n'a pas reçu dans la vie réelle et que l'on pense avoir mérité. Sur un plan différent, ce rêve peut annoncer une nouvelle offre de travail, un renouveau dans sa vie.

Offrir des étrennes: reconnaissance à l'égard d'une personne qui sera reconnaissante envers vous. Peut aussi signifier que l'on va aborder une nouvelle période de sa vie.
Sens symbolique: les étrennes marquent l'arrivée d'un nouveau cycle que l'on souhaite meilleur que le précédent et qui se traduit par des vœux de prospérité et d'abondance accompagnés de présents ou d'argent à l'égard des jeunes d'une famille ou des subalternes dans le cadre d'une hiérarchie professionnelle.

ÉTUDIER. (Voir **ÉCOLE**, **LIVRE**)

ÉVANGILE. *Se voir l'évangile en main*: signale un manque de repères pour avancer dans la vie; on cherchera une aide ou un conseil.

ÉVASION. (Voir **DÉSERTEUR**, **PRISON**)

ÈVE. *Voir une illustration de Ève*: se rêve peut révéler une préoccupation en relation avec une situation conjugale, ou sur un plan psychologique, un réveil de la partie féminine chez l'homme et la femme, ce que la psychanalyse nomme «l'*anima*». Pour éclaircir ce rêve, reportons-nous au symbolisme.
Pour la tradition chrétienne, Ève, la femme primordiale, est responsable du péché originel qui amènera la séparation de l'esprit et de l'âme, ce péché étant illustré par la dualité inhérente à l'être humain, Ève représentant l'émotivité et l'irrationnel opposés à l'esprit et à la raison personnifiés par Adam. D'où l'anathème – qui, hélas, perdurera longtemps encore, et pas uniquement dans la tradition chrétienne – jeté sur la femme pourvoyeuse des noirs désirs de l'homme. Transposés au plan de l'intériorité, Ève et Adam parlent de l'aspect féminin/masculin de l'être humain, traduit dans le langage de la psychanalyse par l'*anima* et l'*animus*, aspects qui accordés, apporteront l'harmonie psychique, ou désaccordés, provoqueront les troubles de la personnalité.

ÉVENTAIL. *Que l'on voit*: faute de pouvoir assumer des responsabilités, on se cachera derrière quelqu'un.
Que l'on agite: on se protègera de personnes malveillantes.

Sens symbolique: l'éventail figure dans de nombreuses traditions pour évoquer entre autres, la dignité royale ou la protection contre les influences néfastes.

ÉVÊQUE. *Que l'on voit*: soumission à une autorité. Comme dans tous les rêves où apparaît un personnage qui détient un pouvoir, celui-ci exprime un manque d'affirmation de soi, une immaturité affective.

EXCRÉMENT. *Excréter*: au plan de l'analyse psychologique signifie une libération, une conscience claire.
Excréter avec difficulté: peut révéler l'avarice financière, mais aussi la difficulté à aimer et à exprimer ses sentiments.
Des excréments trop fluides: s'ils ne sont pas reliés à un problème intestinal vécu dans la vie réelle, ce rêve peut manifester des angoisses et des peurs dues à une incapacité à affronter certaines situations.
Examiner ses excréments: révèle une dévalorisation, un mépris de soi-même dans l'identification que l'on fait de soi avec ses déjections.
Sur lesquels on marche par mégarde: annonce la prospérité, le bonheur, la vigueur physique.
Par lesquels on est souillé(e) : des gains importants en perspective.
Voir quelqu'un manger des excréments: si ce n'est vous-même que vous voyez, soyez assuré(e) que la personne en question sera couverte de richesses et vivra longtemps dans l'abondance.
Ramasser les excréments d'animaux: la vigueur physique sera amplifiée d'autant que les animaux apparus seront de grande et grosse taille.
Sens symbolique: les excréments, ces déjections du corps qui provoquent souvent le dégoût, figurent pourtant dans de nombreuses traditions comme une richesse comparable à celle de l'or. Ils symbolisent une force vitale, si puissante, si régénératrice que dans certaines sociétés on pratique des rituels de coprophagie (ingestion d'excréments), ce qui rejoint les bienfaits attribués aux préparations médicinales traditionnelles qui en contiennent.

EXÉCUTION. (Voir **PENDU** (**LE**))

EXIL. (Voir **ÉTRANGER**)

EXPLOSION. *Voir une explosion*: l'actualité dramatique qui rapporte nombre d'explosions peut trouver son prolongement dans votre rêve et générer de l'angoisse et de la peur.
Se sentir exploser: vous êtes à deux doigts de la dépression nerveuse. Faites-vous aider.
Exploser de joie: votre cœur déborde de sentiments heureux qui se répercutent dans votre rêve. Profitez-en bien.

EXTRA-TERRESTRE. *Se voir en leur compagnie*: sans doute êtes vous influencé(e) par ces nombreux films ou romans dans lesquels figurent ces êtres venus d'ailleurs et pour lesquels vous manifestez le plus grand intérêt. Quoi qu'il en soit, votre rêve pourrait refléter d'une part, votre dégoût pour le comportement destructeur des humains entre eux ou envers leur propre planète, et d'autre part confirmerait votre besoin d'idéal élevé.

EXTRAVAGANCE. *Agir d'une manière extravagante*: une attitude qui tranche avec votre sérieux dans la vie réelle, aussi ce rêve vous assure un défoulement compensatoire.
S'habiller d'une façon extravagante: votre rêve vous permet toutes les fantaisies, surtout celles que vous n'oseriez pas afficher dans la vie.

EXTRÊME-ONCTION. *Recevoir l'extrême-onction*: réjouissez-vous ! Si la vie que vous menez ne vous satisfait plus, ce rêve annonce un renouveau sur tous les plans.

F

FABLE. *Que l'on entend ou que l'on lit*: nostalgie des veillées de l'enfance ou bien un enseignement à tirer concernant une situation de votre vie réelle. Par exemple, *Le Corbeau et le Renard* sera une mise en garde contre des flatteurs qui ne visent qu'à s'approprier quelque chose qui vous appartient. Essayez de vous rappeler la fable de votre rêve, et voyez quel message elle vous délivre.

FABRIQUER. *Un objet*: rappelez-vous l'objet et reportez-vous au mot. Généralement, fabriquer quelque chose dans un rêve manifeste l'élaboration d'un projet et sa conduite à terme. Ce que vous êtes en train de préparer dans votre vie occupe toutes vos énergies y compris celles de vos songes. C'est un gage de réussite.

FAÇADE. (Voir **DEVANTURE**)

FACE. (Voir **VISAGE**)

FACTEUR. *Que l'on voit*: s'il apparaît dans votre rêve, c'est qu'il représente quelqu'un ou quelque chose que vous attendez avec crainte ou impatience.

FACTURE. *Que l'on reçoit*: c'est peut-être ce que vous craigniez que le facteur vous apporte En tout cas, une facture dans la vie courante correspond à quelque chose que l'on doit payer en contrepartie de que l'on a reçu, et dans un rêve, la facture est la façon dont l'inconscient vous rappelle une faute, un mauvais comportement que vous aviez occulté et que vous devrez payer. (Voir **KARMA**)

FAGOT. *Allumer un fagot*: du fagot jaillira la flamme, ce rêve est peut être l'image du début d'un amour.
S'il s'éteint de lui-même: il n'y avait pas assez de flamme dans cet amour.

Sens symbolique: dans certaines traditions, le fagot représente ce qui permet au feu – c'est-à-dire à l'esprit – de se propager. Il détient toutes les potentialités du feu sans être la flamme, mais la transmet sans jamais qu'elle ne s'éteigne. Esprit et feu, connaissance et énergie cachés au cœur du bois mort, c'est là tout le symbolisme du fagot.

FAIM. *Ressentir la faim*: si vous la ressentez en rêve, c'est peut-être une réalité qui dément le dicton «Qui dort, dîne» et il ne vous reste plus qu'à vous lever pour satisfaire ce besoin élémentaire. Au plan psychologique, avoir faim signale un manque affectif ou une envie de vivre «à plein régime».

FAISAN. *Que l'on voit*: présage de joie et de bonheur.
Qui bat des ailes: vous serez au meilleur de vos énergies.
Entendre son cri: c'est un rappel à l'ordre concernant une vie adonnée trop aux plaisirs et pas assez à la spiritualité.
Sens symbolique: c'est surtout dans les traditions asiatiques que le faisan est célébré en tant que symbole de l'harmonie cosmique et de la lumière céleste.

FALAISE. (Voir **ROCHER**)

FAMILLE. *Se voir en famille*: peut signifier que l'on vivra prochainement des moments heureux avec celle-ci, ou bien… le contraire.
Pour une personne, ce rêve sera un prolongement de ce qu'elle vit dans la réalité, pour une autre il révèlera un manque affectif et jouera un rôle compensatoire.

FANGE. (Voir **BOUE**)

FANTÔME. (Voir **ÂME**, **APPARITION**, **ELFE**, **GNOME**)

FARDEAU. *Que l'on porte*: on se déchargera de ses problèmes sur vous.

Dont on charge quelqu'un: vous ne pouvez pas toujours assumer les responsabilités Passer le relais est quelquefois salutaire.

FARINE. *Acheter de la farine*: c'est du bonheur que l'on achète.
En moudre: un bonheur qui durera longtemps.
Être roulé(e) dans la farine: on vous proposera une affaire. Il vaudra mieux pour vous y regarder à deux fois.

FAUCILLE. *Que l'on utilise*: vous aurez à prendre une décision radicale concernant votre vie professionnelle ou affective.
Qui se brise: on ne récoltera pas le fruit de ses efforts.
Sens symbolique: la faucille, qui rappelle le croissant de lune, est associée au cycle des moissons, serait l'image de la féminité et symboliserait la fécondité, ainsi que l'alternance de la vie et la mort. Par le tranchant de sa lame, elle symboliserait également l'arrêt d'une évolution que ce soit au niveau de la personnalité ou d'une société, mais aussi l'espoir d'un renouveau.

FAUCON. *Que l'on voit perché*: vous aurez l'aide d'un protecteur (d'une protectrice) puissant(e) au niveau de vos entreprises.
Le capturer: c'est mettre toutes les chances de votre côté.
Le laisser s'envoler: vous passerez à côté d'une belle opportunité.
Le regarder face à face: vous ne laisserez pas passer le moindre détail dans une affaire vous concernant de près.
Encapuchonner sa tête: vous êtes sur une voie spirituelle dont vous ne parlez à personne.
Sens symbolique: le faucon figure dans les traditions antiques comme symbole ascensionnel aux niveaux spirituel, moral et même physique. Incarnation de divinités solaires, il symbolise la lumière céleste aussi bien que l'ange protecteur.

FAUSSE-COUCHE. *Dont on est victime ou à laquelle on assiste*: vos projets seront interrompus avant leur aboutissement. Pour une femme, ce rêve peut être mis en relation avec une crainte de ne pouvoir mener à terme une grossesse.

FAUTE. *Que l'on a commise*: on croyait l'avoir oubliée, mais l'inconscient la fait ressurgir et provoque dans votre rêve un sentiment très inconfortable de culpabilité.

FAUTEUIL (de bureau). *Que l'on voit*: vous devrez vous mettre au travail sans plus tarder si vous voulez monter en grade.

FAUX (l'outil). (Voir **FAUCILLE** , **MORT (LA)**)

FÉE. *Que l'on voit*: vos vœux se réaliseront comme par enchantement.
Se voir en fée: vous ferez des miracles autour de vous.
Qui se transforme en sorcière: une personne qui vous semblait bénéfique se montrera sous un jour fort désagréable. Au plan psychologique, il s'agit des deux pôles de la personnalité, l'un positif, l'autre négatif, qui se manifestent alternativement.
Sens symbolique: les fées sont au centre de plusieurs contes et légendes. Elles symbolisent les capacités de l'imaginaire, les possibilité de se transporter dans le surnaturel. De nature féminine, elles peuvent revêtir tous les aspects, de l'oiseau, du ver de terre, à la princesse jusqu'à se transformer en être repoussant. Pour les analystes, les fées sont une image du psychisme et de son pouvoir de transformation, soit pour s'accepter tel(le) que l'on est, soit pour compenser ses frustrations.

FEMME. *Rêver d'une femme que l'on connaît.*
Pour un homme: cette femme peut être celle qu'il aime, celle qui le repousse, celle qu'il déteste, celle sur laquelle il projette ses fantasmes, ou encore l'image de sa mère. Selon le visage, les cheveux, les yeux, le nez, la bouche, le corps de cette femme, reportez-vous au mot qui convient. En général, ce genre de rêve manifeste la façon dont un homme vit sa relation avec une femme dans la réalité.
Rêver d'une femme inconnue: si cette femme est très belle, elle sera l'image de votre idéal féminin, ou bien, au plan psychologique, révélera une *anima* positive, votre partie féminine équilibrée. Si

cette femme est provocante, agressive, destructrice, elle révèlera une *anima* négative, qui offre toujours une image dévalorisée de la femme, donc un déséquilibre psychique souvent relié à la sexualité.
Pour une femme.
Rêver d'une femme: c'est d'elle-même que parle ce rêve et de sa partie masculine, donc de son *animus* positif si la femme qu'elle voit est joliment féminine; à l'inverse si la femme du rêve est agressive, revendicatrice, masculine par ses traits, elle révélera un *animus* négatif, donc un déséquilibre psychique souvent relié à une image dévalorisée de l'homme.
Sens symbolique: dans les écrits de grands auteurs chez qui la spiritualité domine, la femme serait le guide de l'homme vers la sublimation de ses désirs, celle qui l'attire vers les hauteurs et la transcendance. Pour les analystes, le féminin personnifie cette partie de l'inconscient nommée «*anima*».

FÊLER. *Voir un objet fêlé*: il pourra y avoir une sorte de «raccommodage» dans vos liens avec une personne, mais rien ne sera jamais plus comme avant.

FENÊTRE. *Voir une fenêtre ouverte*: ouverture aux autres et à la vie en général. L'image même d'une personne extravertie.
Une fenêtre fermée: ce pourrait être l'inverse du rêve précédent, mais celui-ci peut révéler un esprit réfléchi, une attitude méditative, une recherche spirituelle. L'image d'une personne introvertie.
Une fenêtre carrée: un esprit matérialiste assure souvent une sécurité financière.
Une fenêtre ronde (l'oeil de bœuf): dénote un regard ouvert, une conscience éclairée.
Entrer par une fenêtre chez quelqu'un: indiscrétion, curiosité malsaine.
Casser les vitres d'une fenêtre: vous vous sentirez cassé(e) de l'intérieur à la suite d'un événement douloureux.
Tomber d'une fenêtre: vous tomberez de haut concernant la fiabilité d'une personne de votre entourage.
Sens symbolique: la fenêtre, comparable à l'œil humain, symbolise

la réception ou le refus des influences, qu'elles soient de nature terrestre ou spirituelles.

FER. *Voir du fer forgé* : vous serez confronté(e) à une personne très dure en affaires.
Se trouver devant une grille en fer : vous ne sortirez pas facilement des griffes d'une personne.
Soulever une tôle de fer : avec le temps, votre caractère s'affermira et vous affronterez vos problèmes avec plus de détermination, d'ailleurs, ne dit-on pas « avoir une volonté de fer » ?
Du fer rouillé : attention à ne pas vous laissez ronger par les soucis, votre santé pourrait s'en ressentir.
Prendre un médicament contenant du fer : gare à l'anémie ! Pensez à avoir « une santé de fer » !
Voir des débris de fer : si c'est l'image que vous avez de vous, il est temps de vous ressaisir et de jeter au loin ces débris de pensées négatives.
Trouver un fer à cheval : avec un tel rêve, plus de soucis à se faire !
Sens symbolique : le fer symbolise la dureté, la détermination, la rigueur. Associé aux divinités souterraines dans certaines traditions antiques, il illustrerait la force diabolique, impure, ténébreuse, un symbolisme qui rejoindrait celui accordé généralement à « l'âge de fer » période protohistorique et sombre de l'humanité. Dans d'autres traditions, c'est l'aspect positif du fer qui est retenu : façonné il devient outils pour la chasse, pour l'agriculture, armes de défense (mais aussi l'inverse), bijoux pour les femmes afin de favoriser leur fertilité, et médecines pour renforcer la qualité du sang.

FERME. *Se voir dans une ferme* : rêve compensatoire à une vie éloignée de la nature et dont on ne se satisfait plus.

FERMENTATION. *Voir la fermentation d'une substance* : votre rêve illustre le bouillonnement de votre esprit. Nul doute que vous serez très inspiré(e) dans vos entreprises futures.
Sens symbolique : la fermentation de liquides, de céréales et de fruits, revêt un caractère sacré dans certaines traditions africaines et

amérindiennes. Grâce à ce procédé, les breuvages permettent à l'esprit de s'affranchir des limites terrestres – par l'ivresse – et de gagner les sphères célestes de la connaissance et du savoir secret. Procédé de transformation pour les nourritures terrestres, la fermentation symbolise, pour l'être humain, la transformation, la maturation, la transmutation de son esprit et de ses forces psychiques dans le sens d'une évolution.

FESTIN. *Se voir à un festin*: ce n'est peut-être pas ce que vous vivez dans la réalité, aussi du point de vue psychologique, on dit que ce genre de rêve est compensatoire
Ne pas y participer: sentiment de rejet souvent relié à la vie affective.

FÊTE. *Célébrer une fête*: quelle que soit la célébration, participer à une fête est une manifestation d'équilibre et de joie intérieure.

FÉTICHE. *Pierre ou coquillage*: présage de protection et de réussite.
Sculptures, masques: si, dans la réalité, vous recevez ou acheter de tels objets, faites-les tester pour savoir de quelles énergies ils sont imprégnés. Ce rêve est une mise en garde contre des problèmes qui seront liés à un voyage exotique.
Sens symbolique: les fétiches naturels, ceux que l'on trouve dans la nature, seraient chargés d'une énergie céleste, donc bénéfique. Les objets sculptés dont on dit qu'ils sont façonnés par une personne dotée de pouvoirs surnaturels, pourraient émettre des vibrations soit bénéfiques soit maléfiques, selon l'intention mise dans leur élaboration.

FEU. *Voir un feu clair, pétillant*: beaucoup d'amour et de joie autour de soi.
Allumer un feu de camp: on partagera ensemble de bons moments d'amitié.
Danser ou chanter autour d'un feu: présage de bonheur, peut-être un mariage.
Voir jaillir des flammes: une passion amoureuse partagée.

Un feu obtenu par frottement : rêve relié à la sexualité.
Un feu qui s'éteint : un amour qui ne sera qu'un feu de paille ; peut également annoncer un décès.
Un incendie allumé par soi-même : trop de choses sont refoulées en vous. Si ce genre de rêve vous est fréquent, demandez un soutien psychologique.
Sens symbolique : feu occupe une place équivalente à celle de l'eau, en tant que symbole de la purification et de la régénération, et ce, dans la plupart des traditions. Image du feu divin, de la lumière spirituelle, de la connaissance intuitive, de l'Illumination, il est aussi celui de l'énergie et de l'acte sexuels. Dans sa version négative, le feu illustre la dévastation, les passions dévorantes, la guerre, le feu des enfers, l'intellect « enfumé », l'inconscient, un psychisme vacillant.

FEUILLE. *Voir des feuilles bourgeonnantes* : promesse de succès pour l'avenir de vos projets.
Des feuilles vertes : vous êtes en pleine possession de vos moyens. Foncez tête baissée dans vos projets.
Un bouquet de feuilles : de bonnes associations en perspective.
Des feuilles jaunies : passez vite à un autre projet.
Des feuilles mortes : ne vous attardez pas à ressasser le passé, « Cueillez dès aujourd'hui les roses de la vie » ! (Ronsard)
Balayer des feuilles mortes : c'est vider de sa tête – et de son inconscient – tout ce qui l'encombre, aussi ce rêve est un excellent présage pour repartir de zéro.
Sens symbolique : comme tout ce qui participe du règne végétal, les fleurs sont un symbole de l'éternel retour, du cycle de la mort et de la renaissance, mais surtout un témoignage d'amour.

FÈVES. *Récolter des fèves* : des projets à l'état latent vont se réaliser sous peu.
Sens symbolique : dans les traditions antiques du pourtour méditerranéen, la fève était associée aux cultes rendus aux défunts parce qu'elle était censée contenir l'âme des disparus. Considérée

comme un don des morts aux vivants, elle est symbole de prospérité, et lorsqu'elle est sèche, figure comme fétiche bienfaisant.

FIACRE. *Se voir à l'intérieur*: un désir de calme pour contrebalancer une vie trépidante.

FIANÇAILLES. *Se fiancer*: si ce rêve ne correspond à rien dans la réalité, il peut annoncer que l'on trouvera l'élu(e) très bientôt.
Rompre des fiançailles: si ce n'est déjà fait dans la réalité, ce rêve annonce une rupture imminente.

FIBULE (broche, agrafe). *En porter une*: ce terme est si peu connu de la plupart que seul(e)s ceux et celles sont qui sont intéressé(e)s par les récits du moyen âge, la Rome antique ou certaines traditions nord-africaines pourront voir apparaître dans un rêve cette agrafe, souvent richement ornée de figures symboliques. La fibule serait investie de l'énergie de la figure représentée, et symboliserait soit la protection, soit, pour une femme, la virginité et la fécondité.

FIÈVRE. *Avoir la fièvre*: s'il ne s'agit pas d'un état pathologique, la fièvre dans un rêve est synonyme de passion, soit amoureuse, soit en relation avec un projet qui soulève l'enthousiasme et le dynamisme.

FIGUIER. *Se voir un jeune figuier*: présage d'abondance: pour une femme, peut annoncer une grossesse; pour un jeune garçon, l'éveil de la sexualité.
Se voir assis sous un figuier: haute recherche spirituelle.
Un figuier desséché: annonce une période aride, stérile à beaucoup de niveaux.
Une feuille de figuier: abstinence sexuelle.
Manger une figue bien mure: présage de prospérité, de richesses.
Manger une figue sèche: un projet se tarit avant de se réaliser.
Sens symbolique: dans nombre de traditions, le figuier symbolise l'abondance, la puissance, la vitalité, le savoir divin. Arbre privilégié du Bouddha, il symbolise la connaissance et l'immortalité.

Dans certaines traditions, il est symbole de fécondité, sa forme et ses graines étant associés aux organes de la reproduction tant masculins que féminins.

FIGURINE (statuette). *Que l'on voit*: il s'agit certainement dans ce rêve, de la représentation d'un(e) saint(e), d'une divinité, ou même de quelque chose qui correspond chez vous à un besoin de protection, ce qui rejoint le symbolisme des statuettes de bois, de pierre ou d'argile que l'on invoquait dans les civilisations antiques pour être protégé.

FIL. *Que l'on déroule*: une situation confuse sera éclaircie très prochainement.
Passer du fil dans une aiguille: transformation intérieure. Passage à un niveau supérieur de conscience.
Que l'on tisse: élaboration de projets qui touchent aussi bien aux affaires qu'aux sentiments.
Utiliser un métier à tisser: organisation méthodique de sa vie.
Que l'on coupe: des liens sentimentaux ou amicaux seront coupés. Présage néfaste au niveau de la santé.
Que l'on entremêle: union sentimentale ou association d'affaires.
Deux fils entremêlés: un mariage en perspective.
Des fils emmêlés: une image de votre état nerveux et psychologique.
Sens symbolique: dans de nombreuses traditions, le fil symbolise le lien entre la terre et le ciel, le fil de la destinée, le filage du temps, la quête spirituelle. Le mouvement alternatif que l'on exécute pour le tisser symbolise la mort et la renaissance, l'éternel retour aussi bien que l'esprit créatif, évolutif. Pour les analystes, l'enfilage dans l'aiguille symbolise le passage du psychisme à ses différents niveaux: conscience, inconscience, subconscience.

FIL À PLOMB. *Que l'on voit*: à moins que votre métier ne nécessite l'emploi de cet outil et dans ce cas ce rêve ne sera qu'un prolongement de la réalité, rêver d'un fil à plomb illustre la rectitude avec laquelle on devra agir tant au plan matériel que spirituel.

FILET. *Que l'on voit*: que ce soit un filet à pêche, à papillons ou autre, ce rêve annonce que l'on aura de la difficulté à se sortir d'une situation enchevêtrée.
Dont on se sert: vous contrerez efficacement les manigances dont vous allez être l'objet.
Un filet rempli de poissons: ce pourrait être le rêve comblé d'un pêcheur, mais pour celui qui ne l'est pas, c'est aussi un beau présage de richesse et d'abondance.
Un papillon dans un filet: annonce un amour enchanteur, mais fugace et superficiel.
Sens symbolique: toutes les traditions font du filet un symbole sacré relié à la capture des énergies célestes. S'il est pourvu d'un manche, il symbolise l'axe qui relie au ciel, et ses mailles l'action divine exercée sur l'humanité aveugle pour la ramener à la Lumière.
(Voir **ENCHEVÊTREMENT**)

FILM. *Que l'on voit*: s'il ne s'agit pas d'un film vu dans la vie réelle et qui vous a impressionné, il s'agit certainement de la projection d'une étape de votre vie, dont vous serez le scénariste, l'auteur et le réalisateur. Pour votre bien, vous aurez intérêt à être aussi bon(ne) dans les trois rôles !

FLAGELLATION. (Voir **FOUET**)

FLAMBEAU. *Porter un flambeau*: à moins que ce ne soit celui de la flamme olympique – rêve de tout sportif – se voir porter un flambeau révèle que l'on est porté(e) vers des idéaux élevés.
Un flambeau éteint: difficulté à atteindre ses idéaux.

FLATTER. *Se voir flatté(e)* : mise en garde contre une trahison.
Flatter une personne: vous devrez examinez vos buts: s'il n'y en a aucun autre que celui de manifester votre admiration à quelqu'un, flatter sera louable ; s'il s'agit d'obtenir un avantage, vous ne serez pas en accord avec vous-même et votre conscience se chargera peut-être de vous le faire savoir.

FLAQUE D'EAU. *Patauger dans une flaque*: vous serez dans l'embarras vis-à-vis d'une personne qui vous est proche.

FLÈCHE. *Que l'on lance*: si l'on est créatif, on traversera une période de grande inspiration.
Que l'on reçoit au cœur: vous inspirerez un grand amour et on vous le fera ardemment savoir.
Dans l'œil: l'amour est aveugle et vous vous en apercevez bientôt.
Au foie: blessure d'amour propre ou annonce de maladie.
Au pied: manque d'affirmation de soi.
À pointe d'or: amour ardent.
À pointe de plomb: amour pesant qui ne portera même plus le nom d'amour.
Empoisonnée: inutile d'expliquer !
Sens symbolique: la flèche qui transperce, ouvre, monte, fend l'air, tue, symbolise l'intuition, l'ouverture de l'esprit, de la conscience, l'aspiration spirituelle, la célérité, la mort foudroyante, la sexualité masculine, en bref, tous attributs reconnus et illustrés dans les récits ou les rituels de nombreuses traditions.

FLEUR. Les fleurs ont un langage bien à elles et à ce titre un passage chez votre fleuriste serait instructif. Dans un rêve, leur couleur et leur état jouent un rôle important:
Fleurs des champs: santé, simplicité, jeunesse.
Fleurs cultivées: fragilité, instabilité.
Fleurs rares, chères: raffinement, sophistication, goût du luxe.
Fleurs fanées: désillusion, fin d'un amour.
Fleurs séchées: nostalgie du passé.
Roses: amour timide.
Jaunes: amour possessif.
Rouges: amour ardent.
Blanches: pureté d'intention. Passage à un niveau de conscience plus élevé.
Sens symbolique: dans la plupart des traditions, la fleur symbolise le don céleste, la prodigalité divine à l'égard de l'univers, manifestée

sous les aspects les plus divers et les plus colorés. Associée à l'amour, aux sentiments, aux états éphémères de la vie, elle symbolise l'être dans sa transformation physique, psychologique et spirituelle.

FLEUVE. *Que l'on voit*: si le courant est paisible, annonce une période favorable; si le courant est déchaîné: on rencontrera des obstacles dans ses projets.
Qui serpente: attendez-vous à certains aléas, mais vous atteindrez quand même votre but.
Se baigner dans un fleuve: aspiration à une vie spirituelle.
Nager à contre-courant: la volonté triomphera de l'adversité.
Nager dans le sens du courant: facilité d'adaptation dans toutes les situations.
Se voir emporté(e) par le courant: découragement temporaire, mais vous referez surface.
Fleuve à sec: annonce une période stérile sur de nombreux plans.
Traverser un fleuve d'une rive à l'autre: transformation intérieure.
Sens symbolique: le fleuve figure dans de nombreuses traditions pour illustrer le courant de la vie et de la mort. *Le fleuve d'en haut*, que ce soit dans les traditions juive ou hindoue, symbolise les influences divines, les eaux supérieures qui purifient et régénèrent. Les fleuves des Enfers de la mythologie gréco-romaine parlent des tourments infligés à ceux qui subissent la colère des dieux. Image de l'existence humaine dans ses tribulations et expériences, le fleuve est aussi pour les analystes, celle de l'inconscient. (Voir **EAU**, **RIVIÈRE**)

FLOT. *Se voir plongé(e) dans les flots*: une transformation intérieure profonde qui débouchera sur des comportements différents, positifs, et une nouvelle vision de la vie. (Voir **BAPTÊME**)

FLÛTE. *En jouer*: si ce n'est pas votre instrument de prédilection, voir une flûte en rêve annonce des plaisirs faciles pour une personne qui aime se distraire, et un approfondissement de ses recherches spirituelles pour une personne mystique.

FOIE. *Acheter un remède pour le foie*: à moins d'être atteint(e) d'une pathologie du foie, et dans ce cas ce rêve serait un prolongement de la réalité, rêver d'un remède pour cet organe peut annoncer que vous serez bientôt confronté(e) à des situations qui provoqueront en vous d'intenses états émotionnels. L'expression «se faire de la bile» rend bien compte de cette vérité.
Sens symbolique: le foie génère des forces passionnelles, reliées aussi bien à la colère qu'au courage. On en trouve des illustrations dans les traditions pour lesquelles le foie est associé à la force guerrière et où l'on va même jusqu'à ingérer le foie de ses ennemis pour s'investir de leur courage. Quant au fiel, il est associé à l'animosité, à l'amertume, à la douleur.

FONCTION. *Se voir occuper une fonction importante*: c'est une profonde aspiration que ce rêve éclaire et qui dit sans doute que le poste que vous occupez n'est pas à la hauteur de vos capacités. Ne vous découragez pas, tout vient à son heure.
Se voir démis(e) d'une fonction: marque une sous-estimation de soi: inconsciemment vous pensez ne pas être à la hauteur de vos fonctions et vous craignez qu'on ne le remarque. Un soutien psychologique pourrait vous aider à prendre confiance en vous.

FONTAINE. *Voir jaillir une fontaine*: annonce la joie, le dynamisme, l'enthousiasme.
Boire à une fontaine: présage de guérison, de régénération, de longévité.
Voir une fontaine dans une cour carrée: le paradis sur terre vous est promis!
Au pied d'un arbre: vous incarnerez la jeunesse (du cœur) même à un âge avancé!
Se laver à une fontaine: besoin de purification.
Sens symbolique: dans toutes les traditions, la fontaine symbolise la jeunesse éternelle, la régénération, la purification, le savoir. Les boissons des dieux, comme l'hydromel et l'ambroisie, étaient nommées *fontaines de jouvence*, ce qui rejoindrait le symbolisme de l'Élixir de vie des Alchimistes. (Voir **EAU**)

FONTS BAPTISMAUX. (Voir **BAPTÊME**)

FORCE (LA). *Voir la lame du tarot*: ce rêve suppose que vous vous intéressez à cet outil de voyance. Décrire quelques-unes de ses caractéristiques vous éclairera sans doute sur la signification de votre rêve.

La Force, 11e arcane majeur du tarot, la Force est représentée par une jeune femme sereine qui maintient de ses deux mains, et apparemment sans efforts, la gueule d'un lion. Cette image illustre la victoire de l'esprit sur la matière, la force intérieure qui dompte les instincts primitifs. La Force du tarot représente, l'énergie morale et physique, la détermination, l'action non violente, la témérité non agressive, la conquête tranquille.

Bien entourée lors d'un tirage, ses qualités seront renforcées. Mal entourée, la Force symbolisera alors la brutalité, la tyrannie, la fureur, l'emportement.

FORÊT. *Se trouver à l'orée d'une forêt dense*: on aura le choix entre analyser ses comportements destructeurs ou refuser de voir clair en soi.

Se trouver dans une forêt touffue: on se débattra au milieu de problèmes qui seront plus d'ordre psychologique que d'ordre extérieur.

Rencontrer des animaux sauvages: c'est se confronter à ses bas instincts.

Des animaux dociles: on sera en paix avec soi-même.

Apercevoir une clairière: signale une conscience claire, élargie.

Y chercher un trésor: c'est essayer de se recentrer, de trouver l'harmonie en soi.

Sens symbolique: la forêt figure dans nombre de traditions antiques, dans des contes et légendes où fées, géants, animaux féroces ou amicaux, clairières et lieux obscurs tendent des pièges ou secourent, provoquant terreurs, angoisses ou apaisement. Pour les analystes, la forêt symbolise la vie inconsciente avec tous ses enchevêtrements de désirs refoulés et d'instincts primitifs, mais qui peut renfermer également une force spirituelle.

FORGE/FORGER. *Se voir dans une forge*: c'est certainement de votre caractère dont il est question dans ce rêve. Affirmez-vous, renforcez-vous afin de n'être pas écrasé(e) par les autres.
Forger un objet: c'est faire plier autrui à sa volonté, c'est le façonner selon ses désirs. Mise en garde contre un abus de pouvoir.
Souffler sur la flamme d'une forge: c'est travailler sur soi pour éliminer les aspects sombres de sa personnalité.
Sens symbolique: (Voir **HÉPHAÏSTOS/VULCAIN**, **MÉTAL**)

FORTERESSE. (Voir **CITADELLE**)

FORTUNE. *Voir une illustration*: si votre intérêt dans la vie réelle s'est portée sur cette déesse de la mythologie romaine et qu'elle est apparue dans votre rêve, c'est peut-être parce que, inconsciemment vous l'aviez invoquée pour vous sortir de difficultés financières. Elle vous est donc apparue, aveugle, tenant un gouvernail entre les mains, ce qui illustre l'adage selon lequel la fortune ne sourit qu'aux audacieux. Donc, prenez votre propre gouvernail en mains et n'hésitez pas à affronter les gens de pouvoir, banquiers et autres. Après tout, c'est à votre argent comme à celui de beaucoup d'autres qu'ils doivent leur fortune !

FOSSE. *Que l'on voit*: obstacle à vos projets.
Que l'on creuse: si vous persévérez à défendre une mauvaise cause, finalement ce sera vous qui perdrez.
Dans laquelle on tombe: vous aurez de la difficulté à vous sortir de vos ennuis.

FOU (**LE**). (Voir **MAT** (**LE**))

FOUDRE. *Voir tomber la foudre*: annonce une désillusion sentimentale.
Recevoir la foudre: ouverture à une autre dimension spirituelle, ou tout simplement, annonce un coup de foudre amoureux.
Un édifice touché par la foudre: présage un danger qui touchera plusieurs personnes.

Sens symbolique: dans toutes les traditions, la foudre est considérée comme une arme céleste et manifeste la toute-puissance divine. Assimilée à la hache et au marteau, elle rejoint leur symbolisme pour illustrer la vie et la mort, la créativité – par la pluie qui l'accompagne et fertilise – et la destruction – qui anéantit ce qu'elle touche par sa violence. Liée à la divination dans certaines sociétés d'Asie centrale, elle sacralise également hommes ou bêtes qu'elle foudroie.

FOUET. *Que l'on utilise*: on sera son propre justicier.
Se faire fouetter: votre inconscient fait resurgir des actes refoulés dont vous n'avez pas dû être fier(ère) puisque dans ce rêve vous vous autopunissez.
Que l'on fait claquer: vous êtes rempli(e) d'énergie pour faire avancer vos projets.
Sens symbolique: symbole dans plusieurs traditions antiques du pouvoir de punir et de juger, le fouet est également assimilé à la foudre et utilisé dans les rites qui invoquent la pluie fécondante.

FOULE. *Se voir noyé(e) dans la foule*: sentiment de solitude ; sous-estimation de soi ; insécurité.
Se perdre dans la foule: manque de décision dans ses choix. On se laissera porter par les courants de la vie.
Émerger d'une foule: désir de sortir de l'anonymat, de se distinguer des autres.
Sens symbolique: pour les analystes, la foule symbolise les forces inconscientes de la personnalité qui guident l'être à accomplir des actes sans que sa raison n'intervienne.

FOUR. *Que l'on voit allumé*: vos énergies fonctionneront au maximum pour assurer la bonne réalisation de vos projets.
Éteint: absence d'énergie créatrice, aussi inutile de mettre un projet en chantier avant d'être vraiment motivé(e).
Enfourner de la pâte ou un objet à cuire: quelle que soit cette pâte, à pain, d'argile, de porcelaine, ce rêve annonce une réalisation en voie d'accomplissement.

Brûler ce que l'on a enfourné: ne brûlez pas votre image auprès des autres en étant incapable d'assurer ce que vous proposeriez.
Four radiant: plénitude, amour dispensé généreusement autour de soi; image maternelle.
Four à micro-ondes: un comportement impatient est souvent lié à un sentiment d'insécurité. Analysez ce qui vous oppresse au point d'avoir toujours l'œil sur la montre et de compter jusqu'aux secondes de votre temps.
Sens symbolique: le four, le fourneau est associé aux travaux du feu. Il figure dans la Science Alchimique pour élaborer l'Élixir de vie ou Grand œuvre, et symbolise dans beaucoup de traditions l'union de la Terre et du Ciel, du feu et de l'eau. Pour les analystes, le four est le symbole de la matrice, du ventre maternel sécurisant, de la transformation intérieure, de la sublimation de ses désirs refoulés. (Voir **FEU**, **MATRICE**, **VENTRE**)

FOURCHE. *Utiliser une fourche*: indécision par rapport à deux choix qui s'offriront à vous.
Voir une personne l'utiliser: on tentera de vous imposer une décision.
Sens symbolique: du point de vue de l'analyse psychologique, la fourche symbolise deux axes de la personnalité que leur origine commune neutralise, ce qui conduit à l'indécision, à l'inhibition de l'action, à la stagnation. Sur une autre plan, la fourche peut être associée à la malveillance, au désir de nuire puisque dans l'imagerie, elle représente l'instrument du diable.

FOURMI. *Voir une fourmilière*: votre activité opiniâtre et débordante ne pourra vous conduire qu'à la prospérité.
Voir une fourmi transportant une masse aussi grosse qu'elle: soyez assuré(e) que votre bas de laine sera bien garni! Peut signifier également que l'on garde tout pour soi et rappeler que l'égoïsme et l'avarice sont souvent sœurs jumelles.
Voir sa maison envahie de fourmis: présage de gains importants.
Avaler des fourmis: pour une personne malade, annonce la guérison.
Sentir des fourmis dans les mains: peut correspondre à un réel problème pathologique, ou à un désir intense d'activité.

Sens symbolique: symbole d'activité laborieuse, de prévoyance et d'attachement aux biens matériels. Les fourmilières occupent une place importante dans certaines sociétés africaines, en tant qu'image de l'organisation du monde et des entrailles fécondantes de la terre.

FOURRURE. *Porter un vêtement en fourrure*: selon la qualité, le façonnage et surtout l'animal d'où provient cette fourrure, vous saurez si votre rêve exprime un besoin de chaleur humaine, un désir de luxe, ou bien révèle un état de votre psychisme qu'illustre l'animal abattu. (Voir **ANIMAL**)

FRAISE. *Cueillir des fraises*: marque un renouveau dans sa vie sentimentale.
En manger plusieurs: aventures amoureuses à répétition.
Sens symbolique: dans la tradition d'un groupe amérindien de l'Ontario, un très joli symbolisme est attaché à la fraise et qui concerne l'âme des défunts dans son voyage au pays des morts. Lorsque celle-ci arrive devant une énorme fraise et la goûte, elle oubliera à jamais le monde des vivants. Si elle n'y goûte pas, elle pourra revenir parmi les vivants.

FRANGE. *Porter un vêtement à franges*: affirmation de son autorité.
Couper les franges d'un vêtement: annonce un divorce ou une pénalisation administrative.
Toucher la frange d'un vêtement: besoin d'une aide providentielle.
Se voir sous un dais à frange: annonce un mariage; le besoin d'une protection divine.
Sens symbolique: une place importante est accordée aux vêtements à franges surtout dans les traditions du Proche-Orient. La frange qui orne un vêtement conforte la puissance et le rang de la personne qui le porte. Si cette frange est saisie par une tierce personne, c'est un signe d'assujettissement, d'imploration; si elle est coupée, elle annonce une condamnation, un rejet, une répudiation, une punition.

FRATERNISER. *Avec une personne*: mise en garde contre une fraternisation qui n'aura rien de sincère de la part d'un pseudo frère.

FREINER. *Devoir freiner*: vos emballements risquent de vous causer des ennuis. Ce rêve vous invite à mettre «la pédale douce».
Voir ses freins céder: annonce un événement face auquel vous aurez de la difficulté à vous contrôler.

FRILOSITÉ. *Se sentir dans cet état*: vous n'êtes pas certain de vous engager dans le bon projet et quelquefois «être frileux» ou «pas chaud», c'est être réaliste.
Avoir froid: signale un manque affectif ou plus prosaïquement, que votre chambre n'est pas suffisamment chauffée!

FROMAGE. *Se partager un fromage*: on réalisera des gains importants à plusieurs.
Manger un fromage entier: réussite pleine et entière.
Manger un reste de fromage: vous n'aurez pas la plus belle part dans une affaire.
Du fromage avarié: méfiez-vous, on vous proposera une affaire qui ne sentira pas bon!

FROMENT. (Voir **BLÉ**, **GRAIN**)

FRONDE. *Utiliser une fronde*: vous serez confronté(e) à des personnes bien mieux armées que vous pour défendre leurs droits, mais, si vous visez juste, vous pourrez les déstabiliser.
Sens symbolique: la fronde est l'arme des «petits». N'oublions pas que c'est la fronde de David qui permit sa victoire sur Goliath, le géant.

FRUIT. Le fruit, tout comme la fleur, possède un langage. Sucré, juteux, sec, amer, acide, vert, mûr, sain, gâté, dans les rêves, il illustre nos relations aux autres et nos états psychiques. D'une façon générale, il est symbole d'abondance, et dans certains écrits poétiques ou religieux, c'est par le fruit que sont exprimés les désirs érotiques ou la quête spirituelle.

FUMÉE. *Voir s'élever une fumée blanche*: présage heureux.
S'étendre une fumée noire: mauvais augure.

Voir tomber une fumée de cendres: annonce un cataclysme dans sa vie personnelle, ou géographique si l'on est doué(e) d'un pouvoir médiumnique.
D'un encens ou d'une résine: élévation spirituelle.
Sens symbolique: la fumée illustre la relation entre la terre et le ciel, et dans plusieurs traditions, figure l'élévation spirituelle ou encore l'âme réintégrant sa demeure céleste. (Voir **PIPE**)

FUMIER. *Un tas que l'on voit*: prospérité, abondance, gains importants.
Sur lequel on tombe: la chance vous comblera dans tous les domaines.
Sens symbolique: (Voir **EXCRÉMENT**)

FUNÉRAILLES. (Voir **ENTERREMENT**)

FURONCLES. *Se voir couvert de furoncles*: ces boutons qui suppurent dans votre rêve signalent un profond mal être psychique, peut-être même le dégoût de soi-même. Si vous pouviez verbaliser vos souffrances, vos blessures, vos désirs refoulés, votre peau ne figurerait plus jamais dans vos rêves, sauf peut-être pour être caressée ! Demandez un soutien psychologique.

FUSÉE. *Se voir à l'intérieur*: vous ne regardez jamais derrière vous, c'est l'avenir qui vous intéresse.

FUSEAU. (Voir **FIL**, **QUENOUILLE**, **TISSER**)

FUSEAU (horaire). *Regarder une carte des fuseaux horaires*: on se sentira « citoyen, citoyenne » du monde.

FUSIL. *Que l'on utilise*: rêve en relation avec la sexualité.
Sens symbolique: les analystes voient dans les armes, une image de l'organe sexuel masculin dans son expression agressive et menaçante. Chez l'homme, elle révèle sa partie masculine dominant sa partie féminine, et chez la femme, sa partie masculine vécue sur un mode négatif.

G

G. *Écrire la lettre.* À moins que cette lettre n'ait un rapport avec la première lettre de votre nom ou de votre prénom – et, dans ce cas, elle manifestera un besoin de vous affirmer –, cette lettre apparue seule ne figurera sans doute que dans le rêve d'une personne intéressée ou appartenant à la tradition maçonnique et confortera sa recherche spirituelle.

Rêver du point G: révèle un désir de sexualité basé davantage sur une technique que sur le véritable amour qui seul peut mener naturellement à la découverte de ce point.

Sens symbolique: la lettre G est un symbole de la maçonnerie figurant au centre de l'*étoile flamboyante* pour illustrer le Principe divin. Certaines interprétations font du G l'initiale du mot anglais *God* (Dieu), ou celle de la géométrie qui symbolise la construction du monde par Dieu, le «Grand Architecte de l'Univers».

GAGE. *Donner quelque chose en gage*: essayez de vous remémorer ce que vous donniez en gage dans ce rêve et reportez-vous au mot qui convient. D'une façon générale, ce rêve est une mise en garde contre un engagement, en amour ou en affaires, auquel vous ne pourrez vous soustraire sans en subir les conséquences.

Recevoir quelque chose en gage: on vous témoignera sans réserve de l'amour ou de l'amitié.

Échanger des gages avec une personne: annonce une réciprocité en amour ou en affaires.

GAI(E): *Se sentir gai(e)*: ce sentiment agréable ressenti dans votre rêve est sans doute une compensation psychologique aux problèmes que vous vivez dans la vie réelle et présage une atténuation de vos ennuis.

Gai(e) jusqu'au rire: tout dépend de la façon dont vous riez dans ce rêve. Si ce rire est tonitruant, méprisant, railleur, il dénotera un mal-être, une souffrance psychique.

GAIN. (Voir **LOTERIE**)

GALE. *Se voir atteint(e)* : vous dites « gale » pour évoquer la maladie de peau dont vous étiez affligé(e) dans votre rêve, mais, sous ce terme, il faut comprendre « allergie » à quelque chose ou à quelqu'un de votre entourage et qui provoque jusque dans vos songes ces démangeaisons. Essayez de comprendre pourquoi.

GALÈRE. L'expression populaire « être dans une galère » se reflète dans votre rêve comme une mise en garde : revoyez vos partenariats ou associations avant de vous « embarquer » dans une histoire qui vous coûtera vos forces physiques aussi bien que psychiques.

GALERIE. *Se voir dans une galerie marchande* : annonce une offre de travail en relation avec vos diverses compétences.

Dans une galerie de théâtre : vous préféreriez être assis(e) au premier rang, mais ce rêve annonce que, si dans une affaire, la meilleure place ne vous était pas attribuée, vous accepteriez quand même d'y participer.

Dans une galerie d'art : selon l'objet ou le tableau qui aura retenu votre attention, reportez-vous au mot qui convient. D'une façon générale, ce genre de rêve annonce que l'on fera une analyse de son passé ou à l'inverse, une projection sur l'avenir.

GANESHA. *Voir sa statuette*: votre rêve signale que vous connaissez la tradition hindoue avec la signification attribuée à cet éléphant au corps énorme assis sur une souris ou une fleur de lotus. Ce songe est une mise en garde contre un événement qui surviendra dans votre vie et qui n'aura aucune base solide ni un caractère de sérieux. La méfiance s'impose.

Sens symbolique : Ganesha, dans la tradition hindoue, est le fils du dieu Çiva et symbolise par son apparence inharmonieuse, toutes les possibilités et les contradictions de la vie.

GANT. *Porter des gants blancs* : conscience pacifiée ; harmonie avec soi-même.

Ôter ses gants devant quelqu'un: rencontre avec une personne qui impressionnera par ses qualités.
Des gants déchirés: on sera trompé(e) par un(e) ami(e).
Perdre ses gants: des conflits en perspective.
Souffleter quelqu'un avec un gant: on sera calomnié(e) par une personne médisante.
Recevoir des gants: vous serez admis dans un groupe ou un cercle très fermé après avoir fait preuve de vos qualités morales.
Sens symbolique: le port des gants figure dans quelques sociétés secrètes ou religieuses pour symboliser soit la pureté, la sérénité, soit pour indiquer la position et la fonction attribuée aux différents membres de ces groupes.

GANGSTER. (Voir **AVENTURE**)

GARAGE. *Rentrer sa voiture*: ce rêve signifie un besoin de repos, un arrêt momentané de vos activités.
En sortir: énergie retrouvée; vous êtes prêt(e) à vous lancer dans de nouveaux projets.
Un garage vide: absence de motivations, d'objectifs. Sentiment d'inutilité.
S'arrêter devant un garage: que ce soit pour une réparation ou pour remplir d'essence le réservoir de votre voiture, ce rêve révèle un besoin de se réparer soi-même sur le plan psychologique, de faire le plein de ses énergies et annonce une période de renouveau.

GARDE-MANGER. *Le remplir*: insécurité; boulimie ou anorexie liée au sentiment de n'être pas aimé(e).

GARDE-FOU. *S'y accrocher*: vous savez où se trouvent vos limites et si un danger quelconque vous menace, vous saurez vous protéger efficacement.

GARDIEN. *Que l'on voit*: mise en garde contre une personne mal intentionnée.

Que l'on est: besoin de protéger ou d'être soi-même protégé(e).
Sens symbolique: (Voir **DRAGON**, **GÉNIE**, **HÉROS**)

GARE. *Se retrouver dans une gare*: désir intense de changer sa vie.
Dans une gare déserte: sentiment d'abandon; peut aussi manifester l'absence de projets, un état psychologique dépressif.
Une gare de banlieue: un changement qui ne rompra pas beaucoup avec une routine habituelle.
Une gare de grande ville: annonce de grands changements dans sa manière de vivre, de ressentir et de penser.
S'y trouver sans bagages: libération totale de vos attaches; rupture avec le passé.
Avec de nombreux bagages: stagnation: vous changerez peut être de lieu, mais pas d'habitudes.
Arriver trop tard pour prendre son train: sentiment d'avoir raté sa vie, de n'avoir pas saisi sa chance au bon moment.
Sens symbolique: les rêves de gare sont fréquents et les analystes les associent souvent à des sentiments d'abandon ou à des idéaux non réalisés.

GÂTEAU. *Offrir un gâteau*: désir de faire du bien à autrui.
Recevoir un gâteau: on reconnaît votre dévouement.
Couper un gâteau: vous avez le sens du partage équitable.

GAUCHE. (Voir **DROITE**)

GAZ. *Allumer le gaz*: comme pour tout ce qui est en rapport avec une flamme dans un rêve, celui-ci annonce une belle réussite dans vos projets grâce à l'énergie que vous déploierez.
L'éteindre: vous saurez qu'il ne faut pas entreprendre un projet avant sa complète élaboration.
Sentir une fuite de gaz: au sujet d'une affaire, on essayera de vous endormir avec des propos faussement flatteurs.

GAZELLE. *Que l'on voit*: présage une rencontre avec une personne d'une grande beauté aussi bien physique que spirituelle.

Que l'on poursuit: votre créativité se manifestera dans un art qui exalte la beauté.
Tuer une gazelle: attention à ne pas être esclave de vos pulsions négatives.
Sens symbolique: la gazelle symbolise la beauté, la finesse, la vision perçante, la rapidité et pour toutes ces qualités, figure aussi bien dans la tradition chrétienne, qu'indienne, bouddhique ou musulmane. Les analystes voient dans la gazelle l'image de la conscience claire, victorieuse des bas instincts.

GAZON. *Sur lequel on s'étend*: bien-être, insouciance, légèreté.
Bien entretenu: harmonie familiale; santé du corps et de l'esprit.
Jauni, desséché: mésentente; santé déficiente.

GÉANT. *Que l'on voit*: confrontation avec une personne dénuée de la moindre humanité, incapable de comprendre un langage pacifique.
Menaçant: si, malgré vos craintes, vous n'affrontez pas une telle personne, elle fera de vous ce qu'elle voudra.
Terrasser un géant: aucune difficulté de la vie ne vous semblera insurmontable.
Sens symbolique: dans la mythologie grecque, les géants sont des êtres issus de la terre et symbolisent la force destructrice, brutale, involutive, que seule la volonté divine et humaine conjuguée parvient à anéantir. Les mythes sont un enseignement précieux pour faire comprendre que l'évolution spirituelle n'est pas seulement liée à la prière passive, mais aussi et surtout à l'effort que l'être humain doit accomplir lui-même pour triompher de ses instincts primitifs.

GENDARME. (Voir **DOUANIER**)

GÉNÉRAL. *Que l'on voit*: une représentation de l'autorité parentale dont on n'a pas encore réussi à s'affranchir; signale une immaturité affective.
Que l'on est: on aimerait faire preuve d'autorité et en imposer à autrui. Révèle un complexe d'infériorité.

GÉNIE. *Que l'on voit sur une illustration: un bon génie*: l'inspiration ne vous manquera pas pour élaborer vos futurs projets.
Un mauvais génie: si l'on commet une faute, il sera trop facile d'en faire porter le poids à son «mauvais génie»!
Sens symbolique: le génie – qui figure dans toutes les traditions antiques – symbolise l'intuition, l'inspiration, la voix d'une conscience qui semble ne pas venir de soi. Que l'on soit guidé(e) favorablement par cette voix venue «d'en haut» (le bon génie), ou par une voix «d'en bas» (le mauvais génie) qui incite à commettre des actes négatifs, la psychanalyse y voit les diverses facettes de la personnalité avec ses pulsions positives ou destructrices.

GENOU. *S'agenouiller devant un autel*: signale un besoin d'aide, une souffrance psychique.
S'agenouiller devant quelqu'un: vous reconnaîtrez avoir eu des torts envers une personne; ce rêve peut également révéler le respect envers une personne que vous admirez.
Se mettre à genoux: opportunité. Saisissez votre chance.
Toucher le genou d'une personne: tout dépend de la personne que vous identifiez dans votre rêve, ce geste pourra alors signaler soit un désir sexuel, soit une demande de protection.
Sens symbolique: selon diverses traditions, le genou représente la force vitale, la puissance temporelle ou spirituelle.

GEÔLE. (Voir **PRISON**)

GEÔLIER. *Que l'on voit*: ce personnage vous représente avec les sentiments de culpabilité qui logent dans votre inconscient. À quels événements est lié ce sentiment lourd à porter? Demandez une aide psychologique.
Que l'on est: de quoi vous punissez-vous? Vous n'êtes prisonnier(e) que de vous-même. Si ce rêve revient fréquemment, une analyse pourrait s'avérer utile.

GERBE. *Recevoir une gerbe de fleurs*: présage d'abondance, de prospérité. Au plan psychologique, ce rêve peut révéler un complexe

d'infériorité: on se sous-estime, et recevoir une gerbe de fleurs correspondrait au besoin d'être valorisé(e.)
Offrir une gerbe de fleurs: désir de partager avec autrui joies ou peines. Au plan psychologique, ce rêve pourrait révéler un complexe de culpabilité: on offre à autrui ce que l'on pense être indigne de recevoir soi-même.
Nouer une gerbe: présage d'une union qui peut se révéler harmonieuse ou à l'inverse, étouffante.
Une gerbe de blé: annonce une aide providentielle.
Sens symbolique: nombreux sont les rites qui célèbrent les moissons et la mise en gerbe des récoltes. La gerbe de végétaux, d'eau ou de feu, symbolise le dynamisme et la prodigalité de la vie.

GIBIER. *Chasser un gibier*: selon la taille et le degré de férocité du gibier, ce rêve signalera une lutte intérieure plus ou moins difficile contre ses pulsions négatives, ces sombres «animaux» tapis dans l'inconscient.
Sens symbolique: (Voir **ANIMAL, CHASSE**, **DÉMON**)

GIFLE. *Que l'on donne*: À qui la donnez-vous? Peut-être à vous-même pour vous punir d'un acte manqué ou de paroles malencontreuses.
Recevoir une gifle: vous serez blessé(e) par l'attitude d'une personne qui vous aura trahi(e).

GINKGO-BILOBA. *En prendre*: ce rêve reflète une préoccupation concernant le bon fonctionnement de votre mémoire.

GINSENG. *En absorber*: besoin d'être revitalisé(e) à tous les niveaux.
Sens symbolique: sa racine qui rappelle la forme du corps humain est réputée pour apporter force et vitalité. Elle augmenterait la force virile et symboliserait l'immortalité.

GIROUETTE. *La voir tourner*: difficulté à prendre des décisions.

GLACE. *Se retrouver sur un lac ou un fleuve gelé* : peur de l'abandon ; solitude ; vide affectif.
Sens symbolique : (Voir **EAU**)

GLACIER. *Se trouver en haut d'un glacier* : il vous faudra beaucoup de courage et de détermination dans la poursuite de vos buts, mais vous y parviendrez sans même avoir bénéficié d'une aide quelconque.
En bas : mesurez bien les difficultés que vous aurez à vaincre si vous devez vous lancer dans un projet.
Se retrouver sur un glacier avec une personne : présage une séparation, un divorce.
Sens symbolique : (Voir **MONTAGNE**)

GLAIVE. *Que l'on voit* : vous aurez une décision irrévocable à prendre.
Que l'on tient : on s'adressera à votre sens de l'équité pour régler un conflit.
Sens symbolique : le glaive figure dans de nombreuses traditions, soit pour illustrer la sagesse, la force solaire, l'énergie créatrice, soit pour symboliser la flamme purificatrice, la lumière céleste.

GLAND. *Que l'on trouve* : présage de prospérité.
Que l'on voit tomber de l'arbre : des opportunités vous échapperont.
Sens symbolique : par sa forme qui rappelle celle de l'œuf, le gland symbolise la fécondité, la puissance spirituelle, la manifestation cosmique.

GLISSER. *Se sentir glisser* : une sensation qui évoque une descente, une chute et qui signifie que vous serez confronté(e) à des situations à risques.
Glisser volontairement : vous saurez braver les difficultés en évitant tous les pièges.
Tomber en glissant : marque l'échec de vos projets.
Sens symbolique : (Voir **CHUTE**, **DESCENDRE**)

GLOBE (terrestre). (Voir **SPHÈRE**)

GLOIRE. *Se voir couvert(e) de gloire*: ce rêve marque une compensation à un manque de succès dans la vie réelle.

GLOUTON/GLOUTONNE. *Se voir*: se précipiter sur la nourriture révèle un vide affectif dans la vie réelle.

GNOME. *Que l'on voit*: votre intuition vous guidera vers ce qu'il y a de meilleur à entreprendre.
Gnome grimaçant: n'étouffez pas votre petite voix intérieure en suivant n'importe quel conseil d'autrui.
Sens symbolique: «bon génie» dans certaines traditions, ce petit être invisible symboliserait l'intuition, l'inspiration, le pouvoir d'éclairer brièvement ce qui est caché à l'esprit humain. Son côté «mauvais génie» prédomine dans la pensée populaire qui le représente sous la forme d'un être de petite taille, désagréable, malveillant, avec «plus d'un tour dans son sac».

GOBELET. *Vide*: présage une période de plénitude.
Rempli d'eau: annonce un renouveau sur tous les plans.
De vin: joies en perspective.
De lait: recherche spirituelle.
Sens symbolique: le gobelet figure dans les traditions pour symboliser la réception de la nourriture céleste et figurer comme instrument de liaison entre la terre et le ciel. (Voir **CHAUDRON**, **GRAAL**)

GOLEM. *Que l'on voit*: pour qu'un tel personnage apparaisse dans un rêve, il faut avoir été fortement impressionné(e) dans la vie réelle par des lectures se rapportant, soit à une légende de la tradition kabbalistique juive, soit à des romans qui traitent de cet être pétri dans de l'argile rouge et sur le front duquel un magicien inscrit en hébreu le mot *vie*. Ce mot provoque l'animation de cette statue qui se transforme en être humain échappant de plus en plus au contrôle de son créateur, et qui finit par détruire ce dernier. Ce rêve est une mise en garde contre des ambitions démesurées qui risquent de mener son auteur à une ruine matérielle autant que spirituelle.

GOLF. *Y jouer*: ce rêve est certainement en rapport avec un sport que vous pratiquez – ou que vous souhaiteriez pratiquer – dans la vie réelle et conforte votre goût de la précision, vos efforts de concentration pour atteindre vos buts.

GONDOLE. *Que l'on voit*: ah, Venise ! Vous devez être très amoureux(euse) pour que ce symbole romantique apparaisse dans votre rêve. C'est, en tout cas, l'annonce d'un voyage sentimental qui ne vous conduira pas forcément dans ce lieu « rêvé », mais on peut toujours l'imaginer
La conduire: assurément, ce rêve annonce une rencontre, romantique à souhait !

GORGE. *Avoir mal*: si ce rêve n'est pas le prolongement d'un mal physiologique, il annonce que l'on aura à souffrir de la trahison d'un proche ou d'une situation que l'on vivra très difficilement.

GOUROU. *Que l'on écoute*: ce rêve est peut-être le prolongement d'un enseignement que vous suivez dans la réalité. Ce songe vous invite à la vigilance concernant une personne qui peut se faire trompeusement passer pour un maître spirituel.

GOUVERNAIL. *Tenir un gouvernail*: ce rêve compense probablement le fait que dans la vie réelle vous soyez placé(e) sous une autorité qui vous pèse.

GRAAL. *Tenir un vase*: quand vous faites le récit de ce rêve en évoquant le Graal, c'est le signe que vous êtes sur une voie spirituelle très évoluée et que peu à peu vous abandonnerez vos objectifs matériels pour ne plus vous consacrez qu'à une vie mystique.
Sens symbolique: le Saint-Graal est lié à la tradition chrétienne et symbolise généralement la mort et le sang du Christ. Au plan humain, la quête du Graal symbolise la recherche de l'humain vers sa plénitude intérieure.

GRAIN. *Semer des grains* : manifeste un désir d'épanouissement à tous les niveaux.
Sens symbolique : le grain symbolise l'alternance de l'ombre et de la lumière, de ce qui meurt et renaît.

GRAISSE. *Manger une nourriture grasse* : ce rêve vient compenser la période de « vache maigre » que vous traversez actuellement. Ne désespérez pas, car le retour du « veau gras » est pour bientôt !
Sens symbolique : dans de nombreuses traditions, la graisse animale ou végétale symbolise l'abondance, la prospérité (Amérindiens, Afrique noire, Asie Centrale, entre autres) et figure dans des rituels religieux.

GRANDIR. *Se voir* : si l'on est très jeune, ce rêve manifestera le désir de devenir adulte. Pour les adultes, ce rêve peut traduire soit un regret de l'enfance, une peur d'affronter des responsabilités, soit un désir de prouver sa supériorité.

GRANGE. *Que l'on voit* : désir « d'engranger » tout ce qui se rapporte à sa vie matérielle ou affective.
Pleine : il faudrait connaître son contenu, mais généralement annonce la prospérité, l'épanouissement intérieur.
Vide : présage une période d'efforts à faire pour combler vos manques à tous les niveaux.

GRATTE-CIEL. *Se trouver tout en haut* : désir d'accession à une position élevée par rapport à celle que l'on juge médiocre dans la réalité. Peut révéler un complexe d'infériorité.

GRAVER. *Son nom* : révèle un complexe d'infériorité. Vous pensez ne rien valoir et ce rêve compense cette sous-estimation de soi.
Le nom d'une autre personne : admiration portée sur la personne à qui l'on souhaiterait s'identifier.
Un cœur sur un tronc d'arbre : vous aimez, c'est certain !

GREFFE. *Se voir greffer un organe*: signale un manque que vous souhaitez voir combler, ou à l'inverse quelque chose ou quelqu'un dont vous souhaiteriez vous libérer. Reportez-vous au mot qui correspond à l'organe en question.
Faire une greffe sur une plante: désir d'union sexuelle, ou d'une association en affaires.
Sens symbolique: on attribue généralement à la greffe une signification en rapport avec la sexualité. Au regard de la médecine moderne, la greffe symboliserait le pouvoir de l'être humain à modifier l'ordre de la nature.

GRÊLE. *Se trouver sous la grêle*: présage de difficultés matérielles ou familiales.

GRENADE (le fruit). *En manger ou boire son jus*: présage de prospérité. Pour une femme en âge de procréer, annonce une grossesse.
Sens symbolique: la grenade figure dans de nombreuses traditions pour symboliser avant tout la fécondité. Dans la mythologie grecque, ce fruit est associé à la notion de faute parce qu'il pervertirait les âmes en les faisant habiter la chair. Pour la tradition judéo-chrétienne, la grenade symbolise la fécondation spirituelle, et ses pépins, les perfections attachées au divin.

GRENIER. *S'y trouver*: besoin de retrouver son enfance, le passé, mais peut aussi révéler un désir d'élévation spirituelle accomplie dans la solitude.
Sens symbolique: (Voir **MAISON**)

GRENOUILLE. *Que l'on voit*: une seule présage le bonheur. Plusieurs, les pensées diffuses autant que confuses.
L'entendre coasser: médisances, indiscrétions.
La tuer: c'est se couper de sa chance.
Sens symbolique: le symbolisme de la grenouille offre selon les traditions, une multiplicité d'interprétations: associée à l'eau, la

grenouille est invoquée pour obtenir les pluies fécondantes. Ses métamorphoses en font un symbole de résurrection. Sa multiplication donne l'image des pensées éparpillées et son coassement sans nuances évoque un manque de renouveau.

GRIFFON. *Que l'on voit sur une illustration*: ce rêve signale une double aspiration, celle d'ordre matériel et celle d'ordre spirituel que l'on n'arrive pas à concilier en soi.
Sens symbolique: oiseau par le bec, aigle par les ailes, le griffon symbolise la dualité inhérente à l'être humain, mais qui, harmonisée, parlerait de sa nature divine et terrestre. Pour la chrétienté, le griffon, d'abord symbole des forces du salut, a fait place ensuite à une interprétation qui le range aux côtés des puissances sataniques. Dans la mythologie grecque, le griffon est assimilé aux monstres qui empêchent l'accession au trésor. (Voir **GARDIEN**, **MONSTRE**)

GRILLE. *Se voir derrière*: on vous empêchera de réaliser un projet.
Grille ouverte: libération sur tous les plans.
Sens symbolique: (Voir **PRISON**)

GRILLON. *Voir ou entendre un grillon*: présage d'harmonie familiale.
Sens symbolique: le grillon est symbole de bonheur dans toutes les traditions.

GRIMER. (Voir **MASQUE**)

GRIMOIRE. *Se servir d'un vieux grimoire*: essayez de vous rappeler le ou les mots écrits dans ce grimoire et reportez-vous à leur signification. D'une façon générale, le grimoire contient des recettes de magie, des secrets et son utilisation dans ce rêve révèle peut-être votre désir de cacher certains événements du passé que vous ne voulez pas que d'autres apprennent.

GRIS. (Voir **COULEUR**)

GROSEILLE. *En manger*: vous serez fidèle à vos engagements.
Sens symbolique: (Voir **FRUIT**)

GROSSESSE. *Voir une femme enceinte*: la réussite de votre projet demande un temps d'élaboration conséquent. Ne vous impatientez pas.
Se voir enceinte si on ne l'est pas: manifeste la crainte d'être stérile.
Provoquer un avortement: ce rêve peut être en liaison directe avec ce que l'on souhaite dans la réalité ou, au contraire, révéler la crainte de ne pas pouvoir mener à terme une grossesse ou un projet.

GROTTE. (Voir **CAVERNE**)

GRUE. *Que l'on voit*: si votre santé est déficiente, ce rêve présage un bon rétablissement.
Une seule grue: méfiance à l'égard d'amitiés trompeuses.
Un vol de grues: réalisation de projets à long terme.
Sens symbolique: selon les traditions, le symbolisme de la grue offre des aspects contradictoires. Mal vue en Occident, où elle symbolise la stupidité, elle est symbole de fidélité, de longévité d'immortalité en Extrême-Orient. Quant à l'Inde, la grue y symbolise la tromperie et les bas instincts.

GUÉ. *Franchir une rivière à gué*: vous triompherez des embûches de la vie et vous ouvrirez à de nouvelles perspectives.
Ne pas passer un gué: les angoisses sont source d'involution. Essayez de comprendre ce qui vous empêche d'avancer.
Tomber en passant le gué: la motivation ne sera pas assez forte pour sortir de vos engrenages routiniers.
Sens symbolique: les gués, dans certaines traditions anciennes, étaient des lieux de combat. Ils symbolisent la lutte contre ses démons intérieurs, celle qu'on se livre à soi-même pour passer d'un état de conscience à un autre.

GUÊPE. *Que l'on voit*: méfiez vous dans votre entourage d'une personne malveillante.
Se faire piquer: une sensation cuisante dans votre rêve qui signale que vous subirez des attaques de la part de personnes que vous considériez comme amies. Le bon aspect de cette piqure, c'est qu'elle peut vous éveiller à un danger plus grand.
Approcher d'un guêpier: prenez des précautions vis-à-vis de personnes trompeuses.
Détruire un guêpier: vous éliminerez de votre vie toutes les influences néfastes.
Sens symbolique: la guêpe maçonne, qui ne bénéficie généralement pas de la même bienveillance que l'abeille dans l'esprit populaire, incarne pourtant dans certaines traditions africaines, le pouvoir de transformation spirituel de l'être humain.

GUERRE. *Partir à la guerre*: à moins d'être citoyen d'un pays en guerre dont l'actualité se prolongera dans votre rêve, rêver de guerre signalera votre guerre intérieure.
Sens symbolique: (Voir **ARME**)

GUEULE. (Voir **BALEINE**, **CHIEN**, **CROCODILE**, **LOUP**, **LION**)

GUI. *Que l'on voit*: si vous avez des problèmes de santé, voir du gui annonce la guérison.
Sens symbolique: cher aux anciennes traditions occidentales, le gui symbolise l'immortalité et la vigueur physique.

GUIDE. *Guide de montagne*: ces deux termes réunis symbolisent votre désir d'être guidé(e) sur un chemin qui mène à l'élévation spirituelle.
Guide touristique: révèle un désir de voyages aussi bien extérieurs qu'intérieurs.
Un guide sous forme d'une lumière: (Voir **ANGE**, **ESPRIT**, **GÉNIE**, **GOUROU**)

GUILLOTINE. (Voir **DÉCAPITATION**)

GUITARE. *Entendre ou en jouer*: jouer d'un instrument dans un rêve, c'est faire passer des états d'âme que l'on ne parvient pas à exprimer verbalement dans la vie réelle.

GYMNASTIQUE. *En faire*: si vous ne pratiquez pas ce genre de sport dans la vie réelle, ce rêve peut vous inciter à en faire, à moins qu'il ne s'agisse d'une gymnastique intellectuelle à laquelle vous devrez vous soumettre pour élaborer vos projets.

H

HACHE. *Que l'on tient*: marque la détermination à couper définitivement des liens avec le passé, ou encore à opérer un changement profond dans ses comportements.
Fendre l'écorce d'un arbre: pour y voir clair dans ce que l'on vous propose, ne vous contentez pas d'un regard superficiel, mais allez directement au cœur des choses.
Fendre en deux une bûche: présage une association ou un mariage.
Hache à double tranchant: vous devrez prendre une décision dont l'un des aspects vous sera favorable et l'autre nuisible.
Sens symbolique: dans de nombreuses traditions, la hache est un symbole de fertilité, car on l'associe à la foudre qui elle-même provoque la pluie. Symbole également de force pénétrante, elle ouvre le passage à la fécondation de la terre par le ciel. À double tranchant, la hache est l'image de la dualité qui s'affronte ou se complémente dans l'intériorité de chacun. Dans certaines traditions secrètes, la hache symbolise l'ouverture de conscience, l'accession à la lumière divine.

HAIE. (Voir **BARRIÈRE**)

HAILLON. *Se voir avec des haillons*: peut indiquer un désarroi, une souffrance psychique.
Voir une personne vêtue de haillons: rencontre avec une personne dont l'apparence ne laissera pas soupçonner la grande richesse intérieure. Il s'agit peut-être de vous et de ce que vous avez à apporter aux autres.

HAINE. *Adresser des insultes haineuses à une personne*: si vous ne parvenez pas à identifier la personne qui fait l'objet de cette haine, c'est que ce sentiment violent s'exprime sans doute contre vous-même et révèle un complexe de culpabilité. Une analyse pourrait vous aider.

HALTE. (Voir **INTERDIT**)

HAMAC. *Que l'on voit*: c'est peut être le désir de se reposer au soleil, mais c'est surtout l'annonce d'un surcroît de travail à assumer !

HAMEÇON. *Que l'on voit*: attention au piège qui vous sera tendu dans une affaire.
Entendre l'expression «mordre à l'hameçon»: c'est une mise en garde contre une proposition malhonnête ou une rencontre sentimentale attrayante, mais trompeuse.
Pêcher à l'hameçon: annonce une rencontre amoureuse qui, espérons-le, ne se terminera pas en queue de poisson !

HANGAR. (Voir **ABRI**, **GRANGE**)

HANNETON. *Que l'on voit*: l'étourderie n'est pas une qualité recommandée pour s'investir dans une affaire !

HAREM. *Se voir à l'intérieur*: pour une femme, aspiration à se libérer des chaînes conjugales.
Pour un homme: désir de polygamie.

HARICOT. *Que l'on mange*: on sera protégé(e) des mauvaises influences.
Que l'on sème: on récoltera de l'amour.

Sens symbolique: en Asie, en Inde, le haricot est symbole de protection et serait associé à la prospérité, à la fécondité et à la virilité.

HARPAGON. *Se faire traiter d'Harpagon*: ce rêve est un prolongement de vos soucis financiers, mais évoque une certaine petite cassette que l'on a secrètement mise de côté.

HARPE. *Que l'on voit*: sa forme en aile d'ange parle d'une union prochaine qui pourrait bien être d'ordre mystique.
Harpe bien accordée: bel équilibre psychologique; conscience claire; harmonie sur tous les plans.
Harpe désaccordée: conflits intérieurs, problèmes à tous les niveaux.
Sens symbolique: on dit de la harpe qu'elle laisse échapper des sons divins, c'est pourquoi elle symbolise la relation de la terre avec le ciel. Selon la tension de ses cordes, bien ou mal ajustée, la sonorité rendue pourra se révéler harmonieuse ou à l'inverse discordante, ce qui peut se traduire au plan psychologique, par l'harmonie ou le déséquilibre de la personnalité.

HARPIE. *Traiter une femme de harpie: si ce rêve est celui d'un homme*, il révèlera une *anima* négative chez celui-ci, c'est-à-dire que sa partie féminine projette une image dévalorisante de la femme. Cette injure proférée par le rêveur s'adresse peut être à l'égard d'une femme qu'il aime mais qui lui fait peur psychologiquement.
Si ce rêve est celui d'une femme, il révélera un *animus* négatif, c'est-à-dire que sa partie masculine projette une image de la femme également dévalorisée. Cette injure proférée par la rêveuse s'adresse peut-être à elle-même et éclaire son peu d'estime de soi.
Sens symbolique: les analystes se sont emparés des Harpies de la mythologie pour en faire le symbole d'un psychisme déséquilibré car celles-ci, dans les mythes, sont représentées sous la forme de monstres ailés à tête de femme et à corps d'oiseau, dégageant une odeur pestilentielle, qui viennent incessamment tourmenter les âmes.

HÂTE. *Se voir pressé(e)*: pour aller où? Pour quoi faire? Le contexte du rêve serait important à connaître pour en comprendre la signification. D'une façon générale, les rêves dans lesquels on se voit se hâter révèlent une forme d'oppression que l'on subit dans la vie réelle.

HAUTEUR. (Voir **ASCENSION**, **MONTAGNE**, **VERTICALITÉ**)

HÉCATE. *Voir une illustration*: pour que cette déesse de la mythologie à trois têtes et à trois corps apparaissent dans votre rêve et que vous puissiez la nommer, il faut qu'elle ne vous soit pas inconnue. Aussi ce songe sera l'illustration des aspects ténébreux de votre psychisme encombré d'une foule de contradictions et de pulsions destructrices.
Sens symbolique: Hécate, déesse lunaire qui favorise l'apparition des fantômes et que les magiciens invoquent, se présente sous un double aspect, l'un négatif associé aux puissances des Enfers, l'autre positif associé à la fertilité, à la prospérité, à la protection. Guide des navigateurs, protectrice des accouchements, elle engage également les humains sur la voie de la purification. Pour les analystes, elle symbolise l'inconscient grouillant de pulsions primitives confrontées à un potentiel d'énergie spirituelle.

HÉLICOPTÈRE. *Que l'on voit*: c'est une montée en hauteur, mais pas suffisante pour que l'on change radicalement.

HÉLIOTROPE (tournesol). *Voir un champ*: présage d'une ardente passion amoureuse
En cueillir: du bonheur en perspective.
Sens symbolique: fleur qui s'oriente en direction du soleil et tourne avec lui, le tournesol figure dans beaucoup de traditions en tant que symbole solaire accompagnant les êtres célestes. Au plan humain, elle symbolise la recherche de la perfection, l'amour exclusif envers une autre personne, ou encore un engagement total dans une voie mystique.

HÉMIPLÉGIQUE. *Se voir*: incapacité de s'investir totalement dans un projet. Sur un plan psychologique, ce rêve révèle une paralysie dans l'accomplissement de certains actes, due à vos pulsions négatives.

Voyez si l'hémiplégie concerne le côté droit ou gauche de votre corps et reportez-vous au symbolisme adéquat.

HÉMORRAGIE. (Voir **SANG**)

HÉPHAÏSTOS/ VULCAIN. *Voir sa statue*: un rêve qui n'est pas sans rapport avec votre intérêt pour la mythologie grecque et qui peut s'interpréter d'après son symbolisme, c'est-à-dire, qu'il met en garde la personne qui rêve contre l'utilisation de son intelligence dans des buts qui ne serviraient qu'à sa satisfaction personnelle sans tenir compte du bien d'autrui.
Sens symbolique: Héphaïstos/ Vulcain est ce dieu du feu et des métaux dont la forge se situe dans les souterrains d'un volcan. Façonnant aussi bien des bijoux pour attirer déesses et belles mortelles que des armes pour les dieux de la guerre, il est l'image d'un démiurge pourvu de tous les attributs négatifs. Son infirmité – il boite des deux pieds – symbolise sa faiblesse et la corruption de son âme punies par Zeus/Jupiter – l'esprit –, qui le jeta du haut du mont Olympe. En tant que symbole, Vulcain représente l'intelligence mise au service d'une perfection technique sans souci de valeurs morales ou spirituelles.

HERBE. *Que l'on cueille*: soyez vigilant(e) avec la fréquentation de certaines personnes, si les unes ont des qualités positives, d'autres peuvent vous nuire. Ceci dit, même les personnes dites positives peuvent se comporter d'une façon nuisible.
En manger: si ce sont des herbes aromatiques, elles seront bienfaisantes à petites doses et ce rêve annoncera un bonheur simple ou un réconfort de la part d'ami(e)s.
En boire: selon la tisane ou le jus d'herbe, ce rêve insiste sur la nécessité de soigner une partie déficiente de votre corps ou de votre mental. (Se reporter à des ouvrages spécialisés).
En respirer: vous avez besoin de changer d'air, de vous éloigner momentanément d'un entourage polluant.
Herbe verte: (voir **GAZON**)
Sens symbolique: les herbes sont en relation avec les forces naturelles, aussi bien célestes qu'infernales. Leur pouvoir de guérison est égal à

leur pouvoir de provoquer la maladie et la mort, c'est pourquoi dans de nombreuses légendes, elles sont associées à la magie blanche ou noire.

HERCULE/ HÉRACLÈS. *Voir sa statue*: nul besoin d'être initié(e) à la mythologie gréco-romaine pour savoir que Hercule est associé à des travaux exténuants. Rêver de ce héros annonce que vous devrez affronter vos propres difficultés dans la solitude, dans des efforts quotidiens qui aboutiront à long terme à une victoire sur différents plans.
Sens symbolique: le mythe d'Hercule illustre la quête de l'immortalité ou, pour les humains, la régénération de l'âme. Par l'accomplissement de ses « travaux herculéens », ce héros symbolise la lutte héroïque livrée par soi-même contre ses propres faiblesses.

HÉRISSON. *Que l'on voit*: on rencontrera une personne de qualité sous des dehors peu sympathiques.
Auquel on se pique: si ce rêve ne vous a pas réveillé(e) brusquement, c'est qu'il s'agit d'une brûlure psychologique, probablement en liaison avec une situation mal vécue dans la vie réelle.
Sens symbolique: contrairement à la pensée populaire, qui en a fait le symbole du vol et de l'avarice, ce petit animal, qui figure dans de nombreuses traditions d'Asie centrale, est associé à l'invention de l'agriculture et au feu bienfaisant.

HERMÈS/MERCURE. *Voir une statue*: à moins que cet Hermès apparut dans votre rêve ne soit associé à une marque commerciale de luxe et dans ce cas, révèlerait un désir d'atteindre un objectif purement matériel, rêver de ce dieu peut vous mettre en garde contre des actes apparemment brillants, mais en définitive frauduleux auxquels vous pourriez être mêlé(e).
Sens symbolique: ce dieu ailé, messager céleste, symbolise la communication entre le ciel et la terre et l'accompagnement des âmes vers le séjour des défunts. D'autre part, sa créativité et son habileté à négocier des échanges a fait également d'Hermès le dieu des voyages, des commerçants et aussi le protecteur des escrocs. Inventeur de la lyre et de la flûte échangées contre certains avantages, dont la baguette

magique, « le caducée d'or », les facettes multiples de ce dieu avec son potentiel de transmutation, en ont fait également le symbole des sciences secrètes, « Hermès Trismégiste », le grand maîtres des Initiés.

HERMINETTE. *Dont on se sert* : comme beaucoup d'outils tranchants qui figurent dans les rêves, celui-ci révèle un besoin d'éliminer les aspects négatifs de sa propre personnalité.

HERMITE (L'). *Voir cet arcane majeur du tarot* : que cette lame apparaisse dans votre rêve prouve que vous avez connaissance de ce jeu, peut-être pour avoir déjà consulté(e) un(e) professionnel(le) du tarot. Les aspects de cet arcane majeur sont précieux pour analyser le message de votre rêve.
L'Hermite, 9e arcane majeur, est un sage qui tient dans sa main droite une lanterne éclairant les ténèbres. Médecin de l'âme et du corps, il cache sous une apparence sévère une grande bonté. Relié au ciel par son bâton, il symbolise aussi la Connaissance, l'expérience constructive, la force intérieure, la patience illimitée, le travail acharné. Image de la solitude, de la méditation, du dépouillement, du travail sur l'âme et l'esprit, il libère des besoins terrestres et matériels. En fonction des lames qui l'entourent dans le tirage, ses qualités seront renforcées ou amoindries, et dans ce dernier cas, il annoncera une solitude non choisie, la pauvreté, la tristesse, une vieillesse rigide et sans amour.

HÉRON. *Que l'on voit* : une personne indiscrète pourra vous causer du tort.
Sens symbolique : cet échassier figure dans certaines traditions comme le symbole de la curiosité sans limite. Pourtant, les sciences secrètes le tiennent pour un oiseau détenteur de la connaissance divine.

HÉROS/HÉROÏNE. *Se voir* : identification avec une personnalité remarquable, médiatisée ou de votre entourage, que vous admirez particulièrement. Ce rêve peut être une compensation par rapport à une vie que vous trouvez banale, ou bien annonce une transformation intérieure, le héros symbolisant une force lumineuse qui élève.

HEURE. (Voir **HORLOGE**)

HEXAGONE (étoile à six branches). (Voir **SCEAU DE SALOMON**)

HIBOU. *Que l'on voit*: ne présage rien de favorable.
Sens symbolique: sauf pour les Indiens de la Prairie qui lui attribuent un rôle de protecteur nocturne, pour les autres traditions le hibou symbolise la mort, le malheur, la cruauté.

HIÉROGLYPHE. *Que l'on voit*: une visite dans un musée ou une illustration a peut-être influencé votre rêve, mais à moins d'être initié(e) à la lecture de l'antique écriture égyptienne, ou aux signes que vous prenez comme tels, vous ne pourrez en comprendre le sens. En conséquence, ce rêve pourrait signifier que vous avez de la difficulté à discerner vos choix et à adopter une conduite en accord avec vos idéaux profonds.

HIPPOPOTAME. *Que l'on voit*: on aura de la difficulté à contrôler des comportements souvent destructeurs vis-à-vis de soi et d'autrui si on ne demande pas un soutien psychologique.
Sens symbolique: à part la femelle, honorée dans les traditions anciennes comme symbole de la fertilité, l'hippopotame représente les forces du mal, ravageuses, destructrices aussi bien des récoltes que de l'être humain. Les analystes en font l'image de l'inconscient lourdement chargé de pulsions négatives que seul le désir de s'élever spirituellement peut parvenir à vaincre.

HIRONDELLE. *Que l'on voit*: chance, succès, réussite dans ses entreprises.

L'entendre gazouiller : beau présage d'amour heureux.
Perchée sur un fil : de bonnes nouvelles en perspective.
La voir quitter son nid : les amours n'ont qu'un temps…
Blessée ou morte : présage malheureux.
Sens symbolique : dans toutes les traditions, l'hirondelle, oiseau du printemps, symbolise l'éternel retour avec les cycles d'alternance qui lui sont associés : fécondité, métamorphose, disparition et renaissance.

HIVER. (Voir **GLACE**, **NEIGE**)

HOCKEY. *Jouer ou voir jouer* : si ce rêve n'est pas en relation directe avec un sport pratiqué régulièrement dans la vie réelle, il faudra l'analyser sous l'angle de la sexualité, le bâton symbolisant le membre viril, la rondelle l'organe féminin. (Voir **MATRICE**)

HOMARD. *Que l'on pêche* : on viendra vous chercher querelle.
Que l'on cuit : on rougira de honte ou de timidité, tout dépend du contexte du rêve.

HOMME. Le contexte du rêve permettra d'interpréter ce rêve où l'attention est portée sur un homme.
Rêver d'un vieil homme : besoin de s'appuyer sur une personne d'expérience. D'un point de vue psychologique, ce pourrait être l'image du père.
Pour un homme, rêver d'un homme connu : il s'agit de soi-même et de ses propres comportements mis sous l'éclairage du rêve. Ce peut être l'occasion d'une prise de conscience induisant une transformation intérieure.
Rêver d'un homme inconnu : un aspect de soi que l'on ne soupçonne pas et qui reste à découvrir. Un travail d'introspection serait utile.
Rêver d'un homme jeune : désir d'être au meilleur de ses énergies.
Pour une femme, rêver d'un homme connu : il s'agit probablement de « l'homme de vos rêves ».
Rêver d'un homme inconnu : rêve compensatoire d'une vie amoureuse insatisfaite.

Si l'attention de la personne qui rêve se fixe sur le visage, les yeux, le nez où la bouche, on se reportera au mot référence.
Sens symbolique: depuis l'aube des temps, l'homme s'est lui même perçu comme une image miniaturisée de l'univers et toutes les grandes traditions ont souligné les correspondances qui existent entre les composants du corps humain et ceux de l'univers. On peut faire le parallèle des os avec la terre, le sang avec l'eau, les poumons avec l'air, la tête avec le feu. De même, on peut associer l'homme aux règnes minéral, végétal et animal, l'esprit participant du divin. Par sa verticalité, l'homme symbolise le pilier qui le rattache au ciel, l'empêche de s'en dissocier et fait de lui un être à la fois de chair et d'esprit.

HÔPITAL. *S'y voir*: à moins que dans la vie réelle votre santé soit en cause, ce genre de rêve signale fréquemment une lassitude psychique, un désir de se faire prendre en charge.
Dans lequel on se voit travailler: si ce n'est pas le cas dans votre vie réelle, ce rêve peut révéler le besoin d'être sécurisé(e). Au plan psychologique, cela signifierait une régression vers l'enfance, l'hôpital se confondant avec une image maternelle sécurisante.

HORLOGE. *Que l'on voit, en état de marche*: vos projets sont en bonne voie d'accomplissement.
À l'arrêt: les affaires subiront un retard ou n'aboutiront pas du tout.
Brisée: mauvais présage.
Dans les rêves où figurent pendules, montres ou horloges, l'heure qui a retenu votre attention n'est pas un détail, mais un indice important pour l'interprétation, aussi reportez-vous aux **NOMBRES**.

HOROSCOPE. *Lire son horoscope*: manifeste les préoccupations essentielles de la personne qui rêve et son besoin pressant de réponses.
L'entendre: votre intuition vous dicte ce qu'il sera bon de faire. Faites-vous confiance.

HORUS. *Voir sa statuette ou une illustration*: ce rêve est certainement un prolongement de votre intérêt pour l'antique tradition égyptienne, mais l'apparition de ce dieu représenté par un œil n'est pas fortuit.

Il signale que vous abordez une phase importante de transformation intérieure.
Sens symbolique: fils du dieu Osiris et de la déesse Isis, Horus symbolise l'œil justicier auquel rien n'échappe, et illustre le combat du bien contre le mal, de la lumière contre les ténèbres.

HÔTEL. *Louer une chambre*: rêver d'une chambre d'hôtel quand on possède une maison bien à soi signale – à moins d'être en voyage ou en vacances – un désir de prendre du recul par rapport à sa vie.
Se voir dans une suite d'un hôtel cinq étoiles: ce rêve peut compenser une vie que l'on ressent comme étriquée.

HUILE. *Voir, sentir, offrir ou recevoir de l'huile* dans un rêve est de bon et beau augure.
Huile qui brûle sans fumée: paix familiale, avenir heureux.
Jeter de l'huile sur le feu: dissensions par provocation volontaire.
Faire tache d'huile: une médisance se propagera et deviendra rumeur.
Sens symbolique: dans de nombreuses traditions religieuses, l'huile est symbole de pureté et de lumière. L'être qui reçoit l'onction est doté d'un pouvoir et d'une puissance qui relèvent de l'Esprit de Dieu. Dans la pensée populaire, outre sa fonction nourricière, l'huile est liée à la fécondité, à la joie et à la confraternité.

HUÎTRE. *Que l'on voit*: rencontre avec une personne sage, d'une grande humilité.
Que l'on mange: une affaire qui se révèlera fructueuse, mais qu'il est bon de tenir momentanément secrète.
Y trouver une perle: on accèdera à un niveau de conscience supérieur.
Sens symbolique: sa coquille en forme de réceptacle fait de l'huître un symbole de la féminité. La perle qu'elle élabore secrètement, lui confère l'image de l'humilité et de la perfection spirituelle.

HUPPE. *Que l'on voit*: présage de bon augure. On sera guidé(e), inspiré(e) et protégé(e) dans ses projets.
Sens symbolique: cet oiseau figure dans nombre de légendes pour symboliser le voyage de l'âme dans sa quête du divin.

HUTTE. *Que l'on voit*: annonce une période de précarité à tous les niveaux.
Se voir dans une hutte: aspiration à vivre une vie quasi ascétique et méditative.
Sens symbolique: la hutte symbolise la vie terrestre dans toute sa fragilité. Demeure des ermites, des voyageurs, des exilés, elle est un lieu de passage d'un monde à un autre monde où seules comptent les richesses spirituelles.

HYBRIDE. V*oir un homme à tête d'animal,* lion, serpent ou taureau, signifie – à moins d'avoir été impressionné(e) par des images de science-fiction – que vous êtes en profonde transformation intérieure.
Sens symbolique: les êtres hybrides symbolisent la dualité chez l'être humain, déchiré entre ses aspirations matérielles et spirituelles. Si la tête, c'est-à-dire la partie supérieure du corps, est celle d'un animal, les pulsions primitives domineront dans la psyché; si la tête est humaine et le corps animal, les forces positives, spirituelles, vaincront les bas instincts.

HYDRE. Voir ce monstre suppose une connaissance de la mythologie grecque. Ce rêve met en garde contre des instincts primitifs que l'on croît avoir dominés, mais qui ressurgissent dès que la vigilance fait défaut.
Sens symbolique: monstre à neuf têtes qui repoussent dès qu'on les coupe, l'hydre symbolise l'impossibilité de se débarrasser définitivement de ses pulsions primitives malgré des efforts soutenus.

HYDROMEL. *En boire*: aspiration à une vie basée sur de belles valeurs.
Sens symbolique: boisson des dieux, breuvage d'immortalité, l'hydromel composé d'eau et de miel procure une ivresse qui transporte les sages et les personnes vertueuses vers la Lumière divine.

HYÈNE. *Que l'on voit*: tenez-vous à l'écart d'une personne qui se délecte du malheur des autres.

Entendre son cri: mise en garde contre une personne très vorace en affaires.
La tuer: vous n'aurez plus d'ennemi(e)s à craindre.
Sens symbolique: dans certaines traditions africaines, la hyène symbolise à la fois les défauts attachés à la condition terrestre et le cheminement initiatique menant à la connaissance d'un savoir approfondi, mais qui ne peut toutefois prétendre approcher du savoir divin.

HYPNOSE. *Se trouver sous hypnose*: révèle un besoin de se délivrer de ses tensions psychiques, de mieux se comprendre soi-même.
Hypnotiser une personne: ce rêve peut révéler un désir de transformer autrui.
L'hypnose est une thérapie moderne qui a pour but d'aider les personnes atteintes de troubles psychiques, mais qui ne veulent pas subir une analyse. Le but n'est pas d'exercer une influence sur la personne sous hypnose, mais de l'amener par un état modifié de conscience, à faire surgir les blessures tapies dans l'inconscient et à les exprimer.

HYPOCONDRIAQUE. *Écouter une personne hypocondriaque*: ce sont peut-être vos propres maux imaginaires que vous énumérez dans ce rêve. Êtes-vous angoissé(e) à ce point pour que la peur des maladies viennent troubler vos songes? Il s'agit certainement d'angoisses et de peurs dont l'origine remonte à votre petite enfance. Pensez à une aide psychologique.

HYSOPE. *Boire une tisane d'hysope*: si ce n'est pas pour soigner vos poumons que vous la buvez dans la vie réelle, dans un rêve elle révèlera un besoin de purification non pas du corps physique, mais spirituel.
Sens symbolique: herbe bienfaisante dans la pensée populaire, l'hysope figure dans les Écrits Saints comme symbole de la purification.

I

IBIS. *Que l'on voit*: beau présage. Vous serez soutenu(e) dans vos projets grâce à une aide providentielle.
Sens symbolique: dans les traditions antiques, l'ibis est l'incarnation du dieu Thot, qui patronne, entre autres, les magiciens, les guérisseurs et les astronomes. On lui attribue la sagesse reliée à la connaissance des mystères occultes; il posséderait un don de prévision, et son bec long recourbé en forme de croissant, outre l'usage qu'il en fait dans un but salubre, l'apparenterait à un oiseau lunaire.

ICARE. Si ce héros de la mythologie apparaît dans un rêve et que vous l'identifiez comme tel, c'est une mise en garde contre des projets utopiques, irréalisables, que vous pourriez entreprendre au risque de vous ruiner aux plans matériel, physique et psychologique.
Sens symbolique: Icare est ce personnage mythique, prisonnier du labyrinthe avec son père Dédale. Dans sa tentative d'évasion à l'aide d'ailes fabriquées par ce dernier, mais sourd à ses conseils de prudence, il vole trop près du soleil, et la cire qui maintenait ses ailes fond, le précipitant à la mer, où il se noie. Parabole de l'aveuglement, des ambitions utopiques, mais aussi de l'action courageuse, d'où cependant la raison est absente, la psychanalyse a fait d'Icare le symbole d'un psychisme déformé, de l'esprit dérangé et vaniteux se fourvoyant dans l'échafaudage de projets insensés.

ICEBERG. *Que l'on voit*: votre rêve est peut-être une résurgence du film *Titanic*, mais il peut signifier aussi que dans un projet quelconque, il est nécessaire d'évaluer tous les aspects et pas uniquement ceux qui paraissent évidents.

ICÔNE. *Que l'on voit*: l'interprétation dépendra du contexte de votre rêve et de la représentation d'une image appartenant à une tradition religieuse précise – la vôtre probablement. Pour généraliser,

voir une icône signale un besoin absolu de trouver un soutien qui ne peut se formuler que dans l'invocation et la prière.
Sens symbolique: l'icône n'est pas un portrait, ni une image ressemblante puisqu'elle est censée représenter un idéal divin. Elle est un moyen, un support de concentration, de méditation pour fixer l'esprit sur une vérité transcendantale.

IGLOO. *Que l'on voit*: besoin de se rassembler en famille bien que l'on soit « en froid » avec certains membres.

ÎLE. *Se voir sur une île*: peut révéler un désir d'autonomie ; de solitude ; de vacances ; de se voir à l'écart des pressions de la vie quotidienne. Sur un plan psychologique, un tel rêve peut signaler les prémisses d'une grande transformation intérieure.
Sens symbolique: dans les diverses traditions, l'île symbolise le lieu de concentration des valeurs spirituelles. Séjour des Bienheureux, île blanche de la paix, île verte de la régénération, paradis terrestre, reflet du nirvana, monde de l'au-delà, sanctuaire de la paix et du savoir, tels sont les nombreux termes que l'on trouve pour illustrer l'île lorsqu'on étudie les religions et les grands mythes. Pour la psychanalyse, l'île représente avant tout le refuge – comme le sein maternel – et le paradis terrestre auquel tout être humain aspire.

IMAGE. *Regarder une image*: tout dépend du contexte de votre rêve et à quoi se rapporte cette image : à vous-même, à des personnes de votre entourage, à des inconnu(e)s ? Quoi qu'il en soit, regarder une image, c'est regarder le passé, même s'il s'agit d'une photo récente : une fois prise, celle-ci appartient déjà au passé. Ce rêve signifie qu'il y a des leçons à tirer du passé pour construire l'avenir.

IMPÉRATRICE (L'). *Rêver de ce 3e arcane majeur du tarot*: pour qu'elle apparaisse dans votre rêve, c'est que vous êtes probablement familiarisé(e) avec le tarot. Mais voir cet arcane majeur seul indique que vous aurez à prendre des décisions concernant votre vie amoureuse ou professionnelle, décisions qui ne seront pas

prises à la légère. Votre sens de l'équilibre et de l'harmonie vous guidera d'une façon sûre.
Sens symbolique: reportez-vous, si vous le pouvez, à cet arcane majeur du tarot, et vous verrez la force souveraine de cette impératrice, affichant les attributs de royauté divine – la couronne d'or –, de puissance terrestre et céleste – le sceptre – et de lumière solaire – l'aigle doré sur l'écu. Elle personnifie la femme autonome, active, intuitive et lucide mais également la femme accomplie. L'aspect négatif de l'Impératrice peut indiquer la vanité, le goût du luxe et la superficialité.

IMMONDICE. *Que l'on voit*: vous avez à faire un tri dans vos affaires ou dans vos relations. Certaines s'avèrent vraiment néfastes pour votre équilibre.
Dans lesquelles on fouille: peut indiquer un mécontentement de soi et le désir d'éclaircir les zones d'ombre de sa propre personnalité.

IMPERMÉABLE. *S'en revêtir*: au propre comme au figuré, ce rêve signifie le désir de se protéger contre les intempéries ou les vicissitudes de la vie.

INCENDIE. *Allumer un incendie*: à quoi avez-vous une si forte envie de mettre le feu? Ce rêve indique que vous brûlez intérieurement pour une personne ou que vous êtes animé(e) d'une rage contre quelqu'un ou quelque chose.
Voir brûler sa maison: c'est sans doute un désir intérieur qui s'exprime dans votre rêve: le désir de faire table rase de sa vie et de repartir de zéro.
Le toit: annonce une période d'insécurité sur le plan familial.
Le grenier: annonce une libération de tout ce qui vous raccrochait au passé.
La cave: en relation avec vos pulsions intérieures les plus profondes. Une analyse serait à faire si ce genre de rêve devait perdurer.
Sens symbolique: (Voir **FEU**)

INCESTE. *Se voir accomplir un inceste*: ce rêve – ou plutôt ce cauchemar – a dû vous plonger dans l'horreur. Pourtant cet acte commis dans la vie onirique n'a pas la même signification que dans la vie réelle: il est plutôt révélateur d'un désir venu des profondeurs de l'inconscient, de s'unifier en soi, de se complémenter soi-même. Un psychanalyste (école de Jung) serait habilité à donner l'explication approfondie de ce genre de rêve. Par contre, si ce rêve est la continuité d'une obsession permanente dans la vie réelle, il pourrait s'agir d'une névrose et dans ce cas une analyse s'imposerait d'urgence.
Sens symbolique: la mythologie abonde en récits de dieux, de souverains, qui pratiquent naturellement cet acte – où la moralité n'intervient pas – pour sauvegarder et renforcer leurs pouvoirs en ayant une descendance à leur ressemblance. Avec Freud, la psychanalyse a relié l'inceste au blocage chez l'adulte de ses pulsions sexuelles enfantines, lesquelles, refoulées, généreraient des névroses plus ou moins importantes.

INFANTICIDE. *Tuer un enfant*: ce cauchemar a dû vous épouvanter. Pourtant, il n'a rien à voir avec la vie réelle, car d'un point de vue psychologique, c'est l'enfant en vous, rempli d'aspirations, de désirs, de rêves que vous supprimez. Dénote un état dépressif.

INFIRME. (Voir **AMPUTATION**, **BORGNE**)

INITIATION. *Se voir accomplir un rituel initiatique*: la signification du rêve dépendra de l'initiation à laquelle vous êtes livré(e). Cérémonie religieuse, entrée dans un groupe, une secte? Initiation à une science, à la connaissance de quelque chose, à un secret? Le sens que l'on accorde généralement à l'initiation, c'est l'introduction à un état qui opère une transformation de la personne et très souvent, dans les rituels initiatiques, la mort figurée – dite «initiatique» – est la phase ultime qui conduit le néophyte à dépasser sa condition profane.

INJURIER. (Voir **AGRESSER**)

INONDATION. *Subir une inondation dans sa maison*: traduit votre état émotionnel. Vous êtes littéralement submergé(e) par des problèmes qui ne vous laissent aucun repos.
Voir une catastrophe due à une inondation: rupture brusque avec des personnes de votre entourage.
Sens symbolique: (Voir **BARQUE**, **EAU**)

INSECTE. En fonction de l'insecte qui apparaît dans votre rêve (mouche, papillon, abeille, cafard, etc.) reportez-vous à ce mot.

INTERDIT. Pour que dans votre rêve ce mot ait été évoqué, il a fallu que vous vous trouviez en face d'un interdit commandé par votre religion, la morale, ou la société. Il serait intéressant de savoir quelle a été votre réaction:
Braver un interdit: marque le souhait de se débarrasser de ses contraintes à quelque niveau que ce soit.
Poser un interdit à quelqu'un: une personne a dû dépasser la mesure et vous lui imposez des limites. Peut-être est-ce vous-même qui vous censurez.
Briser un interdit en faveur d'une personne: c'est se donner du pouvoir.
Sens symbolique: les interdits sont la soumission à un ordre supérieur, originellement à Dieu, comme les traditions religieuses nous l'enseignent. Ces interdits longuement déclinés sous forme de règles dans bon nombre de traditions et qui concernent les êtres dans leurs faits, paroles, gestes et actes ont pour but d'établir la pureté morale. Appliqués et intégrés, ils conditionnent la vie des êtres et les amènent à une forme de conscience morale, ce que la psychanalyse nomme «censure».

INTESTIN. Curieux rêve que celui de voir apparaître l'intestin d'une personne ou le sien propre! Il peut s'agir d'une opération chirurgicale en relation avec ce que vous vivez ou ce que vit une personne de votre entourage. Quoi qu'il en soit, rêver d'intestin revient à rêver de la manière dont cet organe fonctionne et symbolise notre propre métamorphose, à l'égal des aliments qui subissent tout un

processus de transformation avant d'être rejetés hors du corps.
Sens symbolique: (Voir **EXCRÉMENT**)

IRIS. *Cueillir des iris*: protection contre des personnes malveillantes.
Prendre un bain de feuilles d'iris: si vous êtes malade, c'est une invitation à vous soigner avec les feuilles de cette plante qui possède des vertus purificatrices.

ISIS. *Voir une statue d'Isis*: pour qu'elle vous apparaisse, vous devez être intéressé(e) par tout ce qui touche aux mythes de l'antique civilisation égyptienne, aussi ce rêve, si vous êtes une femme en âge de procréer, peut être le présage d'une grossesse. Sinon, elle est annonciatrice de liens familiaux renforcés.
Sens symbolique: épouse d'Osiris et mère d'Horus, la déesse Isis est le symbole de la femme accomplie: dévouée, fidèle; protégeant et ressuscitant les morts, dotée de pouvoirs magiques, son rayonnement en fera la déesse universelle, unanimement adorée dans les civilisations méditerranéennes.

ITALIE. *S'y rendre*: besoin de soleil, de beauté architecturale, de se plonger dans un passé riche et de vivre un amour romanesque.

ITINÉRANT. (Voir **CLOCHARD**)

IVOIRE. *Voir un objet en ivoire*: présage de chance. Vous vous affirmerez dans la voie du succès.
Porter un bijou en ivoire: vous triompherez de vos difficultés.
Sens symbolique: l'ivoire symbolise la puissance associée à celle de l'éléphant et l'incorruptibilité due à la difficulté de le briser.

IVRESSE. *Voir une personne légèrement ivre*: présage de bonheur, de joies simples et saines.
Complètement ivre: difficulté à orienter sa vie. Risque de perdre pied avec la réalité.
Sens symbolique: l'ivresse permet de passer dans un monde où les réalités terrestres n'ont plus cours. Dans un certain nombre de

traditions, l'ivresse est liée aux rites mystiques et a pour but, en semant la confusion dans l'esprit, de le libérer de ses attaches extérieures et de permettre ainsi sa relation directe avec le monde spirituel. (Voir **BACCHANTES**, **DIONYSOS**, **VIN**)

J

JADE. *Voir un objet ou porter un bijou en jade*: annonce une rencontre avec une personne possédant de hautes qualités morales. Si l'on est malade, présage de guérison.
Sens symbolique: que ce soit dans les traditions précolombiennes ou de la Chine ancienne, l'importance du jade est capitale. Cette pierre, associée aux rites funéraires, à la préparation des corps en vue d'empêcher leur décomposition, jouissait d'une considération égale à celle de l'or. Envoyée du ciel, porteuse de l'énergie cosmique, on lui attribuait toutes les qualités et vertus morales. Son pouvoir de guérison reconnu, elle était consommée sous forme de poudre ou de breuvage qui assurait longue vie et immortalité. (Voir **PIERRE PRÉCIEUSE**)

JAGUAR. *Que l'on voit*: rencontre avec une personne de pouvoir dont il faudra se méfier.
Sens symbolique: nombreux sont les aspects du Jaguar dans les anciennes civilisations d'Amérique centrale. Associé aux forces souterraines, aux puissances nocturnes, il est pour certains une déesse lunaire, pour d'autres le pourvoyeur du soleil en nourriture humaine, et symbolise la puissance redoutable par qui le monde sera détruit.

JAIS. *Porter un bijou en jais*: votre rêve signale que vous serez protégé(e) contre les méfaits et médisances d'une personne qui vous jalouse.

Sens symbolique: pierre noire, réputée dans les pays méditerranéens pour protéger du mauvais œil.

JAMBE. *Que l'on regarde*: si c'est la seule partie du corps qui a retenu votre attention, votre rêve révèle un désir de s'affirmer dans la vie sociale, la jambe rejoignant le symbolisme de la colonne qui assure la verticalité. Rêver de jambes peut bien évidemment aussi, pour l'homme, exprimer son appétit sexuel et pour la femme, son désir de séduire.
Se sentir bien campé(e) sur ses jambes: on est en pleine possession de ses moyens. Réussite.
Claudiquer: un projet en perspective, mais qui ne se tiendra pas debout. Revoyez-le.
Être victime d'un croc-en-jambe: méfiez-vous, on vous jalouse.
Se casser une jambe: présage d'échec. Il vaut mieux attendre avant d'entreprendre un projet.
Sens symbolique: (Voir **CUISSE**, **PIED**)

JANUS. *Voir sa statue*: si cette statue au double visage vous apparait, cela indique vos connaissances en matière de mythologie romaine, aussi la signification de votre rêve vous paraîtra plus évidente: vous êtes dans une période de transition qui rendra plus clairs vos choix, comme si votre vision des choses s'était élargie.
Sens symbolique: divinité romaine, Janus est représenté avec deux visages joints le long d'une ligne qui va de l'oreille à la mâchoire, les deux visages se tournant dans des directions opposées. Il marque le passage du passé vers l'avenir, celui d'un univers à un autre. Il est le gardien des portes dont il possède les attributs – la baguette et la clef –, ce qui signifie qu'il surveille tout ce qui entre et sort, et son double regard dirigé tous azimuts assure une vigilance de tous les instants. Il symbolise le désir de commander à toutes choses et les Romains l'ont surtout associé à la destinée, au temps et à la guerre.

JARDIN. *Voir un jardin fleuri*: bonheur dans sa vie sentimentale, familiale, amicale. Intériorité épanouie.

Un jardin désert: exprime l'absence de créativité; la solitude, le désert intérieur.
Un jardin clôturé: désir de se protéger; cette clôture peut indiquer également que l'évolution intérieure – les fleurs du jardin – participe d'un processus secret.
À l'abandon: absence d'énergie, manque de contact avec autrui.
Sens symbolique: le jardin symbolise l'Éden, le Paradis terrestre, le centre du Cosmos, mais représente également l'idéal de paix et d'harmonie auquel aspire l'être humain à la recherche de son centre, de son propre jardin intérieur.

JARRE. *Que l'on voit*: besoin de sécurité; au plan psychologique, marque le besoin d'un réconfort chaleureux, quasi maternel.
Sens symbolique: (Voir **VASE**)

JASPE. (Voir **PIERRE PRÉCIEUSE**)

JAUNE. (Voir **COULEUR**)

JÉRUSALEM. *Se voir dans Jérusalem*: résurgence d'un voyage, de récits bibliques ou d'un événement en liaison avec cette ville? Peu importe votre confession religieuse, car cette ville est la projection dans la vie onirique d'un état psychologique.
Ce rêve signale votre besoin de paix et d'harmonie, et qui plus est, si la Jérusalem de votre rêve est assimilée à la Jérusalem céleste, ce rêve révèle votre profonde aspiration à un changement radical de votre vie, ce qui rejoint en quelque sorte la signification du récit de l'Apocalypse, quand il est écrit que cette ville marquera l'avènement d'un monde nouveau.

JÉSUS. *Le voir dans la crèche*: espoir d'un renouveau. Votre vie s'éclaire.
Le voir prêcher: nécessité d'aligner ses actes sur ses paroles. Votre harmonie en dépend.
Le voir sur la croix: des souffrances intérieures, un mal-être que vous devrez analyser.

Le Jésus de votre rêve n'est pas à confondre avec le Jésus historique. Sa représentation reflète essentiellement des états psychiques.

JET D'EAU. (Voir **SOURCE**)

JEU. Vous jouez dans votre rêve, mais à quel jeu, à quels jeux? Le contexte du rêve a son importance pour en décrypter le sens, mais d'une façon générale, ce genre de rêve signale que dans la vie réelle, on se trouve confronté(e) à une ou plusieurs situations qui mettent en jeu (eh oui!) nos aptitudes à combattre, à défier, à prévoir, à esquiver, à imaginer, à se distraire, au côté desquelles se glissent les impondérables, le hasard, la chance, la malchance, etc. Les rêves de jeu qui suivent et leur interprétation peuvent aider à les éclaircir par vous-même.
Se voir jouer à un jeu d'adresse: on se mesurera à des adversaires astucieux, faites jouer votre sagacité.
À un jeu de société (jeu de dames, dominos, boules, etc.): respect des conventions, intégration. On appréciera la compagnie des autres.
Jeu d'échecs: il faudra réfléchir à un plan d'attaque avant de se lancer dans une affaire.
Baseball, soccer: une affaire se présentera qui demandera un peu d'agressivité et un esprit très compétitif.
Golf: préférences qui vont à la précision, la minutie, l'évaluation. Vous ne vous engagerez pas à la légère.
Jouer dans un casino: annonce une histoire aventureuse.
Au poker: bluffer se pratique souvent en affaires. Méfiez-vous d'une proposition.
Jouer au scrabble: ce que vous direz aura de l'importance dans une rencontre sentimentale ou d'affaires.
Au Monopoly: l'ambition peut mener loin ou à la ruine.
Jeux électroniques: quand vous serez sorti(e) de votre rêve, essayez de ne pas confondre le virtuel avec le réel.

JEÛNE. *Se voir jeûner*. Vos désirs affectifs ne seront pas comblés.

JONAS. (Voir **BALEINE**)

JOUE. *Avoir les joues rouges*: signe de santé, de honte ou de timidité, cela dépendra du contexte de votre rêve.
Les joues creuses: prenez soin de votre santé ou de celle d'un(e) de vos proches.
Les joues très fardées: mise en garde contre une tromperie.

JOUG. *Se voir sous le joug d'une personne*: désir de se libérer de contraintes astreignantes. Au plan psychologique, ce rêve peut mettre en lumière que vous êtes votre propre oppresseur.
Briser son joug: annonce une libération de soi par soi-même (travail d'introspection).
Sens symbolique: le joug est un symbole d'asservissement, quelquefois d'expiation ou encore d'acceptation d'une discipline qui a pour but la maîtrise de soi.

JOUR. (Voir **SEMAINE**)

JOUTE. (Voir **BATAILLE**)

JOYAU. *Recevoir un joyau*: vous rencontrerez une personne d'une grande élévation spirituelle.
Offrir un joyau: vous transmettrez votre amour à qui le méritera.
Sens symbolique: les joyaux sont les pierres précieuses tirées de la terre et chacune a sa symbolique particulière. Généralement, dans les traditions du pourtour méditerranéen ou extrême-orientales, le joyau est associé à l'intelligence, à la perfection spirituelle, à l'Esprit universel. On lui attribue des vertus purificatrices ainsi que des pouvoirs de guérison. (Voir **PIERRE PRÉCIEUSE**)

JUGE. *Que l'on voit*: il se peut que votre rêve vous assigne ce rôle de juge afin que vous passiez en revue des actes que vous auriez commis sans en peser les conséquences.
Se voir rendre des sentences: vous serez peut-être appelé(e) à trancher dans une affaire familiale, en évitant de faire pencher la balance du côté de vos sentiments.

Gagner un procès: ce que vous gagnez d'un côté vous le perdrez de l'autre.
Le perdre: l'inverse.
Sens symbolique: Le juge symbolise les lois et leur application dans la plus stricte impartialité. Son devoir est de rendre une justice équitable où les sentiments personnels n'ont pas leur place.

JUGEMENT (LE). Si le 20e arcane majeur du tarot apparaît dans votre rêve, cela suppose que vous êtes familiarisé(e) avec ce jeu. Vous devez donc savoir que cette lame annonce la fin d'une période difficile et le début d'un nouveau cycle qui vous sera extrêmement favorable.
Symbolisme du 20e *arcane majeur*: le Jugement s'appelle aussi dans certains tarots «l'Ange» ou «la Trompette». Si vous possédez un jeu, à la vue de cet arcane majeur, il vous sera facile de comprendre que le personnage nu qui sort de la tombe sous les yeux d'une jeune femme et d'un vieil homme nus également, symbolise la résurrection qu'un ange muni d'une trompette célèbre glorieusement. Cet arcane majeur marque la fin des épreuves, la victoire sur les égarements, la réhabilitation, enfin l'aboutissement de la longue marche initiatique qui conduit l'être humain vers une renaissance spirituelle, empreinte de joies et de plénitude.

JUMEAU. *Que l'on voit*: vous serez tiraillé(e) par vos contradictions et il vous sera difficile de prendre des décisions.
Des jumeaux identiques: harmonie, équilibre. Grande force pour accomplir vos projets.
Des faux jumeaux: puissants conflits intérieurs qui sapent vos énergies: une part de vous tend à se spiritualiser, l'autre à s'enfoncer dans le matérialisme.
Sens symbolique: les jumeaux expriment dans presque toutes les traditions, la dualité des tendances inhérentes à tout être humain et pour simplifier, cette vision rejoint celle de nombre d'analystes. Dans la mythologie de certaines cultures indo-européennes, ils sont vus comme des demi-dieux bénéfiques, protecteurs des mortels, et

chez certains peuples Africains, ils sont craints ou, au contraire, adorés.

JUNGLE. *Se voir dans la jungle*: vous serez confronté(e) à des adversaires féroces en affaires. Ce rêve peut aussi signifier que vous-même n'êtes pas un agneau quand il s'agit de traiter une affaire.
Des animaux sauvages vous assaillent: votre rêve révèle vos zones d'ombre.
La plupart du temps dans les rêves, les animaux sauvages sont les images des bas instincts qui habitent l'inconscient de chacun.
Sens symbolique: (Voir **ANIMAL**)

JUNON. *Voir la statue de Junon*: votre intérêt pour la mythologie romaine se traduit jusque dans vos rêves: présage d'abondance, de maternité pour la femme en âge de procréer, de protection pour la famille.
Sens symbolique: épouse de Jupiter, Junon, déesse de la fécondité, veille sur les mariages, les accouchements et les récoltes.

JUPE/JUPON. *Voir en rêve*: l'un ou l'autre de ces vêtements féminins marque un désir de séduire un homme pour une femme, un désir d'intimité avec une femme pour un homme.

JURY. *Se voir membre d'un jury*: une affaire de justice fortement médiatisée et dont la sentence vous a semblé injuste peut être à l'origine de ce rêve qui exprime sans doute la frustration de ne n'avoir pu prendre part au jugement final. Votre sens de la justice est très aiguisé.

JUS (de fruits). *Boire un jus de fruit*: même symbolisme que les fruits dont ils sont extraits, mais, en général, dans un rêve, le jus que l'on boit exprime un désir sensuel, ou bien peut s'apparenter à un désir d'immortalité ou encore d'abondance.

JUSTE. C'est sans doute une phrase d'un texte de la Bible « Le juste est le fondement du monde » qui a résonné dans votre rêve: le Juste doit correspondre en vous à une recherche de perfection morale, sans qu'aucun jugement sur autrui n'intervienne ; il s'agit simplement de vous avec cet idéal de paix et d'harmonie qui vous anime.

JUSTICE (LA). Il s'agit du 8e arcane majeur du tarot. S'il apparaît dans votre rêve, cela indique que vous êtes familiarisé(e) avec ce jeu et qu'il est porteur d'un message que vous serez à même de comprendre : cette lame qui représente une femme assise sur un trône stable et solide, tient une balance dans sa main gauche et un glaive dans sa droite. Elle symbolise l'harmonie, la droiture, la stabilité, l'impartialité, la justice dans sa rigueur – le glaive – et dans l'équilibre – la balance. Cet arcane majeur symbolise aussi la dualité qui existe en chacun de nous comme en toutes choses et exprime ainsi que c'est de l'équilibre des opposés que dépend l'ordre du monde. Il rappelle également que la justice doit se situer à un niveau de conscience élevé et que l'être humain, s'il échappe à la justice temporelle, a affaire tôt ou tard à la justice immanente.

K

KA. *Écrire le mot ou le lire* : ce rêve ne peut être que celui d'une personne initiée à l'antique tradition égyptienne, le Ka désignant la puissance cosmique interagissant non seulement au niveau d'une société, mais aussi de l'individualité. Pour le rêveur, il signifie une ouverture de conscience accrue.
Sens symbolique : le Ka était considéré dans l'Égypte ancienne, comme un principe de force vitale menant une existence indépendante du corps, mais pourtant concomitante à celui-ci. On a retrouvé auprès des momies des statuettes du Ka.

KABBALE. *Se voir étudier* : ce rêve ne peut être que celui d'un Juif mystique ou d'une personne intéressée par la tradition secrète du judaïsme ; il révèle de la part du rêveur une puissante aspiration à entrer dans la connaissance des principes cosmiques et des mystères de la pensée divine.

KAKI. *Manger de ce fruit* : présage de prospérité en affaires.

KAMIKAZE. *Se voir en kamikaze* : de nos jours, ce rêve peut être celui d'individus qui veulent se transformer en bombe dans le but de tuer le plus grand nombre possible de personnes considérées comme ennemies de leurs idéaux patriotiques ou religieux. Ce genre de rêve est alors en liaison directe avec leurs aspirations dans la vie réelle.
Agir en kamikaze : cette pensée qui domine votre rêve, révèle un désir d'éliminer toute ingérence dans vos projets de la part de personnes étrangères à leur élaboration.

KARMA/KARMAN. Pour que ce dogme de la religion hindouiste s'inscrive dans votre rêve, il faut que vous en ayez la connaissance, soit parce qu'il s'agit de votre religion, soit par intérêt personnel. Ce rêve est alors à mettre en relation avec une situation à laquelle vous êtes confronté(e) et qui appelle un acte dont vous aurez à peser les conséquences avant de l'accomplir.
Sens symbolique : le karma exprime l'enchaînement des gestes et de leurs conséquences ; selon le Bouddha, « les hommes sont héritiers de leurs actes », ce qui implique qu'un acte doit être accompli en toute conscience. La pensée populaire, non obligatoirement bouddhiste, s'est appropriée la notion de karma – autrement dit « la dette à payer » – pour expliquer que des situations difficiles vécues dans la vie présente sont attribuables à de mauvais comportements commis dans une vie antérieure.

KÉPI. (Voir **CHAPEAU**)

KHIDR. *Le voir apparaître* : ce rêve peut figurer dans le rêve d'une personne de confession musulmane et pourra présager d'un voyage qui se déroulera très favorablement.

Sens symbolique: Khidr ou Al Kadhir, dans la tradition musulmane, est l'Homme Vert, l'Homme de bon conseil, celui qui guide et protège les voyageurs.

KANGOUROU. *Que l'on voit*: ne souhaiteriez-vous pas retrouver chaleur et protection maternelles? Et les sauts de cet animal ne sont-ils pas une image de ce que vous allez devoir accomplir pour avancer dans vos projets?

KARATÉ. *Se voir pratiquer*: si vous pratiquez cet art martial dans la réalité, ce rêve confirme votre grand désir de parfaire l'éducation de votre volonté et la maîtrise de votre corps. Pour un(e) non initié(e), c'est une incitation à être plus ferme avec soi-même.

KARAOKÉ. *Se voir chanter*: désir de se libérer de ses tensions; rêve secret de se voir admiré(e), d'être «une vedette», d'appartenir à un monde de «paillettes» ou tout simplement envie de s'amuser.

KIBBOUTZ. *Où l'on se trouve*: vous aimeriez vivre une expérience de vie collective, de préférence en pleine nature.

L

LABORATOIRE. *Où l'on se trouve*: s'il s'agit d'un laboratoire d'analyses médicales, il se peut que ce rêve corresponde à un problème de santé réel, mais en général le laboratoire qui figure dans un rêve symbolise la nécessité de faire une analyse de soi-même, d'aller chercher le pourquoi de nos pulsions incontrôlables ou de nos frustrations génératrices de maladies psychosomatiques. S'il s'agit d'un laboratoire d'alchimiste, ce rêve signifiera que vous êtes sur la voie d'une profonde transformation intérieure, à l'image du plomb transmué en or.
Sens symbolique: (Voir **ALCHIMIE**, **OR**)

LABOURER. *Se voir labourer*: peu de citadins auront ce genre de rêve, si fréquent chez les gens qui cultivent la terre. Pourtant, qui que l'on soit, si tel est votre rêve, il signifiera que vous devrez patiemment élaborer vos projets, attendre qu'ils mûrissent pour récolter enfin leurs fruits, et ceci est valable tant au plan de la terre qu'à celui de vos affaires personnelles, matérielles ou spirituelles.
Sens symbolique: dans de nombreuses traditions, le labourage est assimilé à un acte sacré, notamment dans les sociétés d'Extrême-Orient, où on le considère comme un acte de fécondation de la terre. Certains rituels de la Chine ancienne, pour fêter le tracé du premier sillon, étaient accompagnés par des couples qui s'unissaient sexuellement, la femme illustrant le sillon, le soc de la charrue – symbole phallique – figurant l'homme, la pluie invoquée jouant le rôle de semence céleste.

LABYRINTHE. *Errer dans un labyrinthe*: révèle un état confus; choix arbitraires sans objectifs précis; image labyrinthique de sa propre vie.
Chercher le centre: recherche de son «moi» profond; annonce une démarche spirituelle.
Trouver le centre: harmonie parfaite en soi. Le long travail d'introspection a permis de rejoindre son centre intérieur.
Sortir du labyrinthe: conscience lumineuse. Naissance à une nouvelle forme de vie.
Sens symbolique: parcours initiatique que l'on retrouve dans la mythologie grecque ainsi que dans toutes les grandes traditions, le labyrinthe présente un enchevêtrement de voies, certaines sans issue, destinées à éprouver la détermination de celui ou celle qui s'y est engagé(e) dans le but d'atteindre le centre, lieu de la révélation des mystères (l'immortalité, le sacré). On retrouve souvent le dessin d'un labyrinthe sur le sol des églises où il remplit une fonction magique semblable à celle que lui attribue les alchimistes: en effet, la transformation qui s'opère lorsque les épreuves sont franchies et le centre enfin atteint, marque le passage des ténèbres vers la lumière, la victoire du spirituel sur le matériel, la transmutation du plomb en or. Pour la psychanalyse, le parcours qui conduit au centre du labyrinthe

après de longs détours, symbolise le voyage de l'être humain dans les profondeurs de son inconscient et son triomphe sur ses pulsions animales et ses instincts destructeurs.

LAC. *Que l'on voit*: mise en garde contre une personne qui ne sera douce qu'en apparence.
Se promener au bord d'un lac: des projets s'élaborent mais prenez garde aux faux espoirs.
Faire une promenade sur le lac en bateau: vous vous «embarquez» dans une histoire sentimentale ou dans une affaire qui manquera de stabilité.
Nager dans un lac en compagnie d'une personne: ne vous engagez pas dans une relation affective sans mesurer la profondeur de vos sentiments et ceux de votre partenaire.
Tomber dans un lac: marque la chute de vos espoirs.
Un lac reflétant le soleil: présage d'une très belle rencontre sentimentale.
Reflétant la lune: une union que l'on tiendra secrète.
Sens symbolique: le lac, pour les anciens Égyptiens, était voué à des rituels d'ablutions, ses eaux symbolisant les forces de la création. Divinités ou demeures des dieux pour les Gaulois, les lacs continuent au fil du temps à nourrir l'imaginaire de chacun avec leurs palais scintillants, leurs monstres souterrains ou leurs superbes nymphes qui entraînent dans la mort, plutôt que dans un paradis, les pauvres humains victimes de leurs propres illusions.

LAINE. *Tricoter de la laine*: présage favorable pour le bon déroulement d'un projet.
Filer de la laine: peu importe le temps qu'il faudra pour mener à bien un projet, on réussira.

LAIT. *Boire du lait*: présage de chance et de succès.
Un verre de lait vous est offert: vous rencontrerez une personne qui aura une incidence favorable sur votre spiritualité, sinon sur votre santé.
Voir un bébé boire du lait: ce rêve se rapporte à vous-même et annonce une période de renouveau complet dans votre vie.

Voir du lait jaillir d'un sein: présage d'abondance matérielle et de nourritures spirituelles.
Verser du lait dans du café: vous serez tiraillé(e) entre vos désirs de biens matériels et vos aspirations spirituelles.
Du lait aigre: insatisfactions; mécontentements: les choses tourneront mal.
Sens symbolique: toutes les cultures accordent au lait une place prépondérante. Symbole d'abondance, de fertilité, aliment nourricier au plan physique, le lait est aussi boisson d'accroissement spirituel, breuvage d'immortalité dans les traditions religieuses qui le relient au sacré et à la connaissance mystique.

LAMENTATION. *Se voir en lamentations*: ce rêve est sans doute à mettre en relation avec une épreuve importante vécue dans la vie réelle. Il signale votre fragilité, votre désarroi et votre besoin de soutien. S'il n'y a pas une personne dans votre entourage capable de vous soutenir, n'hésitez pas à demander une aide psychologique.
Sens symbolique: dans nombre de traditions, les lamentations accompagnaient – ou accompagnent toujours – la cérémonie des funérailles, afin d'obtenir de Dieu ou des divinités la protection des défunts, implorer leur résurrection ou exalter leurs mérites. Des pleureuses accompagnaient – encore aujourd'hui – ces rites funéraires.

LAMPE. *Voir une lampe allumée*: vous êtes aimé(e) par une personne d'une grande richesse intérieure.
Voir une lampe s'éteindre: manque d'enthousiasme; des liens seront rompus.
Allumer soi-même une lampe: vous rayonnerez à tous niveaux.
Éteindre une lampe: annonce une rupture au plan affectif; au plan religieux: perte de la foi.
Voir une lampe se balancer: dénote de fortes aspirations spirituelles.
Une lampe rouge: annonce une fougueuse passion amoureuse.
Sens symbolique: lampe et lumière sont liées. Dans le bouddhisme, la lampe symbolise à la fois la continuité de la vie, le moyen d'accéder à la sagesse ainsi que l'Esprit universel. En Occident, dans les rituels

religieux, on l'associe souvent à la sainteté et à la vie mystique, tandis que sa flamme affirme toujours la présence de Dieu. (Voir **FEU**, **FLAMBEAU**, **LUMIÈRE**)

LANCE. *Que l'on tient*: affirmation de son pouvoir. Pour un homme comme pour une femme, ce rêve révèle un désir de conquête.
Que l'on jette sur quelqu'un: une image de l'acte sexuel réduit à sa plus simple expression.
Sens symbolique: symbole de puissance, d'autorité et de pouvoir dans toutes les traditions, la lance symbolise aussi l'homme dans sa pleine virilité. En cela, et selon la psychanalyse, son symbolisme se rapprocherait de celui de bâton. (Voir **AXE**, **BÂTON**)

LANGAGE. *S'entendre parler une langue inconnue*: si dans la vie réelle vous ne pratiquez aucune langue autre que votre langue maternelle, il est évident que vous ne saurez jamais si dans ce rêve, vous utilisiez une langue étrangère ou bien une sorte de langage «venu d'ailleurs» qu'un médium ou spirite serait peut-être capable d'interpréter. Pourtant, ce genre de rêve est plus fréquent qu'il n'y paraît et révèle un goût pour les choses abstraites, les secrets, le désir de ne pas communiquer avec autrui. Attention à ne pas vous isoler complètement des autres.
Parler une langue étrangère: manifeste le désir de partir pour le pays où se pratique cette langue, peut-être parce qu'un amour ou un travail vous y attend.
Entendre plusieurs langues en même temps: cacophonie totale. On ne s'entendra pas avec les personnes impliquées dans un projet.
Parler sa langue avec plaisir: on est fier(ère) de sa langue et en harmonie avec le pays où l'on est né(e).
Ne plus pouvoir parler sa langue maternelle: perte de ses racines et de son d'identité.
Sens symbolique: si le langage permet la communication entre les humains, il est aussi le moyen de se relier au divin par la prière et le chant. Les Écrits saints des grandes traditions parlent du *Verbe de Dieu*, créateur du monde. Les textes sacrés abondent en exemples au

sujet de la parole, dans sa fonction créatrice, unificatrice ou destructrice. Unificatrice, quand les humains parlent un même langage de sagesse et de paix ; destructrice quand la langue est vecteur de séparations et de haine. La tour de Babel illustre la confusion des langues générant la désunion des hommes devenus incapables de se comprendre. Le don des langues symbolise au contraire le retour à un état unitaire, universel, édénique.
Communication entre la terre et le ciel par les chants sacrés, les prières, les mantras, le langage est aussi le propre d'un individu, d'une ethnie, d'une société, d'un pays. Privé de sa langue, un individu perd son identité ; privée de sa langue par un envahisseur ou par un relâchement progressif, une société s'effrite irrémédiablement. Condamner une langue revient à condamner tous les êtres qui se sont construits sur des bases morales et sociales communes.

LANGUE (organe du corps physique). *Tirer la langue* : présage des efforts à faire pour arriver à ses buts.
Tirer la langue à quelqu'un : révèle un manque de maturité.
Se brûler la langue : on regrettera ce que l'on a dit au sujet de quelqu'un ou de quelque chose.
Se mordre la langue : mise en garde contre des propos qui se retourneront contre vous.
Avaler sa langue : gardez pour vous-même ce que vous auriez à dire.
Voir une langue trop longue : méfiez-vous d'une personne qui parle trop.
Tenir sa langue : manifeste une belle maîtrise de soi.
Voir une belle langue bien saine : présage une rencontre basée sur un bel échange verbal et charnel également.
Une langue sale : écartez-vous d'une personne médisante.
Une langue rayée : méfiez-vous d'une personne de votre entourage qui tient des propos mensongers.
Parler « la langue des oiseaux » : si vous la connaissiez, votre demeure ne serait pas sur terre mais au ciel, non pas en tant que défunt(e) mais en tant que grand(e) initié(e) aux mystères divins !
Sens symbolique : les expressions populaires en disent long sur l'importance accordée à la langue, ce qui rejoint la place qu'elle

occupe dans les différentes traditions. Organe de la parole, son pouvoir de création, de purification et de destruction est comparable à celui du feu, si bien que dans les religions elle est toujours associée au feu divin, aux actes divins. Au plan humain, son pouvoir peut se comparer à celui du fouet qui cingle, au rasoir qui tranche, à la caresse qui console, réchauffe et pacifie. Quant aux analystes, ils en font un symbole essentiellement sexuel.

LANTERNE. *Allumer une lanterne*: désir d'éclaircir une situation confuse.
Diffuse une lumière vive: ne laissez aucune part d'ombre dans ce que vous entreprendrez.
Lanterne éteinte: manque de clairvoyance. Revoyez tous vos projets avant de les entreprendre.
Sens symbolique: selon certaines traditions, la lanterne symbolise l'illumination spirituelle (bouddhisme), ou l'immortalité de l'âme (tradition occidentale).

LAPIN. *Que l'on voit*: rencontre avec une personne douce, aimable, qui souhaite fonder un foyer et avoir… beaucoup d'enfants !
Rencontrer un chaud lapin: si vous êtes une femme, vous saurez à qui vous aurez affaire !
Rencontrer un fameux lapin: si vous êtes un homme, vous serez confronté à plus fort que vous.
Se faire poser un lapin: mieux vaut remettre à plus tard un projet.
Soulever un lièvre: dans une discussion, il vaudra mieux ne pas révéler ce que vous savez.
Ne pas courir deux lièvres à la fois: suivez le dicton à la lettre, que ce soit dans vos affaires ou à propos d'histoires sentimentales.
Sens symbolique: le lapin comme son compère le lièvre, figure dans toutes les cultures et son symbolisme prête à diverses interprétations: symbole du renouveau permanent de la vie, il est associé à la lune dont il figure comme l'amant dans quelques traditions. Symbole de fertilité, d'exubérance, il est aussi celui de la luxure et de l'éparpillement. Animal pur dans certaines religions, il est considéré comme impur par d'autres qui frappent d'un interdit sa consommation.

LAPIS-LAZULLI. (Voir **PIERRE PRÉCIEUSE**)

LARME. Selon le contexte de votre rêve, vous éprouvez soit de la joie, et dans ce cas, ces larmes sont l'expression d'un bonheur et présagent un événement heureux, ou bien elles expriment de la tristesse et peuvent être le reflet d'une souffrance psychologique.

LAURIER. *Se voir couronné(e) de laurier*: présage de succès et de triomphe dus à sa valeur personnelle.
Que l'on cueille: désir d'être reconnu(e).
Sur lesquels on s'endort: être reconnu(e) n'a qu'un temps; nécessité de se «bouger».
Sens symbolique: dans de nombreuses traditions, cette plante symbolise l'immortalité, la sagesse, ainsi que la gloire liée au courage, ce qui explique que les divinités, les héros et les grands sages sont souvent représentés avec une couronne de laurier.

LAVANDE. *Se voir dans un champ de lavande*: annonce une période douce, harmonieuse.

LAVER. *Se voir sous une douche ou dans un bain*: désir de se purifier intérieurement.
Se laver les mains: on ne voudra pas engager sa responsabilité dans une affaire.
Laver des vêtements: annonce des discussions avec des partenaires d'affaires ou en famille.
Laver le sol: on voudra savoir où l'on pose les pieds dans un projet à plusieurs.
Laver les carreaux d'une fenêtre: désir d'éclaircir l'avenir.
Sens symbolique: (Voir **EAU**)

LEÇON. *Se voir recevoir une leçon*: résurgence de l'enfance où l'autorité parentale a été sans doute difficilement vécue. Difficulté à s'affirmer. (Voir **CAHIER**)

LÉGÈRETÉ. *Se sentir léger(ère)* : ce genre de rêve se traduit par une sensation provoquée par une action liée à la musique, à la danse ou par l'image d'un oiseau, d'un papillon, d'une libellule, etc. Cette légèreté ressentie pourrait signifier soit un désir de s'évader du quotidien au moyen d'activités distrayantes, soit une aspiration profonde à se libérer de tout ce qui « encombre » l'inconscient, c'est-à-dire, désirs, instincts, pulsions négatives.

LÉGUME. *Voir une montagne de légumes* : abondance matérielle et affective.

Légumes frais : vous êtes plein(e) de vigueur pour entreprendre de nouveaux projets.

Légumes congelés : prenez le temps de la réflexion avant d'entreprendre un projet.

Légumes secs : difficultés avec des partenaires qui manquent de souplesse.

Légumes à feuilles : épanouissement dans tous les domaines.

Légumes racines : on mettra du temps à élaborer un projet mais l'attente sera profitable.

Graminées (avoine, blé, riz, seigle, etc.) : sachez épargner en prévision de périodes moins fastes.

LÉMURE. Il s'agit d'un nom donné par un poète de la Rome antique concernant des apparitions fantomatiques, âmes des défunts venant se décharger de leurs tourments sur les vivants de leur propre famille. Les analystes voient dans les Lémures les sentiments de culpabilité tapis dans l'inconscient et qui, le temps du rêve, viennent troubler la conscience. (Voir **ESPRIT**, **REVENANT**)

LENTILLE. *Que l'on voit* : on vous demandera quelque chose en contrepartie d'une autre.

Difficulté à en manger : ce genre de rêve est souvent relié à l'enfance et à une autorité parentale trop sévère dont vous n'arrivez pas à vous libérer.

LENTILLES CORNÉENNES. *Les placer facilement*: désir d'avoir une vue nette et claire pour aborder des problèmes confus. *Difficulté à les placer*: on ne tient pas forcément à voir les choses avec discernement.

LÉOPARD. *Que l'on voit surgir*: mise en garde. Vous serez confronté(e) à une personne qui se croira investie de tous les pouvoirs et qui risque de vous traiter impitoyablement.
Sur un autre plan, ce léopard peut représenter une force agressive en sommeil dans votre inconscient, mais qui peut se réveiller à tout moment. Analysez-vous.
Sens symbolique: dans nombre de traditions, le léopard symbolise la fierté, l'agressivité, la force incontrôlable.

LÉTHARGIE. *Se voir dans un état léthargique*: désir de fuir des situations problématiques.
Voir une personne en léthargie: si dans votre rêve vous avez envie de secouer cette personne, il s'agit sans doute de vous-même, de votre conscience, qui lutte pour «réveiller» votre sens des responsabilités

LESSIVE. *Faire une grosse lessive*: on nettoiera le passé pour laisser place nette à l'avenir.

LETTRE. (Voir **ALPHABET**, **LIVRE**)

LETTRE (courrier). *Lire le contenu*: selon le sentiment ressenti dans ce rêve, vous pourrez en déduire si quelque chose d'heureux ou de moins heureux surviendra dans les jours prochains.
Se voir écrire une lettre: vous avez quelque chose à exprimer qui vient du plus profond de vous, aussi l'énergie dont les mots sont chargés manifestera d'une façon positive ou négative votre état d'âme. Essayez de vous rappelez à qui vous destiniez cette lettre.

LEURRE. *Voir un leurre*: on cherchera à vous tromper.
Utiliser un leurre: manque de confiance en soi. On se sous-estime.

LEVIER. *Se voir aux leviers de commande*: besoin d'affirmer son autorité.
Peser sur un levier: on surmontera ses difficultés.

LÈVRE. *Voir de belles lèvres*: sur un beau visage? Votre rêve est lié à un désir érotique.
Souriantes: annonce bonheur et joie.
En forme de cœur: c'est déjà une déclaration d'amour.
Charnues: générosité.
Pincées: marque le ressentiment, la frustration.
Craquelées: si ce n'est par le froid, ce peut être par l'amour.

LÉVITATION. (Voir **ASCENSION**)

LÉZARD. *Que l'on voit*: désir de vacances. On souhaiterait paresser au soleil à l'exemple de ce petit animal
Sens symbolique: le lézard jouit généralement d'une belle image. Il symbolise dans certaines cultures, la bienveillance (Égypte ancienne), le héros civilisateur et le messager divin (Afrique noire) et annoncerait pour les Bantous la naissance d'un enfant mâle. Sa recherche du soleil peut en faire également le symbole de l'âme à la recherche de la lumière.

LIANE. *Avec laquelle on s'envole d'arbre en arbre*: désir de s'élever socialement ou spirituellement.
À laquelle on s'attache: présage d'une union amoureuse qui pourrait s'avérer étouffante.
Sens symbolique: pour certaines populations des forêts tropicales, la liane symbolise le lien entre la terre et le ciel. D'autre part, son enroulement autour de l'arbre symboliserait le principe féminin uni au principe masculin (Inde).

LIBATION. (Voir **VIN**, **DIONYSOS**)

LIBELLULE. (Voir **LÉGÈRETÉ**)

LIBÉRATION. *Se sentir libre* : une sensation qui peut se traduire dans votre rêve par des liens rompues, un départ en voyage, un train, un avion, un bateau qui vous emmène au loin ; ce rêve signale votre besoin de respirer à votre propre rythme sans contrainte ni obligations. Il peut aussi annoncer une libération intérieure après un travail d'introspection.

LIBERTIN/LIBERTINE. *Que l'on voit* : vous serez séduit(e) par une personne qui se comportera pourtant à l'inverse de ce que vous appréciez généralement.

LIBIDO. *Écrire ce mot* : vous êtes à la recherche de plaisirs, non précisément sexuels comme on l'entend généralement. La libido est une force psychique, vitale, qui sous-tend toutes les activités de l'être humain.

LIBRAIRIE. (Voir **BIBLIOTHÈQUE**, **LETTRE**, **LIVRE**)

LICORNE. *Que l'on voit : un rêve* – très rare chez les personnes non mystiques – qui révèle une puissante aspiration à vivre sa vie selon des valeurs exclusivement spirituelles.
Sens symbolique : présente dans plusieurs traditions, la licorne est, en Extrême-Orient, un emblème qui concentre toutes les qualités se rapportant à la puissance royale. Pour la chrétienté, elle est l'image de la présence de Dieu dans l'être humain, sa corne unique symbolisant la pénétration divine, qu'illustre la Vierge accueillant dans son sein l'Esprit Saint. Associée à la pureté, à la virginité, à la sublimation de la sexualité, les œuvres littéraires ou iconographiques, la représente soit pour illustrer la fécondation spirituelle – la célèbre Dame à la Licorne – soit, lorsque deux licornes s'affrontent, pour illustrer le conflit intérieur inhérent à l'être humain partagé entre ses aspirations spirituelles et ses désirs charnels.

LIEN. (Voir **CHAÎNE**, **LIANE**)

LIERRE. *Que l'on voit sur un mur*: on sera attaché(e) durablement à une personne.
L'arracher: difficulté de rompre des liens amoureux ou amicaux.
Sens symbolique: dans la mythologie gréco-romaine, la parure de lierre dont certaines divinités étaient ornées symbolisait la persistance et la force de la nature, ainsi que le cycle permanent de la mort et de la renaissance.

LIÈVRE. (Voir **LAPIN**)

LILAS. Symbolise l'amour serein; s'il est blanc, l'amour pur; s'il est mauve, l'amour spirituel.

LILITH. *Voir Lilith*: donner ce nom à la femme qui apparaît dans un rêve ne peut venir que d'une personne initiée, ou tout au moins intéressée à la Kabbale, la tradition ésotérique du Judaïsme. Cette créature est l'émergence de pulsions destructrices tapies dans l'inconscient qu'un événement déstabilisant, ou une rencontre troublante dans votre vie réelle a fait surgir lors de votre sommeil. Essayez d'analyser le pourquoi.
Sens symbolique: Lilith, selon la tradition kabbalistique, serait née de la terre en même temps qu'Adam et aurait été sa première épouse, alors que Ève, sortie de la côte d'Adam, n'aurait été épousée qu'en second. Jalouse, Lilith se serait alliée aux forces démoniaques, provoquant le déchirement des couples, favorisant les relations illégitimes, initiant la haine entre enfants et parents. Elle symbolise les désirs pervertis de l'être humain auxquels celui-ci doit se confronter s'il veut s'élever.

LIMBES. *Se voir dans les limbes*: ce genre de rêve ne peut se traduire que par une sensation cotonneuse, semblable en quelque sorte à la traversée d'un nuage. Il révèle de votre part un état d'attente passive concernant une situation qui ne s'éclaircira que si vous prenez la décision de « sortir de vos limbes ».
Sens symbolique: pour l'Église catholique, les limbes seraient la région

où séjournent les âmes des enfants morts sans avoir reçu le baptême, donc encore marqués du péché originel. Une autre conception ferait des limbes un lieu d'attente pré-paradisiaque pour les âmes des défunts.

LIN. *Se voir vêtu(e) entièrement de lin blanc*: aspiration à une vie basée sur des valeurs spirituelles.

LIS. Vivre publiquement.
Sens symbolique: symbole de pureté et d'innocence ou au contraire, fleur des Enfers reliée à la tentation et aux plaisirs charnels, le lis parsème de ses contradictions les récits mythologiques aussi bien que les écrits religieux ou la poésie. Pour les uns, il est le lys rouge tentateur et diabolique, pour les autres il est la fleur de gloire, celle de l'abandon mystique, ou encore l'image du Christ.

LIT. *Se voir dans un lit*: manque d'énergie qui peut être relié à une fatigue physique ou à un mal être psychique.
Dans un lit à une place: refus d'accorder dans sa vie de la place à une autre personne, soit par vœu de célibat, soit par expérience malheureuse.
Dans un grand lit: vous êtes accueillant(e) dans tous les sens du terme, mais l'amour vient quand même au premier plan.
Faire son lit: épanouissement; harmonie intérieure.
Ne pas le faire: absence de libido.
Se cacher sous un lit: rêve lié à l'enfance, soit parce qu'être sous un lit était un poste d'observation idéal, soit parce que l'on avait peur de l'autorité parentale, ou encore pour fuir quelqu'un ou quelque chose. Qui ou que craignez-vous aujourd'hui?
Voir ses pieds dépassant du lit: vous n'aimez pas vous plier à un ordre quel qu'il soit.
Sens symbolique: le lit symbolise tous les actes fondamentaux de la vie: naissance, amour, repos, maladie, mort.

LIVRE. Tout dépend du genre de livre sur lequel l'attention s'est fixée, le titre ou les illustrations pourront être très révélateurs

des préoccupations de la personne qui rêve. Si l'on a retenu certains mots, se reporter alors à leur signification. Quelques généralités:
Un livre fermé: représente toutes vos potentialités non encore exploitées.
Un livre ouvert: votre cœur s'ouvre à l'amour, aux émotions, aux sentiments.
Un livre neuf: une nouvelle page de votre vie va s'ouvrir.
Un vieux livre: vous tenez à vos repères familiers; quelquefois, pour évoluer, il faut savoir les abandonner.
Sens symbolique: Les traditions s'accordent pour proclamer que l'univers est un immense livre. *Le Livre du Monde*, ou le *Liber Mundi* des traditions ésotériques, symbolise le message divin originel – la *Parole perdue* – inaccessible à l'entendement humain sauf aux Grands Initiés (dont Jésus, Krishna, Moïse, Hermès, Pythagore, Platon ou encore Orphée) et d'où découleraient les Livres révélés des diverses grandes religions. (Voir **BIBLIOTHÈQUE**, **LETTRE**)

LOCOMOTIVE. *Que l'on conduit*: signale que l'on maîtrise sa vie à tous les niveaux.
Un train sans locomotive: vous avez toutes les possibilités pour réaliser vos objectifs, mais la volonté ou la motivation vous manque.
Un train avec une locomotive défaillante: vous avez le potentiel, mais pas suffisamment d'énergie.
Une locomotive qui file sans wagons: à quoi sert votre énergie si elle est dispensée dans le vide?
Sens symbolique: les analystes se sont penchés sur cette locomotive qui revient si fréquemment dans les rêves. Cette machine – à vapeur (oui, il en reste!) ou électrifiée – symbolise l'idéal en voie de réalisation, la force créative, l'extériorisation de ses potentialités, également l'énergie sexuelle.

LOKI. Vous ne rêverez probablement de ce démon destructeur que si vous connaissez ou appartenez à la culture scandinave, et dans ce cas, vous saurez que votre rêve est une mise en garde contre des personnes perfides.

LORELEI. (Voir **SIRÈNE**)

LORIOT. Si vous avez reconnu ce petit oiseau dans votre rêve, c'est un présage heureux.

LOSANGE. Voir un losange en rêve annonce des plaisirs érotiques.
Sens symbolique: dans nombre de traditions, le losange est une image de la vulve, aussi symbolise-t-il la matrice de la vie, la féminité. Chez les Amérindiens, le losange orné d'un serpent aurait une signification érotique, mais illustrerait également le principe de la dualité.

LOTERIE. *Trouver un billet*: une période de chance s'annonce.
Gagner le gros lot: si pouvez vous rappeler du numéro, essayez de le jouer !
Ne rien gagner: dites-vous que ce n'était qu'un rêve et que vous avez bien fait de ne pas y jouer.

LOTUS. *Que l'on voit*: présage de prospérité, d'épanouissement intérieur.
Un lotus bleuté: grande élévation spirituelle.
Un lotus d'or: annonce une rencontre amoureuse exceptionnelle.
Sens symbolique: la fleur de lotus figure surtout dans les traditions méditerranéenne, chinoise et indoue. Image de la grâce et de la beauté, elle s'épanouit la plupart du temps sur des eaux troubles et le symbolisme qui lui est attaché recouvre des aspects allant du profane au sacré. Symbole du sexe de la femme, qu'en Chine on nomme « le lotus d'Or », elle symbolise aussi la pureté et l'épanouissement spirituel quand elle est d'un blanc immaculé, la prospérité quand elle est rose, la renaissance quand elle est bleue, l'harmonie cosmique quand elle offre huit pétales.

LOUP/LOUVE. *Que l'on voit*: il faut être de taille pour affronter en affaires une personne aussi agressive. À un autre niveau, interrogez-vous pour savoir si vous-même n'êtes pas un partenaire qui agit « toutes dents dehors » !

Que l'on invite chez soi : mise en garde contre une personne qui gagnera votre confiance, mais surtout rappelez-vous qu'il ne faut jamais « faire entrer le loup dans la bergerie ».
Une louve allaitant ses petits : pour une femme en âge de procréer ce rêve pourrait annoncer une grossesse, ou pour une autre, sa crainte d'être stérile.
Sens symbolique : admiré ou détesté, symbole de lumière céleste pour les uns, animal féroce lié aux forces obscures pour d'autres, voici qui résume l'ambivalence du symbolisme du loup. L'esprit populaire a surtout retenu l'aspect infernal du symbole – les loups-garous, le dévoreur d'enfants –, renforcé par la mythologie gréco-romaine qui dans ses récits, revêt de peau ou orne d'oreilles de loup certaines divinités des Enfers et de la mort. Quant à la louve, elle est à la fois un symbole de fécondité (Romulus et Rémus) et l'incarnation de la pulsion sexuelle incontrôlée qui ravale l'être au rang de la bête (Bible).

LOUPE. *Regarder à travers une loupe* : dans une affaire, assurez-vous d'étudier soigneusement tous les points, surtout ceux qui vous paraîtront anodins sur le moment. Autre analyse : peut révéler un tempérament perfectionniste jusqu'à l'obsession. De grâce, n'en demandez pas tant aux autres !

LUCIOLE. *Que l'on voit* : voir tout à fait clair dans la façon dont on agit n'est peut-être pas pour tout de suite, mais rêver d'une luciole est déjà très prometteur

LUMIÈRE. *Voir une lumière éclatante* : vous déborderez d'énergie créative. Joies et succès vous attendent.
Une lumière obscurcie : annonce une période difficile sur le plan moral et psychique. Le sens de la vie vous échappe. Pourtant, ce passage dans les ténèbres peut s'avérer utile pour une « maturation » intérieure.
Voir la lumière s'éteindre : des projets ne verront pas le jour ; absence de motivation pour entreprendre quoi que ce soit ; manque d'estime de soi. Faites-vous aider.

Marcher dans le noir: annonce une période d'épreuves; perte de confiance en la vie; état dépressif. Ne désespérez pas, car sur un autre plan, c'est une totale métamorphose qui s'opère en vous: de ce tunnel, vous sortirez transformé(e), régénéré(e), prêt(e) à reprendre la maîtrise d'une vie – la vôtre – parée de nouvelles valeurs.
Sens symbolique: lumière matérielle et lumière spirituelle ont en commun le fait d'éclairer, l'une le visible, le concret, le monde terrestre, et l'autre l'invisible, l'au-delà du perceptible, l'accès à un monde sans forme et sans limite, ce qui pour les mystiques des grandes traditions, symbolise l'Illumination, l'entrée dans l'Amour et le Cœur de Dieu. Lumière et obscurité, illumination et ténèbres, la notion de lumière ne peut s'expliquer que par son opposé: l'ombre. Encore faut-il ajouter que ces traditions expriment qu'au delà même de l'illumination mystique, les ténèbres règnent encore, car l'Esprit divin demeure inaccessible à l'entendement humain. D'autre part, toutes les civilisations, depuis les temps les plus reculés, ont mis en relation la lumière et l'obscurité pour expliquer les cycles lumineux et sombre de l'humanité, les uns générant les autres, à l'image de la graine élaborant au sein de la terre la floraison à venir. Temps d'épreuves suivis de périodes lumineuses, l'être humain lui-même est confronté dans son intériorité à cette alternance, la lumière symbolisant son développement harmonieux, l'obscurité sa descente au sein de ses propres enfers.

LUNE. *Que l'on voit*: annonce des changements dans votre vie professionnelle ou sentimentale qui peuvent amener à faire des voyages intercontinentaux.
Lune montante: moment bénéfique pour des engagements, des contrats à signer.
Lune descendante: accordez-vous un moment de réflexion, le temps n'est pas à l'action.
Pleine, claire: présage une période d'épanouissement à tous les niveaux. Pour une femme en âge de procréer, ce peut être la confirmation d'une grossesse. Pour un homme, le désir de fonder une cellule familiale.

Lune dans un halo: mise en garde contre une rencontre qui peut se révéler néfaste.
Lune disparaissant derrière les nuages: présage des difficultés passagères.
Se voir vivre sur la Lune: révèle un imaginaire fécond, créatif qui trouve son inspiration au-delà des limites terrestres.
Voir une lune noire: on aura à vaincre les puissants ennemis qui ne logent qu'à l'intérieur de soi-même. Si ce rêve revient fréquemment, une analyse serait à envisager.
Sens symbolique: de la lune est aussi large que complexe et occupe une place importante dans toutes les traditions. Astre qui ne brille que par reflet de la lumière solaire et qui parcourt en un mois ce que le soleil met une année à accomplir, la lune symbolise le principe féminin, passif et réceptif ainsi que les rythmes de la vie illustrés par l'alternance de ses phases. Croissance, plénitude, décroissance, disparition, cycles éternellement recommencés qui en font le symbole de l'éternel retour. Lieu de passage des défunts dont les divinités lunaires de la mythologie grecque sont les accompagnatrices, la lune est également symbole de fécondité, distributrice des eaux qui génèrent la vie. Pour certains peuples, elle est synonyme de chance et invoquée au cours de célébrations, tandis que pour d'autres, elle représente le mauvais œil duquel il faut se détourner. Dans nombre de traditions sémitiques, la nature de la lune et du soleil est inversée: la lune serait le principe mâle, le soleil le principe féminin. Pour l'Islam, la lune fait l'objet d'un calendrier lunaire basé sur les actes religieux. Certaines fêtes chinoises la célèbrent en tant que réceptacle de l'Élixir de vie et symbole de fertilité. Pour les bouddhistes, les hindouistes et aussi pour les Hébreux, le nombre 28, nombre d'une révolution lunaire, s'inscrit largement dans le cadre de leurs croyances respectives. L'Astrologie, accorde elle aussi une grande importance au cycle de 28 jours accompli par la lune pour faire le tour du zodiaque et l'interprétation qu'elle donne de cet astre rejoint le symbolisme du psychisme, du rêve et de l'inconscient cher aux analystes.

LUNE (LA). *Voir cet arcane majeur* : révèle que votre intérêt ou la pratique de ce jeu dans la réalité intervient dans ce rêve pour vous délivrer un message lié à certains aspects de cet arcane majeur. La Lune, 18e arcane majeur du tarot, a la particularité de ne représenter aucun personnage, mais illustre parfaitement le principe féminin qui loge en tout être humain. La zone lunaire de chacun de nous est celle de l'inconscient, de l'imaginaire, de l'intuition, du retour sur le passé, des pulsions secrètes. La voir en rêve invite à s'analyser en profondeur, à se méfier du reflet trompeur des choses, à contrôler une imagination dont les chimères se substitueraient à la réalité. Brièvement analysée en fonction du rôle des arcanes qui l'entourent, sous son aspect positif, elle annonce toute gestation, grossesse ou projet artistique, des voyages en mer, la maison ; sous son aspect négatif, elle met en garde contre la fuite devant la réalité, les erreurs de jugements, l'influence de la magie, l'instabilité.

LUNETTES. *Avec des verres de myope* : si dans la vie réelle vous n'en portez pas, ce rêve signale que vous devrez analyser en profondeur des problèmes que vous préférer éluder. À vous de savoir pourquoi.
Avec des verres de presbyte : prenez du recul pour analyser des situations qui semblent bien emmêlées.
Avec des verres fumés : qu'avez-vous à cacher de vous-même ? Interrogez-vous.
Avec des verres brisés : on ne veut rien voir ni de trop près ni de loin. Refus de s'analyser.
Avec des verres de couleur : selon la couleur, reportez-vous à son symbolisme.

LUTTE. (Voir **AGRESSER**, **GUERRE**)

LYNX. *Que l'on voit* : vous discernerez avant tout le monde une faille dans l'élaboration d'un projet ou d'une affaire.
Sens symbolique : le lynx symbolise la vue perçante.

LYRE. *Que l'on voit*: aspiration spirituelle; recherche d'harmonie à tous niveaux.
Dont on joue: rencontre avec une personne rayonnante, dispensatrice de belles vibrations.
Sens symbolique: comme la harpe, le luth ou la cithare, la lyre est un instrument dont les vibrations sont en liaison avec l'harmonie céleste. Elle est le symbole de l'accord parfait entre le monde divin et la terre, et infuse aux grands poètes et musiciens cette inspiration qui ne peut venir que du Ciel.

M

MACÉRER. *Faire macérer des plantes*: Des personnes qui connaissent bien vos capacités vous feront une offre de travail. Laissez-les attendre avant de donner votre réponse, votre valeur n'en sera qu'augmentée.
Faire macérer des cerises dans de l'eau de vie: votre gourmandise est peut être à l'origine de ce rêve, mais si vous connaissez le symbolisme de la cerise, vous saurez qu'elle représente dans certaines traditions, la force guerrière. Ce rêve annonce donc que vous devrez démultiplier votre énergie – la macération dans l'alcool ! – pour atteindre vos buts.

MÂCHOIRE. (Voir **DENT**)

MAÇON. *Que l'on voit*: vous faites peut-être rénover votre maison et ce maçon apparu dans ce rêve n'est qu'une illustration de vos préoccupations domestiques. Si tel n'est pas le cas, ce rêve vous invite à faire preuve de patience dans l'élaboration d'un projet.

MAGNÉTOPHONE. *Enregistrer ou écouter un message ou une chanson*: ce rêve insiste sur la nécessité de prêter attention à ce que l'on dit soi-même ou à ce que l'on nous dit. (Voir **OREILLE**)

MAGNÉTOSCOPE. *Enregistrer ou regarder une bande vidéo*: même signification que précédemment, mais concerne le regard que l'on porte sur soi ou sur les choses. (Voir **YEUX**)

MAIGREUR. *Se voir maigrir*: un désir qu'illustre ce rêve, mais qui ne peut pas s'appliquer exclusivement à l'apparence physique. Ce peut être l'annonce d'un appauvrissement financier, d'un manque de confiance en soi, ou d'une perte affective.

MAILLE. (Voir **FILET**)

MAIN. *Regarder les paumes de ses mains*: c'est faire un bilan de sa vie et essayer de percevoir ce que réserve l'avenir; peut marquer également l'inquiétude.
Regarder le dos de ses mains: fermeté, rigueur.
Voir de belles mains: présage de chance.
Mains fermées: on saura garder un secret.
Mains ouvertes: attitude franche et honnête.
Voir de petites mains: si elles ne sont pas celles d'un enfant, elles dénotent la rétention, l'attachement à l'argent, aux biens matériels.
De grandes mains: dénotent l'altruisme, les idées généreuses.
Une main blessée: annonce une entrave à ses activités.
Se laver les mains: signe de purification, ou déresponsabilisation vis-à-vis d'une affaire ou d'une personne.
La main droite: marque l'activité, la bienveillance, la justice.
La main gauche: passivité, sagesse.
Sens symbolique: la main symbolise l'activité, la domination, la puissance, la possession. Elle peut châtier et bénir, invoquer, prier, rendre la justice. Dans les traditions hindoue et bouddhique, il existe toute une gestuelle des mains – les mudrâ – qui illustre les qualités attribuées aux divinités. Les danses des mains des populations

de l'Asie du Sud symbolisent des attitudes de recentrage intérieur. Dans la tradition judaïque, lorsqu'on évoque la main de Dieu, c'est de la manifestation de son Esprit dont on parle, et dans la tradition chrétienne l'imposition des mains sur la tête signifie que l'on opère un transfert d'énergie divine. Pour les analystes, la main est dotée d'un pouvoir de vision semblable à celui de l'œil.

MAIRIE. *Se trouver dans une mairie*: un mariage en perspective, ou une démarche administrative à accomplir.

MAÏS. *En manger*: annonce la prospérité.
Dans les cultures nord et centre américaines, le maïs est la manifestation du Soleil, du Monde et de l'Homme.

MAISON. *Voir la façade d'une maison*: on ne montrera de soi que ce que l'on veut bien montrer pour paraître à son avantage.
L'intérieur d'une maison: c'est l'image de la totalité de l'être intérieur.
La porte et le seuil: l'ouvrir et pénétrer à l'intérieur d'une maison signifie que l'on est prêt à analyser ses propres comportements, à faire un travail d'introspection.
Le rez-de-chaussée: le lieu des réalisations, des projets qui aboutissent.
Se trouver dans la cuisine: symbolise le lieu des transformations psychiques.
Dans le salon: c'est le lieu de la vie sociale, celle que l'on affiche ouvertement.
La chambre à coucher: lieu de la vie amoureuse, sexuelle, et de la santé physique.
Les volets: fermés, ils révéleront l'aspect secret de la personnalité; ouverts, ce sera l'inverse.
Les fenêtres: symbolisent l'ouverture aux autres.
La cave: image de l'inconscient.
Le grenier: symbolise l'élévation spirituelle; également les souvenirs, l'enfance.
Le toit: représente la tête et l'esprit.
L'escalier: marque le lien entre les parties consciente et inconsciente de soi-même.

Les niveaux inférieurs: symbolisent le niveau de l'inconscient et des instincts.
Sens symbolique: la psychanalyse attribue une place importante à la maison dans la vie onirique. Image de l'intériorité de l'être, des différents niveaux de ses états psychiques tels que décrits ci-dessus, ses qualités de protection, de sécurité et de chaleur élèvent la maison au rang de symbole féminin.

MAISON DIEU (LA). Voir cet arcane majeur du tarot dans un rêve suppose que l'on est initié(e) ou que l'intéresse à cet outil de voyance. Ses caractéristiques pourront peut-être vous apporter un éclairage sur le sens de votre rêve.
La Maison Dieu ou la Tour Foudroyée, 16e arcane majeur du tarot, montre une tour dont le crénelage supérieur est soulevé par la foudre tandis que deux personnages sont précipités à terre. Cette carte, dont il conviendrait d'en étudier tous les aspects pour décoder son riche symbolisme, manifeste la colère de Dieu, le châtiment divin exercé à l'endroit de l'homme qui veut égaler le roi du ciel par des moyens matériels. Image de l'orgueil, de la justice divine qui châtie mais laisse une chance à l'homme de réparer ses erreurs, cette lame est une rude semonce qui met en garde contre les ambitions démesurées. Quand elle est entourée de lames néfastes, elle annonce la ruine, des catastrophes, une vie jalonnée de difficultés. Les lames bénéfiques ont peu de pouvoir pour amoindrir ce qu'elle présage.

MALADE. *Se voir malade*: annonce un mal physique aussi bien qu'une souffrance psychique.

MALLE. (Voir **BAGAGES**, **VALISE**)

MANCHOT. *Se voir manchot*: stagnation. Vous avez le sentiment que vous ne saurez plus rien faire, mais rassurez-vous, ce ne sera que temporaire.
Sens symbolique: (Voir **DIFFORMITÉ**)

MANDALA. *Contempler un mandala*: aspiration à une vie sereine; grande spiritualité.
Un mandala de forme ronde: vous conduisez votre vie dans la droiture et l'intégrité.
Un mandala de forme carrée: paix intérieure. Créativité amplifiée.
Sens symbolique: le mandala est un dessin de forme circulaire circonscrit dans un carré. Il résume l'univers, la terre, et tous les attributs du pouvoir divin. Support de méditation, guide de l'imaginaire vers les hauteurs spirituelles, il contribue à équilibrer le psychisme, à se recentrer, à conduire sa vie en l'alignant sur des valeurs d'intégrité et de conscience éclairée.

MANDORLE. (Voir **AMANDE**)

MANDRAGORE. *Que l'on voit*: rêve en relation avec la sexualité. Présage aussi la richesse.
Sens symbolique: plante qui par sa forme rappelle à la fois l'homme et la femme. Elle est réputée pour ses vertus médicinales et aphrodisiaques. On dit de la mandragore qu'elle naît de l'éjaculation d'un pendu. Objet de nombre de superstitions, elle symbolise les pouvoirs de la magie, et également la richesse et la fécondité.

MANGER. *Se voir manger continuellement*: grand vide affectif. Boulimie.
Manger normalement: on sait jouir sereinement de la vie et de ses plaisirs.
Toucher à peine à la nourriture: attention à la dépression!
Rejeter ce que l'on mange: rejet de la vie; anorexie; idées suicidaires; besoin d'amour. Demandez vite un soutien psychologique.
Sens symbolique: selon les analystes, la nourriture est liée à l'amour ou à l'absence d'amour de soi, à celui que l'on reçoit des autres ou que l'on ne reçoit pas.

MANITOU. *Rêver du Grand Manitou*: ce songe ne figurera probablement que chez une personne de culture indienne, et révélera son degré de mysticisme. La personne qui en rêve, bénéficiera d'un surcroît d'énergie vitale, ce qui rejoint la signification exacte de la nature du Manitou.

MANNE. *Rêver de la recevoir*: c'est invoquer une aide providentielle pour se sortir d'une période remplie de difficultés.
Sens symbolique: la manne symbolise la nourriture miraculeuse, céleste, le pain du ciel. Elle figure dans la tradition hébraïque, comme un don salvateur de Yhavé au peuple hébreu pendant l'épreuve de la traversée du désert. Elle correspond dans la tradition chrétienne à l'Eucharistie.

MANNEQUIN. *Que l'on voit*: c'est s'identifier à une réalité illusoire qui met en garde la personne qui rêve contre des apparences trompeuses et l'invite à la défiance.

MANTEAU. *Se voir revêtu(e) d'un manteau somptueux*: c'est aspirer à une position sociale enviable, c'est se sécuriser à l'aide d'un entourage riche mais qui peut être trompeur.
Un manteau misérable: relève la crainte de manquer, ou à l'inverse, une richesse spirituelle que cache un dénuement extérieur.
Sens symbolique: (Voir **VÊTEMENT**, **HAILLON**)

MANTRA. *S'entendre réciter un mantra*: cette formule rituelle, reçue d'un maître, figurera probablement dans le rêve d'une personne initié(e) à la tradition hindoue ou pratiquant l'hindouisme et sera le prolongement d'une aspiration à recueillir les influences célestes afin de communier avec le cosmos.

MARAIS. *Que l'on voit*: annonce une profonde métamorphose intérieure.
Dans lequel on patauge: annonce des épreuves; difficulté à se libérer de ses instincts destructeurs.
En sortir: marque un véritable renouveau de la personnalité, dû probablement à de nombreuses épreuves autant extérieures que psychologiques.
Sens symbolique: (Voir **BOUE**, **LAC**)

MARCHÉ. Représente le théâtre de votre existence, le lieu des rencontres, vos états psychiques. (Voir **ÉPICERIE**, **FOULE**)

MARCHER. *Se voir marcher d'un pas assuré*: vous irez droit au but dans vos projets. Présage de réussite; dénote un psychisme équilibré.
Marcher paisiblement: dénote une sérénité intérieure.
Marcher à reculons: peur d'affronter une situation ou une personne; peut marquer une régression psychique.
À quatre pattes: infantilisation ou soumission à une autorité.
Sens symbolique: marcher signifie une évolution aussi bien dans sa vie sociale, affective, que dans sa vie intérieure. Le lieu dans lequel vous marchez dans votre vie onirique est important. Reportez-vous à ce mot pour renforcer la signification de votre rêve.

MARÉCAGE. (Voir **BOUE**, **LAC**, **MARAIS**)

MARIAGE. *Se voir contracter mariage*: ce rêve peut correspondre à une réalité et, dans ce cas, annoncerait la concrétisation prochaine de cet événement; à l'inverse, ce rêve peut révéler la crainte de s'unir, la peur de fusionner, ce qui serait l'indice d'un point de vue psychologique, d'un manque d'équilibre intérieur.
Absence du marié ou de la mariée: révèle la crainte de se tromper de partenaire et le désir inconscient de le (la) voir disparaître de sa vie.
Célébrer joyeusement un mariage: présage de prospérité et d'abondance. À un autre niveau, c'est l'union harmonieuse des parties féminine et masculine en soi.
Sens symbolique: le mariage peut symboliser aussi bien l'union d'une femme et d'un homme, que dans un sens mystique, l'union de l'humanité avec son principe créateur, ou de l'âme avec Dieu.
Pour les analystes, le mariage illustre l'harmonie intérieure du principe féminin avec le principe masculin, autrement dit, de l'*anima* avec l'*animus*.

MARIN. *Que l'on voit*: marque l'inconstance; les incertitudes; les amours épisodiques.

MARIONNETTE. *Que l'on voit*: une image de la comédie humaine, avec ses bouffonneries, son agitation, ses drames. Par rapport à soi, ce rêve pourrait inviter à la lucidité et au désir d'échapper à l'abêtissement général.
Qu'une personne agite: ce rêve reflète le désir de se soustraire à une manipulation qu'elle soit d'ordre social, politique ou familial.
Sens symbolique: outre le sens premier accordé aux marionnettes en tant que petits personnages créés pour distraire, les marionnettes se retrouvent dans des récits philosophiques pour illustrer les humains qui ne sont que les pâles reflets des idées pures du monde supérieur (Platon). Dans plusieurs traditions, les marionnettes – à l'instar des clowns – jouent un rôle de miroir grossissant des comportements humains stupides et grotesques. Au plan psychologique, ces petites caricatures peuvent aider à jeter un regard sur ses propres imperfections, à accepter celles des autres et peut être à ouvrir sa conscience.

MARTEAU. *Que l'on voit*: vous serez confronté(e) à un événement qui mettra à l'épreuve votre capacité d'endurance.
Que l'on utilise: vous ferez preuve d'une volonté de fer pour mettre un terme à un conflit sans issue.
Sens symbolique: le marteau est une image de la force volontaire, puissante, brutale, protectrice, qui crée aussi bien qu'elle détruit. Cet outil figure dans plusieurs traditions, à l'intérieur desquelles il est assimilé soit à la foudre, soit dans une version plus légère, au maillet. Il devient alors un symbole d'arbitrage, de justice rendue, de puissance divine, de force agissante et d'énergie créatrice.

MARTIN-PÊCHEUR. *Que l'on voit*: pour respecter le symbole et la rime, faisons du martin-pêcheur, l'oiseau du bonheur.

MASQUE. *Que l'on voit*: allez-vous vous montrer tel(le) que vous êtes ou allez-vous vous faire passer pour ce que vous n'êtes pas? C'est la question que soulève votre rêve.
Que l'on utilise: vous ne vous acceptez pas tel(le) que vous êtes, et pour vous faire accepter des autres, vous travestissez votre personnalité. Qu'en pensez-vous, une fois réveillé(e)?

Rencontrer une personne masquée: rencontre avec le mensonge, la tromperie, la duplicité sous un aspect sans doute attrayant parce que mystérieux.
Se démasquer: c'est redevenir soi-même.
Démasquer une personne: c'est déjouer la tromperie ou l'accepter telle qu'elle est dans sa ressemblance avec vous-même.
Sens symbolique: les traditions antiques utilisaient des masques dans des rituels aussi nombreux que différents, soit pour représenter des dieux, des divinités, soit pour faire revivre des défunts, pour exorciser des démons, pour illustrer les coutumes d'un groupe social. Une force magique – aux risques et périls du porteur – était attribuée au masque imprégné des énergies de la personne, du dieu ou du démon qu'il représentait. Pour l'analyste, le masque symbolise ce qui occulte la réalité profonde d'un être.

MASSACRER. *Massacrer des animaux*: vous qui aimez les animaux, ce rêve ne peut être que le reflet de l'inconscient en lutte avec ses démons intérieurs. Ce travail sur soi portera ses fruits et annonce une profonde transformation. (Voir **ANIMAL**)

MASSUE. (Voir **MARTEAU**)

MAT (LE). Voir dans un rêve le Mat ou le Fou du tarot, suppose que l'on est initié(e) à la pratique de cet outil de voyance, ou tout au moins que l'on s'y intéresse. Certaines des caractéristiques de cette lame exposées ici brièvement pourront vous éclairer sur le message de votre rêve.
Le plus mystérieux des arcanes majeurs du tarot, le Mat ne porte pas de numéro. C'est dire que sa principale particularité réside dans le fait qu'il se place hors jeu, errant hors du monde et de ses contingences, muni d'un seul bâton supportant une maigre besace qu'il tient sur son épaule droite. Un animal, que certains disent un chat, d'autres un chien, s'agrippe à sa culotte sans que cela retienne son attention toute fixée sur un autre monde. Le Mat symbolise l'être qui a traversé toutes les étapes de l'évolution et a accédé au détachement suprême, au point où

ne plus rien posséder devient synonyme de libération totale. Entouré de lames favorables, ses particularités seront renforcées ; mal entouré, le Mat annonce l'inconséquence, le vagabondage, l'irresponsabilité, l'imprévoyance, la folie pathologique.

MATER. *Mater un animal sauvage* : dompter ses instincts, annonce une profonde transformation intérieure. C'est le sens de votre rêve et si vous vous souvenez de l'animal, reportez-vous à son symbolisme pour en renforcer la signification.

MATIN. *Assister au lever le jour* : c'est une image de votre vie intérieure, lisse et sereine, et la promesse de lendemains qui chantent.

MATRICE. Comment dans un rêve la matrice pourrait-elle s'illustrer autrement que par l'image d'un objet creux, qui contient, qui enferme, qui transforme, qui élabore, tel un pot, une bouteille, une cornue, un tonneau, un four, une jarre, et combien d'autres encore.
Sens symbolique : la matrice est l'organe féminin dans lequel se développe l'embryon. Dans les diverses traditions, on célèbre et honore les divinités qui incarnent la Terre-Mère, la « Matrice universelle », féconde, nourricière, transformatrice, au sein de laquelle les grains germent et les minéraux s'élaborent. Au plan spirituel, la matrice est le récipient du feu divin, celui où les semences spirituelles croissent pour la régénération de l'être et sa renaissance. Du point de vue psychologique, la matrice symbolise le lieu des métamorphoses intérieures.

MÉDECIN/MÉDECINE. *Prendre un remède* : vous souvenez-vous de qui vous le prescrivait et sur quelle partie du corps ce remède était censé devoir agir ? Généralement, les rêves dans lesquels figurent des médecins, des guérisseurs, des remèdes, sont à mettre en relation avec un besoin d'aide psychologique, et ce, bien entendu, si l'on ne souffre d'aucun mal physiologique réel.
Sens symbolique : dans les traditions antiques, la médecine représentait le pouvoir d'acquérir la sagesse du corps et de l'esprit. Elle appartenait à des êtres ayant acquis un niveau de connaissance supérieure et capables d'opérations magiques. Cette médecine utilisait

plantes, animaux, rituels religieux, chants, danses ou encore traditions alimentaires, et son but était de nettoyer, purifier, renforcer le corps afin d'amener à la clarté de l'esprit. Le fameux adage «*Mens sana in corpore sano*», un esprit sain dans un corps sain, illustre parfaitement le but de cette médecine telle qu'elle était pratiquée il y a des lustres, mais qui réapparaît de nos jours sous des formes malheureusement souvent rejetées par la médecine officielle, pour laquelle seul le corps est pris en compte.

MÉDUSE. *Voir une méduse*: rêver de cet animal marin, doté de tentacules et d'un venin urticant, vous met en garde contre une personne «collante», dont vous pourrez vous défaire difficilement. Voyez si à son contact dans la vie réelle vous n'avez pas une manifestation d'urticaire, cela confirmerait le sens de votre rêve !

MÉDUSE (Gorgones). Voir la Méduse dans un rêve, suppose que la mythologie grecque ne vous est pas inconnue ou que le célèbre tableau du Caravaggio vous a impressionné(e) au point que l'image de ce monstre surgisse de votre subconscient pour illustrer un aspect ténébreux et pesant de votre personnalité.
Sens symbolique: la Méduse était l'une des sœurs des Gorgones, trois monstres pourvus d'un visage surmonté de serpents furieux, d'une bouche armée de défenses de sangliers, de mains de bronze et d'ailes d'or. La plus terrifiante, la Méduse, pétrifiait de son regard ceux qui la croisait. À elles trois, les Gorgones symbolisent le déséquilibre psychique dues aux pulsions négatives, aux perversions sociales, sexuelles et spirituelles, la Méduse symbolisant la dernière de ces perversions. Image de l'évolution spirituelle bloquée par l'orgueil et la vanité, la Méduse illustre la pétrification de soi-même – la stagnation. Elle invite, si l'on veut évoluer, à regarder ses erreurs avec lucidité, à se les pardonner sans se mortifier exagérément, car l'excès dans le repentir serait l'indice d'un travail sur soi faussement réparateur, accompli encore dans un esprit d'orgueil.

MÉLUSINE. *Voir la fée Mélusine*: bien entendu, cette Mélusine dont vous avez certainement entendu la légende, sera peut-être vue dans le rêve d'un homme sous l'apparence de la femme aimée. Ce rêve est une mise en garde contre la jalousie, le manque de confiance dans la personne aimée, et qui peut conduire à la pire des catastrophes. Pour une femme, Mélusine apparue en rêve, sera sa propre image et illustrera la peur qu'elle ressent dans sa relation avec un partenaire exclusif et tyrannique.

Sens symbolique: la légende de la fée Mélusine et de son mari Raimondin – ce dernier provoquant la disparition de son épouse par son comportement jaloux – symbolise le meurtre de l'amour par le manque de confiance, la suspicion et la possessivité exercée à l'encontre de l'être «soi-disant» aimé. Ce conte enseigne que le véritable amour ne peut reposer que sur le respect de la part secrète de l'autre. D'un point de vue psychologique, les comportements jaloux et exclusifs révèlent un complexe d'infériorité se traduisant souvent dans les relations de couple par une agressivité que l'alibi d'une pseudo lucidité est censé justifier.

MENHIR. (Voir **DOLMEN**, **PIERRE**)

MENSONGE. *S'entendre dire un mensonge*: vous avez peut-être quelque chose à cacher à une personne, en bien ou en mal, car il existe «de pieux mensonges» et «toute vérité n'est pas bonne à dire». Aussi, si vous vous souvenez de la nature de votre mensonge et à qui vous l'adressiez, le sens de votre rêve s'éclaircira de lui-même.

MÉPHISTOPHÉLÈS. (Voir **DIABLE**)

MER. *Voir une mer calme*: équilibre intérieur; harmonie; projets menés dans la sérénité.

Déchaînée: profonds bouleversements à tous les niveaux.

Dans laquelle on nage: on saura surmonter des difficultés. On essaye d'accorder ses idéaux à sa vie extérieure.

Dans laquelle on tombe: annonce un échec. Au plan psychologique, le travail sur soi n'est pas accompli.

Dans laquelle on se noie: une pression exercée sur vous sera trop forte pour que vous la supportiez. Faites-vous aider.
Sens symbolique: symbole féminin par excellence, la mer est comparable à une matrice dans laquelle s'élabore et se développe tout ce qui vit, se transforme et renaît. Elle est le subconscient, siège des passions déferlantes qui emportent les uns tandis que d'autres parviennent à les vaincre. Ses courants pouvant aussi bien être mortels que vivifiants, la mer est à la fois l'image de la vie et celle de la mort. Dans la Bible, la mer, création de Dieu dotée d'un pouvoir passif, est assujettie à la volonté divine qui seule peut décider du déchaînement ou de l'apaisement des eaux, confortant ainsi la notion de châtiment et de clémence divine. (Voir **EAU**)

MERCURE. (Voir **HERMÈS**)

MÈRE. Dans un rêve, l'image de la mère peut prendre différents aspects. Elle peut, bien entendu, apparaître sous son véritable aspect physique mais également sous toute autre forme, ce qui révélera le rapport psychique que vous avez avec elle, qu'elle soit en vie ou peut-être déjà morte. À ce propos, si l'on rêve peu souvent à sa mère, c'est le signe que le rapport est normal, équilibré. Si elle revient fréquemment, l'analyste verra que «le cordon ombilical» n'est pas coupé et que sur de nombreux plans, vous n'avez atteint ni la maturité ni l'indépendance.
Soulignons que la mère, la terre et la mer, sont associées dans une seule et même image à celle de la matrice de la vie.
Pour en revenir aux différents aspects sous lesquels la mère peut apparaître dans la vie onirique, le milieu culturel dans lequel on évolue ainsi que les traditions influenceront ces représentations.
Pour prendre de grandes figures de la mythologie qui incarnent les Déesses Mères, citons Gaïa, Rhéa, Héra, Déméter pour la Grèce antique; Isis chez les Égyptiens, Ishtar chez les Assyriens et les Babyloniens; Astarté chez les Phéniciens; Kali chez les Hindous. Soulignons encore que toutes ces déesses symbolisent la fertilité, la fécondité.

Sous les noms de Mère et Mère de Dieu, le christianisme évoque l'Église et la Vierge Marie, et sous le vocable de Mère divine la théologie hindoue parle de la déesse Kâli, manifestation de la Force Vitale Universelle.

Pour la psychanalyse, la mère est à la base de la construction psychique de la personne, c'est-à-dire son inconscient. Comme tout grand symbole, la mère se présentera dans la vie onirique sous un aspect positif ou négatif en relation avec la vie intérieure de la personne qui rêve. Sous son aspect positif, et pour ne citer que de brefs exemples, la mère apparaîtra sous la forme sécurisante, accueillante, ou encore nourricière d'une maison, de la mer, d'un jardin potager. Sous son aspect négatif, elle apparaîtra sous des formes « descendantes » : escaliers, fonds marins, caves, ou sous forme d'obstacles qui empêchent de grandir comme les fortifications, la prison, des portes fermées, ou bien des interdits surgiront comme le douanier, le gendarme, et enfin sous un aspect menaçant, étouffant, comme l'araignée, la noyade, la chute.

Parmi les rêves qui révèlent un rapport infantilisé à la mère, on trouve souvent celui de l'ours ou du loup qui représentent tous les instincts que le rêveur a projetés sur sa mère, dans le cas de l'ours, le désir d'être entouré de tendresse, ou dans celui du loup, ce sera l'émergence brutale des instincts destructeurs.

MESSE. *Assister à la messe* : besoin d'un soutien providentiel à mettre en relation avec une épreuve difficile subie ou à subir dans la réalité.

MESURER. *Se mesurer à quelqu'un* : annonce une rivalité professionnelle ou amoureuse.

Prendre les mesures d'une pièce : évaluation méthodique d'un projet.

MÉTAL. *Voir un objet ou un bijou en métal* : selon la qualité du métal, sa couleur, sa brillance, sa valeur, votre rêve aura une signification différente. Voici quelques généralités :

Un métal à l'état brut : besoin d'affiner ses perceptions. Conscience peu ouverte.

Métal non encore travaillé: correspond à des pulsions non dominées.
Métal travaillé, brillant: l'esprit domine le corps.
Métaux précieux: belles énergies, surtout pour l'or, qui illustre la lumière spirituelle.
Sens symbolique: les métaux sont des concentrés de forces cosmiques solidifiées. Élaborés au sein de la terre, ils sont assimilés dans un premier temps aux puissances souterraines maléfiques. Dégagés de leur enveloppe grossière, transformés, purifiés, ils présentent alors un aspect bénéfique, un processus comparable à celui de l'esprit émergeant de la matière.
Une relation à été formulée entre les métaux et les planètes, qui va du métal le plus ordinaire au plus noble: le plomb correspond à Saturne; l'étain, à Jupiter; le fer, à Mars; le cuivre, à Vénus; le mercure, à Mercure; l'argent, à la Lune et l'or, au Soleil.
On retrouve cette correspondance dans les âges planétaires et les races, l'âge de fer étant associé à une ère chaotique, brutale et guerrière, l'âge d'or à celui des splendeurs à venir.
La psychanalyse, notamment avec Jung, a assimilé la libido à l'énergie des métaux. Les désirs sexuels correspondraient à la phase souterraine des métaux et le passage par le feu libèrerait l'être humain de l'asservissement à ses instincts, exactement comme les métaux sont libérés des influx planétaires néfastes lors de leur transformation. Ce processus peut se comparer à celui de l'œuvre alchimique qui, par opérations successives, transmue le plomb en or. Dans les rituels d'initiation de certaines sociétés, se dépouiller de ses objets en métal signifie se détacher de ses biens matériels et de toutes les entraves qui freinent, afin de retrouver la pureté originelle.

MÉTAMORPHOSE. *Se voir sous une autre apparence*: tout peut arriver dans un rêve et selon votre transformation en animal sauvage, en oiseau des îles, en arbre, en source, en fée, en roi, en princesse, en géant, ou tout autre, ce rêve révèlera, au plan psychologique, un désir d'identification aux qualités auxquelles vous aspirez ou aux châtiments que dans l'intériorité de votre être vous croyez devoir subir pour vos fautes. (Se reporter au mot qui correspond à l'apparence sous laquelle vous vous êtes vu(e)).

MÉTEMPSYCOSE. Un rêve très rare qui évoque la transmigration de l'âme ne figurera que chez la personne qui adhère à la croyance selon laquelle dès qu'un être a commencé à vivre il assume les conséquences de ses actes, cette croyance ne laissant aucune place au hasard. La réincarnation sous une forme ou une autre serait la conséquence de son vécu terrestre, en bien ou mal, et rejoindrait la notion de **KARMA**.

MÉTÉORE. *Que l'on voit*: présage une difficulté passagère, mais lourde de conséquence.

MÉTRO. *Se voir dans le métro*: ce rêve peut correspondre à une réalité que vous vivez quotidiennement et qui vous obsède, ou au plan psychologique, annonce une recherche intérieure qu'évoquent le souterrain, le grouillement du public, les publicités.
Marcher dans un couloir sombre du métro: état dépressif, mais marcher indique que l'on en sortira transformé(e).
Se voir comprimé(e) par la foule: sentiment d'oppression provoqué par une souffrance intérieure.
Sortir du métro: libération intérieure, transformation à tous les niveaux.
Sens symbolique: (Voir **CAVERNE**, **TRAIN**, **TUNNEL**)

MEUBLE. *Se voir entouré(e) de meubles*: reflet de nos états affectifs ou psychologiques.
De bons meubles solides: psychisme équilibré. Belles relations avec autrui.
Meubles raffinés, de style: on aspire à s'affiner aussi bien intérieurement que dans sa vie sociale.
Des meubles modernes: fraîcheur d'esprit. Renouveau à différents niveaux.
Des meubles abîmés: exprime la désillusion; idéaux non réalisés.

MEULE. *Voir une meule de foin*: annonce des gains conséquents.
Se réfugier dans une meule de foin: on sera à l'abri des difficultés de tous ordres.
Voir une meule de foin brûler: risque de perte financière.

MICROPHONE. *Que l'on vous tend*: on exprimera avec force ses opinions.
Que l'on utilise: on se libèrera ouvertement d'un secret.

MIEL. *Voir des rayons de miel*: annonce une transformation intérieure progressive.
Que l'on mange: transformation intérieure accomplie, vous mangerez le pain de la sagesse.
Sens symbolique: dans nombre de traditions, en tant que nourriture complète, le miel est associé à la richesse, à l'énergie bienfaisante qui vivifie, régénère et inspire. Avec le lait, auquel il est souvent relié dans les écrits saints, il symbolise les jours paradisiaques qui furent à l'aube de la création et qui seront à la fin des temps. Comparé à la rosée céleste, il évoque la connaissance mystique, la spiritualité. Substance de base de l'hydromel, la boisson des dieux, il est le symbole de l'extase initiatique et de l'immortalité. Pour la psychanalyse, le miel, aboutissement d'un lent travail de transformation, symbolise la recherche intérieure, le travail sur soi, la conversion de ses instincts primitifs en forces spirituelles. (Voir **ABEILLE**)

MILLE. *Voir ou écrire le nombre 1000*: présage de félicité et de bonheur sans faille.

MILLET. *Manger du millet*: annonce la prospérité, l'abondance.
Sens symbolique: dans la Chine antique, le millet était le symbole de la fécondité et du lien entre les énergies célestes et souterraines.

MIMOSA. *Cueillir du mimosa*: annonce un renouveau, une transformation intérieure lumineuse.
Sens symbolique: selon la tradition maçonnique, le mimosa symboliserait la métamorphose intérieure, l'ouverture de l'âme à la véritable Lumière.

MINOTAURE. *Que l'on voit sur une illustration*: si vous rêvez de ce monstre à corps d'homme et à tête de taureau, c'est que la

mythologie grecque ne vous est pas inconnue et que ce monstre a laissé une empreinte significative en vous. Ce rêve illustre la lutte intérieure que vous livrez contre vos instincts pour parvenir à un état psychique pacifié.
Sens symbolique: enfermé dans le Labyrinthe, le Minotaure était périodiquement nourri de jeunes garçons et de jeunes filles. Thésée, roi d'Athènes, se laissa volontairement enfermé avec le monstre pour le tuer, ce qu'il réussit. Pour trouver la sortie du labyrinthe et retrouver la lumière, il fut guidé par le fil d'Ariane. Ce mythe symbolise la victoire sur les refoulements tapis dans l'inconscient, grâce à l'aide spirituelle, illustrée par Ariane déroulant son fil. (Voir **LABYRINTHE**)

MIROIR. *Que l'on voit*: ce rêve invite à analyser ses comportements.
Dans lequel on se regarde: incitation à voir clairement en soi.
Un miroir terni: on préfèrera ne pas trop s'analyser.
Un miroir brisé: s'il tient sur son support et qu'il est morcelé, il peut être le reflet des multiples facettes de la personnalité et d'un manque de cohérence dans ses actes.
Un miroir cassé en deux: annonce une séparation conjugale. Au plan psychologique, ce rêve est une mise en garde contre un dédoublement pathologique de la personnalité.
Sens symbolique: le miroir se retrouve dans nombre de traditions pour symboliser la sagesse, la connaissance, l'intelligence divine, la pureté et la beauté de l'âme. Les analystes parlent du miroir comme d'un révélateur des états de la psyché.

MOISSON. *Faire la moisson*: on récoltera ce que l'on a semé, en bien comme en mal.
Rentrer la moisson: présage la sécurité financière.
Une belle moisson: prospérité, abondance en perspective.
Une maigre moisson: annonce des temps un peu difficiles.

MOLOCH. *Voir une illustration de Moloch*: pour que cette divinité phénicienne apparaisse dans votre rêve, c'est probablement parce que vous avez de l'intérêt pour les sociétés antiques et que Moloch a laissé

une empreinte significative en vous. Aussi, ce rêve pourra révéler votre aversion et votre crainte pour tout ce qui touche à une autorité despotique. Peut-être est-ce une représentation d'une personne de votre entourage particulièrement tyrannique.
Sens symbolique: Moloch était cette divinité monstrueuse à laquelle on livrait ses enfants en sacrifice, ce que Moïse sur l'ordre de Yhavé, interdît formellement. De nos jours, Moloch est devenu le symbole du tyran cruel et implacable.

MOMIE. *Que l'on voit*: rencontre avec une personne secrète qui vous réservera des surprises.

MONDE (LE). Voir dans un rêve le Monde du tarot, le 21e arcane majeur de ce jeu de voyance, suppose que l'on est initié(e) à sa pratique, ou tout au moins que l'on s'y intéresse. Certaines des caractéristiques de cette lame exposées ici brièvement pourront vous éclairer sur le message de votre rêve.
Le Monde, cette lame sur laquelle figure une jeune femme nue qui danse, auréolée d'une guirlande en forme de mandorle dans laquelle s'inscrivent les symboles des quatre éléments figurés par un ange, un aigle, un cheval et un lion – l'eau, l'air, la terre et le feu – représente l'union de la terre et du Ciel, ainsi que la totalité de l'homme et du monde, suggérée par l'œuf cosmique primordial. De plus, la danse illustre le mouvement perpétuel du monde qui maintient les éléments en équilibre.
Cet arcane majeur annonce la conscience à son plus haut niveau, l'ascension spirituelle, l'harmonie intérieure le succès à tous les niveaux. Même entourée de lames néfastes, le Monde gardera sa puissance et encouragera à l'action.

MONNAIE. (Voir **ARGENT**)

MONSTRE. *Que l'on voit*: sous une forme humaine ou animale, il peut représenter une personne de votre entourage qui vous inspire crainte ou répulsion; au plan psychologique, ce monstre peut être

l'émergence d'un désir pervers refoulé.
Un monstre que l'on affronte: vous avez le puissant désir d'éliminer tout ce qui perturbe gravement votre équilibre psychique.
Qui vous dévore: saurez-vous vaincre vos angoisses et vos peurs?
Que l'on vainc: illustre la victoire sur ses démons intérieurs.
Sens symbolique: le monstre symbolise les obstacles à surmonter pour accéder aux biens supérieurs que l'on voudrait acquérir, qu'ils soient d'ordre matériel ou spirituel. Il est aussi symbole de résurrection quand il dévore l'homme pour l'amener à une nouvelle naissance. Le récit biblique de Jonas avalé par la baleine illustre ce passage dans les ténèbres, – le chaos de son intériorité – avant d'entrer dans la lumière. (Voir **BALEINE**, **GARDIEN**)

MONTAGNE. *Que l'on voit*: difficultés dans l'exécution d'un projet. Au plan psychologique, difficulté à surmonter ses problèmes intérieurs.
Une promenade en montagne: recherche d'équilibre entre ses préoccupations matérielles et une recherche spirituelle.
Que l'on escalade: des efforts seront nécessaires pour atteindre ses objectifs; lutte contre ses conflits intérieurs.
Tomber pendant l'escalade: manque de préparation de ses projets; au plan psychologique, manque de maturité.
Atteindre le sommet: annonce une réussite extérieure, sur le plan professionnel, social sentimental, aussi bien que la victoire sur soi; révèle une transformation intérieure, un niveau de conscience élevé.
En redescendre: objectifs atteints à tous les niveaux; sérénité; état psychique pacifié.
Sens symbolique: la montagne représente à la fois l'ascension vers les hauteurs, le ciel, c'est pourquoi elle est associée dans toutes les traditions à la notion de « sacré ». Par sa hauteur, elle symbolise l'union de la terre et du ciel, la sagesse et la connaissance, la demeure des dieux, les qualités supérieures de l'âme, le développement psychique et spirituel à son plus haut niveau, ainsi que l'évolution humaine à son apogée.

MONTER. (Voir **ASCENSION**, **DESCENDRE**)

MONTRE. (Voir **HORLOGE**, **NOMBRE**)

MORDRE. *Se faire mordre*: par un animal : marque l'émergence de ses instincts les plus agressifs.
Par une personne : mise en garde contre une personne très possessive.
Mordre une personne : désir d'impressionner, de se faire remarquer, de laisser son empreinte.
Se mordre la langue : on aura des remords concernant un geste ou une parole mal à propos vis-à-vis d'une personne.

MORT. *Se voir mort* : marque un désir intense de vivre ; une transformation intérieure qui annonce la mort à ce que l'on était et une nouvelle naissance avec d'autres valeurs morales et spirituelles.
Voir une personne morte : tout dépend du lien tissé avec cette personne. S'il s'agit de sa propre mère, annonce que l'on gagne en maturité et en indépendance. Avec des proches, quels qu'ils soient, peut révéler des angoisses, une peur de perdre ses repères habituels. Si la personne n'est pas identifiable, il s'agit de vous-même qui avez accédé à un niveau supérieur de conscience et que vous ne reconnaissez pas dans cette personne morte.
Se faire tuer : annonce que l'on sera abattu(e) psychologiquement par des événements indépendants de sa volonté.
Se voir dans un cercueil : illustre l'aspect étouffant de sa propre vie, sans projet, sans affectivité.
Se voir enterré(e) vivant(e) : on est prisonnier(ière) d'un sens du devoir envers les siens trop excessif, au risque de ne plus pouvoir vivre sa propre vie.
Se voir incinéré(e) : désir de se purifier, de se transformer intérieurement.
Sens symbolique : la mort, dans la vie onirique, s'illustre souvent par des sentiments d'angoisse et de peur. Que ce soit au plan de l'humain, de l'animal, du végétal, ou bien des sentiments, des modes et des époques, elle représente ce qui ne dure pas, ce qui est

voué à disparaître pour être remplacé. Dans toutes les traditions, les rites dans lesquels la mort fait partie de l'initiation illustrent bien son symbolisme en tant que passage, ouverture à une autre forme d'existence, à une nouvelle vie. Pour les analystes, la mort et la vie représentent deux forces qui s'opposent en tout être et à tous les niveaux. La mort à l'un de ces niveaux, conditionnerait une renaissance à un degré supérieur, autrement dit opérerait une transformation radicale, positive, évolutive, tant au plan moral que psychique ou spirituel.

MORT (LA). Voir dans un rêve l'arcane majeur de la Mort suppose que l'on est initié(e) à la pratique de cet outil de voyance, ou tout au moins que l'on s'y intéresse. Certaines des caractéristiques de cette lame exposées ici brièvement pourront vous éclairer sur le message de votre rêve.
Le 13e arcane majeur du tarot ne porte généralement pas de nom, sans doute parce que l'image parle d'elle-même ou que son nombre était suffisamment évocateur pour les imagiers du Moyen Âge qui conçurent ce jeu. Cette lame illustrée par un squelette armé d'une faux qui coupe têtes, mains et pieds, ne parle pas de la mort physique mais d'une mort initiatique. La couleur noire dominante, symbolise, comme dans l'Oeuvre alchimique, la transformation, la transmutation qui préside à une renaissance lumineuse. Par son geste, le faucheur symbolise la nécessité de travailler sur soi pour acquérir sagesse et connaissance. L'un de ses pieds est enfoncé dans la terre tandis que l'autre a été fauché par lui-même, ce qui en langage clair signifie que pour évoluer il faut sacrifier une partie de soi-même, quitter ses liens, gagner son indépendance pour renaître à l'état de perfection spirituelle. Cette lame annonce un changement important, la fin d'un cycle, une ouverture supérieure de conscience, le détachement. Entourée de lames qui majorent sa puissance, la Mort annonce la destruction de projets, des pertes matérielles, la tristesse et la décrépitude. Bien entourée, son pouvoir sera atténué au risque pour la personne qui consulte, de passer à côté de sa propre évolution.

MORTIER. *Que l'on voit ou que l'on utilise*: rêve en relation avec la sexualité.
Certaines traditions, tant européennes qu'asiatiques, donnent au mortier une signification sexuelle, le bol étant l'image de la matrice, le pilon, celle de l'organe viril.

MOTO. *Piloter une moto*: si dans la vie réelle on utilise un engin semblable, ce rêve pourra être un prolongement du plaisir éprouvé à rouler en plein air et à grande vitesse. Signale un caractère bien affirmé, l'indépendance et la maîtrise de sa vie.
Pour une personne profane: toutes qualités dont elle «rêve», mais que son caractère timoré lui interdit. Au plan psychologique, ce rêve est dit «compensatoire».

MOTONEIGE. *Que l'on utilise*: un rêve qui est sans doute un prolongement du plaisir procuré par cet engin. Au plan psychologique, la vitesse et le désert blanc signalent une distorsion entre ses aspirations: l'engin représente l'attachement aux plaisirs terrestres, la neige, le détachement, l'aspiration à la pureté intérieure.

MOTS CROISÉS. *Que l'on fait*: prolongement de votre vie réelle concernant une grille que l'on n'a pas réussi à terminer, ou bien annonce une situation complexe qu'il faudra résoudre.

MOUCHE. *Que l'on essaye d'attraper*: quelqu'un ou quelque chose dans la vie réelle provoque un agacement qui se traduit jusque dans votre rêve.
Qui se pose sur votre nez: rêve qui vous invite à vous débarrasser d'une personne exaspérante qui pompe votre énergie.
Qui se pose dans votre assiette: mise en garde contre une personne qui pourrait porter préjudice à votre santé mentale ou physique.
Que l'on tue: on fermera définitivement sa porte à une personne importune.
Symbole d'une énergie tourbillonnante, fiévreuse et inutile.

MOUETTE. *Que l'on voit*: oiseau annonciateur d'un bonheur égoïste, non partagé.

MOULIN (à vent, à eau). *Que l'on voit en activité*: vos projets tournent rond. Présage de réussite dans tous les domaines, y compris celui de l'amour.
Inactif: annonce une période de stagnation; rupture sentimentale.
La signification du rêve sera renforcée par l'étude de l'élément qui actionne le moulin. (Voir **AIR**, **EAU**)

MOUSTACHE. *Se voir avec des moustaches*: pour un homme s'il n'en porte pas dans la réalité, ce rêve signale le désir d'affirmer son autorité, sa virilité, ou peut-être encore, s'il admire les héros des vieux films, un désir de séduire.
Pour une femme: se voir avec une paire de moustaches signale qu'elle a de l'humour jusque dans son rêve, ou bien qu'elle veut s'affirmer à l'égal d'un homme, ou bien encore que sa pilosité excessive lui pose problème.

MOUTARDE. *Que l'on respire*: annonce que l'on sera confronté(e) à une situation irritante.

MOUTON. *Que l'on voit*: on ne s'alignera pas sur un comportement général. Affirmation de son autonomie.
Plusieurs moutons: annonce une réunion politique ou syndicale où l'on émettra une opinion différente de celle du groupe.
Compter les moutons: si l'on souffre d'insomnie, les compter même dans un rêve signale que l'on dort profondément!

MUGUET. *Que l'on donne ou que l'on reçoit*: du bonheur, encore du bonheur, rien que du bonheur!

MUR/MURAILLE. *Que l'on voit*: annonce des obstacles à ses entreprises.

Se voir devant: on sera freiné(e) au dernier moment par un obstacle imprévisible.
Franchir, un mur, une muraille: annonce une victoire sur soi-même par l'effort et la foi dans ce que l'on fait.
Se voir à l'intérieur: on se sentira sécurisé(e), soit parce qu'entouré(e) d'amour, soit parce que l'on aura évité un danger.
Voir une brèche dans un mur: mise en garde contre une personne malveillante qui s'infiltrera dans votre vie privée.
Voir un mur, une muraille s'effondrer: double signification: 1e) les obstacles disparaissent d'eux-mêmes; 2e) annonce la fin d'une relation sécurisante, l'effondrement d'espoirs reliés à ses projets ou à sa vie affective.
Sens symbolique: le mur ou la muraille symbolise la défense, la sécurité, mais aussi la séparation, l'exil, la prison. Le fait que le mur ou la muraille cerne un endroit clos sans le recouvrir, permet aux énergies célestes d'y pénétrer, ce qui est illustré dans de nombreuses traditions.

MÛRIER. *Que l'on voit*: présage de chance, de prospérité.
Cueillir des mûres: annonce la naissance d'un ou de plusieurs enfants.
En fleurs: annonce une période faste et heureuse.
Sous son ombre: il est conseillé de ne pas donner un rendez-vous amoureux sous un mûrier sous peine d'échec et de malchance.

MUSÉE. *Se voir à l'intérieur*: si la fréquentation des musées vous est habituelle, ce rêve pourrait être un prolongement de vos activités culturelles ou distrayantes. Sinon, il faut analyser ce rêve en fonction du musée dans lequel vous vous trouvez – il en existe une telle variété – et comprendre le rapport qui existe entre ce que vous voyez et certains événements de votre vie.

MUSIQUE. *Que l'on entend*: la musique que l'on entend dans un rêve correspond à des préférences dans la vie réelle car il est douteux qu'un(e) amateur(trice) de grande musique entende de la musique pop, du rap ou autre, de même qu'un(e) amateur(trice) de rock, pop,

rap ou autre n'entendra pas de musique classique, symphonique, sauf exception bien sûr.
La musique entendue manifestera des états psychiques, les sentiments amoureux, la tristesse, la joie, la légèreté, l'espoir, le désespoir, la vie mystique, toute la gamme des émotions que l'on est capable de ressentir.
Jouer d'un instrument: même si vous ne savez jouer d'aucun instrument, l'avantage de la vie onirique est de rendre possible tous les possibles. Selon l'instrument que votre inconscient vous aura «imposé», vous saurez parfaitement exprimer votre ressenti. (reportez-vous au nom de l'instrument utilisé)
Sens symbolique: toutes les traditions ont honoré les divinités ou les humains à qui elles doivent la création et la connaissance de la musique. Apollon, entre autres, chez les Grecs, Thoth ou Osiris chez les Égyptiens, Brahma chez les Hindous, Pythagore qui établit les rapports des sons selon une méthode utilisant les nombres. À l'origine, la musique était considérée comme la manifestation de l'harmonie cosmique. Les rythmes, les tonalités, les sonorités, les instruments utilisés vibraient en symbiose avec la «musique des sphères». Certains instruments plus que d'autres évoquaient les mouvements de l'âme accordée au divin, comme la harpe et la lyre. Si la musique symbolisait l'harmonie cosmique, elle symbolisait aussi le rassemblement, la communication, les événements heureux ou malheureux des humains.

MUTILATION. (Voir **AMPUTATION**, **AVEUGLE**, **BORGNE**, **DIFFORMITÉ**)

MYTHOLOGIE. *Voir un dieu ou un héros de la mythologie*: les rêves dans lesquels apparaissent des personnages mythologiques sont reliés le plus souvent à votre niveau de culture. En général, ils représentent les tendances négatives ou positives de la vie psychique et les conflits intérieurs. L'évolution de la psyché sera illustrée par la divinité bienfaisante, porteuse de valeurs morales et spirituelles ou par le héros victorieux; les combats contre les monstres seront le reflet de la lutte contre nos pulsions destructrices. Les héros vainqueurs ou vaincus seront une image de nous-mêmes face à nos victoires ou nos défaites sur nous-mêmes ou contre nous-mêmes. (Voir **APHRODITE**, **APOLLON**, **DÉDALE**, **DIANE**, **HERMÈS**, **ICARE**, **MINOTAURE**, **PÉGASE**, etc.)

N

NAGER. *Se voir nager*: c'est l'image même de l'existence et la façon dont on aborde les moments difficiles ou paisibles. L'aspect de l'eau, sa couleur sombre ou limpide, son agitation ou son calme, la facilité ou la difficulté avec laquelle on nage, si l'on affronte le courant ou si on se laisse emporter, tous ces facteurs sont importants pour interpréter ce genre de rêve. (Voir **EAU**, **FLEUVE**, **MER**, **RIVIÈRE**)

NAIN. *Que l'on voit*: rencontre avec une personne auprès de laquelle on se sentira petit(e) et sans valeur. Révèle un complexe d'infériorité.
Un nain qui vous regarde: ce regard invite à une incursion dans les profondeurs de l'inconscient.
Sens symbolique: les nains figurent souvent dans les contes et légendes des pays nordiques. Compagnons des fées qui, elles, sont associées à l'élément air, les nains appartiennent aux forces souterraines de la terre et par extrapolation, aux pulsions primitives de l'inconscient. On attribue aux nains plusieurs autres significations. Ainsi, par leur petitesse qui leur permet de s'infiltrer partout, de tout voir et de tout sentir, de tout entendre et de tout retenir, ils symbolisent la clairvoyance, l'intuition, la lucidité. Dans certaines traditions, les nains seraient les gardiens du secret de la connaissance; dans d'autres, ce sont des petits êtres malicieux – des bouffons, comme il y

en avait dans les cours royales d'autrefois –, qui disent tout haut des vérités qui se chuchotent tout bas. Ils projettent une image dont se sont emparées différentes religions pour illustrer les désirs pervertis et les démons écrasés sous les pieds des saints, à l'inverse de certains récits historiques dans lesquels le nain symbolise l'âme non alourdie par le poids d'un corps physique.

NARCISSE. *Respirer l'odeur d'un narcisse*: si vous identifiez l'odeur de cette fleur dans votre rêve, vous risquez de ne pas entendre la sonnerie de votre réveil, car cette fleur est réputée pour engourdir les sens et prolonger le sommeil jusqu'au printemps, moment de l'année où elle pousse. Ce rêve révèle peut-être ce souhait?
Sens symbolique: une fleur qui est souvent l'élue des poètes dans diverses traditions. Le narcisse illustre également nombre de récits mythologiques, bibliques ou donne matière à plusieurs interprétations philosophiques. Pour les uns, le narcisse est symbole d'immortalité, de fécondité, de bonheur, mais, dans son acception populaire, cette fleur est l'emblème de la vanité, de l'autosatisfaction, de l'amour égoïste. Ne parle-t-on pas «d'amour narcissique»?

NATTE. (Voir **CHEVEU**)

NAUFRAGE. *Assister à un naufrage*: ce rêve révèle un état psychologique fragile, une insécurité, une perte de ses repères.
Se voir accroché(e) à une bouée: vous bénéficierez pour un temps limité d'un soutien inattendu.
Se voir sauvé(e) d'un naufrage: annonce une perte de biens matériels.
Se sentir couler: annonce un renouveau: lorsque l'on touche le fond, l'instinct de survie nous propulse vers le haut.
Sens symbolique: (Voir **BARQUE**, **EAU**)

NAVET. *Que l'on voit*: tout peut arriver dans un rêve, y compris de voir cette plante qui ne jouit pas d'un grand prestige et qui a même donné son nom à des œuvres cinématographiques peu glorieuses. C'est peut-être à la suite du film médiocre que vous avez récemment visionné que ce navet est apparu dans votre rêve: allez savoir ! Les desseins de la vie onirique sont souvent bien impénétrables. Ceci dit, le navet a ses lettres de noblesse dans la tradition taoïste puisqu'il symbolise l'immortalité !

NAVIRE. (Voir **BARQUE**, **BATEAU**)

NEIGE. *Que l'on voit tomber*: si l'on en rêve à l'époque où elle tombe, elle ne sera peut être que le prolongement d'un plaisir ou d'un déplaisir que l'on éprouve à voir l'hiver arriver. Si l'on en rêve à une autre saison, au plan psychologique, la neige sera le reflet d'un état de tristesse et de solitude.
Une tempête de neige: annonce des difficultés passagères.
Un paysage de neige sous le soleil: une personne chaleureuse fera fondre vos idées noires.
Voir la neige de chez soi: sécurité, chaleur et bien-être familial.

NETTOYER. (Voir **LAVER**, **POUSSIÈRE**)

NEZ. Bien entendu, un nez ne se promènera pas tout seul dans un rêve sans appartenir à un visage, connu ou inconnu de vous. Il révèlera un aspect de la personne et la confiance ou la méfiance que vous devrez lui témoigner, si vous croyez aux significations généralement admises.
Un nez droit: correspondrait à la droiture, à l'honnêteté.
Un nez retroussé: jeunesse d'esprit et de caractère.
Un nez pointu: discernement, intuition, curiosité.
Un nez très long: pas celui de Pinocchio, car un nez très long indique la réflexion, le sérieux.
Un nez trop court: signale un caractère superficiel, mais généralement ce genre de nez est plutôt attribuable à une chirurgie esthétique ratée.
Un nez rond: jovialité, amabilité.
Un nez large: générosité, amour d'autrui.
Un nez écrasé ou cassé: impétuosité, l'action précède la réflexion.
Un nez aquilin: autorité, intellectualisme.
Un nez pincé: indique le mépris, la suffisance.

Votre propre nez: à vous de savoir si vous avez du flair !
Sens symbolique: le nez symbolise le discernement, l'intuition, la clairvoyance. Dans certaines traditions africaines, on utilise des mélanges à base de museaux de porc ou de chien pour entrer en communication avec les esprits invisibles. Chez des peuples sibériens ou finnois, après une chasse, les museaux de certains animaux réputés pour leur flair exceptionnel sont découpés et conservés pour leurs qualités protectrices.

NICHE (d'un chien). *Que l'on voit*: il se peut que ce rêve corresponde à un souci relié à votre animal favori; si tel n'est pas le cas, il faudra interpréter la niche comme une évocation de la maison familiale et, selon l'aspect délabré ou neuf de la niche, ce rêve révèlera le rapport que l'on entretient avec les membres de sa famille.

NID. *Avec un couple d'oiseaux*: présage une union ou un mariage.
Qui contient des œufs: annonce une vie familiale prospère; des gains financiers.
Vide: révèle une crainte que cela ne se produise dans son propre foyer.
Un nid détruit: on se sentira responsable de l'échec de son couple.
Si un animal nuisible l'occupe: mise en garde contre une personne malfaisante.

NIMBE. *Se voir nimbé(e) de lumière*: (Voir **AURA**, **AURÉOLE**)

NIVEAU (passage à niveau). *Que l'on voit*: on s'attendra à des obstacles dans la réalisation de ses projets.
Qui s'abaisse: on subira des retards momentanés dans ses entreprises.
Que l'on franchit avant l'arrivée d'un train: rien ne s'opposera à votre réussite.

NOCES. (Voir **MARIAGE**)

NŒUD. *Que l'on fait*: peut présager une union sentimentale, une association, mais aussi des complications à venir.

Que l'on défait : ce sera l'inverse, des liens se dénoueront, des problèmes seront résolus.
Faire un nœud de cravate : c'est un peu comme se mettre la corde au cou, sentimentalement ou professionnellement.
Un nœud papillon : besoin de considération sociale, ou désir de papillonner.
À son mouchoir : annonce un événement qui marquera votre mémoire.
À sa chaussure : présage de complications dans l'avancée de ses projets.
Voir un sac de nœuds : l'expression populaire exprime ce qui vous attend.
Sens symbolique : le nœud symbolise généralement la puissance qui lie et qui délie, autant sur le plan de l'union de deux êtres que sur un plan spirituel. Dans certaines traditions religieuses, le nœud défait est symbole de détachement, de libération de l'être (bouddhisme). Les nœuds des bambous ou ceux faits sur des cordes marquent des étapes et des états successifs pour atteindre la réalisation de soi, pour passer du plan terrestre au plan céleste. Si, chez les anciens Égyptiens, le nœud était symbole de vie et d'immortalité, dans certaines mythologies il est associé à la mort (Inde, Iran). Le nœud est également au centre de pratiques magiques et de superstitions chez de nombreux des peuples. Il existe autant de nœuds maléfiques que bénéfiques. Protection contre le mauvais œil dans la tradition islamique, on trouve souvent accrochés aux arbres des morceaux d'étoffes ou des cheveux pour conjurer le mauvais sort et les maladies. Pour les analystes, le nœud désigne les états de blocage, de fixité, de délimitation du psychisme.

NOIR/NOIRE. *Se voir avec la peau noire* : peu importe la couleur de votre peau dans la réalité, la vie onirique ne prend aucunement en compte les idéologies raciales, discriminatoires ou morales attachées à une société, aussi dans ce genre de rêve, ce sera le symbolisme de la couleur noire qu'il faudra retenir et y voir un état plutôt dépressif, une blessure psychique, une souffrance morale. (Voir **COULEUR**)

NOISETTE/NOIX. *Que l'on casse* : illustre les efforts à accomplir faire pour atteindre ses objectifs.
Que l'on mange : on savourera les fruits de son labeur.

Sens symbolique : le noisetier, à l'égal du noyer, symbolise la constance dans l'effort de spiritualisation. Leurs fruits, à l'un comme à l'autre, sont l'aboutissement de ce lent travail sur soi.

NOM. *Entendre ou écrire son nom* : révèle un besoin de s'affirmer et de s'affermir face à des situations qui demandent courage et détermination.
Prononcer le nom d'une personne : c'est souvent le nom d'une personne proche ou disparue qui est invoqué, dicté par l'amour ou par un manque affectif ou encore par un besoin de soutien.
Invoquer un saint ou le dieu de sa confession : correspond à un désir d'identification avec les qualités divines contenues dans le nom.
Sens symbolique : dans les traditions religieuses, lorsque l'on fait référence au Nom, c'est du Nom Divin dont on parle, que ce soit dans la religion juive, islamique ou dans certaines formes du bouddhisme. Les autres noms qui accompagnent souvent le Nom de la Divinité désignent ses qualités divines. L'invocation du nom d'un saint ou d'une qualité divine a le don de provoquer sa présence, ressentie comme réelle, chez celui ou celle qui l'invoque. Soulignons qu'en ce qui concerne la tradition judaïque, le nom divin, seulement connu de rares initiés, est imprononçable car sa divulgation pourrait permettre aux mécréants et aux magiciens d'en faire un usage redoutable. Dans le Coran, Dieu a 100 noms moins 1. Ce 1, le Grand Nom, symbolise l'essence secrète de Dieu. Celui qui possèderait la totalité des noms de Dieu pourrait – comme dans le Judaïsme – accomplir des miracles ou des catastrophes. Dans l'Égypte ancienne, désigner une personne par son nom, c'était non seulement l'identifier, mais lui reconnaître sa dimension individuelle. Selon les traditions de l'Inde, prononcer le nom d'une chose met en action les vibrations inhérentes à ce nom, qui agissent alors pour créer ou représenter la chose. Pour les analystes, rêver d'entendre ou d'écrire son nom serait comme un appel à soi-même, une incitation à ne pas perdre sa propre individualité.

NOMBRE. Il est rare qu'un nombre apparaisse dans un rêve sous sa forme distinctive, car le plus souvent il empreinte la forme d'un objet, d'une personne, ou la réunion de plusieurs choses à la fois. Les nombres apparus dans la vie onirique parleront surtout de l'état psychologique, des diverses tendances de la personnalité. À cet égard, le sens des 22 arcanes majeurs du tarot et la signification selon les analystes des 9 premiers nombres, pourront aider à l'interprétation de certains de vos rêves.

1. Le point de départ, l'activité, l'habileté, la créativité, la spontanéité. Sa verticalité en fait un symbole phallique qui s'illustrera dans un rêve sous la forme d'un mât, d'une tour, etc. Le 1 est symbole d'unification de la personnalité et le signe du principe masculin.

2. Le mystère, l'impassibilité, la sagesse, la clairvoyance, la spiritualité ; il introduit le principe binaire. Dans un rêve, le 2 apparaîtra sous de nombreux aspects dont le couple. Ce nombre représente l'ambivalence, la dualité en chacun de nous, le positif et le négatif, le bien et le mal, la lumière et les ténèbres, l'amour et la haine, etc.

3. L'intelligence, le discernement, l'idée en germination, la fécondité. Dans un rêve, le 3 s'illustrera par la disposition d'objets en triangle, par trois personnes, par trois bruits, etc. Le 3 symbolise l'ordre et l'harmonie, l'accomplissement de ce que l'on a entrepris. Il peut symboliser également la vie matérielle, intellectuelle et spirituelle.

4. La stabilité, la durée, la rigueur, la virilité, la volonté, la force, l'autorité, la maturité. Dans un rêve, le 4 paraîtra sous des forces carrées, des carrefours, des croix. Il symbolise la totalité, l'universalité.

5. L'inspiration, l'intuition, l'évolution morale et spirituelle, la sagesse, la bonté. Dans un rêve, il s'illustrera par une disposition géométrique en forme de pentagone, par cinq personnes, cinq objets, etc. Le 5 symbolise d'un point de vue psychologique la personnalité profonde et créative.

6. L'indécision, l'irrésolution, la tentation, la difficulté du choix. Dans un rêve, le 5 s'illustrera par un sentiment d'oppression, d'angoisse, par des choix contradictoires. Sa forme est celle de deux triangles, l'étoile à six branches, dont les pointes s'orientent dans quatre directions opposées.

7. Le triomphe, le succès, la perfection, l'évolution dans tous les domaines. Dans un rêve, le 7 s'illustrera par une fleur à sept pétales, un chandelier à sept branches, un numéro de rue, un billet de loterie se terminant par 7, etc. Sa forme géométrique est celle de l'étoile à sept branches.

8. La justice, l'ordre, la droiture, l'honneur, le jugement, le respect des convenances. Dans un rêve, il apparaîtra sous la forme de rayons d'une roue, d'étagères d'un meuble, de huit marches d'escalier, du numéro d'une rue, etc. C'est le nombre de la rose des vents, l'étoile à huit branches.

9. La prudence, la connaissance, la force intérieure, l'expérience, la méditation. Dans le rêve, il prendra l'aspect d'une personne âgée, solitaire; il pourra figurer au-dessus d'une porte, dans un numéro de loterie. Le 9 symbolise la fin d'un cycle intérieur et le début d'un autre plus élevé spirituellement.

10. Le destin, le hasard, l'évolution ou l'involution, l'alternance vie/mort, l'éternel retour.

11. La force, l'énergie, la volonté, le triomphe de l'intelligence sur les instincts primitifs.

12. Le sacrifice, l'épreuve, l'immobilisme, le mysticisme, l'abnégation.

13. L'achèvement d'un cycle, la mort qui précède la renaissance, l'effort personnel pour élargir son champ de conscience.

14. La métamorphose, les changements, les mutations, la communication.

15. L'instinct primitif, la vitalité animale, la réussite à tous les niveaux si les pulsions sont contrôlées, aussi bien que les pires échecs dans le cas contraire.

16. L'ambition démesurée, les échecs, les erreurs, l'involution.

17. L'espérance, l'harmonie, la fin des épreuves, la créativité.

18. Les ténèbres, la sensibilité, l'inconscient, les pulsions secrètes, la médiumnité.

19. La clarté, l'amour, la vie, le rayonnement autant intérieur qu'extérieur.

20. Le renouveau, le réveil de la conscience, la communion avec le divin.

21. La victoire sur ses instincts ; la conscience claire, l'esprit lumineux, la spiritualisation, la chance, la réussite.

22. Le détachement des contingences humaines, l'accès à la conscience universelle avec le risque de la chute, de la plongée dans les ténèbres de la folie et de l'aberration.

(Pour plus détails, se reporter aux arcanes majeurs du tarot: **LE BATELEUR**, **LA PAPESSE**, **L'IMPÉRATRICE**, **L'EMPEREUR**, **LE PAPE**, **L'AMOUREUX**, **LE CHARIOT**, **LA JUSTICE**, **L'HERMITE**, **LA ROUE DE FORTUNE**, **LA FORCE**, **LE PENDU**, **LA MORT**, **LA TEMPÉRANCE**, **LE DIABLE**, **LA MAISON DIEU**, **L'ÉTOILE**, **LA LUNE**, **LE SOLEIL**, **LE JUGEMENT**, **LE MONDE**, **LE MAT**. Se reporter également au nombre **QUARANTE**)

NOMBRIL. *Voir son nombril*: peut exprimer un désir de sécurité, de retour dans le ventre maternel. Peut signaler aussi une coupure avec sa famille, avec ses racines.

Si l'on se réfère à l'expression populaire «se regarder le nombril», voir son nombril dans un rêve peut aussi être une mise en garde contre un égocentrisme par trop prononcé.

Sens symbolique: (Voir **OMBILIC**)

NUAGE. *Voir un léger nuage blanc*: s'il se détache sur un ciel bleu et pur, ce nuage annonce un petit ennui passager, sans conséquence.

Un gros nuage noir: révèle un état psychologique dépressif probablement lié à des soucis, à des difficultés mal vécues ou que l'on aura à subir prochainement.

Des nuages qui déversent la pluie: dans vos difficultés, une intervention providentielle vous viendra en aide.

Sens symbolique: sans forme définie, sans matière concrètement palpable, le nuage donne matière à diverses interprétations Pour certaines traditions ésotériques, le nuage est une image de l'état inconnaissable, impénétrable qui précède la manifestation, ou encore illustre la séparation entre deux niveaux cosmiques. Véhicules célestes, signes fastes ou néfastes du ciel, le nuage peut aussi symboliser la dissolution physique, la transformation, subie par le sage dans sa quête de l'éternité. Par ailleurs, la pluie associée au nuage est un symbole de fécondité et de métamorphose.

NUDITÉ. *Se voir nu(e)*: révèle un sentiment d'infériorité, le sentiment d'être sans valeur aux yeux des autres. Peut également symboliser une reconquête de soi-même, de sa vérité intérieure, illustrée par le dépouillement de vêtements qui ne font que cacher ce que l'on est véritablement.
Sens symbolique: la nudité se retrouve fréquemment dans les rêves et son symbolisme s'exprime sur deux pôles opposés. D'une part, la nudité est associée à la sensualité, au pouvoir provocateur, aux plaisirs de la chair, de l'autre à l'intégrité, tant physique que morale et spirituelle. La tradition judéo-chrétienne a fait de la nudité le symbole de l'appauvrissement moral et spirituel et aussi celui de la honte. Ce à quoi les gnostiques – les initiés aux mystères divins – s'opposent en faisant de la nudité le symbole de l'âme délivrée du corps, libre enfin de retourner à son état primordial, à son origine divine. Pour certains analystes, la nudité dans la vie onirique exprimerait un complexe d'infériorité ou une aspiration à vivre en accord avec sa propre personnalité; pour d'autres, la nudité dans un rêve serait l'expression d'un désir sexuel refoulé.

NUIT. *Se trouver dans une nuit profonde*: exprime le désarroi, l'angoisse, la confusion à tous les niveaux , le «Je n'y vois plus rien du tout» qui peut malgré tout annoncer l'espoir, le renouveau, la clarification d'un problème que l'on n'arrivait pas solutionner.
Sens symbolique: la nuit est l'image de l'inconscient. Elle marque l'entrée dans les ténèbres, dans l'inconnu où tout peut advenir. Source d'angoisses, de cauchemars, la nuit est un moment d'arrêt propice à la libération des contraintes, des désirs refoulés ou inexprimés, de même qu'elle symbolise le temps où tout germe et s'élabore en secret pour se manifester à la lumière d'un nouveau jour.

NYMPHETTE. *Que l'on voit*: pour un jeune homme, c'est une représentation de son idéal féminin, l'expression de son désir sexuel. Pour un homme âgé, rêver d'une très jeune femme au corps désirable, révèle sa peur de vieillir et la crainte de perdre sa puissance virile.
Pour une femme: la nymphette peut être une image de sa propre jeunesse ou du pouvoir de séduction qu'elle aimerait encore exercer.
Sens symbolique: le mot moderne «nymphette» qui désigne une très jeune fille, ravissante et séduisante, dérive du nom des ces divinités des sources et des fontaines, les «nymphes», de la mythologie gréco-romaine. Divinités de la naissance, elles engendrent des héros, et tout en se présentant sous un aspect gracieux, elles provoquent des sentiments à la fois d'admiration et d'effroi. Elles troublent l'esprit des hommes et peuvent les conduire jusqu'à la folie. Au sujet du développement de la personnalité, les nymphes représentent pour les analystes, certains aspects féminins de l'inconscient.

O

OASIS. *Se trouver dans une oasis*: la végétation et l'eau expriment un besoin de reconquérir ses forces vitales et de se nourrir spirituellement. Ce rêve compense un sentiment de vivre une existence stérile ou aride sur bien des points.
Que l'on quitte pour entrer dans le désert: annonce une période de réflexion sur le sens de sa vie, une maturation intérieure, une recherche spirituelle.
Sens symbolique: (Voir **DÉSERT**)

OBÉLISQUE. *Que l'on voit*: un rêve en relation avec la sexualité, l'obélisque étant un symbole phallique, comme la tour, la colonne, le pied, etc. Soulignons, cependant, que sa représentation n'est pas toujours érotique, elle signifie dans les anciennes traditions, la puissance génératrice, l'axe, le point d'équilibre entre la terre et le ciel.

OCÉAN. (Voir **EAU**, **MER**)

ODEUR. (Voir **PARFUM**)

ŒIL. (Voir **YEUX**)

ŒILLÈRE. *Que l'on voit*: on ne verra rien du tout de ce qui se trame autour de soi.

ŒUF. *Voir un œuf* ou des œufs dans un rêve signifie généralement au plan matériel, des gains, la prospérité, la réussite. Nombre d'expressions populaires peuvent s'illustrer dans les rêves et avoir pour la personne qui rêve une signification reliée à ce qu'elle vit dans la réalité.
Casser des œufs: pour atteindre ses objectifs, beaucoup d'efforts seront nécessaires.
Marcher sur des œufs: une situation demandera de la délicatesse pour être dénouée.
Voler un œuf: mise en garde contre une appropriation de certains de vos biens.
Recevoir un œuf pourri: au plan psychologique, c'est se punir soi-même. Exprime un complexe de culpabilité.
Voir éclore un poussin: annonce la prospérité familiale. Au plan psychologique, révèle une libération intérieure, une renaissance à tous les niveaux.
Sens symbolique: l'œuf est un symbole que l'on retrouve dans toutes les traditions. Le plus souvent, il représente l'œuf cosmique fécondé par le Souffle divin et dont les deux moitiés donnent naissance au Ciel et à la Terre (Inde) ; il est également l'œuf primordial séparé en deux, la partie la plus épaisse, le jaune, figurant la Terre, la plus légère, le blanc, figurant le Ciel (shintoïsme). Selon certaines traditions de l'Égypte antique, l'œuf est la Manifestation primordiale contenant en germe toute la Création, y compris le Soleil, un mythe que l'on retrouve dans d'autres civilisations pour lesquelles l'œuf est l'Esprit premier d'où émanent les éléments fondamentaux qui assureront

l'ordre hiérarchique de la création en autant de catégories. Le concept d'œuf cosmique est celui que l'on retrouve le plus fréquemment dans les cosmogonies pour illustrer la totalité unique qui contient la multitude des possibilités. Également image du renouveau cyclique de la nature, célébré dans de nombreux pays par la tradition des œufs pascals ou colorés, l'œuf est à la fois le symbole de la renaissance, du retour périodique ainsi que l'emblème de la perfection et de l'immortalité. Pour les analystes, l'œuf est associé à la sécurité, à la chaleur, à la maison, au sein maternel. Sortir de la coquille équivaut à se libérer, y rester enfermé(e) c'est rester prisonnier(e) de ses conflits intérieurs. À l'image de l'œuf cosmique qui contient toutes les possibilités, le psychisme enferme toutes les tendances de l'être humain, tous les aspects de la personnalité.

OGRE. *Que l'on voit*: l'ogre est apparenté à ces monstres qui peuvent surgir dans les rêves. Au plan de l'analyse psychologique, il est l'image du père autoritaire, tyrannique, omniprésent qui a marqué l'enfance et dont on ne réussit pas à se libérer pour accéder à sa propre autonomie.
Sens symbolique: les contes foisonnent en ogres dont le symbolisme rejoint celui des géants ou des monstres de la mythologie. L'ogre représente la force qui dévore, anéantit, à l'image du temps dans sa marche inexorable, du père dominateur, du tyran assoiffé de pouvoir, de la guerre aveuglément destructrice.

OIE. *Que l'on voit*: mise en garde contre un danger.
Qui s'envole: annonce un changement de lieu d'habitation, peut-être même de pays.
Que l'on mange: se gaver de nourritures terrestres empêche parfois de nourrir son esprit !
Une oie blanche: rencontre avec une jeune personne qui sera tout le contraire.
Sens symbolique: l'oie symbolise dans l'esprit populaire la fidélité conjugale. Dans quelques anciennes traditions, l'oie sauvage illustrait le départ pour l'exil (Chine), la messagère entre le ciel et

la terre (ancienne Égypte), et sa faculté de pressentir le danger et de donner l'alarme en faisait une gardienne de choix, un oiseau considéré comme sacré dans la Rome antique.

OIGNON. *Que l'on épluche*: est-on certain(e) que les larmes que l'on verse dans ce rêve sont attribuables à cette plante, ou bien n'est-ce pas encore une façon de nier ses peines jusqu'à les contrôler dans son sommeil?
Que l'on mange: annonce une guérison; renforcement de ses forces vitales.

OISEAU. *Que l'on voit*: si vous avez pu identifier l'oiseau, la signification de votre rêve en sera plus précise, car si certains annoncent de bonnes nouvelles, expriment des états psychologiques heureux, d'autres annoncent le contraire. Il y en a également qui sont des messagers d'amour et de paix. D'une façon générale, les oiseaux qui chantent sont porteurs de nouvelles, les oiseaux migrateurs présagent des changements, les rapaces sont des mises en garde contre des personnes malveillantes. Soulignons que pour les analystes, l'oiseau du rêve exprime la vie intérieure, spirituelle, et que la couleur du plumage est une indication de plus à retenir.
Quelques généralités:
Le pigeon, le rossignol, la mouette: l'amour, la sérénité.
Le canard ou l'oie sauvage: le déménagement, l'exil, l'instabilité intérieure.
La cigogne: événement heureux, psychisme serein.
Alouette, hirondelle, colombe: expriment la vie spirituelle.
Le corbeau: la solitude, la mort à une forme de vie pour renaître à une autre, la transformation intérieure.
Le hibou: la mélancolie, les ténèbres de l'inconscient; la protection, le guide.
La chouette: la sagesse, l'expérience.
L'aigle: la grandeur, l'autorité; la spiritualité, l'accomplissement de soi.
Sens symbolique: bien que symbole universel des relations entre la terre et le ciel, l'oiseau revêt diverses significations selon les traditions. S'il figure l'envol de l'âme, l'âme libérée des attaches terrestres,

le messager céleste, il peut également symboliser l'instabilité, la légèreté, la superficialité de l'esprit. Dans les rêves, l'oiseau symbolise la personnalité, la vie spirituelle, c'est pourquoi l'importance est accordée à l'identification de l'oiseau, à sa couleur, à sa vie diurne ou nocturne. (Se reporter au nom de l'oiseau apparu dans votre rêve et à **COULEUR**)

OLIVIER. *Avec ses feuilles et ses fruits*: présage d'abondance, de chance, de réussite.
Desséché: annonce une période difficile.
Sens symbolique: les diverses traditions célèbrent l'olivier en tant que symbole de force, de purification, de paix et de fécondité. Dans la Grèce antique, l'olivier était divinisé au point qu'il bénéficiait d'une protection rigoureuse ; dans les récits bibliques, il symbolise l'amour et la paix illustrés par le rameau d'olivier apporté à Noé par la colombe, par la croix du Christ faite en partie de bois d'olivier. On notera aussi que la tradition juive l'identifie avec Abraham pour en faire l'Arbre béni, symbole du Paradis des Élus. Pour l'Islam, l'olivier, arbre sacré, est l'image de l'Homme universel et la Source de Lumière.

OMBILIC. L'ombilic dans les rêves est le plus souvent nommé **NOMBRIL** (voir ce mot).
Sens symbolique: pour l'ensemble des traditions, l'ombilic – ou omphalos – est le centre du monde, le point d'où toute la création rayonne, d'où tout ce qui est manifesté procède. Chez certains peuples antiques, le nombril du monde revêt le plus souvent l'aspect de pierres levées, de colonnes, de menhirs, comme la pierre supportant l'Arche d'Alliance au Temple de Jérusalem, ou encore l'omphalos de Delphes qui illustre la communication entre les trois niveaux d'existence, celui des vivants, celui des morts et celui de la divinité. Principe viril cosmique, l'omphalos a été opposé à l'œuf cosmique, principe féminin, dont l'union aurait crée le monde, ce qui au plan humain serait figuré par l'union de l'homme et de la femme donnant naissance à l'enfant. Toujours pour le ramener aux dimensions de l'humain, le nombril dans le yoga, est le point de la concentration spirituelle, le centre

des énergies transformatrices. Le nombril du monde a son équivalent céleste, l'Étoile Polaire, fréquemment nommée « Nombril du ciel ».

ONCTION. *S'oindre d'huile bénite* : ce genre de rêve peut paraître chez une personne attachée à une confession religieuse qui pratique l'onction. Il signifiera un besoin impérieux, vital, de protection divine pour affronter plus sereinement des difficultés majeures.

ONDINE. (Voir **LAC**)

ONGLE. Dans un rêve, si votre attention se porte plus particulièrement sur les ongles d'une personne, voici quelques généralités qui vous permettront de savoir à qui vous aurez affaire, mais n'oubliez pas qu'il peut s'agir de vous-même.
Des ongles courts, carrés : sens de l'effort, esprit pragmatique, idées peu nuancées.
Ongles ovales, en forme d'amande : personne équilibrée, saine, en bonne santé.
Ongles larges : générosité ; ouverture aux autres ; bonne santé.
Ongles étroits : manque de générosité ; étroitesse d'esprit ; santé moyenne.
Ongles longs : méfiance ; distance avec les autres ; santé fragile.
Ongles très longs, en forme de griffes : agressivité ; cupidité ; égocentrisme.
Ongles rongés : nervosité ; inquiétude ; timidité ; complexe d'infériorité.
Les ongles qui se cassent : annoncent des ruptures, des épreuves.
Des ongles laqués de rouge vif : séduction ; sensualité ; sexualité.
Des ongles sales : l'interprétation va de soi !
De faux ongles : impossibilité de percer vraiment le caractère. Il faudra se fier à la forme des doigts et de la main. (Voir **DOIGT**, **MAIN**)

OPÉRA. *Assister à une représentation* : bien entendu, ne s'y verra qu'une personne déjà familiarisée dans la vie réelle avec ce lieu et ce genre musical. À travers ce qui se joue, le rôle auquel on s'identifie, on essayera de comprendre et d'éclaircir ce que l'on vit actuellement ou de se préparer à ce que l'on aura à vivre prochainement.

OPÉRATION. *Que l'on subit*: l'interprétation dépend du genre d'opération chirurgicale et de la partie du corps ou de l'organe affecté. Dans le cas d'ablation, ce rêve exprime un désir d'en finir avec des situations douloureuses ou conflictuelles. Dans le cas de greffe, ce rêve révèle un manque au plan affectif ou spirituel. Dans le cas d'une chirurgie plastique, le rêve souligne le désir de changer l'image que l'on a de soi. Dans le cas d'une chirurgie réparatrice, le rêve fait office de baume et annonce que les plaies intérieures sont en voie de guérison.

OR. *Que l'on trouve*: si dans la réalité cette chance ne se manifeste pas, ce rêve peut parler de recherche spirituelle et de richesse intérieure.
Que l'on perd: annonce une période sombre, aussi bien sur le plan matériel que psychologique.
Se voir paré(e) d'or: au plan psychologique, révèle une image dévalorisée de soi-même.
Recevoir un bijou en or: présage une période faste et lumineuse.
Sens symbolique: le plus parfait, le plus précieux des métaux, l'or symbolise dans toutes les traditions, la perfection suprême, la lumière divine. Aboutissement de l'œuvre alchimique, symbole de la connaissance, de l'immortalité, illustré par l'Élixir de vie, l'or, par sa valeur spirituelle et solaire symbolise également le feu purificateur, l'illumination. Dans la mythologie grecque, l'or évoque la fécondité, la richesse, le pouvoir. En tant qu'arme de lumière, il était utilisé sous forme de couteaux pour les sacrifices rendus aux divinités, et Apollon, le dieu-soleil en était totalement revêtu. Chair du Soleil pour l'Égypte antique, l'or a été aussi un des symboles de Jésus. Pourtant, l'or perd sa valeur spirituelle quand il se transforme en acquis matériel et peut symboliser alors le processus inverse de l'œuvre alchimique: l'or redevenu plomb.

ORAGE. (Voir **CIEL**, **PLUIE**, **TEMPÊTE**)

ORANGE. *Que l'on cueille*: présage une union, un mariage.
Comme tous les fruits à pépins, l'orange est symbole de fécondité.

ORANGÉ. (Voir **COULEUR**)

ORCHESTRE. *Que l'on voit*: vous participerez à une manifestation où tout le monde devra accorder ses violons.
Jouer dans un orchestre: bon gré mal gré, il faudra vous harmoniser aux autres.
Jouer faux: même si vous êtes dans le juste, la loi du plus fort l'emportera.

OREILLE. *Sur laquelle l'attention se porte*: vous avez quelque chose d'important à comprendre ou à dire. La forme des oreilles de la personne que vous voyez dans votre rêve – qui, d'ailleurs, peut être vous-même – vous guidera vers la confiance ou la méfiance que vous devrez lui – ou vous – témoigner.
Des oreilles bien proportionnées: on recevra des conseils justes et avisés.
Grandes oreilles: méfiez-vous de la personne à laquelle vous vous confierez.
Des petites oreilles: ne vous fatiguez pas à parler, on ne vous écoutera pas.
Des oreilles décollées: à force de prêter l'oreille à tous les vents, on ne saura à qui se fier.
Des oreilles percées: on se soumettra à l'autorité de quelqu'un.
Se nettoyer les oreilles: soyez vigilant au sujet de ce que l'on vous proposera, et suivez à la lettre le dicton: « Qui entend clair, entend bien ».
Avoir les oreilles bouchées: on préférera ignorer certaines vérités sur soi.
Se faire tirer les oreilles: marque le sentiment d'avoir commis une faute.
Caresser une oreille: rêve en relation avec la sexualité.
Sens symbolique: dans nombre de traditions, l'oreille symbolise la communication reçue du Ciel, c'est-à-dire, la Révélation divine. Canal de la vie spirituelle, obéissance à la Parole divine, l'oreille est aussi symbole de sagesse et d'immortalité en Chine, où les longues oreilles sont l'apanage des héros légendaires. Dans l'Ancien Testament, le

percement de l'oreille marquait l'engagement, la soumission à une autorité ; en Orient, la boucle d'oreille de certaines sociétés signifiait l'appartenance au groupe ; dans la tradition européenne, on pense que les marins qui portaient une boucle d'oreille exprimaient leurs mariage avec la mer. Symbole de l'animalité ou sexuel chez certains peuples africains, l'oreille serait en Asie et en Occident, une image du fœtus concentrant l'ensemble des organes et des fonctions du corps humain sur lesquels l'acupuncture – l'auriculothérapie – agirait d'une façon curative en cas de désordre physique ou psychologique.

ORGIE. *À laquelle on prend part* : un rêve que Freud attribuerait sans doute aux refoulements sexuels qui s'expriment dans la vie onirique en toute liberté.
Sens symbolique : les orgies – ou fêtes orgiaques – indépendamment de la perte de tout contrôle rationnel qu'elles manifestent, peuvent rejoindre dans les rêves, les orgies mystiques des dieux, des saints, des ascètes et exprimer un désir de dépassement de soi, une aspiration à s'identifier. (Voir **DIONYSOS**)

ORGUE. *Que l'on voit* : besoin d'harmoniser sa vie à tous les niveaux.
Dont on joue : annonce un mariage ou tout autre événement heureux.

ORNIÈRE. (Voir **BOUE**, **TROU**)

ORPHÉE. *Voir une statue ou une illustration* : un personnage mythique qui peut apparaître dans le rêve d'une personne ayant de l'intérêt pour la mythologie grecque dans la vie réelle. Ce rêve exprime le goût de charmer, de séduire, mais aussi un manque de foi, de confiance en soi, un manque de force d'âme.
Sens symbolique : Orphée est un personnage légendaire qui a suscité de nombreux écrits poétiques, romanesques et ésotériques. Musicien, jouant divinement de la lyre et la cithare, par la musique il était capable d'apaiser aussi bien la furie des animaux, que le courroux de la nature, des humains et des dieux. Il parvint à obtenir que sa

femme Eurydice, prisonnière des Enfers, soit libérée à la condition qu'il ne la regarde pas avant de sortir à la lumière du jour. Mais il cède à la tentation de la regarder et Eurydice disparaît, tandis que lui-même est déchiqueté en morceaux et jeté dans un fleuve par des femmes dont il rejetait l'amour. Orphée symbolise l'être humain habité par ses désirs contradictoires, incapable de faire des choix et d'aller jusqu'au bout de ses idéaux par faiblesse d'âme.

ORTEIL. *Porter son attention sur ses orteils*: annonce la réussite, la renommée.
Selon les mythes de certains peuples africains, les êtres exceptionnels, les héros, ne naîtraient pas par la vulve, mais par le gros orteil.

ORPHELIN/ORPHELINE. *Se sentir*: exprime la solitude, la tristesse, le manque de repères pour conduire sa vie et s'accomplir.

OS. *Voir un squelette*: peut exprimer aussi bien l'amour, le goût de la vie qu'un dépouillement intérieur, une recherche spirituelle, une mort à une certaine forme de vie pour une renaissance à un niveau supérieur d'évolution. (Voir **MORT (LE)** du **TAROT**)
Sens symbolique: l'os constituant la part la moins périssable du corps symbolise la matérialisation de la vie. Selon les diverses traditions, le squelette pourra représenter l'ascèse, le dépouillement, la résurrection, l'immortalité. Par ailleurs, le culte des crânes, et d'une façon générale, le respect des os des animaux qui figure dans la mythologie de la plupart des peuples chasseurs et pêcheurs, expriment l'importance accordée depuis toujours à la conservation et à la continuité des espèces.

OURAGAN. (Voir **CATASTROPHE**, **TEMPÊTE**)

OURS. *Que l'on voit*: émergence d'un aspect destructeur de la personnalité.
Qui danse: à force de travail sur soi, on parviendra à maîtriser ses pulsions d'agressivité.

Un ours endormi : vigilance envers soi-même : les pulsions destructrices peuvent sommeiller un temps, mais ressurgir à n'importe quel moment.
Un ours qui vous menace : mise en garde contre une personne qui utilisera tous les moyens pour vous détruire. (Il pourrait s'agir de vos propres pulsions destructrices qui risquent de vous anéantir).
Sens symbolique : il n'y a pas de généralité en ce qui concerne le symbolisme de l'ours. Certaines traditions antiques en font le symbole de la classe guerrière (Celtes) ; pour les peuples du nord du Japon, il serait la suprême divinité des montagnes ; en Chine, un symbole masculin, l'annonciateur des naissances mâles ; l'ancêtre de l'espèce humaine pour les Algonquins. Dans la mythologie grecque il est associé aux rites lunaires et offre la face la plus terrifiante des deux faces – l'une monstrueuse, l'autre douce – qui caractérisent un animal lunaire. La psychanalyse – avec Jung – s'est appropriée cet aspect monstrueux pour symboliser le côté dangereux de l'inconscient.

OURSIN. *Que l'on voit* : il se peut que votre goût pour les fruits de mer soit responsable de ce rêve, mais au-delà, ce petit animal des mers vous annonce une période heureuse ainsi qu'une belle réussite dans vos entreprises.
En manger : les gourmandise terrestres n'excluent pas obligatoirement les nourritures spirituelles, c'est le message de votre rêve !
Avoir des oursins dans les poches : curieux rêve ! Si l'on se réfère à ce que veut dire cette expression populaire (France), sortir de l'argent de sa poche est peut-être douloureux pour certaines personnes, mais certainement pas pour vous !
Sens symbolique : dans les traditions antiques, l'oursin dans sa forme fossilisée, était assimilé à l'œuf cosmique et symbolisait l'état de perfection absolue, le degré suprême d'évolution.

OUTRE. *Que l'on voit pleine* : exprime un désir de plénitude à tous les niveaux.
Vide : épuisement ; lassitude ; découragement ; vide intérieur.
À laquelle on boit : selon le liquide contenu dans l'outre – eau, vin – reportez-vous à ce mot.

Sens symbolique: C'est surtout dans la tradition chinoise que l'outre revêt de l'importance. Elle est le symbole du chaos primordial. L'outre mythique serait une figuration du Ciel; lorsqu'elle fut percée par un Sage, une pluie de sang, fécondante et régénératrice s'en déversa.

OUVERTURE. *Que l'on pratique*: que ce soit sur une porte, sur un coffre, sur une mur, sur un tissu, sur un corps, ou sur tout autre chose, l'ouverture exprimera un désir de savoir, une curiosité intellectuelle, une ouverture de l'esprit à des valeurs morales et spirituelles.

P

PACTE. *Signer un pacte avec une personne*: rappelez-vous avec qui vous avez signé ce pacte et quel sorte d'engagement vous avez pris, car ce rêve est une mise en garde contre quelqu'un qui abuserait de vous avec des promesses alléchantes, mais fausses. (Voir **DIABLE**)

PACTOLE. *Toucher le pactole*: l'expression populaire qui proclame que « l'argent ne fait pas le bonheur » semble être le comble de l'ironie lorsque l'on est confronté(e) à de durs problèmes financiers, ce qui doit être votre cas puisque vous rêvez de richesses. Au plan psychologique, ce rêve compense un manque. S'il figure dans le rêve d'une personne qui vit dans l'aisance matérielle, le pactole parlera de richesse intérieure et invitera à plus de détachement si l'on veut gagner en sagesse et sérénité.
Sens symbolique: le mot « pactole », passé dans le langage populaire pour signifier « richesses » est attribuable à un récit de la mythologie grecque. Ayant ramené auprès de Dionysos un compagnon de celui-ci qui s'était perdu, Le roi Midas demanda en récompense que tout ce qu'il toucherait se transformât en or. Ce qui fut exaucé, mais comment se nourrir de victuailles en or? Midas, mourant de

faim, demanda au dieu de le délivrer de ce vœu. Dionysos accepta à la condition que Midas plongeât dans le fleuve Pactole pour se purifier, ce qui fut accompli. Les richesses accordées à Midas furent désormais celles du Pactole dont on dit qu'il roule toujours des paillettes d'or Autrement dit, ce mythe symbolise le châtiment de ceux qui ne vivent que pour la richesse matérielle et dépérissent intérieurement faute de nourriture spirituelle.

PAILLASSE. (Voir **BOUFFON**, **CIRQUE**)

PAILLE. *Voir des bottes de paille* : sans le grain, signe d'abondance, la céréale en botte annonce des périodes maigres au point de vue financier.
Se voir dormir sur un matelas de paille : on ne roulera pas sur l'or.

PAIN. *Acheter un gros pain* : abondance ; sécurité ; vie familiale harmonieuse.
Un pain blanc : réussite ; succès dans ses entreprises.
Du pain noir : si, dans la réalité il garde ses vitamines, dans le rêve il annonce une période d'efforts qui ne seront pas toujours fructueux.
Le faire soi-même : on ne devra sa réussite qu'à ses propres efforts.
Le cuire : on mènera ses projets à terme.
Le distribuer : son donnera son amour inconditionnellement.
Un pain entier : présage de longévité.
Un pain entamé : par vos agissements, vous entamez votre capital santé.
Un croûton de pain : les énergies sont au seuil le plus bas ; décrépitude.
Pain brûlé, sec, moisi : difficultés de tous ordres.
Sens symbolique : le pain symbolise le travail, la richesse au plan matériel mais également spirituel. Travail sur soi-même, richesse intérieure, il représente, dans la tradition chrétienne, le pain sacré de la vie éternelle. Dans la tradition hébraïque, le pain azyme, dépourvu de levain, symbolise le chagrin dû à la privation, l'aspiration à se purifier et l'exode du peuple hébreu.

PAIX. *Faire la paix avec une personne*: s'il s'agit d'une personne avec laquelle vous étiez brouillé, ce rêve peut être un prolongement de ce que vous vivez dans la réalité, sinon, au plan psychologique, il exprime l'aspiration à faire la paix avec soi-même.
Sens symbolique: d'une façon générale, la paix symbolise la fin d'un conflit entre camps opposés – guerre territoriale, sociale ou religieuse – ou la fin d'une inimitié personnelle, l'harmonie enfin rétablie, la sérénité retrouvée. Pour les traditions religieuses, la paix est le retour à l'état paradisiaque, quand l'âme, libérée des troubles du monde et de ses propres tourments, atteint la béatitude.

PALAIS. *Entrer dans un palais*: le succès de ce que l'on a entrepris dépasse de loin celui que l'on attendait. Au plan psychologique, annonce une recherche intérieure.
S'installer dans un palais: stabilité, réussite à tous les niveaux.
Sens symbolique: le palais symbolise l'harmonie, qu'elle soit matérielle, sociale ou intérieure. À l'image des niveaux d'un palais qui figurent les plans souterrain, terrestre et céleste, les analystes parlent des trois niveaux de la psyché, l'inconscient – les aspects ignorés de soi-même –, le conscient – le pouvoir, la volonté de connaître – , le sur-conscient – le Trésor ou la parcelle de divin en soi.

PALISSADE. (Voir **BARRIÈRE**)

PALME. *Remporter la palme*: on subira des vicissitudes.
Sens symbolique: la palme est symbole d'ascension spirituelle et d'immortalité dans la tradition chrétienne.

PALMIER. *Que l'on voit*: promesse d'un amour de vacances plutôt exotique.
Palmiers d'une oasis: annonce une ou des rencontres agréables. Votre solitude ne sera bientôt plus qu'un triste souvenir enfoui sous les sables.

PAN. *Voir une statuette ou une illustration du dieu Pan*: ce rêve pourra être celui d'une personne très active sexuellement, mais sans discernement, et aussi une incitation à repenser ses valeurs morales.

Sens symbolique: la mythologie grecque nous a familiarisés avec Pan, ce dieu des bergers, des troupeaux et des bois, fils d'Hermès, si laid avec sa barbe, ses cornes et ses pieds de bouc, que sa mère le rejetant, son père le déposa sur l'Olympe auprès de Zeus. Grand consommateur de nymphes et de jeunes gens, le dieu Pan illustre en plus de la fourberie bestiale, la sexualité débridée. Ses irruptions soudaines semaient la terreur, la «panique», un mot qui doit son origine à cette divinité effrayante. Compagnon du dieu Dionysos, il est associé aux rites orgiaques. Plus tard, pour les stoïciens, il symbolisera le Dieu de la Vie Universelle et le Grand Tout. L'expression le «Grand Pan est mort» signifie la mort d'une société par la corruption et la dégradation de ses valeurs morales et spirituelles.

PANDORE. *Voir une statue ou une illustration de Pandore*: on vous cache des secrets, – de famille ou autres –, que vous voulez absolument percer. Leur révélation pourrait vous faire du mal ainsi qu'à votre entourage. Quelquefois, il vaut mieux ne rien savoir.

Sens symbolique: selon le récit de la mythologie grecque, Pandore fut la première femme créée sur l'ordre de Zeus par Héphaïstos – le dieu forgeron – et façonnée à l'image des plus belles déesses, mais dotée par Hermès de la ruse, du mensonge et de la parole. Zeus remit à l'époux de Pandore – frère de Prométhée, le ravisseur du feu du ciel – une boîte qui ne devait jamais être ouverte. Poussée par la curiosité, la belle Pandore ouvrit cette boîte d'où s'échappèrent tous les maux qui devaient frapper les humains. Le feu est au centre de ce mythe, puisque dérobé aux dieux, les hommes se le sont emparés pour l'utiliser aussi bien dans le sens du bien que du mal. Pandore symbolise les malheurs de l'humanité dont la femme serait responsable, sous entendu: le feu des désirs allumé par la femme conduit l'homme à sa perte.

PANTALON. *Mettre un pantalon*: pour un homme, ce rêve le sortira peut-être de son sommeil pour lui dire qu'il est temps de partir travailler !
Pour une femme, le sens ne sera pas très différent étant donné que depuis longtemps, le pantalon n'est plus exclusivement le propre de l'homme.
Oublier de le mettre: on souhaiterait parfois ne plus avoir de responsabilités.
Déchiré: blessure d'amour-propre.

PANTHÈRE. *Que l'on voit*: une femme se montrera agressive envers vous. Du point de vue psychologique, c'est une image dévalorisée, menaçante de la femme, ou encore l'émergence d'un instinct agressif refoulé.
Sens symbolique: (Voir **ANIMAL**)

PANTIN. *Que l'on voit*: on aura affaire à une personne qui se laissera manipuler sans opposer de résistance – il s'agit peut-être de vous-même. Réagissez !

PANTOUFLE. *Que l'on chausse*: besoin de tranquillité.
Jeter ses pantoufles: annonce une rupture dans sa vie conjugale.
Mettre les deux pieds dans une pantoufle: suivez le dicton: « mieux vaux avoir un petit chez soi qu'un grand chez les autres ! »

PAON. *Que l'on voit*: désir de briller en société.
Qui déploie sa queue en éventail: comment séduire si ce n'est en paraissant avec tous ses avantages ! Attention à la vanité
Les plumes de sa queue repliées: on aimera se faire apprécier pour ses qualités intérieures plutôt que par les apparences. Sur un autre plan, le paon évoque le recueillement, l'attitude mystique.
Voir plusieurs paons ensemble: rencontre avec des personnes haut placées.
Sens symbolique: dans certaines traditions hindoue ou bouddhique, le paon est identifié à l'énergie du feu, au rayonnement solaire. Dans les traditions chrétienne et du Moyen-Orient, il symbolise l'immortalité,

l'univers, le déploiement de l'esprit divin. Lorsque sa double image figure de chaque côté de l'Arbre de Vie, le paon symbolise la dualité psychique de l'être humain, l'union des contraires.

PAPE. *Que l'on voit*: si l'on est catholique, son image symbolise les principes religieux. Si l'on n'appartient pas à cette confession ou simplement non croyant, le pape symbolisera la réaction, le refus, à tout ce qu'il peut représenter.

PAPE (LE). Voir dans un rêve l'arcane majeur du Pape, suppose que l'on est initié(e) à la pratique de cet outil de voyance, ou tout au moins que l'on s'y intéresse. Certaines des caractéristiques de cette lame exposées ici brièvement pourront vous éclairer sur le message de votre rêve.
Le Pape, 5e arcane majeur du tarot, est représenté sous l'apparence d'un vieillard vénérable qui porte le sceptre et la tiare symbolisant son règne sur les trois plans: physique, intellectuel et spirituel. Il est assis sur un trône dont la couleur blanche évoque tout ce qui relève de la pureté, du divin, les colonnes bleues sur lesquelles il s'adosse symbolisant les énergies célestes reliées à celles de la terre. À ses pieds, des personnages vus de dos qu'il bénit de sa main droite, symbole de l'action. Le Pape est l'image de l'initiateur, du guide qui aide, qui protège, qui instruit, qui pousse à l'action, qui harmonise les tendances contraires de l'être humain. Il symbolise la maturité, l'évolution morale et spirituelle, l'indulgence, la sagesse. Mal entouré dans un tirage, il indiquera la superstition, la bigoterie, l'intolérance, l'orgueil, la rigidité morale et intellectuelle.

PAPESSE (LA). Voir un arcane majeur du tarot dans un rêve révèle l'intérêt porté à ce jeu ou à sa pratique dans la réalité. Certaines des caractéristiques de cette lame exposées brièvement ici pourront vous éclairer sur son message
La Papesse, 2e arcane majeur du tarot, peut également être nommée Grande Prêtresse. Assise sur son trône, son visage exprime la réserve et le mystère, ses yeux largement ouverts regardent en direction de

l'Autre Monde. Elle est coiffée d'un voile blanc, allusion à la déesse Isis, détentrice des secrets de la vie, de la mort et de l'immortalité, secrets incommunicables à l'être humain. Le livre que la Papesse tient grand ouvert sur ses genoux, le Livre des Livres – le *Dies Irae* – qu'elle ne garde que pour elle, est celui dans lequel tout est contenu et par quoi le Monde sera jugé. Cette lame symbolise l'enseignement, la clairvoyance, la conscience, le devoir, les sciences ésotériques ainsi que le principe passif, le féminin de l'être. Son tirage annonce l'évolution de l'âme, la recherche du savoir, l'intérêt pour la littérature, l'écriture, les sciences physiques aussi bien que métaphysiques et la procréation. Entourée de lames qui minorent ses qualités, la Papesse signifiera l'ignorance, la dissimulation, la stérilité.

PAPIER. *Voir du papier blanc*: on ouvrira une nouvelle page de sa vie.
Que l'on coupe: annonce une rupture de contrat, amicale ou un divorce.
Sur lequel on écrit: besoin de confier ses soucis, ses préoccupations, ce que l'on n'ose faire verbalement.
Que l'on déchire: on est saturé de problèmes. Souffrance psychologique.
Que l'on brûle: on ne veut laisser aucune trace de ses actes. Peut aussi symboliser la purification intérieure.
Sur lequel on peint: on essaiera de traduire ses émotions autrement que par des mots.
Papier froissé ou mouillé: les plis, les pleurs de l'âme.

PAPILLON. *Que l'on voit*: marque l'instabilité, aussi bien sur le plan des actes, des sentiments, que dans sa vie intérieure.
Que l'on capture: on aura de la difficulté à se sortir de l'emprise d'une personne.
Que l'on collectionne: on visera plusieurs objectifs à la fois.
Que l'on cloue dans une boite: stagnation; on ne changera rien à ce que l'on est plutôt que de travailler sur ce que l'on pourrait devenir.
Sens symbolique: l'idée généralement acceptée du papillon en tant que symbole de la légèreté et de l'éparpillement ne correspond pas au symbolisme profond que lui accorde nombre de traditions: si, dans

certaines civilisations, le papillon est associé à la grâce féminine, il est également une image des esprits des défunts. Son vol gracieux et léger représente le souffle vital, l'âme libérée de ses liens terrestres. Dans d'autres traditions, par sa transformation depuis la chrysalide qui donne la chenille qui elle-même donnera le papillon, il est le symbole des métamorphoses et de la résurrection. Du point de vue psychologique, ces transformations correspondent aux phases de développement intérieur de l'être humain, dans sa quête de maturité et d'indépendance.

PAPYRUS. *Que l'on voit*: nul doute que ce rêve figurera dans celui d'une personne intéressée par l'antique civilisation égyptienne. Si le papyrus est roulé, il annonce une période de retrait sur soi propice à la réflexion, à la méditation. Déroulé, il annonce une ouverture sur l'extérieur, la communication de son savoir à autrui.
Sens symbolique: le papyrus est comparable au livre, il figure dans les hiéroglyphes pour exprimer la connaissance secrète, ésotérique, ou bien la connaissance exotérique selon qu'il apparaît roulé ou déroulé. Au plan spirituel, il évoque l'involution et l'évolution de l'âme ; au plan psychologique, un état émotionnel agité ou pacifié.

PARACHUTE. *Se voir sauter en parachute*: on se lancera dans un projet périlleux avec courage et détermination.
Utiliser un parachute: on se garantira des mauvaises surprises en affaires en étant vigilant(e).
Un parachute qui ne s'ouvre pas: on perdra ses illusions dans beaucoup de domaines.

PARADIS. *Se voir au paradis*: ce rêve peut s'exprimer à travers des représentations de jardins luxuriants, de sources jaillissantes, de fleuves charriant du miel et du lait, d'animaux doux et dociles, de musiques célestes ou de visions d'anges, en bref, toutes images de ce que les différentes cultures ont véhiculé depuis les temps immémoriaux. La personne qui rêve retiendra de ce songe un sentiment de bonheur, d'extase, de félicité absolue, qui

psychiquement, compense les difficultés – l'enfer – auxquelles elle est confrontée dans la réalité.
Sens symbolique: toutes les traditions parlent du paradis quand ils évoquent la région suprême, le séjour d'immortalité, l'état édénique. Pour l'être humain, vivre le paradis sur terre, c'est atteindre un état central à partir duquel l'ascension spirituelle pourra se faire, c'est vivre la paix, le calme, la sérénité intérieure en ayant vaincu ses tendances négatives, ses instincts pervers et destructeurs, c'est rejoindre sa parcelle divine, c'est retrouver le paradis en soi.

PARALYSIE. *Se voir paralysé(e)* : si ce rêve n'est pas en relation avec un problème physique, il annonce des difficultés à prendre des décisions, un mental bloqué, peut-être à la suite d'un événement traumatisant au point de vue psychologique.

PARAPLUIE. *S'abriter sous un parapluie*: annonce une incapacité à faire face à ses responsabilités.
Ne pas l'utiliser: c'est faire preuve d'autonomie dans la conduite de sa vie.
Le perdre : on affrontera les intempéries de la vie sans aucune protection.

PARASOL. *Se voir sous un parasol* : on se préoccupera surtout de problèmes matériels.
Voir le dessus d'un parasol: on vivra en accord avec ses idéaux.
Sens symbolique: dans les traditions asiatiques, le parasol est emblème de royauté et symbolise le Ciel. Assimilé au baldaquin dans la tradition coranique, il est une image du Paradis.

PARATONNERRE. *Que l'on voit*: si un danger vous menace, vous bénéficierez d'une protection providentielle.

PARC. (Voir **JARDIN**, **PARADIS**)

PARENT. *Que l'on voit*: vivants ou morts, selon qu'ils se présentent avec un visage souriant ou au contraire fâché, ce rêve est un expression de votre inconscient. Vous portez un jugement sur vos actes et sur vous-même selon l'éducation que vous avez reçue. Essayez de gagner en maturité et en indépendance.

PARFUM. *Que l'on utilise*: sentir dans son rêve l'odeur du parfum que l'on aime signale un comportement égal, un psychisme harmonisé.
Que l'on n'aime pas: ressentiment envers soi-même ou envers une personne. Du point de vue psychologique, indique des tendances négatives refoulées.
Que l'on reçoit en cadeau: on tentera de vous séduire; une odeur qui vous est désagréable révélera des intentions malveillantes; agréable, on sera sincère avec vous.
Sens symbolique: largement utilisés dans toutes les traditions, notamment dans celles qui pratiquent des rites consacrés aux défunts, les parfums symbolisent la présence spirituelle, l'essence de l'âme du disparu et l'honneur rendu à sa mémoire. Outre son rôle purificateur, le parfum symbolise aussi par son émanation, la lumière céleste et l'aspiration à s'élever jusqu'au divin. Certains analystes parlent d'action sur les états du psychisme. Déjà utilisés dans le milieu des médecines alternatives, des études scientifiques sont menées pour vérifier les pouvoirs bienfaisants et la possible aide curative des parfums.

PARI. *Que l'on fait*: dénote un esprit aventureux.
Que l'on gagne: dans ce rêve, exprime la peur de perdre.

PAROLE. *Que l'on dit*: essayez de vous rappeler vos paroles et à qui vous les adressiez; elles peuvent exprimer vos doutes, vos peurs, vos certitudes et il est fort probable qu'elles s'adressent à vous même.
Que l'on entend: les paroles entendues seront les conseils, les pièges à éviter, les directions à prendre, les récompenses ou les punitions que l'on s'inflige à soi-même.
Sens symbolique: selon les diverses traditions, la parole symbolise la pensée divine, la parole de Dieu, le Verbe qui a précédé toute création,

toute manifestation. On trouve dans les traditions juive et chrétienne, la notion du Verbe de Dieu, sa Parole, sa Sagesse, préexistant à la création. Pour les anciens Grecs, la parole – le *logos* – était synonyme de raison et d'intelligence, de la pensée divine infusée en l'être. Parole qui crée, parole qui tue, le langage renferme toutes les potentialités de l'être humain en tant que créateur ou destructeur de sa propre vie et de celle des autres.

PARTURITION. (Voir **ACCOUCHEMENT**)

PASSEPORT. *Que l'on utilise*: désir de changer son cadre de vie, de se confronter à de nouvelles expériences culturelles.
Que l'on nous confisque: (Voir **DOUANIER**)

PASSERELLE. *Franchir une passerelle*: annonce un changement dans ses comportements, une transformation intérieure.
Passerelle détériorée: difficultés à avancer dans ses projets ou prédominance de ses pulsions destructrices.
Ne pas la franchir: annonce une stagnation à tous les niveaux.
Sens symbolique: (Voir **PONT**)

PASTÈQUE. *Que l'on achète ou mange*: pour une femme en âge de procréer, peut annoncer une grossesse.
Sens symbolique: par les grains qu'elle renferme, la pastèque est symbole de fécondité dans certaines traditions orientales, tout comme l'orange ou la grenade le sont dans d'autres cultures.

PÂTE. *Que l'on pétrit*: annonce une association parfaitement réussie.
Que l'on étale: projet non encore clairement formulé, seulement à l'état d'idée.
À laquelle on donne une forme: entreprise qui se concrétisera.
Sens symbolique: matière sans forme, la pâte, par l'union de l'eau avec une substance, symbolise ce qui n'est pas encore, mais qui est en devenir. Associée à la main dans un travail créateur elle est l'image

de la matière informe qui obéit à une volonté extérieure, supérieure. On peut extrapoler en parlant du chaos primitif et de la création divine. Pour les analystes, la pénétration de l'eau dans la substance est chargée d'une signification sexuelle. (Voir **PAIN**)

PATIN À ROULETTES/PATIN À GLACE. *Se voir patiner*: si vous ne pratiquez pas ce sport, ce rêve dénotera votre besoin d'aller vite en besogne. Attention à la chute !
Mal patiner: si vous avez un projet en route, c'est un présage d'échec par manque de savoir-faire.
Patiner sur place: l'image correspond au message de votre rêve: stagnation.
Se voir dépassé(e): le savoir-faire des autres est quelquefois supérieur au sien.

PAUVRETÉ. *Se voir dépourvu(e) de biens matériels*: à moins que ce rêve ne soit que l'illustration d'une cruelle réalité, ce rêve reflétera l'aspiration de l'âme à se spiritualiser.
Sens symbolique: dans les traditions religieuses, la pauvreté symbolise généralement la quête spirituelle marquée par l'abandon, le dépouillement, le détachement du monde matériel.

PAVOT. *Que l'on voit*: annonce l'oubli d'événements qui avaient douloureusement marqué votre passé et le renouveau dans votre vie.
Une fleur épanouie: annonce un mariage.
Fanée: célibat assuré !

PAYS. (Voir **ÉTRANGER**)

PÊCHER (l'arbre). Tout rêve qui se rapporte à cet arbre ou à son fruit annonce une liaison amoureuse. Sa fleur est symbole de pureté et de fidélité; son tronc, l'axe qui relie la terre au ciel symbolisera davantage la dévotion envers Dieu que l'amour pour une personne en particulier.

PÊCHER (les poissons). *Se voir pêcher*: analyse de ses comportements. Travail d'introspection.
Ramener des poissons dans son filet: on réussira à comprendre les aspects les plus secrets de sa personnalité.
Aucun poisson: on préférera ignorer ses désirs refoulés, ses pulsions négatives.

PÈLERIN. *Partir en pèlerinage*: besoin de se détacher; recherche spirituelle.
Sens symbolique: le pèlerin est une image de l'être humain qui passe sans s'arrêter, à la recherche du lieu idéal qui marquera le terme de son voyage. Symbole du détachement intérieur, du dépouillement, de l'aspect transitoire de tout ce qui vit et se vit, le pèlerin poursuit son chemin les yeux levés vers le ciel où – il le croit, il l'espère – l'attendent toutes les félicités.

PÉLICAN. *Que l'on voit*: ce rêve parle de l'ouverture aux autres et de la générosité naturelle qui n'attend rien en retour.
Sens symbolique: le pélican, dans la tradition catholique, symbolise le sacrifice et la résurrection. Il figure dans l'iconographie chrétienne pour illustrer le cœur d'où s'épanche le sang et l'eau, sources de vie.

PELLE. *Creuser la terre avec une pelle*: pour un homme, ce rêve sera une émergence du rapport étroit – œdipien – qui le lie toujours à sa mère, et par voie de conséquence sa relation souvent ambiguë avec les femmes. Pour une femme, ce rêve est lié à un besoin de s'exprimer à travers sa sexualité.
Sens symbolique: pour les analystes, la pelle, comme tous les objets qui pénètrent une substance, est apparentée à l'organe viril.

PENDU/PENDUE. *Se voir*: généralement, ce genre de rêve révèle un fort sentiment de culpabilité et l'idée d'une punition que l'on doit s'auto-infliger.

PENDU (LE). Voir dans un rêve le Pendu du tarot suppose que l'on est initié(e) à la pratique de cet outil de voyance, ou tout

au moins que l'on s'y intéresse. Certaines des caractéristiques de cette lame exposées ici brièvement pourront vous éclairer sur le message de votre rêve.
Le Pendu, 12e arcane majeur du tarot, outre qu'il est pendu par un seul pied, attire tout d'abord l'attention par la sérénité qui se dégage de son jeune visage, preuve que cette pendaison est volontaire et qu'elle illustre un sacrifice consenti. Cette lame évoque la rupture avec le monde matériel – les pieds ne sont plus sur la terre – et annonce l'initiation spirituelle. Le sacrifice du Pendu est la marque du don de soi pour le salut et l'amour des autres. Ses cheveux qui touchent le sol évoquent la restitution à la terre de la matière dont il a été façonné, laissant ainsi l'esprit libre d'atteindre les hauteurs spirituelles, ce que suggère la corde, lien entre le ciel et la terre. Image du renoncement, de la purification, de l'expiation, son immobilisme traduit aussi le développement de facultés extrasensorielles, telles que la clairvoyance, l'intuition, l'inspiration. Dans un tirage, cette lame annonce une aspiration quasiment mystique à s'élever, l'abnégation, le détachement, et présage peu de satisfactions sur le plan matériel. Si le Pendu est entouré de lames qui contrecarrent ses qualités, il indiquera l'inertie, une inadaptation aux contingences sociales, un certain masochisme, l'incapacité de donner et de se vouer aux autres.

PENTACLE. *Que l'on porte*: il se peut que dans la réalité vous utilisiez un tel talisman, aussi son apparition dans votre rêve signalera l'extrême importance que vous attachez à la réalisation de vos souhaits. Ne vous sous-estimez et comptez davantage sur votre propre potentiel pour attirer la chance ou l'amour par exemple, que sur d'hypothétiques opérations magiques.
Sens symbolique: le pentacle est un sceau magique composé de cercles où sont inscrits des carrés, des triangles, des étoiles à cinq ou six branches qui portent des inscriptions en lettres hébraïques, des signes kabbalistiques ou des mots latins. On dit que le pentacle a le pouvoir de mettre en relation la personne qui l'utilise avec des forces invisibles et de s'investir de ces énergies pour obtenir ou provoquer ce que l'on souhaite. Attention: n'est pas sorcier(ière) qui veut!

PERDRE. *Perdre un objet*: annonce un gain dans la réalité. *Perdre son chemin*: c'est ne plus savoir quels objectifs on poursuit. Soyez plus clair(e) dans vos idées.

PERDRIX. *Que l'on voit*: présage une rencontre amoureuse. *Entendre son cri*: peut aussi bien annoncer une déclaration d'amour qu'être une mise en garde contre un danger. Mais peut-être faut-il comprendre que l'un ne va pas sans l'autre!
Que l'on mange: vous vous enivrerez d'amour.
Sens symbolique: la perdrix, en Iran, symbolise la femme raffinée et distante. En Chine, on dit qu'elle protège des poisons et que son cri est comparable à un appel amoureux. En Inde, on associe la beauté des yeux à la perdrix. La poésie kabyle en a fait l'image de la grâce féminine, mais pour la tradition chrétienne la perdrix symbolise la perdition de l'âme et l'incarnation du démon Ceci explique peut être cela!

PÈRE. *Que l'on voit*: que ce père soit vivant ou décédé, le voir en rêve aura une signification différente pour une homme ou pour une femme.
Pour un homme: si ce père montre un visage autoritaire, ce rêve révèlera que l'on n'a pas atteint sa propre «masculinité», que l'on agit toujours sous le regard du père dominant, sans pouvoir conduire sa vie d'homme d'une manière autonome et satisfaisante. Si le visage est souriant, on se pose d'égal à égal avec son père, la maturité et l'indépendance sont acquises.
Pour une femme: le visage autoritaire du père engendrera des comportements de crainte et de soumission dans son rapport avec l'homme; si le père montre un visage souriant, la femme se sentira en confiance, dotée d'une énergie qui la poussera à l'action constructive et au rapport équilibré avec l'homme.
Sens symbolique: le père représente la force, le pouvoir, l'autorité, la domination. Pour la psychanalyse, il est une image castratrice, celle de l'être tout puissant qui inhibe, brime, maintient sous son pouvoir.

Les grands mythes illustrent bien ce père-héros, objet d'admiration à l'égal d'un dieu, que non seulement on veut posséder, mais aussi auquel on aspire à ressembler. De la même façon qu'en terme de psychanalyse, pour accéder à l'indépendance, pour être soi-même, on doit «tuer sa mère», «tuer son père» revient à être père soi-même, à s'auto-générer, à naître à ce que l'on doit être et à s'ouvrir à la capacité d'aimer. (Voir **PERSÉE**)

PERLE. *Trouver une perle*: ou bien on l'a trouvée dans la réalité cette perle – image de l'être aimé –, et elle charme nos rêves, ou bien on ne l'a pas trouvée et elle correspond à un besoin profond d'aimer et d'être aimé(e). Voir apparaître une perle peut également annoncer une grossesse, ou si l'on est malade, une guérison. À un autre niveau, la perle parle d'aspiration à s'élever spirituellement.
Porter un collier de perles: psychisme harmonieux. Association avec des personnes ayant de belles affinités entre elles.
Un collier brisé: dénote un psychisme déséquilibré; peut annoncer une rupture sentimentale ou associative.
Sens symbolique: la perle est un symbole lunaire en relation avec l'eau et la femme. Elle possède autant de significations qu'il existe de traditions. Utilisée pour ses vertus thérapeutiques, aphrodisiaques, régénératrices, elle peut aussi bien être l'emblème de l'amour, du mariage, qu'illustrer l'Immaculée Conception, la pureté originelle ou à l'inverse, la chute de l'homme et la quête de son salut. Elle symbolise également la sublimation des instincts, la perfection spirituelle, la métamorphose acquise aux prix d'efforts sur soi. Les perles enfilées en collier symbolisent les diverses tendances de l'être humain harmonisées, le retour à l'unité primordiale; par contre, le collier brisé représentera la dissociation, l'unité désintégrée, l'univers à l'état de chaos.

PERROQUET. *Que l'on voit ou que l'on entend*: assurez-vous de la discrétion d'une personne à laquelle vous vous confierez.

PERSÉE. *Voir une illustration de Persée*: il faut être initié(e) ou s'intéresser à la mythologie grecque pour que cette divinité apparaisse

dans un rêve. Persée révèlera un état psychique en relation avec l'image négative ou positive que vous avez de votre père.
Sens symbolique: le récit des tribulations de Persée dans la mythologie grecque illustre le choix qui se pose à l'être humain de s'identifier à un père – héros magnifique et généreux symbolisé par Zeus dans le mythe – ou à l'homme despotique et sans amour – le beau-père de Persée. Pour que l'un vive en soi, il faudra nécessairement tuer l'autre. Mais lequel? Le choix de ses comportements appartient à chacun, mais si l'image négative du père l'emporte, l'incapacité d'aimer risque d'accompagner toute une vie.

PÉTRIFIER. *Se voir pétrifié(e)*: vision horrible ou sensation de paralysie, ce rêve exprime un fort sentiment de culpabilité attribuable probablement à des fautes commises que vous ne vous pardonnez pas, ou que vous persévérez inconsciemment à ne pas vous pardonner.
Sens symbolique: la pétrification, que l'on retrouve dans la mythologie grecque avec, entre autres, le récit de la Méduse, symbolise l'attachement excessif à la faute, la propension à se complaire dans la culpabilité par orgueil ou par une inflation de l'esprit. (Voir **MÉDUSE**)

PEUR. *Avoir peur*: les rêves d'angoisses et de peurs sont quelquefois liés à des troubles respiratoires ou cardiaques. Si tel n'est pas cas, ce sentiment de peur pourrait être relié à des situations traumatisantes vécues dans le passé, ou bien que l'on vit au présent. Si ce genre de rêves revient fréquemment, demandez un soutien psychologique.

PHÉNIX. *Que l'on voit*: l'oiseau que vous avez vu dans votre rêve et que vous nommez Phénix, annonce un nouveau cycle de votre vie, une union ou une association heureuse.
Sens symbolique: le Phénix est ce splendide oiseau mythique qui, à l'approche de sa mort, se bâtit un nid dans lequel il s'immole au feu de sa propre chaleur pour ensuite renaître de ses cendres. Dans la tradition chrétienne, il symbolise la volonté de survie, le Résurrection du Christ. Assimilé au soleil dans certaines traditions

antiques, il symbolise le feu créateur, les cycles solaires, la résurrection des morts.

PHOQUE. *Que l'on voit*: vous aurez affaire à une personne au comportement fuyant qui ne se laissera pas découvrir facilement.
Sens symbolique: pour les analystes, le phoque symboliserait une partie de l'inconscient où siègent les désirs refoulés susceptibles de se métamorphoser en valeurs positives.

PHOTOGRAPHIE. *Voir sa propre photo*: on est une énigme pour soi-même et ce rêve révèle un désir de mieux se connaître.
Une photo de son enfance: désir de protection; on aura de la difficulté à assumer des responsabilités; nostalgie du passé.
Une photo de famille: désir d'entretenir des relations chaleureuses, familiales ou amicales, ou au contraire, de s'en défaire.
Photographier quelqu'un ou quelque chose: vous vivrez un événement important dont vous garderez l'empreinte pendant longtemps.

PIANO. *Que l'on achète*: on ne verbalise pas ses sentiments, on préfère les ressentir intérieurement.
Dont on joue: bien ou mal, le son traduit un état émotionnel du moment, en relation avec ce que l'on vit dans la réalité.

PIE. *Que l'on voit*: trop de bavardages au sujet de tout et de rien doivent conduire à éviter la personne qui s'y livre.
Que l'on capture: on trouvera la bonne façon de clouer le bec à une personne trop bavarde.
Voir deux pies voler ensemble: votre fidélité n'aura d'égale que celle de la personne aimée.
Sens symbolique: la pie est vue, selon les traditions, sous différents aspects. Pour certaines, cet oiseau symbolise la présomption, l'envie, le vol, le bavardage; pour d'autres, la fidélité conjugale, le savoir, et son sacrifice au dieu Bacchus dans le récit mythologique, ajouté à l'ivresse procurée par le vin, signifierait l'accès à la connaissance.

PIED. *Regarder ses pieds*: on fera un bilan de sa vie. A-t-on marché dans la bonne direction? A-t-on évolué, régressé? Entreprendra-t-on de nouveaux projets?
Voir de beaux pieds: annonce la réussite, la stabilité, l'équilibre intérieur.
Pieds difformes: des obstacles en perspective; conflits intérieurs.
Pieds blessés: blessures psychologiques.
Pieds bandés: rêve en relation avec la sexualité.
Se casser un pied: instabilité; indécision.
Caresser les pieds: désir de relations sexuelles.
Se laver les pieds: dénote un désir de purification.
Voir l'empreinte de ses pieds: c'est avoir une présence concrète et agissante; affirmation de soi; sens des réalités: «avoir les pieds sur terre».
Sens symbolique: le pied occupe une place importante dans toutes les traditions. Dans certaines sociétés africaines, le pied est symbole de pouvoir, de royauté, de commandement et honoré en tant qu'assise du corps. L'iconographie chrétienne représente les anges avec des ailes aux pieds pour souligner l'envol vers le divin, et pour certains auteurs, le pied est le symbole de la force de l'âme. Dans la tradition chinoise, les pieds bandés et la déformation résultant de cette pratique ne sont pas, comme on a tendance à le croire, le symbole de la soumission et de la réclusion de la femme, mais celui d'un fétichisme de nature sexuelle. Pour les psychanalystes le pied est un symbole érotique dont la puissance serait variable selon l'état du psychisme infantilisé ou mature d'un individu. Représentation phallique, la chaussure serait un symbole féminin, jouant le rôle d'excitant sexuel pour un certain nombre d'hommes.

PIERRE. *Que l'on voit*: selon sa taille, annonce des difficultés qui vont des plus petites au plus grandes.
Que l'on soulève: on mènera une affaire difficile à bout de bras.
Jeter une pierre loin de soi: on s'écartera d'une personne malveillante.
Recevoir une pierre: on sera l'objet de critiques blessantes.
Voir une pierre brute: état de perfection; psychisme équilibré; recherche spirituelle.

Une pierre taillée: réussite matérielle obtenue à l'aide de compromissions.
Une pierre de forme carrée: concrétisation de ses projets. Stabilité à tous les niveaux.
Une pierre de forme conique: passivité. Projets en attente.
Un aérolithe: clairvoyance. On saura se protéger des difficultés à venir.
Voir un dolmen ou un menhir: dans ses épreuves, on bénéficiera de soutiens providentiels.
Sens symbolique: la pierre occupe une place centrale dans toutes les traditions. De l'état brut à l'état taillé en passant par toutes les formes, la pierre symbolise la relation de l'être humain avec le ciel ou avec ses états psychiques. (Voir **DOLMEN**, **ROCHER**)

PIERRE PRÉCIEUSE et **FINE**. Selon la pierre apparue dans le rêve, le message sera décodé en fonction du symbolisme attribué à cette pierre. D'une façon générale, les pierres précieuses illustrent, selon leur degré d'imperfection ou de perfection, le passage des ténèbres vers la lumière, le niveau d'élévation de l'âme, la nature spirituelle de l'être humain. Voici quelques significations communément admises ainsi que la correspondance de certaines pierres avec les métaux et les planètes.
Le diamant: symbole de perfection absolue. Promet la réussite à tous les niveaux. Il protègerait contre le mensonge et la tromperie. Correspond au Soleil et à l'Or.
Le saphir: sa couleur bleue évoque la spiritualité. Il protège des influences néfastes, rendrait pacifique, favoriserait les relations aimables et aurait un pouvoir de guérison. Correspond également au Soleil et à l'Or.
Le cristal de roche: est un diamant non parvenu à maturité. Il illustre la clairvoyance, l'intuition et possède un pouvoir de guérison. Correspond à la Lune et à l'Argent.
La perle: symbolise l'évolution spirituelle, la sublimation des instincts. Elle possède un pouvoir de guérison aussi bien physique que psychique. Correspond également à la Lune et à l'Argent.

L'émeraude: sa couleur verte évoque l'eau et la résurrection printanière; elle apporterait l'espérance, augmenterait la mémoire et réfrènerait l'excès de sensualité. Correspond à l'Étain et à Jupiter.
Le rubis: sa couleur rouge évoque l'amour passionnel, quand l'éclat se ternit, annonce un événement néfaste. Il aurait le pouvoir de neutraliser les poisons, et maintiendrait la bonne santé. Correspond à Vénus et au Cuivre.
L'améthyste: par sa couleur violette, elle est associée au mysticisme, à l'humilité, à la sagesse. Elle aide à la sublimation des désirs et placée dans une boisson alcoolisée, en réduirait les effets nuisibles. Elle correspond, comme la perle et le rubis, à Vénus et au Cuivre.
La turquoise: avec ses tonalités bleue ou verte, la turquoise est symbole de spiritualité, de longévité, et de discernement. Elle correspond à Saturne et au Plomb.
La topaze: de couleur jaune, elle est associée à l'amour triomphant, à l'homme courageux et pieux et annonce des richesses acquises loyalement.
L'agate, la cornaline et le jaspe: annoncent, l'une la fortune, la respectabilité, les deux autres, les réjouissances et la prospérité. La cornaline correspond à Jupiter et à l'Étain; le jaspe à Mars et au Fer.
La pierre de lune: pierre de la douceur et de l'intériorité. Elle correspond à la Lune et à Vénus.
Le jade: représente les vertus de l'âme, la fertilité. Dans un rêve, peut annoncer une grossesse.
L'opale: ses couleurs changeantes sont synonyme d'instabilité. Elle est la pierre des superstitions et des influences maléfiques.
Le jais: comme toutes les pierres noires, elle n'est pas néfaste, mais au contraire protégerait du «mauvais œil» et serait utilisée en magie pour éloigner les démons. Par sa couleur elle est associée au renoncement. Correspond à Saturne et au Plomb.

PIEUVRE. *Que l'on voit*: on sera confronté(e) à des difficultés «tentaculaires». Au plan psychologique, la pieuvre est une image des troubles puissants, infernaux, qui étouffent et paralysent la personnalité. Si ce rêve revient fréquemment, un soutien psychologique serait à envisager.

PIGEON. Tout rêve concernant cet oiseau ou son nid, le pigeonnier, n'annoncera que du bonheur en amour comme en amitié.

PILIER. (Voir **AXE, COLONNE**)

PILON. *Que l'on voit*: rares sont les rêves où apparaît un pilon et dans le cas où cela serait, sachez qu'il est un symbole phallique pour la psychanalyse. Dans certaines traditions hindoues, il est un symbole de la mort ou, à l'inverse, celui de destructeur de la mort en ce sens qu'il éloignerait les maladies.

PIN. *Que l'on voit*: annonce une rencontre importante avec une personne plutôt âgée, qui aura une belle influence sur votre évolution spirituelle.
Utiliser sa résine: présage de bonne santé, de longévité.
Voir une forêt de pins: présage de sécurité et d'harmonie psychique.
Ramasser une pomme de pin: on sera rempli d'énergies puissantes et créatives.
Sens symbolique: le pin est un symbole de longévité et d'immortalité dans les traditions d'Extrême-Orient. Certains mystiques se nourrissent exclusivement de ses graines, de ses aiguilles et de sa résine pour atteindre des états extatiques. Le pin symbolise également la puissance vitale, l'amour, la fidélité conjugale. La pomme de pin, que l'on retrouve dans la mythologie grecque, tenue comme un sceptre par le dieu Dionysos, illustre la pérennité de la nature, la force vitale et la fécondité permanente de la terre.

PIOCHE. (Voir **PELLE**)

PIPE. *Que l'on fume*: si l'on a plaisir à la fumer dans la vie réelle, ce plaisir se prolonge dans votre rêve et signifie que rien ne viendra troubler votre sérénité dans les jours qui viennent. Si fumer la pipe ne fait pas partie de vos habitudes, il faudra voir dans la fumée qui s'élève une signification que vous retrouverez au mot **FUMÉE**.

Que l'on casse : ne vous fiez pas trop à l'expression populaire « casser sa pipe » et reportez-vous plutôt au mot **CASSER**.

PIQUE-NIQUE. *Organiser un pique-nique* : rêve probablement en relation avec un désir dans la réalité de se réunir en famille ou entre amis dans un cadre naturel et paisible : peut annoncer aussi une confrontation qui se déroulera sans heurts.

PIQÛRE. *Ressentir une piqûre* : si cette piqûre ne vous a pas réveillé(e) en sursaut, c'est qu'elle est d'une tout autre nature que celle qu'aurait pu vous infliger un moustique, une puce ou tout autre insecte. Cette piqûre « rêvée » peut révéler une blessure narcissique, un rejet de la part d'une personne aimée, ou mieux l'aiguillon de l'amour !

PISCINE. (Voir **BAIN**, **EAU**, **LAC**)

PISTOLET. *L'utiliser contre une personne* : révèle une agressivité refoulée.
Se voir visé(e) par quelqu'un : révèle un complexe de culpabilité. On croit devoir payer pour une ou des fautes que l'on se reproche et c'est par l'œil de sa conscience que l'on est visé(e).
Un pistolet à canon long : rêve en relation avec la sexualité.
Se faire tuer : (Voir **ARME**, **MORT**)

PIVOINE. *Que l'on voit* : annonce un amour qui durera plus que ne durent les fleurs…
Que l'on cueille : on sera honoré(e) pour ses qualités aussi bien morales que professionnelles.
Sens symbolique : dans certaines traditions, la pivoine est un symbole de richesse, d'honneur et par l'association qui lui est faite avec le phénix, elle symbolise l'immortalité. (Voir **PHÉNIX**)

PLACARD. (Voir **ARMOIRE**, **COFFRE**)

PLACE PUBLIQUE. *Se trouver sur une place publique* : s'il y a foule, ce rêve révèle un état psychologique confus, de la difficulté à choisir ses objectifs. Si l'on est seul(e), ce rêve met en évidence une perte de repères, la solitude.

PLAGE. *Plage de sable fin, ensoleillée, mer calme* : on souhaiterait vivre cette harmonie à tous les niveaux.
Plage de cailloux, ciel sombre, mer agitée : révèle une agitation intérieure, des troubles psychologiques pouvant déboucher sur un état dépressif.

PLAINE. *Voir une plaine verdoyante* : on voudrait que notre vie soit à l'image de cette plaine.
Une plaine désertique : on aimerait combler un désert intérieur.
Sens symbolique : la plaine, dans la mythologie grecque, est le lieu paradisiaque de la jeunesse éternelle, équivalant aux Champs des Ialou de l'ancienne Égypte, plaines des suprêmes félicités.

PLANCHE. La planche dans les rêves est souvent reliée à une personne dont on attend aide et appui. Se référer aux expressions populaires telles que « planche de salut » ou « planche pourrie ».
Voir une planche à dessiner : on établira méthodiquement sa ligne de conduite.
Briser une planche : une relation sur laquelle on pouvait s'appuyer sera rompue.

PLANER. (Voir **AILE**, **AVION**, **ICARE**, **PÉGASE**)

PLANÈTE. *Préférer une planète* : ce rêve sera probablement celui d'une personne qui s'intéresse aux astres ou se passionne pour les films de science-fiction, mais révélera aussi, selon la planète sur laquelle elle se trouve, son propre univers intérieur, ses aspirations, ses tendances dominantes.
Le Soleil : volonté ; besoin de diffuser ses connaissances.
La Lune : imagination féconde ; rêveries.
Mercure : intuition ; mouvement.

Vénus: amour; relations sociales, amicales.
Mars: tendance destructrices; action.
Jupiter: sens de l'organisation, du jugement, du commandement.
Saturne: observation; patience et persévérance.

PLANTE. Ce rêve aura une signification en rapport avec le langage de la plante. Qu'il s'agisse de fleurs, de fruits, d'herbes aromatiques ou médicinales, reportez vous à **FLEUR**, **FRUIT**, **HERBE**.

PLÂTRE. *Se voir dans le plâtre*: ce rêve peut signaler un léger problème de santé sur la partie du corps concernée et une immobilisation temporaire de vos activités.

PLOMB. *Soulever un objet en plomb*: c'est essayer de lutter contre une personne à l'esprit lourd, borné.
Sens symbolique: le plomb, attribué traditionnellement à Saturne, est le symbole de la force pesante, matérielle. Au plus bas niveau de toute évolution, sa transmutation en or, qui signe le travail secret des alchimistes, symbolise les opérations à accomplir pour passer d'un état grossier, individuel à un état subtil, universel. Une image du travail à accomplir sur soi-même si l'on aspire à évoluer intellectuellement, moralement et spirituellement.

PLUIE. *Recevoir la pluie*: présage des contrariétés, légères s'il s'agit d'une petite pluie, plus importantes si la pluie tombe en abondance.
S'abriter de la pluie: on subira des retards dans ses projets.
Le soleil avec la pluie: entreprises couronnées de succès.
Voir un arc-en-ciel sous la pluie: annonce la chance et le renouveau.
Une pluie d'or: une rencontre amoureuse; présage d'une maternité.
Sens symbolique: dans toutes les traditions, la pluie est considérée comme une bénédiction céleste qui féconde, fertilise et unie la terre au ciel. Dans un récit mythologique, Zeus se transforme en pluie d'or pour venir féconder la fille de Danaé emprisonnée par ce dernier dans un lieu souterrain pour éviter qu'elle ait un enfant. Ce mythe illustre le symbolisme sexuel de la pluie, laquelle assimilée au sperme,

féconde et fertilise les profondeurs de la terre, évoquées dans cette légende par la fille de Danaé. Dans certaines traditions, outre son symbolisme liée à la fertilité, la pluie est également symbole de sagesse, d'esprit fécond, de lumière divine, de purification et source de toute prospérité.

PLUME. *Souffler sur une plume*: aspiration à se libérer des contraintes ; évolution spirituelle.
Se coiffer de plumes: on usera de son autorité dans un esprit de justice.
Sens symbolique: dans certaines traditions, la plume s'apparente aux cheveux, à l'herbe, à la pluie et fait l'objet de rituels consacrés à la croissance de la végétation. Symbole de royauté, d'une autorité d'origine divine, elle participerait à la clairvoyance, à la divination et à la guérison psychique. Plus généralement, la plume symbolise la force ascensionnelle, l'envol vers les hauteurs célestes, la libération des entraves matérielles.

POCHE. *Fixer son regard sur la poche d'un vêtement*: la poche étant l'image du sexe féminin, un grand nombre de rêves qui s'y rapportent révèle une préoccupation d'ordre sexuel pour un homme, et pour une femme, un souci de sa propre féminité. Autres significations :
Avoir des poches pleines: un rêve qui compense probablement ce que la réalité dément.
Avoir des poches percées: une insouciance qui causera des pertes financières.
Avoir des oursins dans les poches: si on vous qualifie d'avare, n'en soyez pas surpris(e) !

POIGNARD. (Voir **ARME**, **ÉPÉE**)

POIL. *Se voir le corps couvert de poils*: pour un homme, ce rêve met en lumière des instincts refoulés, une sensualité réprimée. Pour une femme, ce rêve révèle une aspiration à s'affirmer avec plus de

force, de pouvoir et d'autorité, ce qu'elle a intériorisé comme image de la virilité.
Se raser le crâne : pour un homme, peut correspondre à une intention dictée par un phénomène de mode ; sur un plan spirituel : désir de purification, de renoncement aux biens terrestres.
Sens symbolique : les poils sont le symbole d'une virilité harmonieuse s'ils ne recouvrent qu'une partie du corps ; d'une virilité exacerbée si tout le corps en est recouvert. (Voir **PAN**)

POING. *Se voir serrer les poings* : on tiendra coûte que coûte dans une épreuve difficile.
Recevoir un coup de poing : présage une nouvelle à laquelle on ne s'attend pas.
Lever le poing : exprime une lutte, une revendication que l'on pensera juste.
Tendre le poing vers le ciel : exprime un sentiment de rage contre terre et ciel confondus, peut-être à la suite d'un échec attribuable à un manque de chance.

POIRE. *Que l'on mange* : ce fruit est lié à la sensualité, à l'érotisme.
Passer pour une poire : la naïveté est rarement de mise en amour
Une poire mûre : présage de délices amoureux.
Une poire blette : il ne faut jamais remettre à demain une déclaration d'amour
Une poire cuite : là, il est vraiment trop tard !

POISON. *Que l'on absorbe*: trop de rancunes et de rancoeurs refoulées vous empoisonnent intérieurement. Demandez un soutien psychologique.
Que l'on donne à quelqu'un : il peut s'agir d'une personne qui vous empoisonne la vie et que vous souhaitez faire disparaître, au figuré, s'entend !

POISSON. *Pêcher un poisson* : on tirera profit d'une affaire qui au départ semblait hasardeuse.

Un gros poisson: présage de chance. Une rencontre providentielle changera votre vie.
Un petit poisson: une affaire qui rapportera juste de quoi couvrir l'investissement.
Manger du poisson: annonce richesse et prospérité. Présage d'une maternité.
En pêcher en grande quantité: vos affaires seront plus fructueuses que jamais.
Sens symbolique: dans un grand nombre de traditions, le poisson est le symbole de l'eau. Il est associé à la naissance et à Celui qui sauve l'humanité. C'est le Christ de la tradition chrétienne, représenté aussi comme le pêcheur de poissons, c'est-à-dire, des Chrétiens qui baignent dans l'eau du baptême. Symbole de vie, de fécondité et de fertilité, il est aussi celui de la chance et de l'éveil spirituel. Pour les analystes, le poisson associé à l'élément eau, représente l'inconscient, la vie intérieure; le travail sur soi consistant à aller pêcher dans son inconscient tous les refoulements et de les ramener sous l'éclairage du conscient.

POITRINE. (Voir **SEIN**)

PÔLE. *Se voir au pôle nord ou sud*: assurez-vous d'abord que ce rêve n'a pas été causé par une chambre insuffisamment chauffée! Si tel n'est pas le cas, vos centres d'intérêts peuvent influencer vos rêves ou bien encore, se voir à l'une ou l'autre des extrémités du globe terrestre révèlera un désir de solitude, de purification, le besoin de se confronter à des épreuves physiques pour mesurer sa force intérieure.

POLICE/POLICIER. (Voir **DOUANIER**, **INTERDIT**)

POMME. *Manger une pomme*: vos vœux seront exaucés aussi bien en amour qu'en affaires.
Partager une pomme: annonce un amour sans partage.
Manger une pomme rouge: amour passionné.
Une pomme verte: un amour qui s'ébauche.

Une pomme véreuse: un(e) intrus(e) pourra causer la désunion de votre couple.
Une pomme pourrie: annonce une séparation dans des conditions sordides.
Voir un pommier: on sera aidé(e) par une personne dotée d'une grande spiritualité.
Sens symbolique: la pomme occupe une place importante dans un certain nombre de traditions. Dans la tradition judéo-chrétienne, la pomme représente le fruit de la Connaissance, celui de l'Arbre de Vie qui confère l'immortalité, celui de l'Arbre du Bien et du Mal, qui provoque la chute. Dans la tradition celtique, la pomme est un fruit magique qui donne accès à la vérité, à la science divine. Le pommier est un arbre de l'Autre-Monde dont le fruit offre une nourriture merveilleuse, régénératrice et rajeunissante.

POMPIER. *Que l'on voit*: s'il est la représentation de celui qui a enflammé votre cœur, espérons qu'il ne sera pas celui qui en éteindra la flamme!
Généralement dans les rêves, le pompier, comme tous les métiers qui exigent dévouement et courage, symbolise le héros. (Voir **HÉROS**)

PONT. *Passer sur un pont*: on prendra une décision qui changera l'orientation de sa vie ou qui marquera une évolution intérieure.
Ne pas franchir le pont: peur de l'inconnu. On s'accrochera à ses repères.
Un pont brisé: on n'ira pas au bout de ses décisions. Peut révéler une souffrance psychique.
Un pont qui rejoint un lieu lumineux: dénote une conscience claire, une grande spiritualité.
Sens symbolique: dans les rêves, le pont est le symbole du passage d'un état à un autre, qu'il s'agisse d'états d'âmes, de comportements psychologiques ou de degré dans un cheminement spirituel. Le pont est aussi synonyme de liaison, de ce qui unie ou réunie. Les légendes foisonnent en ponts qui illustrent les difficultés, les épreuves imposées à ceux et celles qui veulent le traverser pour accéder à un degré supérieur d'évolution, car ce passage périlleux, souvent angoissant et

terrifiant a valeur de voyage initiatique. Dans la tradition chrétienne, le pape possède le titre de Pontife, qui signifie «le constructeur de ponts», tout en étant lui-même le pont qui relie la Terre et le Ciel.

PORC. Les rêves où le porc apparaît annoncent des gains matériels, la prospérité, mais plus généralement, cet animal est associé aux désirs et aux comportements les moins raffinés.
Sens symbolique: le porc est le symbole de l'obscurantisme, de la luxure, de l'égoïsme, de la goinfrerie, en bref, il est l'illustration sur pattes des bassesses de l'âme humaine. On ne trouve guère de traditions pour glorifier ce pauvre animal, à l'exception de la culture sino-vietnamienne pour qui le porc est un symbole d'abondance et de prospérité. Voici qui doit mettre un peu de baume au cœur des porcs. À propos de cœur, soulignons que celui du porc est le plus proche du cœur humain et c'est pourquoi la médecine s'y intéresse en matière de greffes.

PORTE. *Pousser une porte fermée*: peut révéler aussi bien un goût du mystère, de l'aventure, qu'un désir de se mieux connaître intérieurement.
Une porte entrouverte: ébauche d'un changement intérieur.
Fermer une porte: on garde ses secrets avec soi; besoin d'être protégé(e) et de se protéger.
La verrouiller à double tour: refus d'analyser ses comportements. Risque de s'enfermer en soi-même et de ne plus communiquer avec les autres.
Porte qui s'ouvre sur le vide: angoisses, peur de l'inconnu.
Porte s'ouvrant sur un magnifique jardin: libération intérieure. Psychisme pacifié.
Franchir une porte solide et large: équilibre intérieur; stabilité; réussite matérielle.
Passer par une porte étroite: c'est celle qui ouvre le chemin de la haute spiritualité.
Porte ornementée d'or ou de pierres précieuses: c'est celle de l'initiation aux mystères divins.
Sens symbolique: la porte représente, comme le pont, le passage d'un état à un autre, mais son symbolisme dans les diverses traditions relève

davantage du sacré que du profane. Les portes sont alors celles du Ciel, celles qui ouvrent sur la Lumière, sur la Connaissance, celles de la transcendance, celles qui interdisent l'accès aux forces ténébreuses ou celles qui ouvrent sur les Enfers. Pour les analystes, la porte est celle qui donne accès à l'inconscient et son symbolisme est aussi rattaché à celui de la **CLEF**.

PORTEFEUILLE. *Perdre son portefeuille*: révèle l'angoisse de perdre sa crédibilité sociale.

POULE. *Que l'on voit*: dans le rêve d'un homme, cette poule aura le même sens que dans la réalité, à savoir qu'elle sera associée à l'image de la femme qu'il désire ou qu'il convoite, mais qu'il ne respecte pas.
Pour une femme: c'est aussi une image dévalorisante du sexe féminin.
Voir une poule pondre: annonce des gains et la prospérité.
Que l'on voit couver: on mettra ses économies « au chaud ».
Entourée de poussins: on souhaiterait avoir une vie familiale comblée.
Sens symbolique: dans certaines traditions africaines, le sacrifice d'une poule est un rite de communication avec les esprits des défunts.

POURRIR. *Voir des fruits, des aliments pourrir*: les rêves de pourrissement, de putréfaction, sont souvent en relation avec des situations que l'on n'a pas réglées, mais aussi avec un « pourrissement intérieur », une décomposition – semblable au travail alchimique –, qui précède la transmutation d'une vie exclusivement matérielle en une vie où les valeurs morales et spirituelles domineront.

POUSSIÈRE. À moins que ce rêve ne soit une prolongation d'un comportement obsessionnel concernant l'hygiène ménagère, voir un objet, un vêtement ou un meuble couvert de poussière annonce la prise de conscience au sujet de comportements figés, moulés sur des habitudes qu'il conviendrait de rompre pour avancer.
Sens symbolique: la poussière est une force créatrice comparable au pollen des fleurs. Dans les textes bibliques, il est écrit que l'homme

est formé de poussière, mais à l'inverse qu'elle peut être un signe de mort. Secouer la poussière de ses chaussures signifierait l'abandon de tout ce qui relie au passé.

PRIER. *Se voir prier*: peut traduire une grande détresse morale ou psychique, ou plus prosaïquement, un désir de voir s'exaucer un vœu qui pourra être d'ordre matériel ou sentimental.
Selon sa confession religieuse: exprime un besoin de soutien qui dépasse celui que l'on peut attendre de la part d'un proche ou d'un(e) ami(e).

PRINCE/PRINCESSE. *Que l'on voit*: l'un et l'autre peuvent avoir pris le visage de personnalités qui possèdent ce titre dans la réalité, il n'en demeure pas moins que ces êtres symbolisent généralement dans la vie onirique un changement de conscience dû à la force de l'amour. Au plan psychologique, ce rêve illustre moins l'amour entre deux personnes, que la réconciliation avec soi-même, l'unification de la personnalité, l'harmonie en soi réalisée.

PRISON. *Se voir en prison*: ce rêve ne s'illustrera peut-être pas par une mise derrière les barreaux, mais davantage par un sentiment d'oppression. La libération n'est pas loin, mais elle ne dépend que de vous, de la rupture que vous aurez à faire avec celui ou celle de vos proches qui par sa possessivité vous empêche de respirer.

PROCESSION. *Que l'on suit*: dans un rêve, si l'on se met à l'unisson avec un groupe, cela signifie que dans la réalité on sera d'un avis contraire à une opinion générale.

PROCUSTE. *Voir une illustration*: ce brigand ne pourra vraisemblablement apparaître que dans le rêve d'une personne qui s'intéresse à la mythologie grecque. Ce Procuste illustrera une façon de voir ou d'agir trop rigide, trop conventionnelle, qui peut mener à une forme de tyrannie envers ceux qui ne se conforment pas à ce que l'on exige d'eux. À vous de voir si vous êtes Procuste ou si vous luttez contre un Procuste.

Sens symbolique: dans le récit mythologique, Procuste était un bandit qui attaquait les voyageurs, étendaient les plus grands sur un petit lit et coupaient les pieds qui dépassaient; il agissait avec les petits en les étendant sur un grand lit et en les étirant jusqu'à ce qu'ils aient atteint les dimensions voulues. Procuste symbolise le tyran qui ne tolère aucune action, aucun jugement autre que ce que son autoritarisme et sa volonté imposent, généralement par l'arbitraire et la force.

PROFESSION. Dans un rêve, se voir exercer un métier différent de celui qu'on exerce dans la réalité révèle un échec de ses idéaux ou une mauvaise image de soi, un manque d'harmonie intérieure.

PROJECTEUR. *Se trouver sous un projecteur*: insécurité; timidité; peur de se dévoiler, d'être le centre d'intérêt; sous-estimation de soi.

PROSTITUÉE. *Que l'on voit*: pour un homme, si cette femme ne représente pas un besoin de sexualité, au plan psychologique elle symbolisera le refuge, la sécurité, la tendresse, celle qui ne pose pas de questions, qui comprend sans juger. Un symbole maternel par excellence. Si la prostituée apparaît dans le rêve sous une apparence vulgaire, laide, menaçante, elle représentera l'*anima* négative de l'homme, sa partie féminine construite dès l'enfance à ne voir chez la femme qu'une image destructrice et avilissante pour lui-même.
Se voir en prostituée: pour une femme peut marquer le sentiment de n'être pas désirée sexuellement.

PRUNIER. *Voir un prunier en fleurs*: beau présage; annonce un nouvel élan vital.
En Extrême-Orient, le prunier symbolise le printemps, la pureté, et sa fleur, l'immortalité. Son fruit, la prune, aurait une signification érotique.

PUITS. *Que l'on voit*: une image de l'énigme, du mystère que l'on est pour soi-même.

Un puits rempli d'eau claire : révèle un psychisme harmonieux ; annonce une belle rencontre sur le plan sentimental.
Un puits d'eau boueuse : conflits intérieurs qui sont à l'image de ce que l'on vit dans ses relations avec autrui.
Un puits sans eau : besoin d'amour, de tendresse.
Se mirer dans l'eau d'un puits : on essayera d'analyser ses comportements. Travail d'introspection.
Tirer de l'eau d'un puits : c'est faire remonter à la lumière du conscient ses tendances négatives.
Tomber dans un puits : difficultés à contrôler ses pulsions négatives.
Sortir d'un puits : annonce un renouveau intérieur, la clarté au bout des épreuves.
Sens symbolique : symbole pour les analystes de la connaissance intérieure, le puits revêt dans toutes les traditions un caractère sacré. Dans les pages de l'Ancien Testament, le puits symbolise la source de Vie, la source de Lumière, la Connaissance, et tient lieu de centre spirituel. Il est également l'image de l'union de l'homme et de la femme. S'il symbolise le secret, la vérité cachée, il représente, dans certaines traditions d'Extrême-Orient, les Enfers, les Abysses. Les sciences ésotériques et les traditions initiatiques font du puits le symbole de la Connaissance, de la Sagesse et de l'évolution spirituelle.

PUTRÉFACTION. (Voir **POURRIR**)

PYRAMIDE. *Que l'on voit* : indépendamment du fait que ce rêve peut être une résurgence d'un voyage aux pays des pyramides ou d'un intérêt pour ces civilisations antiques, voir une ou des pyramides dans la vie onirique exprime une croissance qui se manifestera aussi bien sur le plan matériel – réussite sociale, gains – que sur un plan psychologique ou spirituel.
Sens symbolique : la pyramide que l'on connaît en tant que tombeau des pharaons, est traditionnellement le symbole de l'élévation, de l'ascension, de la résurrection de l'âme. Par sa base carrée, image de l'assise terrestre, et par sa pointe qui s'élève vers le ciel, elle symbolise l'union de la terre et du ciel. Objets de réflexion, de conjectures philosophiques et mathématiques, on pourra trouver dans des

ouvrages spécialisés une quantité d'informations sur la signification des pyramides, signification que les quelques lignes de cet ouvrage n'ont pu, bien évidemment, qu'effleurer.

Q

QUAI. *Sur lequel on se trouve*: est-ce le quai d'une gare, d'un port, d'une station de métro? Allez-vous vous embarquer ou bien arrivez-vous? Le quai est-il désert ou encombré? Attendez-vous quelqu'un ou bien vous attend-t-on? Autant de réponses qui dépendront du contexte de votre rêve, mais auquel on peut apporter quelques généralités sur sa signification.
Dans l'attente de s'embarquer dans un train ou sur un bateau: désir de changement, soit dans sa vie professionnelle, matrimoniale ou en rapport avec une liaison.
Quai encombré. On hésite à prendre le moyen de transport: agitation intérieure; indécision quant à l'orientation de sa vie.
Se retrouver seul(e) sur le quai d'une gare déserte: marque la solitude absolue. Sentiment d'angoisse qui peut se rapporter à un abandon dans l'enfance.
Attendre sur un quai: un souhait qui tarde à se réaliser.
Attendre sur un quai de métro: indique une activité routinière, sans grand changement en perspective. Résignation.

QUARANTE. *Voir le nombre écrit*: situation bloquée à plusieurs niveaux. Période d'attente qui prendra le sens d'une épreuve difficile à surmonter, mais au bout de laquelle vous triompherez.
Sens symbolique: dans plusieurs traditions le nombre *quarante* symbolise les épreuves imposées à l'être humain par la volonté divine pour amener celui-ci au dépassement de soi. On trouve cette signification notamment dans la Bible, avec les quarante jours du déluge,

ceux de Moïse sur le mont Sinaï, ceux de Jésus confronté à la tentation. Punition divine aussi les quarante années passées dans le désert par les Hébreux. Pour les exégètes, ce nombre symbolise un cycle qui marque un accomplissement permettant le passage à une autre forme de vie. Chez les peuples africains, notamment chez les Bambaras, le nombre quarante est lié à des rites sacrificiels. Les rituels consacrés aux défunts chez certaines populations africaines ou amérindiennes tiennent compte d'un nombre de quarante jours pour affirmer la mort définitive d'une personne. Enfin, dans la tradition populaire, il est courant de dire que quarante ans marque le début d'un nouveau cycle pour l'être humain, le passage du statut de jeune à celui d'adulte.

QUARTZ. *Trouver un quartz*: (Voir **CRISTAL**)

QUATRE. *Écrire le nombre*: vous êtes dans une période stable de votre vie. Tous vos projets sont élaborés sur des bases solides. Présage de réussite.
Sens symbolique: le nombre quatre symbolise la plénitude, la solidité. (Voir **CARRÉ**, **CROIX**)

QUENOUILLE. *Que l'on voit*: résurgence peut-être des contes de l'enfance, mais sa signification est surtout en rapport avec le temps qui passe ainsi qu'à la sexualité.
Sens symbolique: la quenouille est l'instrument symbolique du temps qui s'écoule impitoyablement, mais la psychanalyse en a donné une signification sexuelle basée sur l'étude de certains contes de Perrault. La quenouille représenterait à la fois l'organe masculin par sa forme et l'organe féminin par sa fragilité.

QUEUE. (Voir **SERPENT**)

QUILLES. *Jouer aux quilles*: désir de se mesurer aux autres.
Les voir toutes tomber: présage de réussite.
Quelques-unes: on ne réussira qu'avec des difficultés.

QUITTER. (Voir **ABANDON**)

R

RABOTER. *Se voir*: désir d'aplanir, de régler des conflits. Goût des choses nettes et claires.

RACINES. *Que l'on voit*: désir d'entreprendre un projet sur des bases solides.
Que l'on déterre: si vos entreprises manquent de stabilité, la faute vous en incombera.
Sens symbolique: (Voir **ARBRE**)

RADIO (poste de). *Être à l'écoute des nouvelles*: dénote de l'angoisse, on veut être informé pour se tenir prêt à toute éventualité.
De la musique: selon le genre de musique, on aspire à la détente ou à être stimulé(e).
D'une émission interactive: besoin de faire connaître ses opinions.
Animer une émission: désir d'être écouté(e). Manque de confiance en soi.

RADIOGRAPHIE. *De soi-même*: problèmes psychologiques qu'un travail d'introspection pourrait alléger.
D'une personne connue: désir d'éclaircir une situation floue avec une personne de votre entourage.

RAIL. (Voir **CHEMIN**)

RAISINS. *Que l'on mange bien murs*: présage de bonheur, d'abondance, d'amour comblé.
Des raisins verts: présage une situation délicate qui vous fera grincer des dents.
Des raisins secs: le temps n'est plus aux réjouissances pleines et entières. L'amour s'est tari.
Sens symbolique: (Voir **VIGNE, VIN**)

RAMER. *Dans le cadre d'une compétition*: vous avez toujours des difficultés pour réaliser des projets, mais votre sens de l'effort garantit le succès.
Ramer à contre-courant: efforts qui ne mènent à rien.
Ramer aisément: pas d'obstacles en vue, les choses s'accomplissent facilement.

RAMEAU. T*enir un rameau vert*: présage bénéfique. L'amour sera au premier plan.
Un rameau d'or: vous serez protégé(e) dans des entreprises périlleuses même si vous exercez un métier à risque.
Un rameau desséché: vos projets n'aboutiront pas. Il vaudrait mieux les remettre à plus tard. Annonce aussi la fin d'une relation amoureuse.
Sens symbolique: le rameau a une signification symbolique dans nombre de traditions. Pour la chrétienté, il est en relation avec le triomphe du Messie. Dans la Bible, c'est un rameau tenu dans le bec d'une colombe qui annonce la fin du déluge et l'avènement de la paix. Le rameau d'or est apparenté à la branche de gui qui symbolise la renaissance, l'aube d'un changement, en l'occurrence, le passage à une nouvelle année. Dans la tradition druidique, le rameau d'or symbolise la lumière qui possède le pouvoir magique d'éloigner les esprits maléfiques.

RASER. (Voir **BARBE**, **CHEVEU**)

RAT. *Que l'on voit*: si vous vous sentez dévitalisé(e), sans énergie, ce rêve peut vous éclairer sur une personne de votre entourage qui tire profit de votre crédulité à tous les niveaux.
Piéger un rat: annonce que l'on a compris le jeu d'une personne qui veut vous déposséder.
Sens symbolique: le rat est le plus souvent considéré comme un animal répugnant, dévastateur, prolifique, responsable d'infuser les pires maladies, dont la peste bubonique. Pour la psychanalyse freudienne, il est associé aux entrailles de la terre dont il extrait, en même temps que ses richesses, ses scories. De là une interprétation phallique et anale du rat qui rappelle celle de certaines traditions japonaise et chinoise qui font de cet animal un symbole d'abondance et de prospérité.

RATE. *Rire à se dilater la rate*: si ce sont les mots qui soulignent un état d'euphorie dans votre rêve, sachez que symboliquement la rate est considéré dans notre culture comme l'organe qui dirige nos humeurs (ce qui n'est en rien corroboré par la médecine officielle).

RAVIN. (Voir **ABÎME**)

RAYON. *Que l'on reçoit du soleil*: la lumière vue en rêve est annonciatrice d'une période féconde tant sur le plan matériel que spirituel.
Placé(e) sous les rayons X: si vous êtes atteint d'une maladie qui nécessite l'utilisation de ces rayons, ce rêve est directement en relation avec votre état de santé et peut présager une amélioration.
Sens symbolique: les rayons, qu'ils proviennent du soleil ou qu'ils soient figurés émanant de saints et d'êtres spirituellement très élevés, symbolisent la lumière céleste pénétrant et vitalisant ceux qui la reçoivent, tant sur le plan physique que spirituel.

RÉCIF. *Se voir échoué(e) sur des récifs*: présage de difficultés majeures à tous les niveaux
Sens symbolique: dans la mythologie grecque où les récits de traversées maritimes sont fréquents, les récifs sont synonymes d'obstacles redoutables, et symbolisent l'arrêt dans le cours d'une destinée. La psychanalyse fait du récif le butoir de l'inconscient, générateur d'agressivité, et frein à l'évolution de la personnalité.

RÉCIPIENT. (Voir **CHAUDRON**, **VASE**)

RECTANGLE. *Dessiner un rectangle*: désir de se perfectionner. (Voir **CARRÉ**)

RÉFRIGÉRATEUR. *Le remplir*: insécurité; solitude symbolisée par le froid, mais la nourriture apporte la chaleur qui manque sur le plan affectif.
Sens symbolique: (Voir **ARMOIRE**, **COFFRE**)

REGARD. (Voir **YEUX**)

RÈGLE. *Utiliser une règle*: vous possédez des qualités d'honnêteté et de droiture. Tout ce que vous entreprenez doit être pensé et mesuré avec précision avant de passer à l'action.
Sens symbolique: la règle est divisée – notamment dans le Compagnonnage – de façon à correspondre avec les vingt-quatre divisions du cycle solaire journalier, ce qui en fait la manifestation de l'activité céleste dans sa perfection absolue. Pas de mesure exacte sans règle, car rien sans cet outil ne pourrait être ordonné, construit, vérifié, harmonisé. C'est pourquoi elle symbolise la mesure en toutes choses, matérielles autant que spirituelles.

REIN. *Subir une greffe*: ce rêve est peut-être relié à une préoccupation objective. Si tel n'est pas le cas, ce rêve signifierait que vous avez besoin de récupérer des énergies qui vous font défaut, soit en raison de trop d'activité ou de problèmes affectifs non verbalisés.
Offrir un rein: vous êtes une personne prête à vous sacrifier pour autrui.
Sens symbolique: le rein est symbole de puissance physique autant que morale, et serait perçu dans le milieu de certaines médecines alternatives comme un organe du corps lié à l'affect, aux émotions, aux désirs inexprimés.

RENARD. *Que l'on voit*: mise en garde contre une personne de votre entourage qui essayera de vous gruger.
Un renard apprivoisé: méfiance vis-à-vis d'une personne qui se prétend votre ami(e).
Que l'on abat: on déjouera une ruse qui visait à vous déposséder.
Sens symbolique: nombre de traditions accordent au renard un symbolisme sur lequel les contradictions foisonnent, si bien que cet animal semble incarner toutes les pulsions négatives et positives de l'être humain. Rusé d'une part, craintif de l'autre, audacieux, mais point téméraire, chapardeur astucieux admirablement décrit par Jean de La Fontaine, qui connaissait bien la nature humaine, puisque dans ses célèbres fables peuplées d'animaux, c'est de celle-ci dont il est

toujours question. Un bon nombre de traditions honorent le renard comme un héros quand son poil est argenté (certains peuples amérindiens), ou bien comme un messager des enfers quand son pelage est noir (Sibérie), ou encore comme guide des âmes quand son poil est blanc. Il est aussi symbole de fertilité (Japon) ou de fornication (Extrême-Orient). En somme, un résumé de l'âme humaine.

RENNE. (Voir **CERF**)

REPAS. *Prendre un repas en famille*: ce rêve ne signifie pas toujours le bonheur d'être ensemble, il peut signaler une crainte reliée à des conflits familiaux qui éclatent souvent au cours de repas.
Avec des amis: désir de partager, de communiquer.
Sens symbolique: (Voir **TABLE**)

REPOS. *Se reposer*: rêver qu'on se repose, voici qui peut sembler paradoxal quand on est censé dormir ! En fait, ce rêve signifie que l'on aspire à couper avec tout souci, toute obligation, pour pouvoir se régénérer et s'harmoniser.
Sens symbolique: le repos signifie l'arrêt de toute activité. Symboliquement, il est l'image de la paix de la conscience, enfin unifiée après un long travail sur soi-même.

REQUIN. *Que l'on voit*: ce rêve est probablement lié à des problèmes financiers qui vous hantent: peur d'être confronté à des institutions qui vous dépouillent, à une personne qui s'acharne contre vous dans un but mercantile.
Se voir pris entre les dents d'un requin: ce rêve est un cauchemar qui dénote chez vous une angoisse viscérale liée peut-être à l'enfance, les dents du requin pouvant être apparentées à une prise de possession dont vous auriez pu être victime (mère possessive, père autoritaire). (Voir **DENT**)

RESPIRATION. *Se sentir suffoquer*: à moins qu'il ne s'agisse d'un problème physiologique, votre rêve traduit une période difficile de votre vie où vous vous sentez dans une impasse, où vous « manquez

d'air » littéralement. Écartez de votre environnement ceux qui justement dévorent votre air.
Inspirer l'air (de la montagne, de la mer) à pleins poumons: ce rêve exprime votre bien-être, votre amour de la vie, l'harmonie que vous avez réussi à créer en vous.
Sens symbolique: la respiration est le symbole de la vie. Dans certaines traditions extrême-orientales, on compare l'inspiration et l'expiration à la porte des cieux qui s'ouvre et se ferme rythmiquement. (Voir **AIR**)

RESTAURANT. (Voir **REPAS**)

RÉSURRECTION. *Se sentir ressuscité(e)*: c'est donc que vous vous sentiez « mort(e) ». Votre rêve annonce un renouveau important dans votre vie, une nouvelle direction, une nouvelle façon de percevoir les choses. Au plan spirituel, c'est le présage d'une grande avancée.
Voir une personne défunte ressusciter: vous étiez probablement très attaché(e) à cette personne et votre rêve traduit ce désir de la voir revivre. À moins que cette personne ne soit une représentation transposée de vous-même, désireuse de n'apporter aucun changement à sa vie, ni dans ce que vous êtes ni dans ce que vous faites. Annonce la stagnation.
Sens symbolique: il n'appartient pas à l'être humain de ressusciter lui-même ou de ressusciter un mort. La résurrection, si l'on s'accorde à y croire, est œuvre de la puissance divine.

RETARD. *Arriver en retard*: peut exprimer la crainte d'affronter une personne, un événement, ou tout simplement le manque d'attrait de là où l'on doit se rendre.
Arriver trop tard: vous prenez conscience à retardement d'événements qui pourtant auraient pu changer le cours de votre vie.

RETOUR. *Se voir revenir dans un lieu familier*: la vie que vous menez ne vous satisfait pas. Nostalgie du passé.
Faire un retour sur soi: comment ce rêve peut-il être imagé si ce n'est par des représentations graphiques tel un point, un cercle, un mandala, ou

un labyrinthe. C'est partir à la recherche de son intériorité, retrouver son centre, s'éclairer de l'intérieur.
Sens symbolique: le retour, but de nombre de démarches spirituelles, c'est un mouvement de retour à l'origine, une «marche à reculons» pour regagner le point où rien de manifesté n'existe. C'est aussi l'éternel retour des jours et des nuits, des saisons, de la mort et de la renaissance, illustré dans les antiques traditions par des divinités. C'est l'image du point élargi au cercle, lui-même redevenant point. C'est l'image de l'un d'où tout procède et où tout retourne. Pour l'être humain, le retour, c'est retrouver son centre, c'est se réunifier.

RÉVEIL. *Rêver d'être réveillé(e)*: annonce une ouverture de conscience qui correspond bien psychologiquement à un réveil.

REVENANT. *Que l'on voit*: ce cauchemar peut signaler un grand trouble d'ordre psychologique, la «remontée» d'un aspect de vous-même que vous redoutez, votre part d'ombre enfouie au plus profond de votre inconscient. (Voir **ESPRIT**)

RÊVER. *Que l'on rêve*: cela arrive quelquefois et indique une fuite de la réalité.

RIDEAU. (Voir **VOILE**)

RIDE. (Voir **VIEILLARD**)

RIRE. *S'entendre rire*: la sonorité de ce rire donnera sa signification au rêve.
Rire aux éclats: présage de joies.
Rire de quelqu'un: vous avez peu d'estime de vous.
Rire à gorge déployée: vous masquez vos sentiments.
Rire jaune: vous subirez un affront.

RIVIÈRE. *Traverser une rivière*: on triomphera des obstacles.
Suivre le cours d'une rivière: votre chemin de vie est empli de sérénité.

Traverser à gué: présage de réussite car vous savez où vous posez les pieds.
Une rivière d'eau pure: présage d'une rencontre avec une personne fidèle et sincère.
Une rivière boueuse: mise en garde contre des personnes médisantes.
Une rivière à sec: une période stérile s'annonce. Remettez vos projets à plus tard.
Sens symbolique: la rivière, comme les routes et les chemins, symbolise la voie dans laquelle on engage sa vie.

RIZ. *Acheter du riz*: vous mettez tous les atouts de votre côté: richesse, prospérité.
Recevoir un sac de riz: présage de bonheur.
Sens symbolique: synonyme de richesse et d'abondance. En Asie, le riz est considéré comme un aliment sacré auquel on voue un véritable culte. La culture occidentale en a fait un symbole de bonheur en jetant des poignées de riz sur le passage des nouveaux mariés.

ROBE. (Voir **VÊTEMENT**)

ROCHE. (Voir **PIERRE**)

ROCHER. *Que l'on voit*: projets importants en préparation.
Se voir assis sur un rocher: succès dans vos projets. La situation est stable, bien établie.
Escalader difficilement un rocher: des retards momentanés dans la réalisation de vos projets.
D'où jaillit une source: vous êtes en mutation. Grande évolution spirituelle.
Émergeant de la fange: mise en garde contre des personnes mal intentionnées.
Sens symbolique: symbole principalement de la fermeté, de l'immobilité, le rocher selon les traditions, peut donner l'image de la puissance divine, de la manifestation cosmique, mais aussi représenter la force des puissances ténébreuses. Le rocher de Sisyphe qui dévale vers le

bas et remonte perpétuellement est l'illustration de la lutte de l'être humain confronté à ses désirs et son aspiration à les transmuer.

ROI/REINE. *Que l'on voit sur un trône*: présage d'une grande protection en haut lieu.
Rencontrer un roi ou une reine: présage de chance unique. Vous allez bénéficier d'opportunités qui vous assureront richesse et prospérité.
Se voir en roi ou reine: aspiration aux honneurs, à la notoriété. Peut révéler un complexe d'infériorité.
Recevoir la couronne d'un roi, d'une reine: vous détenez un pouvoir de rayonnement spirituel qui subjuguera votre entourage et attirera vers vous un grand nombre de personnes. N'en abusez pas pour devenir un «gourou»!
Voir un roi ou une reine déchu(e) : on a réussi à vaincre l'orgueil en soi. Présage d'élévation morale et spirituelle.
Sens symbolique: dans toutes les traditions le roi symbolise l'autorité suprême, la justice, la clémence, la rigueur, la paix. Il est le représentant de la puissance divine sur terre qui veille et assure l'équilibre entre les forces opposées. Au plan psychologique, le roi symbolise le gouvernement de soi par soi-même, la maîtrise de ses instincts (ses «sujets»), celui qui rassemble toutes ses énergies pour atteindre la perfection, la réalisation de soi. L'image d'un roi dictateur, tyrannique, représente exactement l'inverse, celle d'un contrôle sur soi mal dirigé.

ROITELET. *Que l'on voit*: Bon présage. Cet oiseau, qui chante joyeusement au lever du soleil, est associé à la lumière céleste et symbolise la joie.

ROSACE. (Voir **ROUE**)

ROSAIRE. *Que l'on égrène*: peu importe si ce rosaire comporte 50 grains (hindouisme), 108 grains (bouddhisme), 99 grains (islamisme), ou 60 grains (chrétienté), il a la même fonction dans toutes les traditions religieuses, à savoir: se mettre en contact avec le Ciel par la répétition continuelle des mêmes phrases. Et ce rêve révèle un moment de votre vie où plus que jamais vous avez besoin d'un soutien que vous espérez providentiel.

ROSE. *Recevoir un bouquet de roses*: selon la couleur et le degré d'épanouissement de ces fleurs, la signification de votre rêve en sera renforcée.
Rose blanche: amour pur et sincère, témoignage d'une belle amitié.
Rose rose: amour sincère qui n'ose pas se déclarer par de grandes manifestations.
Rose rouge: déclaration d'amour passionnée.
Rose jaune: on vous aime, mais la jalousie est sous-jacente.
Rose bleue: amour idéalisé, irréaliste.
Se piquer avec une rose: amour destructeur.
Rose fanée: rien ne sera plus comme avant.
Le nombre de roses dans votre rêve a aussi son importance:
Rose unique: un cœur vous est entièrement consacré.
Trois roses: la sagesse alliée à l'amour.
Cinq roses: amour harmonieux.
Six roses: on hésite à s'engager.
Sept roses: amour à son plus haut degré de perfection.
Sens symbolique: en Occident, le symbolisme relié à la rose est semblable à celui du lotus en Asie: image de la perfection, de l'âme, de l'amour et du cœur. Apparentée au cercle, à la roue, elle symbolise le cosmos, la création à son niveau de perfection le plus élevé, l'amour transcendant, la sagesse divine. Ses pétales au nombre de cinq symbolisent l'union du principe terrestre et du principe céleste.

ROSEAU. *Que l'on voit*: signale une fragilité qui n'est qu'apparente. Votre volonté vous permet de traverser les épreuves les plus difficiles sans vous rompre.
Sens symbolique: selon les traditions, il symbolise l'axe du monde (Inde), la manifestation (Japon), la protection contre les esprits malfaisants (Chine), la voix de l'âme exilée du Ciel (Europe Orientale, Asie), la fertilité (Aztèques).

ROSÉE. *Marcher dans la rosée du matin*: besoin de se revivifier; aspiration à s'élever spirituellement.
Sens symbolique: symbole de régénération, de bénédiction divine, de nourriture céleste, de fécondité, les différentes traditions accordent à la rosée, à quelques nuances près, une même signification.

ROUE. *Voir une roue en mouvement régulier*: bon présage. Vos projets se réaliseront en toute quiétude.
Mouvement accéléré: présage d'un changement rapide du cours de votre vie.
Roue à l'arrêt: période de stagnation.
Sens symbolique: la roue est l'image des rythmes qui nous gouvernent, la ronde de l'univers, l'éternel recommencement. Avant tout symbole solaire par ses rayons qui maintiennent le cercle de sa structure, elle symbolise aussi selon les traditions, la roue cosmique dont le centre est le Ciel et la circonférence la Terre, l'homme étant le rayon qui établit la communication entre les deux. Au plan humain, le moyeu de la roue serait le centre d'accomplissement de l'être humain, l'axe par lequel le spirituel fusionne avec le corps physique et la matérialité terrestre. Centre à la fois cosmique et mystique, c'est du même symbolisme dont parle Jung à propos des rosaces qui figurent sur les édifices religieux. (Voir **CERCLE**)

ROUE DE FORTUNE (LA). *Voir le 10e arcane majeur du tarot*: cela signalera que vous êtes dans une phase de mutation, évolutive si vous vous fixez sur le personnage qui grimpe sur la roue; involutive si votre attention se porte sur le personnage (simiesque) qui descend, et conscientisée si vous êtes juché(e) sur le haut de cette roue.

ROUGE. (Voir **COULEUR**)

ROUX. *Se voir avec les cheveux roux*: si ce n'est pas un désir de se plier à un phénomène de mode, ce rêve signale un attachement très fort aux possessions matérielles.

Sens symbolique: couleur qui évoque le feu, le roux se rattache aux forces souterraines. C'est une couleur qui, dans certaines traditions, symbolise les désirs exclusivement terrestres.

RUBAN. *Se voir décoré(e) d'un ruban*: signification liée au contexte de votre rêve.
En général, les rêves dans lesquels on se voit honoré(e) signale un désir de reconnaissance, un sentiment que l'on n'est pas apprécié(e) à sa juste valeur. Ceci dit, ce rêve peut aussi signifier la décoration que l'on attend pour avoir accompli un acte de courage ou un bienfait utile à la société. Reportez-vous au mot **COULEUR** pour trouver un complément au sens de ce rêve.

RUBIS. (Voir **PIERRE PRÉCIEUSE**)

RUCHE. (Voir **ABEILLE**, **MAISON**)

RUE. *Marcher dans une rue animée*: besoin de mettre de l'ordre dans l'agitation de ses pensées.
Seul(e) dans une rue déserte: besoin de se retrouver face à soi-même.
Dans une ruelle: voie étroite, la ruelle indique que vous prendrez conscience d'aspects de vous-même qui vous déplaisent et que vous préfériez ne pas voir.

RUPTURE. *Rompre des liens*: qu'ils soient amicaux, matrimoniaux, professionnels ou autre, une rupture annonce toujours la fin d'un cycle. Si dans votre rêve vous ressentez de la nostalgie, de la tristesse par rapport à une rupture, quand vous serez réveillé(e) dites-vous que loin d'être un présage négatif, à un certain niveau c'est l'annonce d'un renouveau dans votre vie.

S

SABBAT. *Rêver du sabbat*: si vous appartenez à une religion qui pratique le sabbat, ce rêve est en relation directe avec un rituel auquel vous vous livrez périodiquement. Cela signifie alors que même en dormant, votre relation à Dieu est quasi permanente. Par ailleurs, le sabbat étant pratiqué le septième jour, c'est peut-être le chiffre 7 qu'il faudrait retenir et ce rêve signifierait votre aspiration à acquérir de hautes valeurs morales et spirituelles.
Prendre une année sabbatique: désir intense de repos pour se libérer du quotidien et vivre enfin comme on l'entend.
Sens symbolique: le sabbat est synonyme de repos, d'arrêt des activités et symbolise pour la religion judaïque le repos de Dieu au septième jour de la création. Indépendamment de sa signification religieuse, le sabbat est souvent associé dans la pensée profane à des fêtes joyeuses, voir démoniaques. (Voir **SEPT**)

SABLE. *Voir un tas de sable*: les projets échafaudés ne tiendront pas.
Bâtir un château de sable: projet irréalisable.
Fouler le sable chaud: désir de repos, de vacances.
Se voir dans les sables mouvants: mise en garde contre un engrenage dangereux — par exemple, une mauvaise association.
Subir une tempête de sable: présage d'échec: il ne restera rien de ce que vous avez construit.
Sens symbolique: selon les traditions, le sable peut symboliser les âges du temps (bouddhisme), la multitude (Cambodge), la pluie (Japon). Pour la psychanalyse, la douceur et le plaisir que l'on ressent à fouler, à s'enfoncer dans le sable, l'apparente à l'utérus chaud et sécurisant.

SABLIER. *Que l'on voit*: obsession du temps qui passe; angoisse.
Le retourner avant que le sable ne soit écoulé: peur de vieillir, mais aussi possibilité de se créer un nouveau départ, une nouvelle vie.

Sens symbolique : le sablier marque inexorablement l'écoulement du temps, mais au-delà de cette constatation objective, il symbolise le cycle humain qui aboutit à la mort. Il introduit également l'idée de la plénitude et du vide, du haut et du bas, donc du rapport entre le ciel et la terre, idée que son retournement permet d'inverser, le goulot du milieu symbolisant la médiation, le passage où se font les échanges. D'un point de vue psychologique, le sablier symbolise l'aptitude de l'être humain à choisir sa voie et, s'il est conscient d'avoir fait un mauvais choix, d'inverser sa tendance.

SABRE. (Voir **ARME**)

SAC. *Perdre son sac à main* : pour une femme indique un manque confiance en soi.
L'oublier : négation de sa féminité.
Vide : on ne combat même plus pour imposer ses valeurs. Complexe d'infériorité.
Plein : assurance en soi ; pleine possession de ses moyens.
Sens symbolique : le sac, par sa forme, par ce qu'il enferme, symbolise l'utérus. Sur un plan psychologique, il représente la femme riche de sa belle féminité.

SAC À DOS. *Se voir avec* : s'il est lourd il indique que vous serez seul à devoir solutionner un problème important qui concerne pourtant plusieurs personnes.
S'il est vide : libération de vos problèmes. Vous avancerez dans vos projets d'un cœur léger.

SACHET. *Que l'on voit* : s'agit-il d'un sachet d'épices, d'herbes séchées, de thé, de poudre médicale, d'un sachet pour le bain, est-il blanc, en couleurs ? Autant de questions qui, éclaircies, donneront une signification à votre rêve. Reportez-vous au mot qui accompagne ou qualifie le sachet.
Sens symbolique : le sachet, comme le sac, représente ce qui est enfermé. On en retrouve quelques explications dans la tradition

judéo-chrétienne, où il prendrait la signification mystique du salut, en ce sens que Dieu conserverait dans un sachet, pour la protéger, «l'âme des vivants».

SACRIFICE. *Prendre la place de quelqu'un d'autre pour le sauver*: votre rêve signifie, au premier niveau, que vous êtes désireux de venir en aide à une personne de votre entourage placée dans une situation grave. À un niveau psychologique, ce rêve peut révéler que c'est vous qui êtes en situation critique et que si vous avez besoin d'aide, vous ne la trouverez qu'en vous-même.
Sens symbolique: la signification du sacrifice est différente selon les traditions, mais toutes lui accordent un sens religieux. Il signifie généralement le renoncement par amour à ce qui rattache à la vie terrestre. Il peut avoir valeur de purification, d'expiation, d'imploration et d'infusion avec les énergies célestes. Pour la psychanalyse, le sacrifice s'interprète comme une victoire de la nature spirituelle de l'être humain sur ses bas instincts.

SAFRAN. (Voir **COULEUR**, le jaune)

SAGE-FEMME. (Voir **ACCOUCHEMENT**)

SAGITTAIRE (LE). *Voir l'image du signe*: même s'il ne s'agit pas du signe de votre naissance, le voir apparaître en rêve signifie que certains de ses attributs peuvent révéler vos préoccupations. Reportez-vous aux mots-clés, comme **CHEVAL** et **FLÈCHE**. Voici quelques généralités sur ce signe: il est le 9e signe du zodiaque, placé sous l'influence de Jupiter, certains disent de Pluton. Il symbolise la rapidité des mouvements, l'indépendance et les déplacements fréquents. L'influence jupitérienne en fait un être où s'unissent l'humain et le divin, la matière et l'esprit, l'inconscience et la conscience à son plus haut niveau. Son image de centaure bandant un arc sur lequel une flèche est orientée en direction des étoiles, indique son aspiration à quitter la condition animale pour se transformer en être spirituel. (Voir **CENTAURE**)

SAISON. Votre rêve peut s'inscrire dans le cadre d'une saison particulière:
Le printemps: présage d'un renouveau dans votre vie.
L'été: annonce une période d'épanouissement, d'abondance.
L'automne: la nostalgie s'installe, mais les beaux jours ne sont pas forcément l'apanage du passé.
L'hiver: annonce une période d'arrêt de vos activités, ce qui n'exclue pas un travail d'élaboration intérieure.
Sens symbolique: les saisons symbolisent les changements cycliques perpétuellement recommencés.

SALAMANDRE. *Que l'on voit*: si vous avez traversé une période difficile, voir une salamandre annonce que vos épreuves sont terminées.
Sens symbolique: dans les traditions antiques, la salamandre était identifiée au feu. On raconte qu'elle pouvait y trouver sa demeure sans être consumée. Elle symbolise la paix de l'âme au milieu des épreuves.

SALIVER. *Devant un mets*: on vous promet beaucoup en affaires, mais c'est peut-être pour vous berner. Méfiance donc.
Une odeur vous fait saliver: un projet s'avère utopique.
Perdre sa salive à convaincre une personne: vos efforts n'aboutiront pas.
Crache-t-on sur vous ou vous sur une personne?: une personne vous en veut particulièrement, ou bien, sur un plan psychologique, vous avez une mauvaise image de vous-même. Faites-vous aider.
Sens symbolique: dans de nombreuses traditions, la salive joue un rôle magique à double polarité: elle a le pouvoir de guérir ou d'être un vecteur de contamination. Mêlée à la parole, elle peut adoucir ou au contraire insulter. Dans certaines traditions (Afrique, Orient), on lui attribue la vertu d'engendrer, comparable au sperme.

SANCTUAIRE. *Que l'on voit*: désir de se retrouver avec soi-même.
Sens symbolique: le sanctuaire symbolise le lieu sacré où l'être humain se retrouve en communion avec le divin.

SANDALE. (Voir **CHAUSSURE**, **PIED**)

SANG. *Perdre son sang*: quelque chose ou quelqu'un de votre entourage sape vos énergies. Sur un plan psychologique, ce sang peut révéler une blessure intérieure profonde qu'il faudrait analyser. Faites-vous aider.
Sens symbolique: le sang est le principe de la vie. Dans toutes les traditions on retrouve ce même symbolisme attribué au sang: fertilité, abondance, breuvage d'immortalité, véhicule des passions et de l'âme, le sang est à la vie physique ce que la lumière est à l'esprit.

SANGLIER. *Que l'on voit*: annonce un conflit avec une personne totalement dépourvue de scrupules qui risque de vous causer des dommages irréparables sur le plan matériel et psychologique.
Capturer un sanglier: vos efforts presque surhumains auront raison d'un(e) ennemi(e). À un autre niveau, ce rêve indique que vous êtes conscient de posséder une certaine forme d'agressivité et que vous travaillez sur vous-même pour la contrôler.
Sens symbolique: selon les traditions antiques, le sanglier peut figurer comme une autorité spirituelle ou à l'inverse, être le symbole de l'ignorance; de la brutalité, des passions à l'état brut. Dans la tradition chrétienne, il symbolise le démon.

SANGSUE. *Que l'on voit*: présage une maladie dont on se remettra.
Voir une sangsue sur son corps: mise en garde contre une personne qui veut vous dépouiller.

SAPHIR. (Voir **BLEU**, **PIERRE PRÉCIEUSE**)

SATAN. (Voir **DIABLE**)

SATIRE. *Lire une satire*: de qui vous moquez-vous? Peut-être de vous-même, ce qui prouve que même dans un rêve, vous avez suffisamment d'humour pour ne pas vous prendre au sérieux.

Contre une personne: vous avez un compte à régler avec quelqu'un et vous choisissez la raillerie, ce qui n'est pas forcément la bonne méthode pour vous réconcilier.
Sens symbolique: la satire, selon certaines traditions antiques, était utilisée soit pour railler certains métiers (Égypte) soit avait valeur d'incantation (Celtes).

SATYRE. *Rêver d'un satyre*: en relation avec des préoccupations sexuelles.
Sens symbolique: (Voir **DIONYSOS**)

SAULE. *Que l'on voit*: présage d'excellente santé.
S'asseoir sous son ombre: méditer est un bon moyen d'acquérir la sagesse.
Sens symbolique: si le saule pleureur est souvent associé à l'idée de tristesse et de mélancolie, compte tenu de sa vivacité, il symbolise dans certaines traditions, l'immortalité, la fécondité et est assimilé par la grâce qui se dégage de ses formes, au corps féminin.

SAUMON. *Pêcher un saumon*: présage de gains importants.
Sens symbolique: le saumon représente dans certaines traditions, notamment chez les peuples celtes, l'animal détenteur du savoir sacré, de la sagesse et de la nourriture spirituelle.

SAUNA. (Voir **SUDATION**)

SAUTER. *Se voir*: aspiration à s'élever socialement en y mettant les efforts nécessaires.
Sens symbolique: dans certaines traditions, le saut était une action guerrière qui faisait partie intégrante d'une stratégie vis-à-vis d'adversaires. Dans d'autres, le saut était – et reste – un symbole d'élévation spirituelle.

SAUTERELLE. *Voir une sauterelle*: mise en garde contre une personne mal intentionnée.

Voir une nuée de sauterelles: présage d'une confrontation avec des personnes malveillantes qui, si vous êtes en affaires avec elles, risquent de vous nuire sérieusement.
Sens symbolique: sauf dans la Chine ancienne, où la sauterelle était symbole de richesse et de fécondité, la sauterelle représente généralement l'image du fléau, du tourment moral et spirituel dont les démons sont responsables.

SAUVER. *Une personne*: il s'agit peut-être de vous. Ce rêve pourrait indiquer que vous êtes prêt psychologiquement à travailler sur les points d'ombre de votre personnalité.
Être secouru(e) par quelqu'un: vous demandez de l'aide sans formuler ce besoin dans la réalité. Faites-le, vous vous sentirez moins seul(e).

SAVON. *Se nettoyer avec*: des personnes gravitent autour de vous avec des intentions peu claires: vous débarrasser d'elles serait bien.
Glisser sur du savon: mise en garde contre un événement qui ne vous sera pas favorable.

SAXOPHONE. *En jouer*: rencontre avec un(e) partenaire du sexe opposé, cet instrument symbolisant à la fois le corps de la femme et le membre viril.

SCARABÉE. *Que l'on voit*: présage une période de chance extraordinaire.
Que l'on tue: on est responsable de son infortune.
Sens symbolique: dans l'ancienne Égypte, le scarabée symbolise la résurrection; il est souvent représenté avec une boule d'or, image du soleil qui renaît chaque matin après s'être décomposé dans les ténèbres de la nuit. Symbole du cycle mort/renaissance, il symbolise aussi le monde créé, la manifestation, ainsi que la sagesse lorsqu'il figure avec une boule de boue entre les pattes (Chine).

SCEAU. *Apposer un sceau sur un document*: ce rêve indique que vous vous engagez fermement dans un projet d'affaires, ou dans une association quelle qu'elle puisse être.

Porter un sceau sur soi: s'il s'agit d'un tatouage, indique le désir d'appartenir à un groupe religieux, ethnique, politique, social, ou au contraire, la crainte de se voir stigmatisé(e) en tant que personne appartenant à une catégorie d'individus «à part» (sidéens, homosexuels, antisémitisme).
Sens symbolique: le sceau symbolise l'autorité légitime – laïque ou religieuse – exercée sur un certain nombre de personnes ou une population entière par un gouvernant. Au plan psychologique, le sceau représente l'appartenance, l'empreinte – familiale, culturelle, religieuse – qui fait partie intégrante de ce que nous sommes et qui, même si nous la rejetons, laisse une marque indélébile sur notre moi profond.

SCEAU DE SALOMON. *Que l'on voit*: voir ce sceau dans un rêve peut avoir une signification religieuse si vous appartenez à la religion judaïque et, dans ce cas-là, vous n'ignorez pas son symbolisme qui est votre relation, votre appartenance au Tout, c'est-à-dire à Dieu. Il est présage de chance et de protection.
Si vous appartenez à une tradition hermétique, voir ce sceau est l'expression de vos préoccupations métaphysiques et peut être interprété également comme un «rappel à l'ordre» concernant vos comportements et activités dans le monde matériel.
Sens symbolique: le sceau de Salomon, constitué de deux triangles entrecroisés formant une étoile à six branches, est une figure qui, si l'on n'a pas la clef pour l'interpréter, reste indéchiffrable. C'est pourquoi, indépendamment de la tradition judaïque pour laquelle il symbolise l'appartenance à Yahvé, la tradition hermétique et l'alchimie l'ont fait leur, l'une, pour symboliser l'ensemble de tout ce qui compose l'univers, à savoir les quatre éléments, feu, eau, air, terre, et leurs combinaisons variées signifiant la multitude des êtres matériels; la seconde pour en faire le symbole de la transmutation de l'imparfait au parfait se traduisant par une perfection unique, centrale, l'or, c'est-à-dire le Soleil. Interprétation matérielle pour les uns, spirituelle pour les autres, certains y voient l'image des tendances multiples de l'être humain rassemblées pour s'unir au principe divin,

d'autres voient dans ces deux triangles entrecroisés l'union parfaite des principes féminin et masculin.

SCEPTRE. *Se voir tenant un sceptre*: besoin d'affirmer son autorité.

Se voir remettre un sceptre: si on vous le remet, c'est l'annonce que des honneurs vous seront rendus en relation avec vos mérites.

Le remettre à une personne, c'est le signe que vous transmettez vos pouvoirs à quelqu'un d'autre. Annonce peut-être un départ à la retraite.

Sens symbolique: le sceptre, prolongement du bras, est symbole d'autorité absolue; sa verticalité symbolise le pouvoir reçu des sphères supérieures et applicable au plan humain. Dans la mythologie grecque, il est attribué au maître de l'univers, Zeus. Dans la tradition égyptienne, le sceptre des pharaons est surmonté d'une tête du dieu Seth – l'incarnation de l'agressivité meurtrière –, ce qui lui donne la signification double de symbole de la fertilité et de la violence.

SCORPION. *Que l'on voit*: soyez vigilant, le danger peut venir d'une personne de votre entourage.

Se faire piquer: le poison injecté par le scorpion et qui risque de vous faire mourir est le signe d'un renouveau intérieur.

Sens symbolique: interprétations diverses selon les cultures et traditions. Incarnation du mal, de l'agressivité, qui pique sans même avoir été provoqué (Afrique), il peut aussi être vu comme un symbole d'abnégation par rapport à sa progéniture qui lui dévore les entrailles avant de naître. Associé à l'excision du clitoris chez les Dogons, il est parfois adoré comme un dieu dans l'ancienne Égypte, et dans la mythologie grecque, il peut représenter l'instrument d'une justice vengeresse.

SCORPION (LE). *En voir sa représentation*: si vous n'êtes pas né sous ce signe et que son image vous apparaît, c'est que certaines de ses qualités – positives ou négatives – vous interpellent.

Sens symbolique: En tant que 8e signe du zodiaque, sous l'influence planétaire de Mars et de Pluton, le scorpion est à la fois symbole de création et de destruction, de mort et de renaissance. Les personnes nées sous ce signe balancent entre les aspirations spirituelles, voire mystiques, et la satisfaction de désirs passionnels, d'où la sexualité est loin d'être absente.

SEAU. (Voir **CHAUDRON**, **VASE**)

SÉCHERESSE. *Voir une terre desséchée* : ce rêve indique que vous n'êtes plus capable de montrer vos sentiments. Il se peut que trop de désillusions, de souffrances vous aient coupé(e) de vos émotions. Faites-vous aider.
Sens symbolique : dans presque toutes les traditions, la sécheresse est associée aux châtiments que les dieux font pleuvoir sur les humains pour les punir de leurs perversions. Elle symbolise aussi dans l'optique religieuse, l'épreuve de l'âme coupée de son Dieu avant que le feu de la foi ne se remettre à brûler avec plus d'intensité. Sur un plan psychologique, la sécheresse symbolise le désert intérieur d'où la joie est absente, où la négativité l'emporte.

SECRET. *Se voir confier un secret* : vous a-t-on chuchoté quelque chose à l'oreille ? Remis un objet qui renferme un secret ? Difficile d'en savoir davantage sur ce secret puisqu'il est secret. Votre rêve peut cependant annoncer qu'on vous révélera bientôt un fait, un événement de votre vie, que vous ignoriez.
Sens symbolique : on trouve dans la mythologie grecque des récits qui éclairent sur le symbolisme du secret et que la psychanalyse a repris à son compte, à savoir que détenir ou confier un secret est source d'angoisse. Le révéler, c'est se libérer, mais dans le cas d'un secret important qui, révélé, pourrait mettre la vie d'autrui en danger, celui ou celle qui arrive à le conserver en dépit de toutes les pressions, acquiert une force psychique insurpassable.

SEIN. *Rêver de seins* est associé à la sexualité, quelquefois à la maternité. De toutes façons, une personne qui rêve de seins rêve

en fait du corps dans son entier, mais son attention est attiré plus particulièrement sur ces attributs essentiellement féminins, car en ce qui concerne les hommes, on parlerait plus volontiers de poitrine ou de torse.
Sens symbolique: on associe le sein au principe féminin. Il est symbole de maternité, de sécurité, de nourriture en relation avec le lait. Comme tous les organes doubles du corps, le droit symbolise le soleil, le gauche, la lune. La psychanalyse freudienne en donne une interprétation reliée exclusivement à la sexualité et à la recherche du paradis perdu de la mère, en particulier pour l'homme.

SEL. *Un rêve qui évoque le sel* que l'on voit, que l'on répand intentionnellement par terre, dans de l'eau ou sur un met, sera un présage bénéfique.
Sens symbolique: dans nombre de traditions, le sel occupe une place privilégiée en rapport avec son rôle purificateur, sa qualité d'incorruptibilité, et sa vertu protectrice. Nourriture matérielle autant que spirituelle, le sel participe à la vie et son utilisation dans des rituels religieux – le baptême dans la religion chrétienne – en font un symbole d'alliance avec le divin, notamment dans la tradition judaïque. Jeter le sel par-dessus son épaule lorsqu'on en a répandu maladroitement correspond à un exorcisme dans certaines traditions populaires.

SEMAINE. Si votre rêve se situe dans le contexte d'un jour précis de la semaine, sachez de quelle influence planétaire il dépend:
Lundi: la Lune, en rapport avec l'émotivité.
Mardi: Mars, l'action.
Mercredi: Mercure, la communication.
Jeudi: Jupiter, les opportunités.
Vendredi: Vénus, l'amour.
Samedi: Saturne, le repos.
Dimanche: le Soleil, les joies festives.
Sens symbolique: (Voir **SEPT**)

SEMENCE. (Voir **GRAIN**)

SENTIER. *Marcher sur un sentier*: s'il est droit, vos projets aboutiront sans difficulté.
Sinueux: beaucoup de tergiversations marqueront un retard dans vos projets.
Qui se perd dans la forêt: annonce une période où il sera difficile de prendre des décisions.

SEPT. *Écrire ce chiffre*: annonce une période de plénitude sur tous les plans.
Sens symbolique: chiffre de l'aboutissement, chiffre cosmique, sacré, nombre de l'être accompli, toutes les traditions s'accordent à faire du chiffre sept le symbole de la perfection.

SÉRAPHIN. (Voir **ANGE**)

SERMENT. *Échanger un serment*: annonce une union, une alliance indissoluble.
Rompre un serment: une rupture qui vous blessera bien plus qu'il n'y paraîtra.
Sens symbolique: le serment figure fréquemment dans les confréries, les sociétés secrètes, les rituels religieux. Il est symbole de confraternité, de solidarité, de communion avec le divin.

SERPENT. *Que l'on voit*: rêve en relation avec la sexualité.
Se faire mordre: une relation passionnelle basée uniquement sur la sexualité.
Des serpents entremêlés: désir de relations sexuelles avec plusieurs partenaires.
Sens symbolique: si la tradition chrétienne a fait du serpent un symbole négatif dans l'esprit populaire – bien que l'on puisse trouver dans certains textes sacrés, un symbolisme qui témoigne d'un autre aspect, comme le serpent d'airain qui représente le Christ –, dans la plupart des traditions le serpent symbolise, par sa mobilité, les métamorphoses ;

par sa dualité l'hermaphrodisme ; par sa nature vivifiante, le principe de vie. Sur le plan humain, il symbolise à la fois l'âme et l'énergie sexuelle, cette dernière étant assimilée dans le tantrisme bouddhique à une force ascensionnelle qui met en mouvement tous les centres énergétiques. Associé aux forces souterraines, il est aussi symbole d'agressivité et représentation du dieu des ténèbres. Sa possibilité de s'ajuster en cercle en fait l'image de la circonférence, de l'Ouroboros, ce serpent qui se mord la queue et symbolise la roue, le cycle du créé et de l'incréé, la durée, l'auto-sexualité, l'auto-fécondation. Il est aussi le Léviathan, monstre de la tradition hébraïque, l'esprit des eaux, entre autres, pour les anciens Grecs, le dragon ailé pour l'Extrême-Orient, le serpent à plumes pour les Amérindiens du Mexique. Pour l'Égypte ancienne, il est le Grand Serpent Originel Atoum qui a craché la création, mais il deviendra plus tard le symbole négatif du Mal. Dans la mythologie grecque, le culte rendu à Apollon et à Dionysos, divinités de la poésie, de la musique, de la médecine – le caducée avec ses deux serpents enroulés autour d'un bâton en est resté le symbole – et de la divination, rendent compte du rôle inspirateur du serpent. À ce propos, il est utile de souligner l'importance de Dionysos né de l'union de l'âme et de l'esprit, du ciel et de la terre, Zeus et de Perséphone, – Zeus s'étant transformé en serpent pour s'unir à celle-ci. Dionysos, rangé dans l'imagerie populaire comme le maître des orgies, symbolise en fait l'effort de l'être humain à sortir de son animalité pour se spiritualiser, aussi les fêtes et danses déchaînées provoquées par l'ivresse ne seraient que le défoulement des forces obscures tapies dans ce que la psychanalyse moderne nomme l'inconscient, pour amener à une dissolution des instincts les plus bas. Enfin, il faut rappeler que dans toutes les traditions, le serpent a toujours été associé à la fécondité des femmes, avant de figurer dans de nombreux enseignements religieux, comme le démon tentateur, un rôle néfaste qui très – ou trop – souvent reste attribué à la femme.

SERRURE. *Mettre la clé dans la serrure* : annonce la mise en chantier d'un projet. Peut vouloir dire aussi – au plan psychologique – que l'on est prêt(e) à analyser ses propres comportements.

Tourner la clé dans la serrure: les projets sont en bonne voie d'accomplissement; ou le travail sur vous-même vous fait progresser.
La clé n'ouvre pas la serrure: annonce un blocage de vos affaires ou de vos relations sentimentales; ou manque d'ouverture de la conscience.

SEUIL. *Rester sur le seuil d'une porte*: marque l'indécision, l'hésitation entre deux choix.
Passer le seuil: on sait prendre des responsabilités. On s'engage.
S'en retourner sans le franchir: on renonce à affronter des personnes ou des événements.
Sens symbolique: pour nombre de traditions religieuses, populaires ou ésotériques, le seuil représente le lieu médian entre l'extérieur et l'intérieur, entre le monde matériel et le monde divin, le passage du profane au sacré, et si on le franchit, il symbolise aussi le passage vers sa «maison intérieure», la recherche de son intériorité psychique.

SEXE. *Rêver que l'on change de sexe*: ce rêve n'est pas forcément relié à des préoccupations d'ordre sexuel, mais peut signaler chez le rêveur l'émergence de la double polarité – masculine, féminine, l'*animus* et l'*anima* – avec le désir profond de l'harmoniser en soi.

SILENCE. *Se tenir silencieux*: ne dit-on pas que «le silence est d'or»? Confronté(e) à certaines situations ou à des événements, vous montrez certainement beaucoup de sagesse en vous taisant.

SINGE. *Que l'on voit*: un ouistiti ou un sapajou: annonce la rencontre avec un personnage qui montrera des facettes trompeuses.
Qui vous prend par la main: ce singe ne serait-il pas, comme il est pour la plupart, un aspect de votre personnalité? La question reste posée.
Voir un gorille ou un orang-outang: leur manque naturel d'agressivité, leur façon de se tenir en famille et de contempler pacifiquement les choses, comme avec sagesse, vous a impressionné(e) au point que votre rêve révèle peut-être un souhait de voir le genre humain suivre leur exemple.

Sens symbolique: pour la psychanalyse, le singe est l'image de ce que l'être humain doit fuir en lui-même. Dans certaines traditions, il est pourtant célébré comme le «préféré» des dieux et récemment, la science vient d'en ranger certains – entre autres les orangs-outangs – dans la famille des hominidés pour la similitude et le nombre de gènes qu'ils présentent avec l'espèce humaine.

SIRÈNE. *Que l'on voit*: si vous vivez une passion amoureuse, essayez de vous détacher car c'est une image qui ne présage rien de bon pour votre équilibre psychique.
Sens symbolique: ces femmes enchanteresses, séduisantes, symbolisent dans la mythologie, la perte d'orientation des navigateurs. C'est une image de la séduction qui conduit à la mort. Pour la psychanalyse, les sirènes symbolisent l'émergence des passions obscures de l'être humain avec toute leur puissance de destruction.

SODOMIE. Rêve en relation avec la sexualité.
Sens symbolique: dans la Bible, les villes de Sodome et Gomorrhe furent détruites par Dieu en raison de leur corruption.

SOLDAT. *Que l'on voit*: tout dépend du grade de ce soldat. S'il est en bas de l'échelle, votre rêve manifestera votre rôle de «sans-grade» dans la vie. Complexe d'infériorité.
S'il s'agit d'un militaire de haut grade, ce rêve exprime le désir d'occuper une position sociale élevée et d'affirmer son autorité. Au plan psychologique, ce militaire peut être l'image d'une forte autorité parentale qui vous a marqué(e).
Voir une armée de soldats: manifeste des conflits internes importants.

SOIF. (Voir **SÉCHERESSE**)

SOLEIL. *Voir le lever du soleil*: vous rayonnez d'une énergie magnifique. Présage de succès dans tous les domaines.
Voir le coucher: baisse de vos énergies. Peut annoncer une période de repos de vos activités, également le crépuscule d'un amour.

Voir le soleil au zénith : si vous soutenez cette vision, c'est que vous êtes vous-même au zénith de votre forme. Présage d'une réussite exceptionnelle.
Un soleil caché par des nuages : vous traverserez une période momentanée de déboires. Rien de bien grave.
Un soleil rouge : annonce une période difficile où les rapports avec autrui seront souvent conflictuels, voire agressifs.
Un soleil noir : image négative, annonce une période chaotique de votre existence.
Une éclipse : annonce un retrait momentané de vos activités. Surveillez votre santé.
Sens symbolique : dans toutes les traditions, le soleil occupe une place centrale. Lorsqu'il n'est pas dieu, il est en tout cas sa manifestation. Il est source de lumière, symbole de résurrection, de vitalité, d'immortalité, d'illumination spirituelle, reflet de l'intelligence cosmique, cœur du monde. En rapport avec le corps physique, l'œil droit serait associé au soleil et le gauche à la lune, ou l'inverse selon certaines traditions, le soleil étant attribué à l'intellect, la lune à la mémoire. Pour la psychanalyse, il est l'image du père actif et autoritaire. Il révèle encore les aspirations sociales, familiales, sentimentales, la réussite, menées à leur plus haut degré. À l'inverse, le soleil noir serait l'image de l'inconscient dans lequel baignent toutes les forces destructrices de l'être humain.

SOLEIL (LE) : Le Soleil, 19e arcane majeur du tarot, porte le chiffre 1 qui symbolise l'origine et l'aboutissement de tout et le chiffre 9 qui renvoie à l'unité et exprime la totalité de l'être. Il concentre les énergies dispersée par la Lune en les concrétisant. Il annonce le plus souvent une excellente santé. Il est toujours positif, exprime le bonheur, l'amour comblé, l'harmonie en toutes choses. Cependant, mal entouré, il peut indiquer l'aveuglement, la vanité, l'orgueil, le feu dévastateur.

SOLITUDE. *Se sentir seul* : si votre rêve parle de solitude, c'est qu'elle est réelle dans votre vie. Vous avez besoin d'aide.

SONNERIE. Tout dépend du contexte de votre rêve.
La sonnerie d'une porte d'entrée peut signaler que vous recevrez une visite – agréable ou moins – inattendue. C'est en général un rêve prémonitoire.
Du téléphone : on aura besoin de vos conseils ou de votre aide.
Actionner une sonnerie : vous avez besoin qu'on vous porte attention.

SORCIER/ SORCIÈRE. *Que l'on voit* : s'il – ou si elle – n'est pas une résurgence de vos peurs enfantines liées à des lectures de contes, ce rêve est à mettre en relation avec des conflits intérieurs qu'une analyse pourrait vous aider à mieux comprendre (au cas où ce genre de rêve reviendrait fréquemment).
Sens symbolique : la psychanalyse donne au sujet des sorcières une interprétation reliée dans l'inconscient, à l'aspect féminin le plus primaire chez l'homme, et chez la femme, à ses pulsions obscures transférées sur une image hideuse. Aussi longtemps que l'être humain ne conscientise pas ces « habitantes », ces forces maléfiques, primitives et destructrices et ne s'applique pas à les discipliner, il ne pourra que rester à l'état inachevé, à un stade infantile qui entravera à sa réalisation. Dans certaines traditions, le sorcier est celui qui maîtrise des forces magiques et exerce son pouvoir sur la vie familiale ou sociétale. Par ailleurs, les traditions religieuses ont souvent associé les sorcières et sorciers à une manifestation démoniaque, ce qui s'est souvent traduit par ces fameuses et affligeantes chasses aux sorcières.

SOUFFLE. Comment un souffle peut-il être rendu dans un rêve ? On peut l'expliquer par des expressions populaires qui ressortent dans la vie onirique.
Être à bout de souffle : marque l'exténuation ; besoin de reprendre ses forces.
Souffler à l'oreille de quelqu'un : on transmettra un secret.
Le premier souffle : marque la naissance, l'entrée dans la vie ; départ d'un projet qui demande justement du souffle.
Le dernier souffle : la fin de vie : échec d'un projet.
Être inspiré(e) par le souffle de l'esprit : grande intuition. Pour les artistes : haute inspiration créatrice.

Sens symbolique: le souffle, ou l'inspiration-expiration, est principe de vie par excellence et symbolise, sur un plan métaphysique le cycle de l'évolution et de l'involution, du créé et du non manifesté. Pour la tradition judéo-chrétienne, si «le souffle de Dieu» exprime Sa puissance créatrice, «le souffle de vie» insufflé à l'être humain conditionne sa spiritualité, son psychisme et sa vie physique. Souffle et esprit sont synonymes dans toutes les grandes traditions et il est fait grande distinction entre le souffle divin, guérisseur, purificateur, symbole de l'immortalité de l'âme, et le souffle humain impur, imprégné de toutes les souillures de l'homme.

SOUFFRIR. *Voir souffrir une personne*: ce rêve révèle votre propre souffrance intérieure, celle que vous ne verbalisez pas dans votre vie réelle. Faites-vous aider.

SOUFRE. *Se voir répandre du soufre*: ce rêve est peu fréquent, mais révèle pour la personne qui rêve son désir de se purifier à bien des niveaux, dans sa vie matérielle, sexuelle, spirituelle.
Sens symbolique: le soufre correspond au feu. Dans la tradition judéo-chrétienne, il n'est fait allusion au soufre que dans le sens d'un châtiment de Dieu, à l'exemple de Sodome détruite par une pluie de soufre. Symbole ambivalent, le soufre, selon certaines traditions, est associé aux forces de l'âme, à l'acte divin (mystique musulmane), pour d'autres il est l'attribut de Satan et exprime l'anti-lumière luciférienne (chrétienté).

SOULIER. (Voir **CHAUSSURE**, **PIED**)

SOURCE. *Boire de l'eau à une source*: annonce une période où vitalité, joie et amour feront vos beaux jours.
Une source boueuse: annonce des conflits, des situations embrouillées.
Une source tarie: présage d'une période stérile où l'arrêt est préférable à l'action.
Sens symbolique: la source symbolise les eaux pures terrestres, issues des eaux du ciel. De là, son caractère sacré généralement attribué.

Origine de la vie, source de la connaissance, de la mémoire – la psychanalyse fait de celle-ci l'image de l'âme –, la source parle aussi de la vie intérieure et des forces spirituelles.

SOURCIL. Bien entendu, dans votre rêve les sourcils ne se promènent pas tout seuls ! Ils sont la ponctuation sur un visage, un accent au-dessus des yeux, et c'est leur forme, leur expression qui aura retenu l'attention de la personne qui rêve.
Des sourcils froncés : annonce qu'une personne sera fâchée contre vous.
Des sourcils épais : vitalité, santé.
Clairsemés : énergies en baisse.

SOURIS. *Que l'on voit courir* : des contrariétés en perspective.
Prise au piège : on déjouera des actions malhonnêtes.
Que l'on attrape : rêve en relation avec la sexualité.
Sens symbolique : la souris joue un rôle divinatoire dans certaines traditions africaines et est associée aux rituels de l'excision chez les Bambaras pour qui elle véhiculerait la partie mâle de l'âme des excisées – le clitoris – pour le remettre à Dieu le temps d'une nouvelle incarnation.

SPHÈRE. *Se voir dans une sphère* : vous achevez un cycle pour en recommencer un autre, tout cela après avoir accompli dans la perfection ce que vous aviez à faire.
Sens symbolique : (Voir **CERCLE**)

SPHINX. *Que l'on voit* : l'image est populaire mais lorsqu'elle qu'elle surgit dans les rêves, elle signifie que l'on va se trouver dans une situation où de lourdes responsabilités seront à assumer qui pourraient même infléchir la trajectoire de notre destinée.
Sens symbolique : le sphinx d'Égypte – corps de lion et tête humaine – évoque l'idée d'énigme, d'impénétrabilité, et a donné lieu à des interprétations diverses. Les unes soutiennent qu'il a le rôle de gardien des nécropoles, veillant sur le repos éternel des pharaons, d'autres affirment qu'il est un dieu solaire, d'autres encore disent

qu'il représente l'image de la sérénité, de la plénitude absolue. Plus généralement, on a fait du sphinx le symbole de la destinée, pleine des mystères qui se révéleront au fur à mesure de l'existence.

SPIRALE. *Se voir aspiré(e) dans une spirale*: vous êtes dans une phase rapide d'évolution et même si vous éprouvez une sensation de vertige, ce rêve est de bon augure.
Sens symbolique: la spirale symbolise l'extension, le développement, les cycles en évolution, et selon certaines traditions, le voyage de l'âme. (Voir **ROUE**)

SQUELETTE. *Que l'on voit*: ne signifie pas forcément la mort physique, mais peut annoncer l'abandon d'une forme de vie pour passer à un autre système de valeurs.
Sens symbolique: le sens populaire fait généralement du squelette le symbole de la mort. Pourtant, au-delà de cette signification, le squelette symbolise celui qui connaît les mystères de l'au-delà, et peut également rappeler la brièveté de la vie et l'importance de savoir la goûter.

STATIONNEMENT. *Que l'on voit*: un rêve qui peut être le prolongement de l'agacement quasi quotidien provoqué par le manque de stationnement et le prix à payer! Sur un plan psychologique, ce rêve révèle un besoin de faire un arrêt sur soi-même, le point sur ses comportements et ses états émotionnels.

STATUETTE. *Fabriquer une statuette*: si vous identifiez la personne dont vous avez sculpté la statuette et si cette personne est décédée, ce rêve signifie que vous avez besoin de la force qu'elle vous apportait de son vivant. S'il s'agit d'une personne vivante, demandez-lui de vous aider dans une période où vous devez avoir besoin de soutien.
Trouver une statuette d'or: présage de richesses.
De bronze: on saura s'opposer victorieusement à des adversaires.
De plâtre: rien de solide dans vos projets. Nécessité de les revoir.
Sens symbolique: sculpter des statuettes est en usage dans les populations africaines quand une personne est décédée, mais ne sont

chargées affectivement qu'après un rituel religieux. Ces statuettes sont symboles de protection, surtout lorsqu'il s'agit de la disparition d'un ancêtre, elles servent aussi à la prière pour obtenir des dons du ciel, et douées d'un pouvoir magique souvent invoqué pour augmenter les forces vitales.

STERNUM. *Se briser le sternum*: annonce une période difficile pendant laquelle vous ne saurez plus très bien à quoi vous raccrocher.
Sens symbolique: partie du corps où se situe, pour certaines populations africaines, le fondement de la Connaissance. Une interprétation physico-mystique fait de l'extrémité du sternum le point de rencontre de canaux invisibles par lesquels circuleraient la vie terrestre en relation avec le ciel.

SUDATION. *Se voir dans un sauna*: indique un besoin de se purifier, de se débarrasser de toutes les impuretés physiques autant que psychiques.
Sens symbolique: on trouve la signification mystique des bains de vapeur dans un certain nombre de traditions de l'Asie du nord et de l'Europe ainsi que chez des peuples de l'Amérique centrale, soit pour affirmer que l'homme a été créé par Dieu à partir d'une sudation importante, soit dans un sens propitiatoire pour offrir sa sueur à une divinité solaire.

SUICIDE. *Auquel on assiste passivement*: prémices d'une grave dépression nerveuse dont il faudrait s'occuper sans tarder, car il s'agit du spectacle de sa propre destruction que ce rêve met en lumière. Faites-vous aider incessamment.

SVASTIKA. Ce rêve peut être la continuité de vos centres d'intérêt dans la vie réelle, car cet emblème ne se révèle pas spontanément si on n'est pas instruit de sa signification.
(L'emblème du national-socialisme allemand – la croix gammée, symbole du nazisme – est un svastika dont le sens giratoire est inversé, ce qui est la négation du sens sacré du svastika originel).

Voir ou dessiner un svastika: annonce une ouverture de conscience qui ne pourra que croître et une vision en profondeur de tous les bouleversements qui se passent aux quatre coins de la planète.
Voir un svastika avec le sens giratoire inversé: ancrage dans le matérialisme absolu. Renversement des valeurs spirituelles et sacrées.
Sens symbolique: le svastika, plus souvent associé au nazisme allemand dans l'esprit populaire, est pourtant un symbole sacré, issu de la plus haute antiquité et commun à de nombreux peuples. Par son graphisme évoquant un mouvement giratoire, il symbolise le cycle, l'action, l'éternel recommencement, le tourbillon de la création, ce qui rend son symbolisme proche de celui de la roue, avec toutes les acceptions spirituelles attribuées à celle-ci. Souvent associé à l'image de héros veillant au salut des êtres humains, le svastika a une signification qui rejoint à la fois les pôles céleste et terrestre. Son sens giratoire inversé symbolise les forces spirituelles détournées pour servir des buts temporels et profanes.

SYNAGOGUE. *Se voir à l'intérieur*: ce rêve est certainement celui d'une personne de confession judaïque et signale son besoin de prier, d'implorer, ou de se souvenir d'êtres ou d'événements qui ont une incidence sur sa vie réelle.
Sens symbolique: la synagogue symbolise la maison des prières où se tiennent les offices religieux aussi bien que les débats concernant tout ce qui touche à la communauté israélite.

T

TABAC. *Rêver de tabac pour une personne qui fume dans la vie réelle*: votre dépendance au tabac peut se prolonger dans la vie onirique et signifier que cette «béquille», comme dans la réalité, vous est nécessaire au plan psychologique pour endormir votre

anxiété et ne pas faire surgir de votre inconscient des aspects de vous-même qui vous dérangent.
Pour une personne non fumeuse: dans un rêve, le tabac et davantage encore sa fumée, sont reliés à un désir de transcendance, une aspiration à s'élever moralement et spirituellement.
Sens symbolique: doté de propriétés magiques notamment pour les peuples indiens, le tabac à l'état brut, non traité, a toujours été utilisé dans un but de sagesse, de clarté mentale, de convivialité également, et surtout de communication avec les esprits afin d'être conseillé ou investi de leur force.

TABLE. *Que l'on voit*: tout dépend de l'aspect et de la fonction de cette table pour interpréter ce rêve.
Une table de cuisine: importance de la vie familiale; révèle des dispositions plus matérielles que spirituelles.
Une table de réception: on privilégie les amitiés, les relations sociales.
Une table carrée: présage de stabilité à tous les niveaux.
Une table ronde: exprime une grande spiritualité.
Une table ovale: annonce un renouveau aussi bien dans sa vie professionnelle que familiale et aussi une ouverture spirituelle supérieure.
Une table non dressée: exprime un manque de sociabilité, un vide intérieur.
Une table bancale: on s'accommode d'une situation inconfortable sans chercher à la redresser.
Sens symbolique: d'une façon générale, la table symbolise la vie sous tous ses aspects. Elle figure dans les grandes traditions religieuses ou hermétiques, pour évoquer le centre spirituel, le secret des mystères divins ainsi que la réception des commandements divins.

TABLEAU (noir). *Sur lequel quelque chose est écrit*: essayez de vous rappeler ce qui est écrit, ce peut être un conseil important à suivre.
Sur lequel on écrit: désir de sortir d'un état de confusion. Ce que vous avez à dire – et à vous dire – doit être clairement exprimé.

TABLIER. *Mettre un tablier*: peut signifier aussi bien un besoin de se protéger de personnes indiscrètes qu'un désir d'accomplir un travail sans être importuné(e).
Sens symbolique: d'une façon générale, le tablier symbolise l'appartenance à un milieu de travail et la protection contre tout ce qui pourrait représenter un danger pour la personne qui travaille.

TACHE. *Que l'on fait*: on se reproche un acte, un geste ou une parole blessante envers autrui.

TALON. *Se blesser au talon*: vous êtes émotionnellement fragile, éloignez-vous d'une certaine personne indélicate.
Sens symbolique: le talon est considéré comme l'assise du corps. S'il est blessé, c'est tout l'équilibre qui s'effondre. On connaît le fameux «Talon d'Achille» du récit mythologique, qui a laissé sa trace dans l'esprit populaire pour exprimer le point faible du caractère d'une personne.

TAMBOUR. *Que l'on voit ou entend*: ce rêve annonce une nouvelle concernant un événement à caractère solennel.
Sens symbolique: dans de nombreuses traditions, le tambour est associé au rythme de l'univers, aux cycles saisonniers, à celui des astres. Instrument privilégié des peuples africains, il exprime toutes les étapes de la vie humaine et les mouvements de l'âme. Dans d'autres cultures, il est associé à la course du soleil, à l'eau, à la foudre, et sert d'instrument incantatoire non seulement pour appeler la pluie fécondante, mais aussi pour se relier au monde céleste.

TAMIS. *Que l'on secoue*: on devra faire un choix au sujet d'un travail et opérer un tri dans ses relations.
Sens symbolique: le tamis symbolise la séparation, ce que l'expression populaire exprime par «séparer le bon grain de l'ivraie». Symbole des exigences que l'on se doit à soi-même et des décisions qui nous engagent, il est aussi celui des décisions à subir. Dans la

tradition hindoue, le tamis symbolise les dons du ciel obtenus par les prières et la conduite vertueuse des humains.

TANGO. *Se voir danser le tango*: si l'on pratique cette danse dans la réalité et qu'elle nous donne du plaisir, pourquoi le rêve ne serait-il pas la prolongation de ce bonheur?
Pour les personnes qui ne dansent pas, ce rêve exprime un désir de plaisirs sensuels.

TANK (de guerre). *Que l'on voit*: les images des différentes guerres qui secouent le monde peuvent vous affecter et ce rêve pourrait exprimer vos peurs et inquiétudes. Il peut aussi révéler que vous devrez affronter un conflit qui demandera des forces combatives pour être résolu.

TANTALE. *Voir un supplice qui évoque Tantale*: un rêve qui ne figurera que chez une personne initiée à la mythologie grecque et qui révèle des tourments intérieurs dus à une insatisfaction de désirs inassouvis.
Sens symbolique: Tantale, un personnage mythique, qui se veut l'égal des dieux, comble ceux-ci de biens matériels et va même jusqu'à leur servir les membres de son fils en guise de festin. Condamné aux Enfers, il subira un supplice qui consistera à lui mettre sous les yeux tout ce qu'il désire sans qu'il puisse jamais en jouir. Le supplice de Tantale illustre la vanité, les désirs incessants de l'être humain, toujours à la recherche de ce qu'il ne possède pas au plan matériel.

TAPIS. *Voir un tapis rouge*: annonce joie et bonheur.
Un tapis jaune: réussite sociale; honneurs.
Blanc: climat familial serein.
Vert: on se lancera dans de nouveaux projets.
Avec des dessins de losanges ou de triangles: on sera protégé(e) contre des agressions.
Avec des dessins de fleurs: annonce bonheur, abondance, prospérité.
Des dessins d'animaux ou d'oiseaux: promet protection, amour, paix.

Sens symbolique: alors qu'en Occident les tapis sont des objets décoratifs, esthétiques, pour les Orientaux, ils sont l'expression d'une culture et de traditions souvent millénaires. Le tapis de prière fait office de temple et sépare la personne qui prie du monde profane. Lié aussi bien à des rites sacrés que magiques, le tapis fait partie intégrante de la vie des peuples musulmans.

TAROT. Si l'on voit une lame de ce jeu de voyance dans un rêve, on se reportera au nom de l'arcane et à **NOMBRE**.

TATOUAGE. *Se voir tatoué(e)*: l'interprétation de ce rêve se fera en fonction de ce que représente le dessin: nom, arme, animal, vedette de la chanson ou du cinéma, etc.
Sens symbolique: dans certaines traditions antiques, le tatouage avait pour fonction d'invoquer ou de s'identifier en permanence avec les puissances ou les vertus célestes. Il signalait aussi l'appartenance à un groupe, une signification que l'on retrouve de nos jours chez les personnes jeunes ou moins jeunes, pour qui le tatouage est un moyen de se reconnaître et de communiquer. Soulignons que même si le tatouage est devenu un phénomène de mode, il est révélateur du caractère, des aspirations, des idéaux de la personne qui s'est faite tatouée.

TAUPE. *Que l'on voit*: annonce une guérison aussi bien au plan physique que psychique.
Se voir observé(e) par une taupe: soyez discret(ète) quant à vos idées de projets, car on risque de se les approprier.
Sens symbolique: dans la mythologie grecque, le dieu de la guérison, Asklépios, aurait été primitivement une taupe divinisée. Animal souterrain, la taupe détiendrait les mystères de la terre et symboliserait le guide spirituel qui, à travers les méandres de sa tanière – image d'un parcours initiatique –, guérirait les troubles de l'âme.

TAUREAU. *Assister à une course de taureaux*: au plan psychologique, ce rêve révèle des pulsions de violence et d'agressivité refoulées.

Se voir en toréador: exprime le besoin de dompter ses pulsions.
Taureau déchaîné: révèle une incapacité à contrôler ses instincts.
Voir un taureau calme: un travail sur soi se révèlera bénéfique.
Tuer un taureau: on aura appris à dompter ses pulsions. Victoire de l'esprit sur les désirs instinctifs.
Sens symbolique: le taureau occupe une place importante dans toutes les traditions, mais au cours des âges, son symbolisme a fluctué. Taureau sacré, image d'un dieu dans certaines cultures antiques, il l'est également pour la tradition védique au sein de laquelle le dieu Indra symbolise l'ardeur fertilisante, l'énergie sexuelle transmuée en force spirituelle. Dans l'ancienne civilisation grecque, il symbolisa la violence menée à son paroxysme. Chez les anciens Égyptiens, si le taureau est le symbole de la fertilité, il est associé également à des rites funèbres liés au dieu Osiris et à ses renaissances. Animal primordial, symbole de la puissance guerrière, associé à la fécondité lunaire, au feu solaire par son sang et sa semence, le taureau a fait l'objet d'une multitude d'interprétations symboliques que cet ouvrage n'a pas vocation d'aborder, mais que l'on trouvera ailleurs, dans des livres abondamment documentés. Soulignons toutefois que dans la symbolique analytique, le taureau serait l'image du père violent, déchaîné, et que tuer le taureau reviendrait à supprimer son père. Pour sa part, le psychanalyste Jung a analysé le sacrifice du taureau comme illustrant la victoire de l'esprit humain sur les passions primitives, victoire qui assure la sérénité intérieure.

TAXES. *Que l'on paye*: oui, cela arrive même dans un rêve! Cependant, il peut ne pas s'agir d'argent, mais seulement d'une dette morale à acquitter envers une personne.

TÉLÉPHONE. *Que l'on voit*: exprime le besoin de communiquer.
Que l'on utilise: tout dépend dans quel contexte on l'utilise; quelquefois le téléphone permet de dire des choses que l'on n'arrive pas à formuler en présence de la personne, c'est probablement ce que ce rêve exprime.
Attendre au bout du fil sans avoir de réponse: sentiment d'abandon; solitude non choisie.

Entendre sonner le téléphone: une personne aura besoin de vous.
Utiliser un téléphone cellulaire: besoin d'être relié(e) en permanence avec tout ce qui constitue ses repères: travail, famille, amour, amis. Révèle une grande insécurité intérieure.

TÉLÉVISION. (Voir **ÉCRAN**)

TÉMOIGNER. *Se trouver devant un tribunal en tant que témoin*: il est important de vous rappeler si vous êtes témoin à charge ou à décharge et pour quel fait. D'une façon générale, être placé(e) devant des juges exprime une soumission à une autorité, un sentiment de culpabilité (même si l'on n'a commis aucun forfait) que les analystes attribuent à l'empreinte autoritaire du père pendant l'enfance.

TEMPÉRANCE (LA). Voir dans un rêve la Tempérance du tarot, le 14e arcane majeur de ce jeu de voyance, suppose que l'on est initié(e) à sa pratique, ou tout au moins que l'on s'y intéresse. Certaines des caractéristiques de cette lame exposées ici brièvement pourront vous éclairer sur le message de votre rêve.
Sur la lame figure une femme aux cheveux bleus, munie d'ailes couleur chair, et qui transverse de l'eau d'un vase bleu dans un vase rouge, suggérant l'eau baptismale purificatrice de la matière. Cet arcane majeur est considéré comme le symbole de l'alchimie, l'entrée de l'esprit dans la matière. La Tempérance évoque la nécessité et la difficulté de maintenir d'une façon permanente l'équilibre entre nos aspirations spirituelles et matérielles. Cette lame peut servir de support de méditation concernant la recherche d'harmonie, la perfection intérieure, l'évolution spirituelle. Elle correspond à la modération, à la continuité, à la communication, aux échanges aussi bien intellectuels que spirituels. Mal entourée dans un tirage, elle peut signaler l'apathie, l'instabilité intérieure, l'involution, l'incommunicabilité.

TEMPÊTE. *Se trouver pris(e) dans une tempête*: annonce une période de difficultés majeures à tous les niveaux.

Se trouver à l'abri d'une tempête : vous passerez à travers de graves problèmes grâce à votre esprit de prévoyance.
Sens symbolique : dans les récits bibliques, la tempête symbolise le châtiment de Dieu, la manifestation de son courroux contre les mauvaises actions des hommes.

TEMPLE. *Se voir dans un temple* : manifeste le besoin d'une aide providentielle pour traverser une épreuve difficile. Exprime aussi le désir de se réunifier intérieurement.
Sens symbolique : dans toutes les grandes traditions religieuses, le temple est la représentation du monde céleste, l'image du cosmos, le lieu de la Présence divine. De tout temps, les temples, qu'ils fussent de Jérusalem, d'Angkor, de Delphes ou d'autres régions, ont été édifiés en tenant compte de leur orientation, de leurs dimensions géométriques, mathématiques, de leurs particularités architecturales, qui auraient été reçues de Dieu et correspondraient au Ciel en toutes ses parties. Lieu de réception des influences célestes et de communication entre la terre et le ciel, le temple évoque également l'intériorité de l'être humain, son âme, son aspiration à s'élever jusqu'au divin.

TENAILLE. *Que l'on utilise* : on tentera de se dégager d'une situation qui emprisonne.
Se sentir tenaillé(e) : exprime une douleur d'ordre psychologique.

TENNIS. *Jouer au tennis* : si l'on pratique ce sport dans la réalité, ce rêve peut être un prolongement d'un désir de vaincre et correspondre également à un besoin de toujours réussir dans ce que l'on entreprend. Si l'on ne pratique pas ce sport, rêver d'en jouer peut exprimer le besoin d'échanger, de communiquer avec autrui selon des règles bien établies d'élégance et de respect.

TENTE. *Que l'on voit* : indépendamment du fait que la tente peut évoquer un désir de vacances, ce rêve peut signaler un besoin de protection et exprimer également une insécurité en relation avec une vie familiale ou professionnelle précaire.

Sens symbolique: dans les traditions de peuples nomades, la tente, en plus d'être le lieu d'habitation, est assimilée au temple et revêt la même signification sacrée. (Voir **TEMPLE**)

TERRAIN/TERRE. *Se voir propriétaire*: un rêve qui compense un sentiment de dénuement ou qui exprime le besoin d'appartenir à une terre, peut-être à la suite d'un exil.
Voir une terrain fertile: annonce abondance et prospérité.
Un terrain désertique: présage une période stérile à tous les niveaux.
Un terrain qui s'affaisse: une cause extérieure interrompra vos projets.
Se coucher sur de la terre: besoin d'être soutenu(e) par une force sécurisante.
Sens symbolique: la terre symbolise la matrice et par extrapolation, la fécondité, la régénération. la mère, le principe féminin. Elle nourrit, elle accueille, elle sécurise, mais en même temps elle détruit en ce sens qu'elle absorbe les corps des défunts. Dans les traditions religieuses, en tant que symbole des centres spirituels, elle est nommée Terre Sainte, ou Terre des Bienheureux, ou encore Terre d'immortalité, etc. Pour certains analystes, la terre dans sa dimension horizontale, plane, représenterait l'état de conscience; le sol souterrain avec ses cavernes sombres et ses abysses vertigineux, figurerait l'inconscient; et les montagnes himalayennes, seraient l'image du sur-conscient.

TESTAMENT. *L'écrire*: révèle une obsession de la mort qui peut correspondre à une préoccupation majeure comme la maladie ou la vieillesse.

TÊTE. *Se voir avec une tête plus grosse*: annonce le succès, la réussite, mais peut aussi être une mise en garde contre la vanité, l'orgueil, la suffisance.
Une tête réduite: annonce le contraire que précédemment.
Plusieurs têtes: on recevra tellement de propositions qu'on ne saura où donner de la tête!
Sa tête à l'envers: besoin de remettre ses idées en place.
Sa tête dans les mains: exprime l'action: on mettra ses idées à exécution.

Porter une tête d'animal: selon l'animal, ce rêve exprimera un aspect de votre personnalité. Reportez-vous au nom de l'animal apparu.
Se voir décapité(e): (Voir **DÉCAPITATION**)
Sens symbolique: la tête symbolise la manifestation de l'esprit alors que le corps est la manifestation de la matière. Objet de nombreux cultes et croyances, la tête est souvent associée à la force guerrière, c'est pourquoi la tête coupée figure comme trophée dans plusieurs traditions. Les divinités à plusieurs têtes des mythologies, qu'elles soient humaines, animales, orientées diversement, pourvues de cornes ou de couronnes, décapitées, tenues en main, symbolisent les particularités de l'être; par exemple, Janus à deux têtes de la mythologie romaine, l'une regardant en avant, l'autre en arrière, symbolise le passé et l'avenir.

THÉÂTRE. *Assister à une représentation*: on ne jouera pas un rôle actif dans des événements à venir. On se contentera d'être en retrait.
Jouer un rôle: le personnage que vous incarnez révèle un aspect refoulé de votre personnalité. Pour comprendre le message de votre rêve, essayez de vous rappelez la situation qui vous a obligé(e) à vous voir dans la peau d'un personnage différent de ce que vous êtes – ou croyez être – dans la réalité.
Sens symbolique: (Voir **ACTEUR/ACTRICE**)

THERMOMÈTRE. *Que l'on voit*: en fait, il s'agit d'un «thermomètre psychique», celui qui prend la température – en hausse ou en baisse – de vos états d'âme, de votre créativité, de vos passions amoureuses, en bref, de la façon dont vous vivez vos émotions actuellement.

TIGRE. *Que l'on voit*: ce rêve révèle un des aspects sombres de la personnalité, une agressivité refoulée qui ressurgit brusquement, peut-être à la faveur d'une rencontre dans la vie réelle qui a provoqué de la jalousie, ou tout autre sentiment négatif.
Que l'on dompte: on saura se contrôler dans une situation qui mettra les nerfs à rude épreuve.

Que l'on tue: exprime une victoire intérieure sur ses pulsions destructrices.
Sens symbolique: comme tous les fauves apparus dans les rêves, le tigre représente les pulsions instinctives, animales, primitives, tapies dans l'inconscient et prêtes à ressurgir à tout moment.

TILLEUL. *Se trouver sous un tilleul*: peut-être est-ce l'infusion du soir douce et calmante qui vous a emmené jusqu'à ce bel arbre qui promet ce qu'il symbolise: douceur et fidélité.

TISSER. (Voir **FIL**)

TOIT. *Se trouver sur un toit*: on dominera une situation par ses idées claires et bien en place.
Un toit emporté par le vent: on n'aura pas de suite dans les idées. Marque également une instabilité psychique.
Un toit en flammes: exprime l'imagination exaltée jusqu'à la déraison totale.

TOMATE. *Que l'on cueille ou mange*: annonce une rencontre amoureuse qui pourrait se terminer par un mariage générant de nombreux enfants (si l'on se rapporte au symbolisme de ce fruit).

TOMBE. *Que l'on voit*: exprime l'intériorité et tout ce qui s'y cache en désirs refoulés.
Sens symbolique: (Voir **CIMETIÈRE**, **MORT**, **MORT (LA)** et **JUGEMENT (LE)**)

TOMBER. (Voir **CHUTE**, **ICARE**)

TONNEAU. *Un tonneau de vin*: annonce l'abondance, les plaisirs sensuels.
Vide: présage l'inverse.
Un tonneau sans fond: ce rêve avertit de ne pas mettre ses forces au service de l'inutile.

En ranger plusieurs dans une cave: on sera à l'abri du besoin pour longtemps.
Sens symbolique: quand il est rempli de vin, le tonneau symbolise le richesse et la joie. Dans la légende mythologique, Le tonneau sans fond des Danaïdes illustre la stérilité résultant de la répétition perpétuelle des mêmes actes.

TONNELLE. *Se voir sous une tonnelle*: présage d'amour romantique.

TONNERRE. *Entendre le tonnerre*: un grondement qui exprime un reproche grave que l'on se fait à soi-même, ou peut annoncer également une rupture importante dans sa vie sociale, professionnelle ou familiale.
Sens symbolique: dans de nombreuses traditions, le tonnerre exprime la justice et le courroux de Dieu (judaïsme), la colère des dieux (mythologie gréco-romaine) ou celle des éléments et symboliserait un dérèglement de l'ordre cosmique, un moyen de châtiments (Celtes). (Voir **ÉCLAIR**, **FOUDRE**)

TONSURE. *Se voir tonsuré(e)*: exprime le désir de se mettre en retrait du monde.
Sens symbolique: (Voir **CHEVEU**)

TORCHE. *Que l'on utilise*: on tentera d'éclaircir une situation confuse. Peut exprimer également un besoin d'y voir plus clair dans ses propres comportements, de s'analyser, de faire un travail d'introspection.

TORCHON. *Se servir d'un torchon*: annonce que l'on aura à régler des conflits familiaux.
Un torchon qui brûle: l'expression populaire illustre parfaitement la situation présente.

TORTUE. *Que l'on voit*: stabilité matérielle; longévité; équilibre intérieur.

La poser à l'envers: c'est inverser l'ordre des choses et s'attendre à des difficultés à tous les niveaux.
En avoir une chez soi: on bénéficiera d'une haute protection.
Sens symbolique: la tortue occupe un place privilégiée dans de nombreuses traditions. Elle est la représentation de l'univers chez certains peuples d'Extrême-Orient et d'Afrique qui voient en sa carapace – ronde sur le dessus et plate au-dessous – l'image du ciel et de la terre; sa masse compacte, stable et puissante l'élève au rang de porteur du monde (Chine), de support du trône divin (Inde). Apparentée aux divinités les plus hautes (Tibet, Inde), elle est aussi symbole d'immortalité et de fertilité. Considérée comme médiatrice entre la terre et le ciel, on lui attribue également les pouvoirs de Connaissance et de Divination. Sa chair serait un remède efficace utilisé aussi bien contre les poisons que pour conjurer les opérations magiques. Soulignons que dans la tradition hindouiste, la tortue qui se renferme complètement dans sa carapace symbolise le retrait du monde sensible, la concentration, la sagesse.

TORTURE. Il se peut que les rêves de torture soient induits par une actualité qui nous livre ce genre d'acte ignoble commis un peu partout dans un monde où toutes sortes de guerres font rage. Cependant, d'une façon générale, la torture dans la vie onirique, révèle un problème personnel de conscience, un complexe de culpabilité qui entraîne l'autopunition.
Se voir torturé(e) par une personne: ce rêve invite à s'interroger: quel est le problème crucial qui se pose actuellement à votre conscience?
Torturer quelqu'un: faire souffrir autrui et y prendre plaisir relève d'un problème psycho-pathologique dans la vie réelle; dans ce rêve, ce «quelqu'un» peut-être vous-même à qui vous infligez une punition pour payer une faute que vous ne vous pardonnez pas.

TOTEM. *Que l'on voit*: exprime un besoin d'être protégé(e).
Sens symbolique: le totem, chez les peuples indiens ou africains, est un guide, un protecteur personnel, comme pourrait l'être un ancêtre, mais représenté sous la forme d'une plante ou d'un animal peint sur des

objets appartenant au jeune garçon qui doit subir des rites de passage à l'adolescence.

TOUR. *Que l'on voit*: on échafaudera des projets très ambitieux.
Une tour en parfait état: annonce une réussite durable.
Qui s'effondre: on aura visé trop haut dans ses objectifs sans avoir les moyens de les réaliser.
Sens symbolique: (Voir **BABEL, MAISON DIEU (LA)**)

TOURBILLON. *Se voir pris(e) dans un tourbillon*: annonce des événements qui se succèderont à une vitesse que vous ne pourrez contrôler. Ces événements pourront vous être bénéfiques si le tourbillon vu en rêve vous emporte vers le haut, néfastes s'il vous entraîne vers le bas.
Sens symbolique: le tourbillon symbolise une intervention des forces supérieures agissant sur le cours des choses et marque une évolution ou une régression selon sa force directionnelle.

TOURNESOL. *Que l'on voit*: donnera ce que donne le soleil, c'est-à-dire, chaleur, rayonnement, joie et bonheur.

TOURTERELLE. *Que l'on voit*: beau message de paix et de fidélité.

TRAIN. *Voir une carte du réseau de chemin de fer*: exprime un grand désir de communiquer, un esprit organisé, une curiosité orientée vers autrui.
Se diriger directement vers le bon train: vous savez exactement où vous voulez aller dans la vie: vos objectifs sont clairs et précis; dénote un psychisme équilibré.
Ne pas trouver son train dans une gare: révèle un état psychologique confus, des difficultés à orienter sa vie, à poursuivre des objectifs.
Manquer son train: difficulté à trouver sa voie; sentiment d'impuissance, d'infériorité, de vie ratée.
Un train qui ne part pas: stagnation à tous les niveaux; incapacité à prendre des décisions.

Acheter un billet : affirmation de son autonomie, de son indépendance.
Voir le contrôleur : illustre les interdits, le jugement, ce que l'analyste nomme le « surmoi ».
Monter sans billet : illusion sur ses propres capacités : haute idée de soi-même qui induit à se comporter comme si tout était dû.
Se trouver dans une classe au-dessus de celle à laquelle le billet donne droit : on se croit au-dessus des lois.
Se trouver dans un classe au-dessous de celle à laquelle le billet donne droit : complexe d'infériorité ; incapacité à reconnaître sa propre valeur.
Se trouver dans un train bondé : difficulté à se faire une place dans la vie. On est écrasé par la personnalité des autres ; complexe d'infériorité.
Ne pas vouloir monter dans un train bondé : difficulté à s'intégrer dans la vie sociale.
Prendre un train vétuste, inconfortable : exprime une pauvreté psychique et spirituelle.
Un train de luxe, rapide et confortable : exprime tout un potentiel en voie d'évolution sur le plan matériel, psychique, spirituel.
Plusieurs trains immobilisés : nombreux conflits intérieurs qui bloquent la faculté d'agir.
Déraillement : peut révéler une névrose ; si ce rêve revient fréquemment, une aide psychologique serait nécessaire.
Se faire écraser par un train : exprime des peurs, des angoisses intimement liées à une vie psychique déséquilibrée, ou encore à une vie sociale, professionnelle, « écrasante » sur bien des points.
Sens symbolique : les trains font partie des rêves les plus fréquents et ont donné lieu à une multitude d'interprétations assez faciles à décoder. (Voir **BAGAGE**, **GARE**, **LOCOMOTIVE**)

TRAÎNEAU. *Que l'on voit* : annonce un projet qui demandera de la maîtrise.
Avec lequel on se déplace : un projet se concrétisera rapidement.
Qui se renverse : un projet capotera avant d'aboutir.
Faire partie d'une course de traîneaux : on prendra des risques dans une affaire qui fera l'objet de convoitises multiples.

TRAVERSER. (Voir **PONT**)

TRAPÈZE. *Sur lequel on se balance*: marque l'hésitation entre deux choix.
Auquel on se rattrape: même si le risque est grand, on saura faire preuve de courage face à un événement.

TRÈFLE. *Que l'on voit*, que l'on cueille, à quatre feuilles: du bonheur rien que du bonheur!
Vert pâle: présage de chance immédiate.
Vert foncé: bonheur un peu plus tardif.
Trèfle jauni: en amour, comme en toutes choses, mieux vaut tard que jamais!

TREMBLEMENT DE TERRE. (Voir **CATASTROPHE**)

TRÉPIED. *Utiliser un trépied*: qu'un tel objet figure dans un rêve signifie que l'on sera puissamment inspirée dans l'élaboration d'une œuvre et que l'on bénéficiera d'un soutien providentiel pour la réaliser.
Sens symbolique: un siège que l'on retrouve aussi bien dans les récits mythologiques que dans certaines traditions religieuses. À Delphes, le trépied était en usage dans la proclamation des oracles pour exprimer les volontés divines. Dans l'iconographie chrétienne, il symbolise l'harmonie et la sagesse, les pieds au nombre de trois seraient l'expression de la Manifestation divine.

TRÉSOR. *Que l'on trouve*: la réalité ne ressemblera pas à votre rêve; annonce d'importants problèmes matériels.
Que l'on enfouit: révèle de graves conflits intérieurs.
Sens symbolique: les trésors, dans les traditions et les mythes, ne sont pas des trésors d'ordre matériel, mais d'ordre moral et spirituel. Ils symbolisent généralement les pouvoirs des divinités, la connaissance et l'immortalité, tous trésors spirituels qui ne peuvent être acquis qu'en se confrontant à des monstres et des dragons. Le trésor caché de l'être humain est le symbole de la vie intérieure dont la lumière ne

peut briller qu'au prix de combats acharnés contre soi-même, contre ses propres démons.

TRESSE. *Faire une tresse*: annonce que l'on nouera des liens solides avec une personne ou peut encore signifier qu'une situation sera difficile à dénouer.

TRIANGLE. Il est rare qu'un triangle apparaisse seul dans un rêve. S'il apparaît, il faudra se reporter au symbolisme du nombre trois. D'une façon générale:
Un triangle, la pointe en haut: symbolise le feu, le sexe masculin.
Un triangle, la pointe en bas: symbolise l'eau, le sexe féminin.
Le sceau de Salomon composé de deux triangles inversés: symbolise la sagesse humaine.
Le triangle équilatéral de la tradition judaïque symbolise Dieu.

TRIBUNAL. *Se voir au tribunal*: si ce rêve ne correspond pas à une situation vécue dans la vie réelle, se trouver devant tribunal peut exprimer un problème de conscience.
Recevoir une condamnation: vous vous infligez vous-même la punition que vous croyez devoir mériter.
(Voir **JUGE**, **JUGEMENT (LE)**)

TROMPETTE. *Que l'on voit ou que l'on entend*: annonce un événement solennel.
Dont on joue: présage de réussite, de succès, de renommée.
Sens symbolique: la trompette figure dans les traditions pour annoncer, accompagner, célébrer ou ouvrir de grands événements. Chacun connaît le récit biblique sur l'effondrement des murs de Jéricho dû à une trompette. Dans la Rome antique, la trompette figure dans toutes les cérémonies religieuses aussi bien que dans les défilés des armées triomphantes; de même chez les Grecs anciens où cet instrument était utilisé pour rythmer la marche des processions.
(Voir **JUGEMENT (LE)**)

TRÔNE. *Se voir assis(e) sur un trône*: révèle l'image misérable que l'on se fait de soi; peut manifester le besoin de se voir reconnu(e), respectée.
Voir un roi ou une reine sur un trône: vous bénéficierez d'une puissante protection de la part d'une personne haut placée.
Sens symbolique: le trône est le symbole de la grandeur et de la gloire divine. Dans toutes les traditions, il est associé au divin en tant que support de la manifestation de Dieu, support de l'élévation vers la Connaissance, image de la Science divine, de l'Esprit universel et symbole de l'équilibre final du cosmos. Il symbolise également le droit divin des souverains de même qu'il investit de l'autorité divine la personne qui exerce le pouvoir.

TROU. *Que l'on voit*: on sera piégé(e) par une situation que l'on n'avait pas prévue.
Tomber dans un trou: exprime un état dépressif. Si ce genre de rêve se répète, une aide psychologique serait utile.
Sortir d'un trou: on réussira à solutionner un problème difficile, ou encore à guérir d'une dépression nerveuse.

TROUPEAU. *Que l'on voit*: c'est l'image de la collectivité à laquelle on appartient.
Quitter le troupeau: désir de s'affirmer en tant que personne et non pas faire partie d'un troupeau anonyme. Peut exprimer également un besoin solitude librement choisie et assumée.

TSUNAMI. *Se voir emporté(e) par un tsunami*: l'épouvantable cataclysme de décembre 2004 qui a fait des milliers de victimes, a dû hanter et continuera de hanter longtemps les rêves de la majorité des habitants de la terre. Ces cauchemars sont bien entendu attribuables à des sentiments de peurs et d'angoisses face à des catastrophes imprévisibles, terrifiants, à des forces de la nature déchaînées devant lesquelles l'être humain prend conscience de sa petitesse et de son impuissance. (Voir **CATASTROPHE**)

TUER. *Tuer un ennemi*: au plan psychologique, vous avez vaincu un aspect sombre de votre personnalité.
Se tuer: (Voir **SUICIDE**)

TUNNEL. *Se voir dans un tunnel*: on ne trouve aucune solution à ses problèmes, peut annoncer une dépression dont il faudrait s'occuper avant de sombrer plus profondément.
Voir le bout du tunnel: l'expression populaire confirme ce présage d'espoir.
Sortir d'un tunnel: on aura vaincu toutes ses difficultés aussi bien extérieures qu'intérieures.

TYRANNISER. *Se conduire en tyran*: exprime la tyrannie que l'on exerce vis-à-vis de soi même. Peut refléter le comportement autoritaire, le caractère exigeant, l'attitude implacable d'un père que l'on n'a pas réussi à « tuer » symboliquement et auquel on s'identifie.
Sens symbolique: (Voir **PÈRE**)

U

UN. *Écrire le chiffre*: ce rêve indique que vous êtes en harmonie avec vous-même. Vous avez réussi à équilibrer les forces psychiques inhérentes à l'être humain, mais qui sont le plus souvent source de mal-être quand le travail sur soi n'est pas accompli.
Sens symbolique: selon les diverses traditions religieuses, l'anthropologie, la philosophie, la psychanalyse, l'UN prendra une signification non pas réellement différente, mais en rapport avec la science qui l'interprète. Ainsi ce chiffre – ou nombre – peut symboliser l'homme dans sa verticalité, le seul être vivant à se tenir debout; il représente aussi le principe actif d'où part et revient tout ce qui est créé; il symbolise également le lieu d'élévation de l'homme vers la connaissance à un degré supérieur et, bien entendu, exprime le Dieu

unique, souvent symbolisé par l'UN dans les légendes et la littérature de différents folklores. Pour la psychanalyse, l'UN exprime l'union harmonieuse du conscient et de l'inconscient chez l'être humain.

UNIJAMBISTE. *Que l'on voit*: signale un déséquilibre, un manque d'harmonie. Un problème intérieur ou extérieur à résoudre.
Sens symbolique: (Voir **AMPUTATION**, **CYCLOPE**)

UNIFORME. *Porter un uniforme*. Peu importe à quel corps de métier cet uniforme appartient, il signale que vous êtes placé(e) sous une autorité qui vous impose une discipline. Ce rêve marque un désir de vous affranchir de conventions qui vous pèsent.
Un uniforme dans lequel on se sent bien: signale le désir d'être dirigé(e), de ne pas avoir à assumer de responsabilités.

UNIVERSITÉ. *Se voir professeur(e)*: votre rêve exprime le désir d'être reconnu(e) comme une personne respectée pour ses connaissances. Peut exprimer aussi un complexe d'infériorité.

URANUS. (Voir **VERSEAU**)

URINER. *Besoin d'uriner*: ce rêve est dû, soit à un besoin de soulagement physiologique, soit il indique que l'on se trouve dans une situation pesante.
Se voir uriner: signale le règlement d'un conflit, la libération de ce qui causait une gêne.

URNE. Votre rêve dépend de la forme et de l'utilisation de cette urne.
Urne remplie d'eau: présage de chance. Pour une femme, si elle est en âge de procréer, annonce une grossesse.
Urne où l'on dépose son vote: exprime sa volonté de faire entendre sa voix. Besoin d'affirmation de soi.
Urne funéraire: ce rêve reflète un état d'être relié à une situation difficile qui vous plonge dans l'affliction.

Sens symbolique: dans certaines œuvres artistiques où l'on voit l'eau s'écouler d'une urne, c'est la fécondité qui est ainsi évoquée. Pour la psychanalyse, l'urne symbolise la demeure, l'intériorité, l'inconscient.

V

V. *Se voir faire un V*: marque la jubilation, un état heureux, euphorique. Vous avez sans doute vaincu des peurs, des angoisses ou peut-être que ce V signale un projet qui sera couronné de succès.
Sens symbolique: le V, fait avec l'index et le médius écartés qui à l'origine, symbolise la victoire des alliés de la seconde guerre mondiale, est devenu le signe conventionnel du triomphe.

VACANCES. *Se voir partir*: besoin de couper avec la vie quotidienne. Aspiration à la détente, au repos.

VACCINATION. *Subir une vaccination*: que ce soit à l'épaule, à la cuisse, au pied, ou à n'importe quelle partie du corps, dans un rêve, se faire vacciner signifie un besoin de protection et pour en comprendre la signification profonde, reportez-vous dans ce dictionnaire à la partie du corps concernée.

VACHE. *Que l'on voit*: présage de richesse, de sérénité.
Que l'on trait: annonce des gains importants.
Vaches nombreuses et bien grasses: vous serez comblé(e)s, à l'abri des soucis matériels pour longtemps.
Une vache blanche: vous êtes regardé(e) comme une personne d'une grande sagesse.
Vaches maigres: des difficultés matérielles en perspectives.
Vache morte: risque de ruine financière.
Sens symbolique: dans les traditions antiques, en Égypte où elle était représentée par la déesse Hathor, en Grèce, en Mésopotamie, la vache symbolisait la richesse, la fécondité, la mère du soleil, le renouveau.

Pour les indo-européens d'aujourd'hui, ce même symbolisme a gardé toute sa puissance et la vache conserve plus que jamais son statut d'animal sacré et vénéré en tant que symbole de l'ordre divin.

VAGABOND. (Voir **CLOCHARD**)

VAGUE. *Se laisser porter par les vagues*: si ces vagues sont calmes, une période de votre vie s'annonce sans problèmes, ce que vous entreprendrez se fera dans la facilité. Si, à l'inverse, les vagues sont déchaînées, c'est un présage d'événements qui vont bousculer brutalement le cours de votre vie. Ce rêve peut parler également de votre vie intérieure, paisible ou non, et dans le cas des vagues déchaînées, de vos pulsions instinctives en lutte contre votre raison.
Sens symbolique: les vagues évoquent un aller-retour continuel et symbolisent l'inertie passive. Si elles se déchaînent, ce n'est pas de leur propre chef, mais celui d'éléments extérieurs comme la tempête, les ouragans. Pour la psychanalyse, les vagues symbolisent alors les pulsions qui dorment dans l'inconscient et jaillissent brutalement en provoquant une déstabilisation de nos comportements dits « raisonnables ».

VAISSEAU. *Se voir dans un vaisseau (maritime ou spatial)*: votre rêve correspond à une période que votre vie ou celle-ci va dépendre à l'avenir – et quelles que puissent être les difficultés rencontrées – de la direction que vous allez lui donner. Il peut également signifier un désir de voyage, ou encore une envie de quitter des obligations, de fuir les contingences terrestres.
Enfin, si l'on se réfère à son symbolisme, ce rêve peut signifier aussi la recherche de l'amour idéal et l'affirmation pour une femme de sa féminité.
Sens symbolique: le vaisseau, espace intérieur clos et sécuritaire, qui, se heurtant aux difficultés des éléments (air ou eau), résiste à ceux-ci par sa puissance et la maîtrise de son navigateur. C'est une image de la destinée de l'homme, des aléas de sa vie, de la façon dont il la conduit. De plus, évoquant la forme d'une coquille, d'un vase,

le vaisseau symbolise aussi le ventre de la femme, avec sa capacité à donner la vie.

VAISSELLE. *Acheter de la vaisselle*: désir de s'installer dans une relation sentimentale stable.
Laver la vaisselle: pour un couple, on ne s'attardera pas sur les petites disputes du quotidien.
La casser: rien ne va plus. Annonce une rupture.
Bien la disposer sur la table: on s'apprête à se dire des vérités.
Sans ordre: chicanes en perspective.

VALISE. *Que l'on voit*: départ ou arrivée ? Selon le déroulement du rêve, la valise pourra signifier un désir d'évasion ou l'envie de se stabiliser.
La faire: annonce un désir de voyager ou de quitter une situation professionnelle, ou une séparation, voire un divorce.
Trop pleine pour être fermée: marque un état d'insécurité. On cherche à posséder au maximum.
Vide: annonce une période sans joie, sans attentes.

VALLÉE. *Faire une excursion*: vous êtes en harmonie avec vous-même. Cette promenade annonce une période heureuse.
Une vallée, fleurie, verdoyante: présage de bonheur ; acquisition de belles valeurs spirituelles.
Triste et sombre: une période plutôt négative en perspective.
Sens symbolique: il n'y a de vallée que s'il y a montagne. C'est dans cette perspective que le symbolisme de la vallée est compréhensible. La vallée est un creux qui recueille les écoulements provenant des hauteurs. Dans certaines traditions, elle représente le vase qui reçoit l'influx divin, la communication entre la terre et le ciel, un creuset de transformations aussi bien matérielles – les moissons, les cultures – que spirituelles – l'union de l'âme humaine avec le Créateur. Pour la psychanalyse, la vallée représente le lieu d'union des opposés dans une vision d'harmonie intérieure.

VAMPIRE. *Que l'on voit*: est-ce une personne de votre entourage qui vous vide de vos énergies, ou vous-même qui, à force de vous ronger les sangs, perdez votre vitalité? Interrogez-vous.
Sens symbolique: le vampire est un mort qui, à la nuit tombée, sort de sa tombe pour venir boire le sang des vivants. À son tour, le vivant privé de son sang se transforme en vampire pour survivre. La psychanalyse fait du vampire le symbole de l'auto-destruction, en ce sens que c'est la personne elle-même qui se dévore; incapable de reconnaître ses propres tourments, elle les transfère à une autre personne – le vampire. D'ailleurs, ce fantôme ne se montre jamais à l'être psychologiquement équilibré, responsable de ses actes, en harmonie avec lui-même.

VASE. *Que l'on voit*: ce vase a-t-il une particularité? Contient-il quelque chose que vous pouvez voir? De l'eau, des fleurs et de quelle sorte, le vide? Est-il de verre, de métal, coloré? La signification de votre rêve sera renforcée en vous rapportant au mot qui ajoute une caractéristique à ce vase.
Voir un vase en or: marque votre haute évolution spirituelle. Vous êtes – ou serez – initié(e) à certains mystères.
Acquérir un vase: on vous cache un secret que vous êtes sur le point de découvrir. Peut aussi annoncer une rencontre sentimentale.
Casser un vase: annonce un échec, un arrêt dans votre évolution.
Sens symbolique: dans la tradition ésotérique juive – la Kabbale –, il est beaucoup question de vases et ceux-ci, au nombre de dix, enferment un certain degré de la connaissance, que chaque vase déverse dans le suivant, jusqu'à la connaissance suprême qui elle, reste inconnaissable à l'humain. Le symbolisme du vase est relié à ce qu'il enferme, ce qui peut être le trésor de la connaissance des mystères, l'élixir de vie des alchimistes, ou encore représenter le réceptacle des forces célestes. Pour la psychanalyse, il est associé à la barque, au vaisseau, à la matrice de la femme.

VAUTOUR. *Que l'on voit*: méfiance à l'égard d'une personne qui cherchera à vous déposséder.

Abattre un vautour: victoire sur l'adversité. Vous retrouverez les forces qui vous manquaient pour affronter les difficultés qui vous ont sapé le moral.
Sens symbolique: selon les traditions, le vautour est considéré comme un oiseau bénéfique ou maléfique. D'une façon générale, il est associé à l'idée de mort, mais la mort dans le sens de la putréfaction qui engendre le renouveau. Il est alors le symbole du feu qui purifie et féconde. Il est aussi considéré dans la mythologie gréco-romaine comme un oiseau devin.

VAUTRER (se). *Se voir*: si vous vous vautrez dans la boue ou le sable, ce rêve indique que vous avez besoin de vous retrouver en contact avec la terre pour retrouver vos énergies.
Rester longtemps vautrer: mise en garde contre une attitude qui signale un désengagement, un abandon, par mollesse de la volonté.
Sens symbolique: on retrouve cette attitude dans certains récits mythologiques – notamment Héraclès qui, pour être vainqueur du géant Anthée, dut l'arracher du sol. Se vautrer signifie que la terre détient une puissance régénératrice avec laquelle l'être humain ne doit pas perdre le contact sous peine de se dévitaliser.

VEAU. *Que l'on voit*: rencontre avec une personne pacifique et innocente.
Un veau avec sa mère: besoin d'être sécurisé(e), de savoir qu'une personne prend les décisions à votre place. Marque un manque d'assurance.
Le voir téter sa mère: présage d'abondance ; on ne manquera de rien ; un héritage peut-être.
Que l'on abat: on se laisse diriger par une personne sans opposer de résistance.

VEAU D'OR. *Que l'on voit*: ce rêve est une illustration d'un passage de la Bible concernant le peuple hébreu qui, dans l'attente du retour de Moïse avec les tables de la Loi, avait construit un veau avec leurs bijoux d'or et l'avait adoré comme un dieu. Sa

signification exprime une mise en garde contre une personne qui jouit d'un certain prestige à vos yeux, et qui tente de vous séduire malhonnêtement en vous faisant miroiter des profits, tous basés sur le pouvoir, la possession matérielle ou les plaisirs sensuels.
Sens symbolique : le veau d'or symbolise l'attrait sans cesse exercé par les désirs terrestres sur les humains pour lesquels, le plus souvent, les biens matériels deviennent objets de culte.

VÉHICULE. (Voir **AUTOMOBILE**, **AVION**, **BATEAU**, **TRAIN**)

VELOURS. *Se voir drapé(e) dans du velours* : aspiration à recevoir des honneurs. Marque aussi la sensualité.
Des murs drapés de velours : révèle le désir d'accéder à une position sociale élevée où la richesse et les honneurs auront leur place.

VENDANGE. *Faire les vendanges* : on participe à des événements joyeux.
Manger du raisin : on recevra des bienfaits inattendus, comme « tombés du ciel ».
Sens symbolique : (Voir **VIGNE**, **VIN**)

VENT. *Se voir poussé(e) par le vent* : bon présage : c'est comme si vous aviez des ailes pour avancer dans vos projets.
Se sentir giflé(e) par le vent : on va subir un affront de la part d'une personne de l'entourage.
Sentir une brise légère : si vous êtes artiste, vous serez inspiré(e).
Un vent glacial : annonce la stagnation, la solitude aussi.
Une tempête, un ouragan : présage des événements qui vont changer le cours de votre vie.
Sens symbolique : dans de nombreuses traditions, le vent symbolise les messagers divins, l'Esprit de Dieu, le Saint-Esprit. Dans l'antique tradition Perse, il représente le support du monde et règle l'équilibre de toutes choses. Chez les Grecs anciens, les vents avaient des caractéristiques particulières représentées par des divinités, dont les

noms nous sont restés (Zéphyr, Aquilon, etc.). Ils sont également le symbole de la volonté divine qui se manifeste par la douceur quand il s'agit de récompenser ou par la violence quand il faut châtier.

VENTRE. Dans un rêve, le ventre n'apparaît pas séparé du corps, mais pour la personne qui en rêve, il représente un point de focalisation et c'est en fonction de son aspect que l'interprétation pourra se faire.
Le voir proéminent: prospérité assurée. Peut aussi indiquer une affectivité comblée.
Flasque: mauvaise gestion de ses entreprises. Pertes financières. Peut aussi indiquer un manque au plan de l'affectivité.
Parfait: présage d'une rencontre amoureuse axée en priorité sur la sexualité.
Sens symbolique: le ventre symbolise la mère, celle qui donne la vie, qui protège et sécurise. Quand il apparaît dans les rêves de personnes adultes, il peut signaler un déficit d'ordre affectif, une régression, une infantilisation.

VÉNUS. (Voir **APHRODITE**)

VÉNUS. *Voir la planète au crépuscule*: c'est la recherche d'un amour simple, harmonieux, basée sur la sensualité plus que sur la sexualité.
Voir Vénus à l'aube: c'est la promesse d'une journée où il faudra se battre pour ses convictions.
Sens symbolique: son cycle fait de cette étoile, associée à la nuit et au petit matin, un symbole de la mort et de la renaissance. Dans les traditions antiques, Vénus était liée au soleil et en avait tous les aspects, de même pour la nuit, ce qui l'apparentait aux divinités solaires comme à celles des enfers. Du soleil, on lui attribuait les vertus guerrières, et de la lune, tout ce qui avait trait à l'amour, aux plaisirs, à la jouissance. En astrologie, elle est l'astre qui influence les arts et tout ce qui est en rapport avec la féminité.

VER. *Que l'on voit*: annonce une situation «pourrie» dans les affaires ou dans ses relations sentimentales.

Sens symbolique: le ver apparaît comme un symbole de décomposition qui précède un renouveau. Pour Jung, il représente la libido dans sa phase destructrice plutôt que constructive.

VERGE. (Voir **FOUET**)

VERSEAU (LE). *Voir une image de ce signe*: ce rêve, si l'on se réfère aux caractéristiques générales de ce signe, indique que vous êtes présentement dans un état serein et que vous portez beaucoup d'attention à autrui.
Sens symbolique: le Verseau, 11e signe du zodiaque, est le signe de la communication humaine et spirituelle, du détachement des possessions matérielles, du don de soi, du dévouement social. (Voir **ZODIAQUE**)

VERT. (Voir **COULEUR**)

VERTICALITÉ. *Chercher une position verticale*. Dans ce rêve, si la personne se voit se redresser d'une position accroupie ou courbée, cela qui signifie qu'elle est en phase d'évolution, qu'elle revendique son statut d'être accompli.
Sens symbolique: la verticalité , autrement dit la station debout, c'est le phénomène qui différencie l'homme de l'animal, qui le met dans l'axe terre-ciel, qui le centre en lui ouvrant la voie de la conscience et de l'élévation spirituelle.

VÊTEMENT. *Porter un vêtement entièrement blanc*: révèle l'aspect «angélique» de votre personnalité.
Un vêtement noir: goût de l'anonymat. Signale un retrait du monde, propice à la réflexion, à la méditation.
Un vêtement aux couleurs disparates: besoin d'afficher son non-conventionnalisme.
Un uniforme militaire: besoin d'affirmer son autorité.
Une soutane: peut révéler un aspect spirituel aussi bien qu'un rejet de la religion.

Un habit de clochard: désir de se libérer des contraintes sociales, ou crainte de la pauvreté.
Un habit d'académicien: on souhaiterait se voir figurer au nombre des Immortels.
Un habit chamarré d'or: annonce une consécration, une réussite, un succès, la notoriété.
Se dépouiller de ses vêtements: renonciation à tout ce qui nous place dans le «paraître».
Sens symbolique: le vêtement représente l'enveloppe extérieure qui permet à autrui de nous identifier socialement: riche, pauvre, militaire, religieux, etc., mais qui, en tant qu'habit de l'âme aussi bien que du corps, révèle la personnalité profonde, les goûts, les affinités de celui ou celle qui le porte.

VEUF/VEUVE. *Se voir*: annonce une disparition, ce qui ne veut pas forcément dire celle d'un être physique, mais pourrait signifier un manque d'harmonie intérieure, un déséquilibre entre votre partie masculine et féminine, ce que la psychanalyse nomme «l'*animus* et l'*anima*».

VIDE. *Se voir tomber dans le vide*: dénote de l'angoisse qui peut être reliée à une perte d'emploi, à la peur de la mort, à une séparation qui rappellerait un abandon remontant à l'enfance.
Sens symbolique: (Voir **CHUTE**)

VIEILLARD. *Que l'on voit*: on rencontrera une personne — femme ou homme — de bon conseil.
Sens symbolique: la vieillesse est associée à l'idée de sagesse, à l'expérience, à la longévité. Dans les antiques traditions asiatiques, les Sages, les Guides, les Maîtres, sont toujours représentés avec les cheveux blancs et symbolisent plus que la longévité: l'immortalité.

VIERGE (LA). *Voir l'image de ce signe:* cela signale que vous en possédez des caractéristiques sans que obligatoirement vous soyez né(e) sous ce signe. Ce qui veut dire en général, que vous êtes d'un

caractère économe, prévoyant, scrupuleux, travailleur, attaché aux règles et avez le souci de la respectabilité.
Sens symbolique: la Vierge, 6e signe du zodiaque, est un signe de Terre. Pour les personnes nées sous ce signe, hormis les qualités déjà mentionnées, il faut souligner une disposition à se contrôler, à se maîtriser, à accumuler et à conserver, ce qui, pour généraliser, se traduit au plan du corps physique par des problèmes d'évacuation intestinale.

VIGNE. *Se voir dans une vigne*: beau présage de prospérité, de bonheur, de réjouissances.
Sens symbolique: pour d'anciennes traditions du Moyen-Orient, la vigne était considérée comme un arbre sacré et le vin tiré de ses raisins passait pour être la boisson des dieux. (Voir **VIN**)

VILLE. *Circuler dans une ville inconnue*: signale une angoisse qui peut être reliée à une perte des repères habituels de la vie quotidienne. Peut aussi exprimer un désir de changer de vie.
Découvrir des rues de sa ville: annonce une démarche intérieure nouvelle, une recherche de soi-même.
Se sentir bien dans sa ville: harmonie avec soi-même.
Détester la ville où l'on vit: on n'arrive pas à régler des conflits intérieurs.
Y voir des jardins, des fontaines: sentiment de plénitude, d'accord avec soi et son environnement.
Une ville déserte: reflet de sa propre intériorité. Ce qui peut signifier qu'il y a un refus inconscient d'ouvrir des portes – souvenirs ou événements – qui feraient souffrir.
Une ville très agitée: confusion dans les sentiments, les objectifs, la façon de vivre.
Sens symbolique: les villes, notamment les cités anciennes, étaient bâties selon des critères très précis: elles devaient refléter le centre du monde. En elles convergeaient les influences célestes qui en faisaient des centres spirituels. En outre, la ville est symbole de stabilité inscrite dans la pierre, mais fait aussi de l'homme un être

de passage entre la Cité d'en bas – la Terre, le Corps – et la Cité d'en haut – le Ciel, l'Esprit. Pour la psychanalyse, la ville est un des symboles de la mère en ce sens que les habitants en sont ses enfants, qu'elle protège et auxquels elle impose des limites.

VIN. *Que l'on boit*; *un vin doux, suave*: annonce une période de bonheurs simples et réconfortants.
Un vin aigre: présage de contrariétés dans une relation amoureuse ou professionnelle.
Un grand Bordeaux: on sera amené(e) à fêter un événement heureux.
Un Beaujolais nouveau: une fête conviviale, amicale, sera célébrée.
Du Champagne: présage de fiançailles, mariage ou baptême.
Un petit vin blanc: une soirée joyeuse en perspective.
Un vin des glaces: on se réchauffera le cœur entre amis ou en famille.
Sens symbolique: associé généralement au sang, le vin est un symbole d'immortalité. Dans nombre de traditions, on retrouve ce symbolisme de breuvage des dieux, de boisson de communion, d'élément de sacrifice, d'initiateur à la vie contemplative, de moyen qui, par l'ivresse, mène à la connaissance des mystères. Dans l'antique tradition gréco-romaine, le culte rendu à Dionysos/Bacchus, Dieu du vin et de la vigne, donnait lieu à des festivités où l'aspect païen (les orgies) se mêlait au divin (les Mystères). Pour la psychanalyse, le vin qui apparaît dans les rêves révèle une personnalité possédant une vie intérieure riche et féconde.

VINAIGRE. *En répandre sur un met*: des chicanes en perspective.
Tamponner une plaie avec du vinaigre: on essayera de réparer un tort fait à une personne, mais sans y mettre du cœur.

VIOLET. (Voir **COULEUR**)

VIOLON. Le violon symbolise le corps de la femme. Les rêves s'y rapportant ont une signification en rapport avec les plaisirs sensuels.

VIPÈRE. *Que l'on voit* : annonce un danger, mais dont la personne qui rêve peut être responsable.
Se faire mordre : une souffrance qui peut venir de l'extérieur, mais qui peut aussi bien révéler une souffrance intérieure.
Tuer une vipère : on met fin à une relation avec une personne détestable. Peut indiquer aussi que l'on a réussi à vaincre une pulsion autodestructrice.
Sens symbolique : la vipère symbolise dans certaines traditions antiques, le lieu de transmutation de l'âme des défunts en vue de la préparer à sa vie céleste. Pour la psychanalyse, la vipère représente les pulsions obscures, instinctives, de la personnalité et qui peuvent jaillir brusquement, échappant au contrôle de la raison.

VISA (l'autorisation). *Obtenir un visa* : désir de changement momentané.
La carte : utiliser sa carte inconsidérément : désir d'acquérir des biens matériels sans restriction. Ce qui peut révéler un caractère avide de jouir du moment présent sans en peser les conséquences.
Prendre la carte de quelqu'un : mise en garde : annonce une malhonnêteté dont vous serez victime.

VISAGE. Ce genre de rêve peut faire surgir un visage connu, ou un autre que l'on n'arrive pas à identifier ou encore celui d'une personne décédée. Voici quelques généralités.
Voir un beau visage : présage une période sereine ; harmonie intérieure.
Un visage difforme : annonce des conflits aussi bien extérieurs qu'intérieurs.
Très maquillé : tromperie en perspective (sauf pour les gens du spectacle, bien évidemment).
Un visage balafré : des blessures qui sont sans doute le reflet de vos blessures intérieures.
D'une personne décédée : la voir jeune et souriante – même si elle est morte âgée – indique qu'elle est en paix. La voir avec un visage soucieux, sombre, marque le contraire.
Sens symbolique : le visage est à la fois ce qui semble le plus ouvert à

autrui, mais qui ne révèle pourtant de la personne qu'une part d'elle-même. Qu'il soit beau ou laid – l'appréciation est souvent une affaire de cultures –, par la lumière qu'il dégage, ou par son manque de lumière, le visage symbolise les degrés d'élévation de la personne. Un visage figé, rigide, sans lumière, sans expressions, marque l'absence de toute vie intérieure. (Voir **MASQUE**)

VISITE. *Tout dépend du contexte de votre rêve*: rendez-vous visite à une personne ou est-ce l'inverse? Pouvez-vous identifier cette personne? Quoi qu'il en soit, une visite, dans un sens ou dans l'autre signifiera un besoin de contact humain et de communication verbale.

V.I.T.R.I.O.L. Pour que cette formule utilisée par les alchimistes vous apparaisse en rêve, vous devez certainement être initié(e) à cette science secrète, ou tout au moins intéressé(e).
Ces initiales composent un mot connu des sciences occultes qui expriment la transformation opérée au cours des différentes phases de l'œuvre alchimique pour obtenir de l'or à partir du plomb, quand il s'agit des métaux, et quand il s'agit de l'être humain conscient de ses imperfections, pour illustrer sa métamorphose en être de lumière par un travail constant sur lui-même.

VOIE LACTÉE. *La regarder*: votre rêve signale un désir de transcendance, peut-être le goût de partir en pèlerinage, que ce soit pour un voyage terrestre ou pour un voyage à l'intérieur de vous-même.
Sens symbolique: dans de nombreuses traditions, la voie lactée symbolise le chemin qui relie la terre au ciel. Elle est la voie parcourue par ceux qui sont à la recherche d'une dimension supra-terrestre, pleinement accordée à leurs aspirations spirituelles.

VOILE. Rêver d'un voile peut prêter à de nombreuses interprétations selon le milieu culturel, le pays où l'on vit, les traditions religieuses ou autres. Tout dépend aussi du genre de voile auquel on rêve: cache-t-il un objet de culte? Couvre-t-il les cheveux, le visage, un corps dénudé? Est-il fait pour séparer, pour attirer?

Veut-il inspirer le respect ou bien est-ce un instrument de séduction? Bien évidemment, en dehors de son utilisation dans certains rites religieux, le voile appartient essentiellement à la femme. Voici quelques généralités accordés aux rêves:

Porter ou voir un voile de mariée: heureux présage.

Un voile de deuil: présage funeste.

S'envelopper d'un voile opaque: désir de s'isoler; annonce une séparation.

Femme nue derrière un voile transparent: érotisme.

Déchirer un voile: on met au jour un secret; si l'on est mystique: désir d'accéder à la connaissance des mystères.

Se voiler totalement (pour une femme): soumission à des commandements religieux.

Sens symbolique: le voile cache ou révèle. Dans l'antique tradition égyptienne, la déesse Isis en se dévoilant symbolisait la révélation de la lumière. Dans le Coran, un voile sépare les élus des damnés et l'on ne doit s'adresser aux femmes que derrière un voile. Dans la tradition soufique, le voile sert aussi à cacher la lumière divine à ceux qui sont prisonniers de leurs passions et l'existence terrestre est comparée à un voile. Dans la tradition hébraïque, Moïse, qui rapportait la Parole de Dieu, dut mettre un voile pour la transmettre à son peuple. Pour le bouddhisme, le voile cache et révèle en même temps, en ce sens que pour regarder en face la Vérité qui est lumière, il est nécessaire de placer un voile afin de ne pas être consumé.

VOILIER. (Voir **BATEAU**)

VOISIN/VOISINE. *Avec qui l'on se fâche*: votre rêve peut être l'illustration de votre quotidien si vous identifiez vraiment la personne. Autrement, ce rêve parle d'un conflit intérieur, une lutte entre votre raison et vos pulsions négatives.

VOIX. *Entendre des voix sans savoir d'où elles viennent*: seules les paroles que vous aurez retenues pourront donner un sens à votre rêve. Quoi qu'il en soit, ce rêve doit correspondre à une période de votre vie où vous êtes à la recherche d'une direction ou de décisions à prendre. Appel spirituel ou mise en garde contre un événement dont il faudrait prévenir les conséquences ? Essayez de vous remémorer les paroles.

VOL. *Se voir victime d'un vol* : annonce une perte financière qui sera initiée par une personne malhonnête de votre entourage. Peut également signifier que ce à quoi on tient le plus nous échappe.

VOLCAN. *Que l'on voit* : vous êtes sous pression pour des raisons professionnelles ou sentimentales et ce rêve illustre un état émotionnel intense que vous parvenez à cacher dans la réalité.
Voir une éruption : toutes vos pulsions négatives trouvent un exutoire dans ce rêve ; peut aussi avoir un rapport avec une violente passion amoureuse qui risque de vous détruire.
Un volcan qui fume : exprime vos pulsions négatives contenues mais qui peuvent jaillir spontanément et semer la destruction autour de vous.

VOLER. *Se voir voler* : désir de fuir ses difficultés intérieures.
Sens symbolique : (Voir **CHUTE**, **ICARE**)

VOMIR. *Se voir vomir* : dans la réalité vous n'avez sans doute pas exprimé ce que vous éprouviez devant une situation qui vous a littéralement soulevé le cœur, soit une trahison par quelqu'un de proche, soit une tromperie, une infidélité ou tout événement répugnant, et votre rêve traduit en images votre dégoût.

VOYAGE. (Voir **AÉROPORT**, **GARE**)

V.T.T. *Rouler sur un V.T.T.* : goût de l'inattendu, esprit aventureux. (Voir **BICYCLETTE**)

VULVE. Bien évidemment inséparable du corps féminin, la vulve vue dans un rêve ne pourra s'interpréter que si l'attention du rêveur ou de la rêveuse s'est focalisée exclusivement sur cet endroit du corps. D'une façon générale, les rêves qui évoquent les organes génitaux, féminins ou masculins, sont des expressions du désir érotique de la personne.

W

WAGON. *Voir des wagons à l'arrêt*: impossibilité de mettre en action des projets.
En marche: l'inverse, bien entendu. Tout «roule» pour vos affaires.
Se voir à deux dans un wagon-lit: on souhaite partir en voyage et se retrouver à l'écart du monde pour vivre un amour romantique bien abrité.
Un wagon-restaurant: dénote un esprit pratique où le côté «bon vivant» ne perd pas ses droits, même en voyage.

WALKMAN. (Voir **BALADEUR, MUSIQUE**)

WALKIE-TALKIE. (Voir **TÉLÉPHONE**)

X

XÉRÈS. *Déguster un verre de Xérès*: ce vin d'Andalousie a dû vous laisser un souvenir impérissable pour que votre rêve vous le rappelle. Manifeste un désir d'exotisme et de soleil.(Voir **VIN**)

XYLOPHONE. *Jouer sur un xylophone d'enfant*: nostalgie du passé, de l'enfance.
Entendre le son d'un xylophone: ses sonorités de clochettes annoncent des plaisirs simples.

Y

YACHT. *Que l'on voit*: présage d'une promotion sociale importante. *Que l'on possède*: un billet de loterie peut s'avérer gagnant du gros lot. (Voir **BATEAU**)

YATAGAN. (Voir **ARME**)

YEUX. *Se voir avec trois yeux, dont l'un frontal*: signe d'une grande vie intérieure, vous avez sans doute des dons de clairvoyance.
Avoir un seul œil: (Voir **CYCLOPE**)
Sentir que l'on perd la vue: vous vous cachez quelque chose à vous-même. Cherchez ce que vous ne voulez pas voir en vous ou autour de vous.
Avoir un œil crevé: s'il s'agit du droit, ce rêve présage que vos futurs projets ne se réaliseront pas. Marque aussi une tendance à la nostalgie.
S'il s'agit du gauche: vous mettez un trait sur le passé et vous vous projetez dans l'avenir.
Se voir sans paupières: vous ne fermez jamais les yeux sur quoi que ce soit: dénote un esprit ouvert, curieux, avide de connaissances.
Les yeux fermés: double signification: peut signifier un refus de voir ou savoir ce qui se passe autour de soi; ou signe d'un retrait pour entrer en soi, méditer, prier.
Les yeux douloureux: vous gardez en vous une grande peine et votre rêve en traduit la douleur non exprimée dans la réalité.
Avoir le regard dur: besoin de s'affirmer par l'autorité; absence de sentiments; jugement.
Faire les yeux doux à une personne: vous avez besoin d'être aimé(e).
Sens symbolique: qui n'a pas entendu ces mots qui font des yeux «le miroir de l'âme»! En effet, si les yeux sont sur le plan physique les organes de la perception extérieure, ils apparaissent dans toutes les traditions comme le symbole de la perception intérieure. Dans les

textes sacrés de l'Inde, l'œil droit est identifié au soleil et le gauche à la lune. L'un correspond à l'activité, l'autre à la passivité. Dans la tradition bouddhique, l'œil frontal est dit « l'œil de la sagesse » et pour l'Islam, c'est l'œil de la clairvoyance menée à son plus haut degré de perfection. Symbole de la Connaissance Divine lorsqu'il figure sans paupière, œil du monde, porte et illustration du soleil selon les traditions, il est pour l'ancienne Égypte l'attribut igné du dieu du soleil Râ, et souvent représenté cerné de fard pour souligner sa fonction divine. Horus, divinité pharaonique souvent figurée par un œil, « l'œil d'Horus », représente la lutte de la lumière contre les ténèbres. Dans la tradition chrétienne, l'œil participe à la nature de l'esprit divin. En Afrique centrale, des yeux d'animaux et d'humains sont intégrés à des préparations magiques dans le cadre d'épreuves initiatiques, quant aux Bambaras, ils attribuent à la vue tous les pouvoirs et qualités de l'ensemble de tous les sens. Dans la version négative du symbolisme de l'œil, on trouve l'œil unique du Cyclope qui symbolise l'être à son niveau le plus bas d'humanité, et « le mauvais œil », expression populaire dans le monde arabo-musulman et plus généralement méditerranéen, qui exprime la possibilité pour une personne mal intentionnée, de jeter un sort à quelqu'un.

Z

ZÈBRE. *Que l'on voit* : émergence dans votre rêve d'un souvenir lié à un séjour en Afrique ou à une visite au zoo, ou bien en relation avec une personne qui se serait conduite avec vous à la façon d'un « drôle de zèbre » selon l'expression connue, ou bien encore l'illustration de votre vision des choses qui balance souvent entre le noir et le blanc. Dernière interprétation possible : la course rapide du zèbre pourrait évoquer l'allure à laquelle vous menez vos affaires.
Sens symbolique : (Voir **CHEVAL**)

ZÉNITH. *Atteindre au zénith*: impossible d'avoir une image du zénith dans un rêve, à moins d'y voir l'étoile la plus proche, Véga; il s'agit donc d'une sensation, d'un sentiment que vous éprouvez dans votre sommeil et qui vous transporte vers les hauteurs. Sur le plan matériel, c'est un présage de réussite, d'ambitions réalisées, de gloire assurée. Sur un autre plan, atteindre au zénith, marque un processus évolutif, spirituel, de la personnalité.
Sens symbolique: on ne peut pas évoquer le zénith sans son opposé, le nadir. Le premier correspond à un point imaginaire de la sphère céleste situé sur la verticale ascendante d'un observateur; le second correspond à ce même point qui trouverait son opposé sur cette même verticale, en passant par le centre de la terre pour se prolonger indéfiniment. Symboliquement, le zénith et le nadir correspondent à la roue de l'existence dans son mouvement évolutif et involutif. Le 10e arcane majeur du tarot symbolise ce mouvement ascendant/descendant.

ZÉRO. *Que l'on écrit*: peut indiquer une dévalorisation de soi «être un zéro»; un départ pour une vie différente «repartir de zéro»; le pessimisme «le moral à zéro», etc.
Sens symbolique: mot qui signifie «vide» en arabe. Le zéro n'a aucune valeur par lui-même, mais remplace les unités absentes dans la numération. Utilisé par les Mayas qui l'illustraient sous la forme d'un escargot, dont on sait qu'il se régénère périodiquement. Son emploi fut découvert plus tardivement sur le continent européen et si l'on se réfère à la tradition occulte, le zéro symbolise l'instant précis où le mouvement évolutif/involutif s'inverse dans un perpétuel recommencement, ce qui rejoint en définitive le symbolisme de l'escargot. Loin d'être une coquille vide, le zéro renferme toutes les potentialités: dans le tarot, il peut représenter l'arcane majeur sans chiffre, le Mat, qui modifie le sens de chaque lame à laquelle il s'ajoute.

ZIGGURAT. (Voir **BABEL**, **TOUR**)

ZODIAQUE. On ne rêve pas du zodiaque à proprement parler,

mais si l'on s'intéresse à l'astrologie, il se peut que l'image du cercle zodiacal apparaisse et que votre attention se focalise sur un ou plusieurs signes. En fonction des caractéristiques de chacun de ces signes, vous trouverez en quoi votre rêve est signifiant. Quelques généralités:
Le zodiaque, en astrologie, est un cercle qui entoure l'écliptique et sur lequel se déplacent les sept planètes et les deux luminaires, le Soleil et la Lune. On compte douze signes – ou constellations – sous l'influence des sept planètes, divisés en trois cycles de dix jours chacun – les décans – et formant ce que l'on nomme le mois zodiacal. Bien que l'astrologie ne concerne pas le thème de ce livre, à titre informatif nous donnons un bref aperçu des décans des douze constellations, tels qu'ils sont généralement convenus:
BÉLIER: l'impulsion primordiale. La naissance.
1er décan gouverné par Mars: ardeur, impulsivité, courage.
2e décan gouverné par le Soleil: volonté, autorité, noblesse de caractère.
3e décan gouverné par Vénus: grâce, beauté, tendances artistiques.
TAUREAU: l'élaboration. Ce qui se prépare, la germination.
1er décan gouverné par Mercure: semailles dans la terre; culture intellectuelle.
2e décan gouverné par la Lune: honnêteté; sens du devoir.
3e décan gouverné par Saturne: manque d'harmonie; décrépitude.
GÉMEAUX: distinction entre l'esprit la matière.
1er décan gouverné par Jupiter: échange de connaissances; sagesse.
2e décan gouverné par Mars: travail, efforts.
3e décan gouverné par le Soleil: goût des plaisirs.
CANCER: attachement, passivité.
1er décan gouverné par Vénus: légèreté, volupté, invitation au plaisir.
2e décan gouverné par Mercure: abondance de biens matériels.
3e décan gouverné par la Lune: la chasse, les conflits.
LION: la vie, la personnalité affirmée.
1er décan gouverné par Saturne: domination, orgueil.
2e décan gouverné par Jupiter: apaisement, témoignage d'amour.
3e décan gouverné par Mars: combat contre la passivité et l'ignorance.
VIERGE: processus de différenciation.
1er décan gouverné par le Soleil: richesses dues au labeur.

2e décan gouverné par Vénus : avarice ; aspiration spirituelle.
3e décan gouverné par Mercure : faiblesse, décadence.
BALANCE : harmonisation des opposés.
1er décan gouverné par la Lune : sociabilité ; goût de l'équilibre.
2e décan gouverné par Saturne : vertus bafouées.
3e décan gouverné par Jupiter : goût des plaisirs saints de la vie.
SCORPION : processus de fermentation, dégradation.
1er décan gouverné par Mars : combats intérieurs.
2e décan gouverné par le Soleil : luttes extérieures.
3e décan gouverné par Vénus : violence, jalousie.
SAGITTAIRE : les pulsions instinctives versus les aspirations spirituelles
1er décan gouverné par Mercure : intrépidité ; indépendance.
2e décan gouverné par la Lune : épreuves ; peurs.
3e décan gouverné par Saturne : entêtement. Difficulté à renoncer.
CAPRICORNE : élévation hors du plan terrestre.
1er décan gouverné par Jupiter : confiance dans la destinée.
2e décan gouverné par Mars : effort pour s'élever.
3e décan gouverné par le Soleil : peur d'être privé de biens matériels.
VERSEAU : accession aux états supérieurs.
1er décan gouverné par Vénus : réflexions sur la destinée.
2e décan gouverné par Mercure : sociabilité, élégance.
3e décan gouverné par Saturne : dureté, suspicion.
POISSONS : intériorité ; fin de la dualité. Accomplissement.
1e décan gouverné par Saturne : cheminement spirituel.
2e décan gouverné par Jupiter : aspirations mystiques.
3e décan gouverné par Mars : harmonie parfaite. Sublimation de l'amour.

ZOO. *Voir un zoo* : votre amour des animaux peut émerger au cours de vos rêves et signaler que vous préférez leur compagnie à celle des humains ; sur un autre plan, ce rêve est une mise en garde contre les pulsions animales, destructrices qui habitent en chacun de nous et qui peuvent brusquement

À propos de l'auteure

Dès son plus jeune âge, Laurence Benveniste, est attirée par le « merveilleux ». Cet attrait deviendra, plus tard, une recherche approfondie du sens caché des choses, qu'on nomme ésotérisme ou occultisme. Ayant fait sa démarche personnelle de l'adage attribué à Socrate « Connais-toi toi-même et tu connaîtras l'univers et les Dieux », rejetant intuitivement tout ce qui peut ressortir du charlatanisme inhérent au domaine de l'ésotérisme, Laurence Benveniste va approfondir ses connaissances aussi bien chez les philosophes antiques, les mystiques et les métaphysiciens que dans les grandes religions – entre autres, la Tradition juive et chrétienne, riche en symboles. L'introspection personnelle à laquelle elle se livre la conduit tout naturellement à chercher à « décoder » les messages de l'inconscient, qui se révèlent particulièrement dans les rêves, à travers un langage symbolique. Forte d'une expérience de plusieurs années dans ce domaine, s'appuyant sur la connaissance des grands chercheurs de « l'intériorité » que furent, notamment, Freud, Jung, Steiner et Schwaller de Lubicz, Laurence Benveniste nous propose d'entreprendre un voyage initiatique au pays des rêves et de leurs symboles.